美國左禍與自由危機

余杰——著

目次

第參部　家人與敵人

自序
新冷戰時代，我將書齋當戰場

朋友，熱血震動著我的心
片刻之間獻身的非凡勇氣
是一個謹慎的時代永遠不能收回的
就憑這一點，也只有這一點，我們是存在了

——T・S・艾略特（T.S. Eliot）

歧路亡羊的美國，如何歸回正道？

二〇二〇年十一月，在中國病毒肆虐全球之際，我完成了醞釀二十年的《大光》三部曲，似乎有千斤重擔卸下肩頭，甚至一生的使命都已完成。

然而，就在我興奮而莊嚴地作為美國公民、第一次投票選舉總統之後，卻赫然發現二〇二〇年總統大選陷入一場美國建國以來前所未有的全國性舞弊醜聞。此後兩個多月，美國清教秩序的搖晃和左派意識形態的長驅直入，讓人心驚肉跳、夜不能寐：傳統媒體和社群媒體集體造假，大學知識菁英為虎作倀，官僚系統腐敗因循，乃至最高法院對憲法漠視與羞辱……「深層政府」無恥地篡奪了本來屬於川普總統的勝利，將正在走向再度偉大之路的美國重新拖入「華盛頓的沼澤」。之後，大政府捲土重來，種種憲法保障的基本公民權利被以防疫為名遭到剝奪，激進的移民、福利和能源政策造成物價飛漲，中產階級苦不堪言，中國如同對待戰敗國一樣羞辱美國外交官，美國扶持的阿富汗世俗政府在美軍倉促撤軍後如融冰般潰敗，正是看到美國民主黨政府的軟弱無力，俄國獨裁者普丁才悍然發動入侵烏克蘭的戰爭。

我突然醒悟：我的使命尚未完成。我由中國流亡者成為美國公民，我感激美國予以我庇護，我更要挺身捍衛美國的自由——很多新移民偏偏充當美利堅秩序的破壞者，我不齒於他們卑賤的言行。我想起香港電影《黑金》中主人公的一段台詞：「我愛這塊土地，我不能看著她被那些亂七八糟的人弄得烏煙瘴氣，當年，他們把大陸搞垮了，我們還可以退到台灣，但是如果今天，他們把台灣也搞垮了，我們還可以退到哪裡去？再退一步就是大海了。」這何嘗不是我的心聲：美國是我和妻兒最後的棲身之地，是人類的諾亞方舟，如果美國也被中共滲透、被左派搞垮，我們還能躲在哪裡去呢？與其躲避，不如應戰，像T．S．艾略特那樣，穿越荒原，穿越在「各自的監獄」裡「繞著圈子走的人群」，仰望一片寂靜的「光亮的中心」。

我在《大光》三部曲中梳理了五百年的文明史和觀念史，指出英美文明是人間正道。但由於篇幅所限，對晚近百年的歷史演變只能簡略陳述。所以，還需要另外寫一本書，回答「美國是如何一步步走到今天的」和「左派是如何一步步肆虐全球的」（左派思想之無孔不入，超過中國武漢肺炎病毒）這兩個大哉問。我要寫一部以美國為中心的保守主義視野的當代政治思想史，一部像《共產主義黑皮書》那樣的對左派追根究底的反左之作——這裡的「左」，不單單是共產黨掌權的極權國家，還包括深入西方骨髓、花枝招展的各種左派意識形態。

於是，在此後一年裡，我廢寢忘食地完成了新書《美國左禍與自由危機》。我赫然發現，不僅過去學習和接受的中國史、亞洲史是被扭曲的假歷史，甚至美國史、歐洲史和西方史也是左派的洗腦工具。重新思考、書寫、校正歷史尤為重要。此刻，邱吉爾（Winston Churchill）在至暗時刻的演講縈繞在我耳邊：一九四〇年五月十三日，組成戰時內閣的邱吉爾在下議院發表演講：「我們面臨著極其嚴酷的考驗，面臨著漫長而艱苦卓絕的鬥爭。若問我們的政策是什麼？我的回答是：在陸上戰鬥，在海上戰鬥，在空中戰鬥。盡我們的所能，盡上帝賦予我們的全部力量去戰鬥，同人類黑暗、可悲的犯罪史上空前兇殘的敵人戰鬥。」[1]今天，人類面臨中共極權政府及滲入西方心臟的各種左派思潮的威脅，甚至大過昔日的納粹。我將寫作視為作戰，書齋就是戰場，我在書齋中打這場思想和心靈的戰爭。

本書第一部「進步派，自由派，都是左派」，寫一戰時的美國總統威爾遜（Woodrow Wilson）、二戰時的美國總統小羅斯福（Franklin D. Roosevelt）以及如今愈來愈像共產黨的美國民主黨。威爾遜和小羅斯福是一般意義上的「紳士」與「好人」，但其思想意識已被

---

1 邱吉爾：《永不屈服：溫斯頓．邱吉爾一生的最佳演講》，（北京）世界知識出版社，二〇〇九年，頁一八一。

十九世紀末以來的左翼「進步主義」俘獲。人最大的敗壞是觀念秩序的敗壞——他們用「進步主義」處理國內和國際問題，並形成一整套政策，給美國和世界帶來災難性後果。在美國的歷史教科書及人們普遍認為「理所當然」的論述中，他們偉大、光榮、正確。現在，該將他們請下神壇了。而現今的美國民主黨，早已在左翼歧路上奪命狂奔，要將美國帶入萬劫不復之深淵，指出此一危機刻不容緩。

第二部「麥卡錫對抗馬克思」，為長期被左派妖魔化的麥卡錫平反正名。掌握話語權的左派，偷天換日、暗度陳倉，日復一日、年復一年地將英雄貶斥為小丑，將小丑打扮成英雄。如今，該讓英雄歸位英雄、讓小丑歸位小丑了。麥卡錫清共，如同美國隊長般拯救美國，卻「出師未捷身先死，長使英雄淚滿襟」。在美國本土，戰鬥不是壕溝與鐵絲網、坦克與機槍，而是觀念與觀念之戰、心靈與心靈之戰。在二戰中戰敗的德國，悄悄讓「西方馬克思主義」等德國思想侵襲美國；上世紀六〇年代，以反越戰為名的一場「文化革命」，伴隨著愛滋病、性變態和毒品橫掃美國大學校園和知識界。而尼克森（Richard M. Nixon）和季辛吉（Henry Kissinger）的對華綏靖外交，成為中共政權的續命金丹，讓中國不僅熬過了冷戰，還在全球化時代實現了野蠻崛起，成為美國和美利堅秩序的首要敵人。

第三部「家人與敵人」，馬克思當年宣告的那個在歐洲大陸遊蕩的「幽靈」，如今已然在美國侵門踏戶。在美國內部，從大學、主流媒體、科技巨頭到教會，這些美國社會的中流砥柱，都被左派嚴重滲透，一不小心，家人就變成了敵人。在美國外部，「美利堅秩序」搖搖欲墜，二戰之後美國打造的國際政治經濟秩序，被中國腐蝕得千瘡百孔。二十世紀以來，美國和西方出現過三次綏靖主義高潮：對納粹、對蘇聯和對中國——最後一次綏靖主義，仍在持續演化之中，吃過中國大虧的若干亞洲國家醒了一大半，美國醒了一小半，歐洲卻還在昏睡。[2]毛澤東當年自稱是「馬克思加秦始皇」，今天習近平的中國仍是共產極權主義加「天下帝國主義」。美國和西方能戰勝中國這個前所未有的大敵嗎？

歷史並未終結，只是中場休息

在本書中，我有力地反駁了日裔美國學者福山（Francis Fukuyama）的「歷史終結論」。冷戰的結束，對於美國和西方來說，究竟意味著什麼？勝利似乎易如反掌，凱旋當然讓人心花怒放。一九九〇年代初，福山發表的「歷史終結論」是這種單純而熱烈的樂觀主義情緒的典型代表。

福山認為，一七七六年（美國獨立）或一七八九年（法國大革命），或黑格爾說的一八〇六年（拿破崙打敗普魯士），在以上時間節點，人類社會的基本原則已確立，此後人們所

2 曾任美國國務卿蓬佩奧中國問題高級顧問的余茂春教授講過一個有趣的細節：國務院某部門耗費巨資，就各國民眾對美國和中國的觀感做民調，得出的結論是：中國在很多國家得到的信任和愛戴超過美國。眾人對此結論頗感沮喪。余茂春問該計畫主持人，有沒有哪些國家的民調結果對美國的好感排在中國之前？該主持人說，對美國的地緣政策，那些都不是重要的國家。余茂春堅持讓對方報告出此類國家的名字。主持人支支吾吾地說，如日本、韓國、菲律賓、印度、越南、蒙古、台灣等。余茂春回應說：這就對了，你們的調查是用科學的方式做的，但分析方式錯了。正確的結論，不是中國多麼受歡迎和愛戴，而是凡是中國的鄰居、凡是真正跟中國打過交道的國家，都知道中國有多麼邪惡和野蠻。

做的只是實現「自由民主」原則。冷戰的勝利證明作為一個統治體系的自由民主制度的正統性，自由民主已勝過世襲君主制、法西斯主義與共產主義這類相對的意識形態。世界上大部分地區，已沒有一種偽裝普遍的意識形態能跟自由民主競逐，也沒有一種普遍原理比人民主權更具正統性。自由民主政治的成長跟其伴侶經濟自由主義的成長相偕而行動，已成為四百年來最值得注意的顯著現象。因此，自由民主有可能成為「人類意識形態進步的終點」與「人類統治的最後形態」，也構成「歷史的終結」。換言之，自由民主已成為人類的「普遍史」，全世界日益成為一個同質社會。[3]

福山是杭廷頓（Samuel P. Huntington）的學生，卻並不具備老師所堅守的清教秩序，後來他從新保守主義滑向左翼自由派，不足為怪。他的思想更多來自於科耶夫（Alexandre Kojève）和列奧．施特勞斯（Leo Strauss）的啟發。前者是流亡法國的俄羅斯貴族，是黑格爾的釋經學家，融合了德國、俄國和法國的哲學傳統；後者是流亡美國的德國猶太人，是柏拉圖的闡釋者。在「歷史終結論」中，迷戀黑格爾和尼采哲學的福山對「自由民主」的具體內涵只是泛泛而談，將一七七六年和一七八九年發生的兩個重大事件及其啟動的不同歷史方向煮成一鍋粥。不過，他也意識到，「美國國內最強固的共同體形態，與其說是合理的私慾，不如說是根植於共同的宗教價值觀。定居於新英格蘭的五月花號清教徒及其他清教徒的共同體，並不是為了自己的物質利益，而是為了頌揚上帝的榮光這種共同的關懷而結合為一體」，「傑佛遜或富蘭克林這些推動美國獨立革命的洛克式自由主義者，或者像林肯這類熱烈信奉自由平等的人，都會毫不猶疑地主張需要信仰上帝」。然而，他看到清教徒精神是美國立國根基這個事實，卻無法理解清教徒虔誠的信仰和力量的源泉，而將他們視為「排他而偏頗的狂信者」。

福山篤信另一種「更純粹形式的自由主義」，即跟宗教傳統分割的世俗自由主義。他特別提及最高法院的一個判決——基於非特定教派的「上帝信仰」可能傷害無神論者的感情，所以不得存在於公立學校。此類判決的結果必然是：「在宗教寬容的考量下，道德主義和宗教的狂信遭到了挫折；因為向世界『所有』信仰和『價值體系』開放的熱情，使得信奉『某一』教義的可能性反而弱化。」他讚成此種多元化趨勢，卻也意識到，「在這種處境與知識風潮下，美國共同體生活的勁道會衰退」。

是自由先於平等，還是平等先於自由？這是左右分野的標誌。福山承認這一事實：「在民主國家，對平等的熱愛是比對自由的熱愛更深遠也更持久的一種熱情。」他也看到這一事實背後的深層危機：「《獨立宣言》和《美國憲法》所規定的基本權利被新制定的權利嚴重削弱，只為了實現更徹底的社會平等化。」換言之，如果摒棄基督教信仰和保守主義政治哲學，相信達爾文的進化論（以及由此推展出的社會進化論、馬列主義史觀和左派正義論——平等論），相信尼采說的「人只是有生命的爛泥漿」，那麼「一個自律自主、能為自己創造法則並理性遵守的人，必將淪為一個自吹自擂的神話」，最後結果就是「愛滋病毒跟人有平等權利」，服藥殺死愛滋病毒就是破壞平等的秩序（在台灣的「環保膠」看來，海藻跟人有平等權利，海藻的生命甚至重於人的生命）。

3 法蘭西斯·福山（Francis Yoshihiro Fukuyama）：《歷史的終結》，（呼和浩特）遠方出版社，一九九八年，頁六二。

不能正確認識自己，就不能區別何謂「他者」。福山意識到左派的邪惡，卻拒絕基督教傳統，靠世俗主義、人本主義不可能戰勝自有其「神格」的左派意識形態。世俗主義必然驕奢淫逸、自私自利，不能形成公民美德和公共精神，也不能鍛造出福山所憧憬的「勇敢的胸膛」。拋棄清教徒傳統，必然出現福山所說的「最後之人」、也即尼采所說的「末人」。世俗主義不能回答「人的尊嚴和自由為何不能被剝奪」，也不能賦予人權以神聖的來源。在此意義上，被視為新保守主義者代表人物的福山，其實是機會主義者和馬基維利主義者——此後三十年，他的一系列言論和預測全都錯得一塌糊塗，幾乎「逢賭必輸」，如果他是一名日本武士，大概早就為此破腹自殺了。

歷史並未終結，只要還有毛澤東和格瓦拉的崇拜者揮舞紅旗（包括作為其變種的「安提法」和「黑命貴」），只要形形色色的左派意識形態占據媒體、學校、網路乃至教會，冷戰的落幕就不是一場右派對左派的絕對勝利，而只是短暫的中場休息，下半場還有更艱巨的殊死搏鬥等著我們。

我們為何而戰：為家庭、為自由、為國家、為上帝

一個自以為沒有敵人的世界，實際上更加危險。

一戰不是結束所有戰爭的戰爭，一戰後出現了共產蘇聯和納粹德國兩個惡魔。二戰也沒有實現「消滅法西斯」的目標，另一種法西斯——共產主義——成為最大的勝利者，席捲數十個國家。冷戰結束，亦非福山說的「歷史的終結」——在過於富庶的西方，飽暖思淫慾，

左翼極端主義思潮蟄伏一段時間後，如愛滋病毒（或「中國武漢肺炎病毒」）一般擴散全球，如入無人之境。

整個一九九〇年代，蘇聯這個對手消失後，美國失去了敵人，嚴峻的安全挑戰不復存在，沒有動力制定新的安全政策。一九九一年，在華盛頓召開的一次「重新思考」國家安全的會議，只是表明「多數美國人覺得重新思考的問題是多麼讓人彆扭」。[4] 於是，更大的危機在十年後爆發了。

一九八九年柏林牆倒下時，基本沒有發生流血事件，人們在柏林牆的廢墟旁邊載歌載舞，如同一場大派對；二〇〇一年紐約世貿大廈遭到伊斯蘭恐怖分子劫持的飛機撞擊時，造成兩千九百九十六人喪生，而後的阿富汗戰爭和伊拉克戰爭給美軍帶來越戰之後最慘烈的傷亡及美國國際威望的重挫。與此同時，中國抓住此一「戰略空窗期」實現「大國崛起」，從「韜光養晦」走向「有所作為」的「全球治理」。

美國和西方再度陷入兩線作戰的窘境。在內部，西方的民主自由價值面臨著左派勢力處心積慮的腐蝕乃至顛覆——左派思想是《聖經》中所說的人的罪性，左就是罪中之罪。人天生就傾向於不勞而獲，人天生就希望將別人的財富變成自己的財富，人天生就像《動物農莊》中的豬那樣相信「所有動物生來平等，但有些動物比其他動物更平等」。

4 沃伊切克．馬斯特尼（Vojtech Mastny）：〈冷戰留給國家安全的遺產：一種歷史視角〉，見沃伊切克．馬斯特尼、朱立群主編：《冷戰的歷史遺產：對安全、合作與衝突的透視》，（北京）社會科學文獻出版社，二〇一五年，頁四六。

福山的「歷史終結論」錯了，杭廷頓的「文明衝突論」才是對的。杭廷頓反對一些美國人對內推行多元主義、對外推行普世主義——他說的就是福山這類人。杭廷頓堅信「一個多元文化的美國是不可能的，因為非西方的美國便不成其為美國」，美國必須捍衛美國之為美國的價值（特別是基督新教信仰）；而在全球範圍內，以文明為基礎的世界秩序正在出現，不同文明之間的競爭和衝突永遠不會結束。[5]

一戰、二戰、冷戰，美國表面上是贏家，但在勝利背後被忽略的，絕非丁丁點點的「瑕疵」——以二戰後歐洲勢力範圍的畫分而論，美國和西方背棄了數千萬計熱愛自由的東歐人，這一政策跟戰前坐視數百萬猶太人被納粹屠殺沒有根本性差別（如今，西方又坐視上百萬維吾爾人被中共關進具有中國特色的集中營實施種族滅絕）。歷史學家齊斯・洛韋（Keith Lowe）指出：「東歐共產黨在奪權時的心狠手辣，讓西方政府相形之下顯得像是手忙腳亂的業餘玩家。……透過恐怖手段的使用，加上對任何反對聲音的零容忍，共產黨所創造的不僅僅是蘇聯與西方國家之間的戰略緩衝區，更是以蘇聯為原型的一系列複製品。」[6]四十多年後，東歐各國的自由和解放才姍姍來遲。但普丁入侵烏克蘭，如同「漁陽鼙鼓動地來，驚破霓裳羽衣曲」，讓東歐再度被籠罩在極權暴政的陰影之下，更打破了西歐在二戰後長達八十年文嬉武戲的承平時代。歐洲發現，自己根本無力保護自己。

左派不亡，魯難未已。昔日，左派在美國的國門之外，清教秩序如同疫苗，有效地遏制左派病毒蔓延。如今，美國將清教秩序棄之如敝履，左派攻入常春藤大學、攻入好萊塢和迪士尼、攻入《紐約時報》和CNN、攻入蘋果和臉書、攻入白宮、攻入國會大廈、攻入最高法院、甚至攻入教會……病毒深入骨髓，病人病入膏肓。

那麼，美國還有能力和智慧糾正錯誤、回歸正道嗎？二〇一七年七月六日，美國總統川普在波蘭首都華沙克雷辛斯基廣場的「華沙起義紀念碑」前發表了一場重要演講。美國前助理國務卿羅伯特・查爾斯評論說，川普的華沙演講如同雷根的柏林牆演講一樣，是其就職以來最具力量的演講。

川普在這篇演講中說：「今天我們必須指出，我們的社會和生活方式正在遭受可怕的威脅。……我們必須共同努力，共同面對來自南方或東方的、內部或外部的力量。這些力量隨著時間的推移會削弱我們的價值觀，消除把我們凝聚在一起的文化、信仰和傳統的紐帶。如果不加以控制，這些勢力會削弱我們的勇氣，削弱我們的精神，削弱我們維護自己和我們的社會的意志。」

敵人從四面八方蜂擁而來。西方擁有哪些克敵制勝的武器和資源呢？川普指出：「西方的防務最終不是依賴於手段，而是依賴於人民求勝的意願。在我們這個時代，一個最根本的問題是，西方是否還有生存的意願。我們是否對我們的價值觀抱有信心，並且不惜代價去捍衛它？我們是否足夠尊重我們的公民，去保護我們的邊界？面對那些想顛覆、摧毀我們文明的人，我們是否有足夠的欲望和勇氣去保守我們的文明？」他直指問題的核心：「我們為西

5 塞繆爾・杭廷頓（Samuel Phillips Huntington）：《文明的衝突與世界秩序的重建》，（北京）新華出版社，二〇〇二年，頁五。

6 齊斯・洛韋（Keith Lowe）：《二次大戰後的野蠻歐陸》，（台北）馬可孛羅，二〇二〇年，頁四一五、頁四四四。

方文明而戰，並不是在戰場上開始的——它始於我們的思想，我們的意志和我們的靈魂。」他對西方的勝利擁有十足的信心：「我今天敢向世界發言，西方絕不會被打垮。我們的價值觀將會取勝。我們的人民將會興旺。我們的文明將會取勝。……讓我們團結起來，讓我們像波蘭人一樣戰鬥——為家庭、為自由、為國家、為上帝。」家庭、自由、國家和上帝，是左派恨不得除之而後快的核心價值，是奈保爾（V. S. Naipaul）所說的「我們的普世價值」。

本書所講述的，是現實版的《魔戒》和《冰與火之歌》的故事：敵人已經抵達門口，但我們必不喪膽，我們將戰鬥到底並取得終局之戰的勝利。

二〇二二年一月四日初稿
三月十五日定稿
暴風雪中，於美利堅合眾國維吉尼亞共和國費郡綠園群櫻堂

第壹部

進步派，自由派，都是左派

第一章

威爾遜：

背離美國自由價值的進步主義者

有時人們把我看成一個理想主義者。是啊，這時我就知道我是一個美國人。

——伍德羅．威爾遜

1960 年代以來的美國新左派組織（1）：

美利堅合眾國社會黨（Socialist Party of the United States of America, SPUSA）

成立於 1973 年，通稱「美國社會黨」或「社會黨」。自稱反對一切形式的壓迫，特別是「資本主義和專制國家主義體系」，主張創建「一個將人們的生活置於自己控制之下的激進民主——一個沒有種族主義、性別歧視、同性戀恐懼症或變性恐懼症的無階級、女權主義、社會主義社會」。至今仍然持續運作中。

楔子

一九一九年五月四日是星期天，下午一點，三千多名來自北京十三所大學的學生，齊集天安門廣場，抗議列強在巴黎和會上簽署將德國在山東的特權轉讓給日本的密約——此後百年，天安門廣場將因多次上演重大群眾活動而成為中國政治的風暴眼。

學生們經過中華門，向東抵達外國使館雲集的東交民巷西口。使館警察阻止學生進入這塊享受治外法權的地方。與使館官員通過幾次電話後，學生們選出四名代表（其中包括張國燾和羅家倫，他們日後分別加入共產黨和國民黨，在中國現代史上發揮重要作用）進入美國使館陳情。

美國公使芮恩施（Paul S. Reinsch）不在使館，學生代表留下說帖。說帖強調，既然美國參加一戰的原因是「支持民族之獨立，與人類之公權，及世界和平之局」，那麼中美兩國就是「抱同一主義而戰」，美國理應在巴黎和會上「予吾中國以同情之援助」。[1]

一個二十八歲的、瘦弱的越南人阮必成（後來，他以「胡志明」這個名字登上歷史舞台）寫了一封名為〈安南人民的主張〉的請願書，遞交給巴黎和會的領袖們。他在請願書上署名

1　芮恩施公使是一位來自威斯康星州的大學教授，對中國充滿同情，他頗有先見之明地警告白宮和國務院：「如果日本無所顧忌……那麼嚴重的武裝衝突在這一代就不可避免了。公正地解決中國的事務，歐洲沒有一個問題能和這件事的重要性相比，這關係到世界的和平。」當時，美國使館內建有一座巨大的無線電台，可以與美國本土直接聯繫，芮恩施以此通訊方式將中國學生的心聲送達國務院。

「阮愛國」，提出越南獨立自主等八項要求。他要求面見威爾遜，為此租了一套燕尾服。這一會面從未實現。

比起中國人和越南人來，朝鮮人對威爾遜寄予更大期望。一位流亡中國的朝鮮獨立運動領袖，沿著西伯利亞橫貫鐵路，踏上往巴黎的漫漫長路。在日本殖民統治下的朝鮮人致信威爾遜說，總統閣下「曾極其真誠地表示，所有擁有各自獨特語言、文明與文化的同質民族，都應該允許其獨立」，美國應該「聽取因日本的陰謀不幸淪為殖民地的朝鮮的請願，呼籲恢復朝鮮的獨立和自由」。

印度詩人泰戈爾（Rabindranath Tagore）佩服威爾遜，打算把一本著作題獻給他。印度國大黨的領袖們，受威爾遜演講鼓舞，要求由他們代表印度出席巴黎和會，日益受矚目的甘地（Mahatma Gandhi）被選為代表團成員。

身為英國保護國的埃及，將獨立的希望寄託在威爾遜身上。埃及知識分子領袖卡格盧勒（Saad Zaghloul）在電報中告訴威爾遜：「由於你強有力的行動，全世界將於不久迎來新時代，而沒有哪個民族比埃及人更喜歡這一新時代的誕生。」[2]

在迅速崩解的鄂圖曼帝國的首都伊斯坦堡，民族主義者全都矚目於美國。威爾遜作為第一個衝擊中東命運的美國人，明確指出「前鄂圖曼」人民應享有「絕對不受干擾的自主發展的機會」。土耳其政治活動家、女性解放主義者哈莉黛·埃迪布在面對二十萬群眾演講時，特別提及威爾遜對「鄂圖曼帝國的土耳其部分」的「穩固主權之保證」。[3]

世界各地受殖民、遭壓迫、被邊緣化及無國籍的民族，包括愛爾蘭人、阿拉伯人、猶太人、亞美尼亞人和庫德人以及其他眾多民族，無不對威爾遜和巴黎和會寄予厚望。然而，希望越大，失望越大，希望的火花轉瞬即逝，失望卻轉化為持久而深切的怨恨，這種怨恨形成的「反美主義」將改變此後百年世界史的走向。

威爾遜為何捨棄英國保守政治傳統？

威爾遜是唯一擁有哲學博士學位的美國總統，更擁有普林斯頓大學校長和新澤西州州長的完美履歷。但學歷跟治國能力成正比嗎？[4]

比看得見的光環更重要的是，威爾遜早年曾擁有過虔誠的喀爾文教派信仰及觀念秩序。其父是美南長老會牧師及首席常任秘書，其母是長老教會牧師的女兒，喀爾文教徒的精神在其父母胸中燃起明亮的經久不息的火焰。威爾遜自幼懂得把人生看作是實現上帝意志的過程。他將喀爾文主義作為一面透視世俗世界的棱鏡，對於天意的訓導和上帝的指引懷有強烈

2 潘卡吉・米拉什（Pankaj Mishra）：《從帝國廢墟中崛起》，（台北）聯經出版，二〇一三年，頁二二四。

3 克里斯多福・德・貝萊格（Christopher De Bellaigue）：《伊斯蘭啟蒙運動》，（台北）馬可孛羅，二〇二〇年，頁四一〇—四一一。

4 二〇〇三年，筆者第一次訪問美國，參觀的第一個景點即是位於華盛頓的威爾遜故居。此為威爾遜卸任後最後居所。二〇一二年，我移居美國維吉尼亞之後，去過位於斯湯頓鎮的另一處威爾遜故居，那是其出生和童年生活之地。威爾遜學識淵博，藏書豐富，是「學者治國」和「博士治國」之典型，符合大中華文化圈（尤其是台灣）「儒官集團」之傳統（亦如柏拉圖之「理想國」）。但國家領導人治理能力的優劣，與學歷和學識並不成正比。威爾遜失敗的總統生涯，可用「紙上談兵」形容。

信念。他從父親那裡學到了長老會神學，這種神學貫通了宗教和政治。其中最為重要的是契約神學，這是長老教會，尤其是蘇格蘭派系長老會的重要教義，指引了威爾遜父母兩個家族的信仰。[5]

威爾遜小時候深受閱讀障礙之苦，經過不懈努力成為學者和演講家。就像威爾遜的政治根基在南方一樣，他遵循的思想傳統是英國式的。他喜歡英國思想家的保守主義傳統。美國的民主傳統中，他認同那些與英國傳統的大致相似之處。英美兩國的政治體制都是從容不迫、深思熟慮地在習慣和經驗基礎上發展起來的。

威爾遜指出，美國的民主政治與中歐爭取民主的狂暴行動在思想上沒有共通之處：

法國大革命期間爆發的民眾運動與我國政府的建立，二者幾乎毫無共通之處。我們對於一七八九年的記憶與歐洲人對於這醞釀著風暴的年頭的記憶是完全不同的。早在一百多年前我們就已顯示出我們具備歐洲人已經逝去的東西，即冷靜和自我克制。在關起門來自成一體的瑞士之外，民主在歐洲總是作為破壞性力量以反叛的形式出現的；甚至很難說歐洲的民主有一個有組織的發展時期……而在美國和英國各殖民地，民主在一開始就有著真正的有組織的發展，運動過程中沒有急劇的革命；無須推翻其他政體，所需要的只是自身的組織。這種民主無須建立而只需擴散，進行自治。[6]

威爾遜贊同艾德蒙．伯克（Edmund Burke）對法國思想的痛恨，認為法國哲學是「極其有害的和腐敗的」、「任何國家都不能按照這種哲學的原則來管理」。他贊揚伯克是真正的英國人，「英國歷史中有一個反對革命的連續的主題」。他從伯克等英國思想家那裡學習到很多重要的東西；他把英國政治家奉為楷模，並把英國憲法看成是治理國家最好的法律。

訴諸美國歷史，威爾遜認為，傑佛遜（Thomas Jefferson）未能理解英國傳統是其主要不足之處，法國思辨哲學「像一種虛假的音調貫穿於他的全部思想」，所以「他雖然是一位偉人，但不是一位偉大的美國人」。威爾遜在維吉尼亞大學學習法律時，不屑於爬上幾步山路到蒙蒂塞洛去參觀傑佛遜故居。他在任普林斯頓大學校長期間所做的工作，在很大程度上是向美國人介紹英國人辦大學的思想，他喜歡的娛樂活動是口袋裡裝著《牛津英語詩歌選》騎著自行車在湖區閒逛。

威爾遜還有另一個自覺的身分定位——「南方人」，「南方人似乎天生就關心公共事務」，而且天生就是保守派。他把法律當作通往政治的路徑：「我選定的職業是政治；我學習的卻是法律。我學習法律是因為我認為這可以使我從事政治。」

然而，在其學術和政治生涯中，威爾遜未能持守喀爾文教義和英國傳統，未能抵禦十九世紀末、二十世紀初來勢洶洶的左翼進步主義和現代主義的侵蝕。他在學術上的代表作是《美國人民史》，「他的信仰從美國進步派發展到國際社會民主派的觀點」，進而與

5 安德魯·普雷斯頓（Andrew Preston）：《靈魂之劍，信仰之盾：美國戰爭與外交中的宗教》，（北京）東方東方出版社，二〇一五年，頁三〇四。

6 理查德·霍夫施塔特（Richard Hofstadter）：《美國政治傳統及其締造者》，（北京）中華書局，二〇一〇年，頁二八八。

美國憲法及其所代表的人性論及有限歷史觀決裂，歷史學家理查・霍夫施塔特（Richard Hofstadter）將其形容為「作為自由主義者的保守派」。一點也不奇怪，威爾遜後來成了民主黨人。

威爾遜以英國人自詡：「我們把自己視作地道的民主派，而實際上我們充其量不過是進步的英國人而已。」但是，他在「英國人」前面加上「進步」之定語，讓「英國人」的特質發生了偏差，因為真正的「英國人」對「進步」持懷疑態度。

觀念的紊亂，始於信仰的動搖。十九世紀末，基督教社會主義在年輕的社會福音派中風靡一時，整個社會福音派處在突然向左轉的過程中——威爾遜未能脫離此種潮流。他接受進步主義思想後，將基督宗教看作一種進步主義的力量，他自己則是一個徹頭徹尾的新教改革者。

威爾遜對宗教抱有熱情，「他不曾有志於成為牧師，但他把政治變成啟迪心靈的傳播手段，變成表達新教徒強烈的『行善』願望的手段」。在普林斯頓大學校長任上，作為第一位不擁有牧師身分的校長，他常常在各種場合布道，在實質上充當了「大學牧師」的角色。但他宣揚的宗教是一種關於道德行為的宗教。他上任之初便取消《聖經》課程，從課程中刪除他形容為「教條主義」的長老會教義。一九〇六年，他促使普林斯頓大學正式公布無宗派主義的立場。[7]

威爾遜深受其叔叔、因鼓吹現代主義和達爾文進化論而被神學院解僱的神學教授詹姆士・伍德羅（James Woodrow）的影響，認為堅守神創論是「無知和愚昧」，「地獄只是一種思想狀態」，進化論中科學家的理想高於《聖經》。他非常迷戀「進步」這個十九世紀晚期形成的概念，有一次以〈《聖經》和進步〉為主題對一群長老會基督徒發表演講。[8]

終其一生，威爾遜每天都禱告、讀經（他一生用破了兩、三本《聖經》）和參加教會禮拜，但其基督信仰已蛻化到「行禮如儀」的地步。他嘲笑堅持傳統教義的信徒，因為他有婚外情，就自我辯解說，私人道德與公共事務無關，道德判斷應當在「私生活」地帶「稍微休息一下」。[9]

以「進步」之名踐踏美國憲法

威爾遜信奉的不是清教秩序，而是「進步主義」。這種「進步主義」偏離了英國和美國的保守主義的政治及精神傳統，甚至與之截然對立。

清教徒和制憲者們是保守主義者，他們相信「人是全然敗壞的罪人」，相信傳統和秩序雖然需要不斷修正，卻不能全盤推翻。美國憲法之父麥迪遜（James Madison）強調，「如果人人是天使，就沒有必要成立政府了」，所以才要制定憲法、分散權力、承認政府的不完美、

7 喬治．M．馬斯登（George M. Marsden）：《美國大學之魂》，（北京）北京大學出版社，二〇〇九年，頁二五八—二五九。

8 丹尼爾．蒙特（Daniel J. Mount）：《美國總統的信仰》，（南昌）江西人民出版社，二〇〇九年，頁一〇八。

9 有歷史學家認為，威爾遜的神學觀全盤接受喀爾文的預定論，威爾遜堅信，「如果我的生命不是為了宗教的驅動力而存在，那我這輩子就不值得過」，如果有不幸的事情發生在國家或個人身上，「這是神的心意」。其實，這個觀點並非喀爾文的預定論，而是聽天由命的宿命論——不承認人的罪性，就不可能相信上帝的預定和白白賜予的恩典。

防止民粹式民主造成多數人暴政也防止寡頭掌權造成少數人暴政。國父們對平等的理解是：政府和社會為人們提供運用各自的天賦去獲取財富和幸福的機會，其結果必然是不平等的，但必須確保每個人都有實現其夢想的機會——平等，是機會的平等和遊戲規則的平等，而不是結果的平等。

與之相反，進步主義者相信「人性本善」，認為應當由具有更高明而且更有充足知識的代理人來制定政策，無論這些代理人是政治領袖、專家、法官，還是其他人。他們所制定的政策指向一個人人平等的烏托邦。為了實現這個烏托邦，他們不惜將既有的傳統和秩序全都打倒。他們也堅信，只有自己的方式是最好的和唯一的實現平等和正義的方式。美國經濟學家湯瑪斯・索維爾（Thomas Sowell）諷刺說，那些把自己稱作進步主義者的人，不僅聲稱他們支持變革，而且斷言他們所支持的變革就是有益的變革，即那就是進步。儘管他們無法證明自身，卻將跟他們不一樣的主張統統貼上「維持現狀」的標籤。[10]

在美國的語境下，進步派（進步主義者）、自由派（自由主義者），歸根結底都是左派。耐人尋味的是，左派也知道左派是一個髒詞，不願理直氣壯地宣稱自己是左派，而是用進步派和自由派來掩飾其真面目。索維爾是最早發現各種極權主義運動者與民主黨左派的基本假設之間的相似性的人，當共產主義和法西斯主義在歐洲興起時，美國進步主義作家林肯・史蒂芬對兩者都讚不絕口，費邊社會主義者威爾斯（Herbert G. Wells）在牛津大學鼓勵學生們做「自由主義的法西斯主義者」和「被啟蒙的納粹」。直到戰爭爆發，這些人才驚慌失措地將他們一度欣賞並引以為同道的法西斯主義張冠李戴地重新定義為「極右派」——其實，國家社會主義工人黨，哪一個詞不是名副其實的左派概念？

對於進步派和自由派，死於法國大革命斷頭台的羅蘭夫人一語道破其真面目：自由，自由（進步，進步），天下古今幾多之罪惡，假汝之名以行！而用歐威爾（George Orwell）的話來說，整個左翼意識形態，不論是科學的還是烏托邦的，都是極端主義的。[11]

威爾遜的左轉，除了觀念和信仰上的動搖和混亂之外，也有政治現實主義的考量。在第一次競選中，威爾遜面對來自右翼的共和黨和來自左翼的進步黨的競爭，他看到左翼勢力日漸坐大，就不斷往左移動。他提出「新自由」之政綱，一心打造「行善政府」（何為善，只能由像他這樣學識淵博的政治領袖定義），不惜背離美國憲制的根基——他不加掩飾地表示：「我們並不是一定要遵循《獨立宣言》簽署者所持的那些原則。」

威爾遜高舉進步的旗號，卻是從美國的立國根基退步、從美國的清教秩序退步，從地方自治退步到聯邦集權，從有限政府退步到萬能政府，從私有經濟退步到公有經濟。

威爾遜為「進步主義」而奮鬥，如同威爾斯作品的一貫主題：代表正義一方的科學家，致力於建設一個有計畫的世界國家；他的敵人則是企圖恢復舊秩序的反革命分子。威爾遜認為，一個「合理的」、有計畫的、由科學家和像學者控制的社會形態乃至國際秩序，遲早會獲勝。

從十九世紀最後十年到二十世紀前三十年，美國總統基本上都是共和黨人。除了威爾遜

10 湯瑪斯・索維爾（Thomas Sowell）：《知識分子與社會》，（北京）中信出版社，二〇一三年，頁一二〇。

11 喬治・歐威爾（George Orwell）：《政治與文學》，（南京）譯林出版社，二〇一一年，頁四四〇—四四一。

以外，唯一的一個民主黨總統是克利夫蘭（Grover Cleveland），但克利夫蘭是一名強烈的經濟保守主義者，以至威爾遜有理由「把自己看作是一八六〇年以後的第一個民主黨總統」，也是迄今為止最左的總統。[12]

威爾遜早年認為美國政體不是總統制而是國會制，以博士論文《國會政體：對美國政治的研究》獲得霍普金斯大學哲學博士。他執政之後卻完成了從「國會政體」到「帝王總統」的轉變，大大強化行政權。一旦當上總統，他立即轉而認為「分權的唯一後果，就是造就了一個不負責任的政府」，為此不惜破壞三權分立的架構——他威脅國會說：「我要壓扁你們。」他通過任命三名最高法院大法官來推進其進步主義議程。威爾遜是第一位利用任命程式改變最高法院走向，並危害憲政秩序的對抗式總統。[13]他的總統生涯表明，他深信強有力的總統職務是議會制政府的一種替代，是為美國體系提供有效領導的最佳手段。

威爾遜和他的進步主義鼓吹者們絲毫不尊重憲法，絲毫不以美國憲法為榮，公開蔑視憲法並聲稱要揚棄憲法。弗蘭克林．皮爾士稱美國憲法是「今日世界上任何國家中可以找到的最不民主的宣言」，艾倫．史密斯吼叫著反對憲法中的君主制和貴族制的因素，他們完全拒絕在獨立的政府部門之間保持精巧的相互平衡的觀念。[14]威爾遜認為，美國憲法被正式批准的日期只是「一七八七年中一個平凡的日子」，他聲稱不能讓憲法成為束縛手腳的「緊身衣」，「在憲法被制定時，那時並沒有鐵路，沒有電報，也沒有電話」，因此「每一代政治家都去尋找讓最高法院提供能滿足其當下時代需求的司法解釋」。

頂級大學的校長，應當是最有學問和最聰明的人，但未必就具有治國的能力。威爾遜堅信，總統是「國家真正立場和目標的代言人」，國家所需要的，是「一個與公民要求更為契合的人，一個瞭解其時代和國家需要的人」。他宣稱：「一個總統無論在法律層面還是道德層面都是自由的，他要盡可能地成為一個偉大的人，刷新能力的極限。」美國需要一個強有力的行政機關（總統為其領袖），以用公共政策的形式實現公民利益。

一九一九年，威爾遜的老朋友雷科德（Recorde）——此人在威爾遜轉向進步派方面起了重要作用——致信威爾遜，認為「每一個現代國家都受有特權的人們所統治，這些人即是由於擁有鐵路、土地、礦山、銀行和信貸而控制了工業的人」。要消除剝削，必須控制資本家，將其財富收歸國有。

傳統的美國精神，是個人主義和自我奮鬥，對政府懷有深深的疑懼。國父們對政府這個利維坦設置了重重束縛。而十九世紀末的「進步主義」則認為，政府可以取代上帝。威爾遜曾指出：「現在由個人和公司經營的許多事情，將來會由政府辦理。我確信，政府將接管所有的重要自然資源……所有的水利資源、所有的煤礦、所有的油田等。這些均應由國家所有。」這種國有制跟蘇聯有什麼差別呢？威爾遜此地無銀三百兩地為自己辯護說：「如果我在外面講這些話，人們會說我是個社會主義者，但我不是一個社會主義者。而且正因為我不

---

12 亨利・J・亞伯拉罕（Henry Julian Abraham）：《法官與總統：一部任命最高法院法官的政治史》，（北京）商務印書館，一九九〇年，頁一二六。

13 基斯・威廷頓（Keith E. Whittington）：《司法至上的政治基礎：美國歷史上的總統、最高法院及憲政領導權》，（北京）北京大學出版社，二〇一〇年，頁二一六。

14 M・J・C・維爾（M・J・C・Vile）：《憲政與分權》，（北京）三聯書店，一九九七年，頁二五一、頁二五四。

是一個社會主義者，我才相信這些。我認為採取此類措施是防止共產主義的唯一方法。」這段話在邏輯上無法自洽——用仁慈的國有制來避免專制的國有制，能成功嗎？

威爾遜早年深受白哲特（Walter Bagehot）對英國憲制描述的影響，但當他轉向進步派時，也轉向歐陸的思想資源。在一八八七年，威爾遜即指出，在普魯士國家對行政的研究已經「近乎完美」，他認為德國思想中對「行政」和「統治」的雙重劃分值得美國學習。他強調，美國文官制度的改革應當以歐洲大陸的經驗為基礎。然而，德國並沒有他所想像的那種「行政中立」，與英國穩如磐石的君主立憲制相比，德國的制度搖搖欲墜——第一帝國半獨裁的強勢君主制、威瑪共和國運轉不靈的民主制（總統制）以及第二帝國國家社會主義工人黨的極權制，都不是長治久安的靈丹妙藥。一直等到二戰之後，德國還得依靠美國的幫助，在廢墟之上重建民主政治和自由市場經濟。

威爾遜的外表看上去內斂而冷漠，內心卻充滿浪漫激情，他將這種浪漫激情轉化為對「進步」願景的追求。當他成為第一位將「進步主義」當做國家政策的美國總統時，災難便不可遏制地降臨了——他以「進步主義」治國並推展外交政策，為達到自以為崇高的目標不惜使用卑劣的手段，卻不知道手段的卑劣必將毀滅目標的崇高。

近百年美國精神的敗壞，始於威爾遜。終極的敗壞，乃是理念的敗壞。

在戰爭時期加冕的專制帝王，一切收歸國有

在美國憲制的約束下，在和平時代，總統很難擴權，聯邦政府很難集權。但若是戰爭環

境下，一切就不一樣了。當威爾遜的進步主義施政遇到一系列攔阻時，他發現千載難逢的機遇來了：歐洲陷入一場有史以來最為血腥的戰爭，協約國懇請美國參戰。

外交是內政的延續，外交為內政服務，戰爭是威爾遜在國內大展拳腳的最佳藉口。一旦美國參戰，總統和聯邦政府的權力就可以無限增加。在戰爭的加持下，威爾遜引入他夢寐以求的「行善」的大政府模式，西奧多・羅斯福（Theodore Roosevelt）沒有完成的「新國家主義」水到渠成。[15]

美國參戰大大破壞了自身的憲制。威爾遜利用戰爭建立了史上空前的「戰時社會主義」的聯邦政府。最突出的表現是聯邦軍隊的擴充。戰爭需要大規模動員，近五百萬十八至四十五歲的男性被徵召入伍。一戰給聯邦政府帶來的花銷超過內戰十倍，美國付出的直接代價是一千一百二十億美元，還不包括財政部借給盟國的一百億英鎊。聯邦政府開始出售戰爭債券，有一則公告承諾：「擁有政府的財政利益，無論大小，都有助於成為更好的公民。」戰爭導致國民自由的戲劇性縮水，「強制」成了常態。由於威爾遜任命的布蘭代斯（Louis Brandeis）大法官是左派（他是第一個任大法官的猶太人），左派在最高法院占據多數，其判例完全偏向威爾遜政府。最高法院確認了總統在戰爭時期管理鐵路、通訊和物價的權力。

威爾遜利用戰時狀態大刀闊斧地革新聯邦政府。他建立了西方國家第一個政治宣傳機構（比希特勒更早），即「公共資訊委員會」。該部門僱用數百名工作人員和數千名志願者，

15 弗雷德里克・洛根・帕克森（Frederic L. Paxson）：《新美國：從門羅主義、泛美主義到西奧多・羅斯福新國家主義的蛻變》，（北京）華文出版社，二〇一九年，頁四四三。

通過報刊、廣播和電影，傳播支持戰爭的訊息。該委員會在進步主義者喬治．克雷爾（George Creel）的領導下，用進步時代的扒糞方法，在全國範圍內鼓動愛國性反德情緒和戰爭狂熱，以「百分之百的美國主義」的名義，給任何「拒絕支持危機中的總統」的人貼上「比賣國賊還壞」的標籤。威爾遜執政後期完全依賴這個委員會提供的資訊作出判斷，就如同被一群佞臣包圍的昏君。

一戰時的美國國內戰時限制，比美國在二戰時的限制還要多。威爾遜政府為壓制不同意見，指使國會通過《懲治煽動叛亂法》，它禁止「言說、印刷、寫作或出版任何對美國政府或軍隊不忠誠的、褻瀆的、粗鄙或謾罵的語言」。這是對憲法第一修正案的公然藐視。威爾遜還祭出《間諜法》、《與敵貿易法》等法案來壓制異議者。司法部逮捕了兩千多名公民，其中一半人被定罪，他們中的大部分人只是對威爾遜政府的一些政策提出批評意見。[16] 耗費十三年時間為威爾遜作傳、最推崇威爾遜的傳記名家史考特．貝格（A. Scott Berg）也承認，儘管威爾遜雙手乾淨、心靈高尚，但他在戰時的一系列打壓異議者的政策，堪稱美國歷史上最讓人震驚的鎮壓，他任命的司法部長肆無忌憚地干涉全國各地的家庭生活、社交俱樂部和民間社團，讓專制的病毒進入美國的政治體系。[17]

除了公共宣傳外，政府還將戰爭工作引入多個領域。伯納德．巴魯克（Bernard Baruch）領導的「戰時工業委員會」為工廠制定戰時目標和政策；後來當選總統的赫伯特．胡佛（Herbert Hoover）被任命為食品管理局局長，該局鼓勵民眾參與「無肉星期一」和「無麥星期三」活動，為海外部隊節省食物；亨利．加菲爾德領導的聯邦燃料管理局引入夏時制，並對煤炭和石油實施配給供應來確保軍事需求。這些戰時國家主義經濟和社會管制模式，後來都出現在羅斯福新政中：比如，「戰時工業委員會」成為羅斯福新政時期「國家復興署」的原型，「國家戰時勞工部」成了一九三五年《國家勞工關係法》的原型。戰爭重組了聯邦政府與企業之間的關係，建立了新的合作、監督和管制形式。

威爾遜對經濟一無所知，卻執意執掌經濟大權。他建立了權力無邊的聯邦貿易委員會，發布四百份命令，干預市場經濟運作。他通過徵收累進制的所得稅的法令，令聯邦政府的財政能力擴展到前所未有的地步。當經濟表現不佳時，他相信國有化會有光明前途。他通過《聯邦儲備法》，設立了一個監控國家貨幣供應的歐洲式中央銀行——聯邦儲備委員會，「為了普遍的福利」而調控銀行業。美聯儲日漸膨脹，成為淩駕於自由市場經濟之上的怪獸，如同盤踞在帝國大廈頂端的人猿泰山。

在威爾遜任上，還通過史上最嚴厲的禁酒法令，表面上是出於其虔誠的信仰和道德觀，實際上是讓政府強勢介入和管制民眾的日常生活。

隨著戰爭的推進，威爾遜愈來愈遠離民眾，像是宮廷中的帝王。他身材高瘦，戴著老師常用的那種眼鏡，有著突兀的假牙。他頑固，自信，解決問題時不善於掌握重點，卻維持著一種自命不凡的傲慢與矜持，這種傾向一直都有，隨著大權在握而變本加厲。他難以讓人喜

16 愛德蒙・佛賽特（Edmund Fawcett）：《自由主義：從理念到實踐》，（台北）麥田出版，二〇一六年，頁三〇四。

17 A. Scott Berg：《Willson》，（New York）C. P. Putnam's Sons，2013。

歡，卻很容易招來痛恨。[18]

威爾遜特別相信自己的良善，篤信他的政府乃是「行善的政府」。總統權力在其任內大肆擴張，他曾經喜歡伯克，後來卻背離了伯克，曲解式地引用伯克的話來為其擴權辯護：「一般來說，權力是賦予國家精明和正直的部長們的，甚至法律的各種應用和力量也取決於行政權。沒有權力，共和國不過是一紙空文，而不是一個活潑能動有效的組織。」他認為，只有將權力授予明確、果斷地行使權力管理國家的首腦和部門，才能使國家權力機構有活力的高效運轉。在其總統任期的最後歲月裡，他竭力神化總統的權勢，「他本人易於產生非常強烈的內疚心情，把對完美無缺的正義的要求突出提到國家事務中，使他逐漸失去寬容的度量」。

自以為是行善，卻是在作惡。聽來崇高之原則，卻充滿模棱兩可之處。這位一度被認為是「其個人品格可以用《聖經》中最高貴的語言來形容」的紳士，仍未克服權力對人的腐化——人性本就如此，如果威爾遜持守《聖經》中關於「人人皆是罪人」的教導及喀爾文主義中「人是全然敗壞的罪人」的人性觀，就不會如此自以為義。

一九一九年十月二日，威爾遜再一次嚴重中風，左半邊身子癱瘓，左眼失明。他竭力欺騙選民，掩蓋其病入膏肓、已無法處理國政的真相。他的晚年是在中風後的病痛和眾叛親離的苦毒中度過的，他跟所有朋友都絕交了，連內閣部長們都很難見他一面。他拒絕辭職，將國事委託給夫人處理——許多歷史學家認為其夫人伊迪思・威爾遜（Edith Wilson）實質上是第一任女性總統，她扮演這個角色長達十八個月之久。國務卿藍辛（Robert Lansing）建議總統按照憲法有關條款行事——總統無法視事之時，由副總統暫代總統之職，卻立即遭到解職。

在此狀態下，威爾遜企圖參選第三個總統任期，卻被民主黨拋棄。隨即，延續其加入國際聯盟政策的民主黨候選人在競選中慘敗。黯然離開白宮時，威爾遜對同黨的議員說：「此後不必再跟我聯絡了。」法國駐華盛頓大使如此形容說：「假如他生在幾個世紀之前的話，會成為全世界最大的暴君，因為他根本不認為自己會犯錯。」

幸虧美國公民還有投票權，在一九二〇年代，美國公民用投票否決威爾遜的大部分「進步主義」政策。然而，政府在戰時對經濟和社會的干預、控制的狂熱經驗，如毒素般地進入一部分美國民眾的思維方式之中，使得他們在後來成為一九三〇年代更為激進的「新政」的支持者和參與者——而後來這一次的「新政」則由威爾遜政府當年的海軍部副部長富蘭克林·羅斯福（Franklin D. Roosevelt）所領導——由此可以清晰地看出進步主義者知識和精神譜系。

國際聯盟的虛偽理想如何被現實狠狠打醒？

一九一八年十二月十三日，威爾遜及其龐大的代表團乘坐的「華盛頓號」抵達法國港口布列斯特。不計其數的法國居民身穿五顏六色的當地傳統服裝到港口迎接，人們不停地歡呼：「美國萬歲！威爾遜萬歲！」

18 保羅·約翰遜（Paul Johnson）：《美國人的歷史》（中卷），（北京）中央編譯出版社，二〇一〇年，頁二一五。

威爾遜一行的專列抵達巴黎後，受到盛大歡迎。禮炮響徹整個巴黎，一名在法國的美國人描述說：「對巴黎人來說，這真是最難忘、最富激情、最有好感的遊行，我從未聽說，更別提看到過這種場面了。」法國總理克里蒙梭（Georges Clemenceau）不無嫉妒地說：「威爾遜認為他是另一個耶穌基督，來到地球拯救人類。」[19]但他又認為這位「說話像耶穌基督」的美國總統心智受損，患了「宗教精神官能症」。

威爾遜率領一千三百人的龐大團隊參加巴黎和會，標誌著美國總統在外交事務中開始擁有龐大而基本不受約束的權限。從此，美國雖然只有一個總統（President），卻有兩個總統職位（Presidents），一個對內，一個對外。威爾遜專橫而跋扈，拒絕任何一位共和黨議員與之同行，人為地製造了與國會的對立，埋下了國會與之反目的禍根。

當威爾遜啟程前往法國參加巴黎和會時（他是首位在任內出訪的美國總統，他在巴黎足足停留了六個月，是美國有史以來在海外停留時間最長的在任總統），當他發表「十四點和平計畫」時，「世界迎來了『威爾遜時刻』——這個詞彙捕捉到這樣的事實，即美國總統威爾遜成為全球數百萬人的偶像，以及『奠基於自決原則的公正國際社會』願景的最佳代言人」。[20]在威爾遜之前，在美國國內，能以總統之名命名的時刻，唯有「華盛頓時刻」和「林肯時刻」，「威爾遜時刻」已然溢出美國國境和國內政治，成為世界史的焦點。

威爾遜擁有的博士學位和知識分子風度，讓他在歐洲大受歡迎——歐洲有菁英治國的傳統，歐洲政客長期看不起美國的政治人物，這一次，威爾遜讓他們刮目相看。

美國國內的知識菁英給予威爾遜大量的溢美之詞。比如，一九一六年威爾遜發表關於人民民族自決的演講後，威廉姆斯學院院長將其比作林肯的「蓋茲堡演講」。輿論領袖李普曼

（Walter Lippmann）寫道：「就其歷史意義而言，它無疑是我們這一代知識的最重要的外交事件。」政治評論家霍爾特宣稱該演講「不輸於《獨立宣言》的政治重要性」。歐洲的頂級知識分子用更誇張的說法讚美威爾遜，比如法國左翼作家羅曼．羅蘭（Romain Rolland）用華麗言辭將威爾遜形容為先知和救星：「總統先生，您被獨自賦予了普世性的道德權威。所有人都對您抱有信心。回應這些卑微的希望與請求吧！……華盛頓的後繼者、林肯的後繼者！您一手掌握的，並非某個政黨、某個民族的功業而已，而是全人類的命運！世界各地人民的代表，如今都被召喚到『全人類大會』上來！發令吧！向全人類發令！」威爾遜不必為羅曼．羅蘭的諂媚之詞而感動，過不了幾年，後者又要用同樣的獻詞去歌頌史達林（Joseph Stalin）了。

然而，巴黎和會所達成的〈凡爾賽和約〉既不公正也不仁慈。威爾遜認為，德國皇帝是世界上的邪惡之尤，必須掃除德國的君主政體，強迫德國接受美國式的共和政體。他卻不知道德國的民情還沒有到接受完全的共和政體的程度。勉強建立的威瑪共和國始終搖搖欲墜、步履蹣跚。戰勝國將德國塑造成唯一的壞人，強迫德國人俯首認罪。德國宣布投降後，繼續遭到長達四個月的飢餓封鎖，幾十萬平民被餓死，協約國卻毫無內疚之感。

國務卿藍辛提醒總統，和約的各項條款看上去是非常苛刻和帶有羞辱性的，許多條款根

19 麥克菲爾森（James M. MacPherson）：《總統的力量》，（北京）中國友誼出版公司，二〇〇七年，頁二〇二。

20 埃雷斯．馬內拉（Erez Manela）：《1919：中國、印度、埃及、韓國，威爾遜主義及民族自決的起點》，（台北）八旗文化，二〇一八年，頁二五。

本不能執行。威爾遜回答說，和約出自「上帝之手」，不容置疑。然而，這份和約讓被迫接受它的威瑪共和國在德國人民眼中失去了合法性。德國人怨聲載道，希特勒（Adolf Hitler）趁虛而入，稱簽字者為「十一月的罪人」。合約種下了仇恨，並未締造和平。就連法國的福煦元帥（Ferdinand Foch）也直率地評論說：「這不叫和平。這叫停戰二十年。」

當威爾遜發現〈凡爾賽和約〉不受歡迎之後，立即見風使舵，宣稱合約屬於勞合·喬治和克里蒙梭，唯有國際聯盟的構想是屬於他自己的。他有一種幾乎是宗教上的虔信，認為他有能力以國際聯盟的形式實現一種新式的「國家間的和諧」。他在將有關文件遞交參議院時，居高臨下地說：「我們敢拒絕它，並打碎世界的心嗎？」這是一種文青式的情感勒索。

威爾遜建立國際聯盟維持世界和平的設想，來自於李普曼起草的名為「戰爭的目標和它所建議的和平條件」的祕密報告。其核心內容是：建立國際聯盟，提供集體安全保障，要像運行良好的公民社會一樣，由政府、法律、法庭以及警察保障安全。

威爾遜及其支持者相信，在國際聯盟這一合作型安全的新型包容體系內，世界上所有國家都將參與其中，少部分國家結成的聯盟將被所有國家創建的「世界同盟」所取代。國家間的爭端將被提交到國際聯盟，通過談判達成和平的解決方案。[21]

威爾遜將美國加入國際聯盟的議案與〈凡爾賽和約〉打包在一起，提交國會通過。參議院外交關係委員會主席洛奇（Henry C. Lodge）整理出四十九條「保留意見」，要求根據這些提議修改條約。威爾遜的回答是：「我絕不讓步，參議院應該吃掉這劑苦藥。」於是，參議院與之分道揚鑣，國會將提案否決。

不具備妥協精神的威爾遜，將反對者貼上「邪惡之人」的標記，那麼唯一剩下的「義人」

就是他自己了。他為此展開一場全國巡迴演講，希望得到民意直接支持。他聲稱，國際聯盟將永遠結束戰爭，這是他對美國士兵的承諾：「如果我不竭盡全力把條約付諸實施，我就是個懶惰之人，我永遠無法正視這些孩子們的眼睛。」

最終，國際聯盟成立了，總部設在日內瓦，在其建立的一九二〇年，其成員國達四十八個。但是人們只能在美國缺席的情況下，實驗威爾遜所憧憬的世界新秩序。

威爾遜精心打造的國際聯盟，是一個易碎的玻璃盒。當時，法國代表萊昂．布爾熱瓦（Léon Bourgeois）建議，為了使得國際聯盟能夠擁有必要的軍備來推行其命令，應快速部署一名總參謀長和一支常備軍事力量以應對侵略。然而，威爾遜憤怒地否決了將這種想法引入一個旨在保衛世界和平的組織，他將其視為軍國主義的靈魂。

結果，當道義勸說和經濟壓力無法保證和平時，國際聯盟缺乏通過使用軍事力量來擊退侵略的關鍵權力。到二十世紀三〇年代，隨著納粹德國重新武裝和歐洲軍備競賽風起雲湧，再加上日本侵略中國以及在太平洋上再次擴充軍備，致力於合作型安全的國聯卻只能在口頭上表示反對而無法有實質性的行動。

「威爾遜時刻」如雪山般消融。如同王莽「以『德』治國」的宣示卻導致西漢帝國覆亡；威爾遜「以『德』組建國際秩序」的幻想埋下了法西斯主義和共產主義崛起的隱患。巴黎和會剛剛落幕，第二次世界大戰的硝煙就從遠方隱隱傳來。短短十多年之後，威爾遜對一戰的

21 威廉．R．科勒（William R. Keylor）：〈聯合國：全球合作型安全的守護者〉，見沃伊切克．馬斯特尼、朱立群主編：《冷戰的歷史遺產：對安全、合作與衝突的透視》，頁七九—八〇。

定義「一場結束所有戰爭的戰爭」成為歷史笑柄，「沒有人比威爾遜更應為喪失和平負責。這是他的悲劇——也是我們的」。

威爾遜失敗的根本原因在於：他倡導的世界主義和民族主義，看似無比美好，卻偏離了美國立國根基和英美保守主義傳統。世界主義和民族主義像罌粟花，美麗卻危險，它們是截然對立的，卻又都可歸入十九世紀末的「進步主義」。[22]威爾遜將它們從潘朵拉魔盒中釋放出來，卻不知如何收回去。他向全世界展示了世界主義和民族主義一體兩面的「威爾遜和平」，其個人魅力和美國的實力及當時的國際現實卻不足以維持這種脆弱的和平。

歐洲人為何不願接受威爾遜的空想？

歐戰不是威爾遜第一次下令美國參與的對外戰爭。在此之前，他已多次出兵墨西哥、尼加拉瓜、海地等國，歷史學家沃爾特．拉費伯爾（Walter LaFeber）將其形容為「美國歷史上最偉大的軍事干涉主義者」——儘管威爾遜信誓旦旦地反對帝國主義，承諾美國「不再會通過征服來多求一英尺的土地」，但他以「教導拉美人民如何選出一位好人」來合理化入侵。

美國這個大洋彼岸的年輕國家，第一次被歐洲人當做救星。美國確實是歐洲的救星——若非潮水般的美軍被投入西線戰場，在俄國爆發革命並退出戰爭之後，德國從東線調回的軍隊發起淩厲的攻勢，僅靠士氣低落的英法聯軍恐怕難以抵擋。美國的參戰，是影響戰爭勝負的決定性力量，戰爭史家李德哈特指出：「如果欠缺美國的經濟援助，美國未派兵使聯軍在數量上居於優勢，尤其在精神上使聯軍受到鼓舞，勝利不可能取得。」

美國官兵在前線的浴血奮戰，讓威爾遜在巴黎和會上擁有了話語權。威爾遜的國際聯盟，奠基於「十四點和平計畫」之上。其中有八點是針對具體問題的，主要是領土問題，比如波蘭、比利時和法國的邊界應該位於何處（該計畫並未消除這些邊界爭議，這些邊界爭議成為下一次戰爭的觸發點）。其他六點計畫是為世界政治的未來勾勒出明確的進步主義願景，此六條原則將相互依賴和互惠——基督教的黃金法則，碰巧也是形成社會福音運動中進步主義的核心——置於國際關係的核心：公開外交、航海自由、自由貿易、裁減軍備、民族自決和國際聯盟。

放在任何時代，這些都是崇高的理想，但威爾遜無視理想與現實的差異，無視美國與歐洲的差異，其傲慢無可救藥，誠如法國總理克里蒙梭開玩笑說：上帝只有十點原則，而威爾遜有十四點。

一九一九年，義大利外長西德尼・桑尼諾（Sidney Sonnino）憤怒地對著威爾遜吼叫道：「通過一些外交官的活動，在一個屋子裡改變世界，有這樣的可能性嗎？去找巴爾幹人試試『十四點』。」「十四點和平計畫」未能解決巴爾幹半島錯綜複雜的民族和國家糾葛，一直到二十世紀末，這個地區仍然硝煙瀰漫、屍橫遍野。

實際上，威爾遜倡導的理想主義國際關係背後，隱藏著精心設計的目標——使美國成為

22 本書論及的「進步主義」，等同於英美語境下的「自由派」（左派），如喬治・歐威爾所說，左派的關鍵詞是「進步」、「民主」和「革命」，幾乎每個人尤其是年輕人都是「進步的」，至少希望被別人認為是進步的。

全球領袖，按美國的想法重塑戰後世界。[23]一個最明顯的例子是：作為對參議院施壓的回應，威爾遜在巴黎的談判中堅持保留國際聯盟憲章第二十一條，其中規定：為保證和平，憲章的任何內容都不「影響國際條約的合法性，如仲裁條約和門羅主義等區域性諒解」。這樣一來，他就可以保證世界特定區域（西半球）的一群國家，有權設計自身的安全條約，從而把區域外的國家排擠出去。

威爾遜口中的正義與和平是海市蜃樓。記者林肯．史蒂芬斯（Lincoln Steffens）寫下一個難忘的場面：在巴黎和會上，法國總理克里蒙梭聽完威爾遜「這是一場終結一切戰爭的戰爭」的高論後，質問威爾遜和勞合．喬治，你們真的相信這個說法嗎？威爾遜對此無禮的追問不知所措。

克里蒙梭接著列舉實現和平的必要代價：英國必須放棄殖民體系；美國人必須離開菲律賓且不再染指墨西哥……類似要求數不勝數。與會眾人被迫承認，這個結果不是他們想要的。他們想要的不是和平，實際上還是戰爭。保守主義思想家理查德．維沃（Richard M. Weaver）評論說：「這就是所有表裡不一者的困境，他們鼓吹正義，但真正想要的（且實際上所選擇的）卻是其他東西。」[24]

經濟學家凱因斯（John Keynes）作為英國財政部代表參與巴黎和會，對與會者和會議結果大失所望，憤而辭職，隨後出版《凡爾賽和約的經濟後果》一書。他認為，和約的制定者是其偏見和文化的囚徒，這些人對世界的認識極其有限，卻擁有規劃新世界的權力。他一度對威爾遜寄予厚望，但他親眼目睹了後者在談判過程中的笨拙之後感歎說：「威爾遜髮型端莊、儀表堂堂，和照片中所見一模一樣……但是，這個既盲又聾的唐吉訶德走進了洞穴，在洞穴中寒光閃閃的利刃握在對方手中……較之歐洲人，總統的反應遲鈍格外引人注目。他根本無法理解他人的話語，無法對情況作出瞬時判斷。因此根本不是勞合．喬治的對手。」[25] 他已經威爾遜在巴黎和會上判斷力受損，而且很容易做出對他來說非常「不自然」的事情，他已經發展出一種只有單一軌道的心智，無法有效地與他人溝通，也無法通過思索來調整自己的政治立場，是因為他已出現腦部病變及失智的徵兆，這是多次輕微中風的結果。人們描述他「愈來愈自我中心、多疑以及喜歡保密，但是跟人相關的事情卻又比以前更加不謹慎」。[26]

凱因斯認為，美國新增的巨大財富並沒有造就強大的認知能力，相反，這個國家只是物質上富有，而理性思維上貧窮。凱因斯的看法固然有歐洲中心主義之嫌，對美國的崛起既羨慕又蔑視，卻也從另一個方面說出美國民主制度的缺陷——這一點，托克維爾（Alexis de Tocqueville）數十年前就已發現了：美國的選舉制度常常會選舉出不稱職的官員，包括總統。威爾遜的才能出任普林斯頓大學校長和新澤西州長已勉為其難，在美國即將在世界舞台上扮演關鍵角色的歷史時刻，作為美國總統顯然力不從心。

「十四點和平計畫」一言以蔽之，就是「民族自決」。威爾遜以為「民族自決」是一個美好且可實現的原則，卻沒有料到它如同一顆被引爆的炸彈，「我宣稱所有民族都有自決權

---

23 伊恩．克肖（Ian Keershaw）：《地獄之行：1914-1949》，（北京）中信出版社，二〇一八年，頁一二三。
24 理查德．M．維沃（Richard M. Weaver）：《思想的後果》，（南昌）江西人民出版社，二〇一五年，頁一九〇—一九一。
25 彼得．沃森（Peter Watson）：《20世紀思想史》（上），（上海）上海譯文出版社，二〇〇八年，頁二〇一。
26 大衛．歐文（David Owen）：《疾病與權力》，（台北）左岸文化，二〇一一年，頁四四。

的時候，沒有意識到有如此多的民族會接連不斷地找上我們」。當追求獨立而被英國政府鎮壓的愛爾蘭人前來向威爾遜尋求幫助時，他卻不敢因此跟最親密的盟友英國翻臉，只能冷冷地拒絕愛爾蘭人，宛如唾面自乾。

沒有公民德性，民族自決變成種族屠殺

作為偏左翼的基督徒的威爾遜，或許應該聽取保守派新教徒的保留意見，這個人碰巧就是他的國務卿藍辛。威爾遜和藍辛有共同的長老教會背景和不苟言笑的個性，但他們相處得並不好。作為一位國際法專家，藍辛贊同威爾遜在戰後的廢墟上重建某種新的世界秩序的想法，但他發現，威爾遜所展望的聯盟沒有考慮到傳統的美國外交原則，尤其是門羅主義，甚至是憲法。藍辛相信《聖經》無誤，不願偏離《聖經》原則，他如此定義自己的信仰：「我認為自己屬於正統派，認為《聖經》包含了真正宗教的歷史和上帝與人類關係的歷史，認為對上帝的懺悔和對基督的信仰是唯一得救的途徑。」他不接受為了追求某種共同目標而削弱基本認同，無論是宗教的還是國家的。他認為，只有加入國聯的國家都是相似的民主國家時，國聯才能發揮作用。而國際聯盟及此後的聯合國的失敗，正是背離了這一原則——信與不信的不可同負一軛。

民族自決並非包治百病的靈丹妙藥。即便是作為上帝選民的以色列人，也曾懷念在埃及為奴的日子，而不願跟隨摩西出埃及、過紅海、獨立建國。藍辛質疑說：「善於言辭的天賦可能會是禍端，除非那些言辭在它被言說之前就能夠經得起考驗。」作為國務卿，藍辛不能

公開反對總統，但他在日記中寫道：「總統在說『自決』的時候，他心裡想的是個什麼單位？是人種、地區，還是團體？」藍辛認為，威爾遜使用這個詞語是個災難：「這種說法只會帶來永遠無法實現的希望。有人為了這個原則會不惜訴諸武力，但理想主義者無視這種危險，等意識到這一點時，一切都太遲了。最終『自決』必然落得萬眾唾棄的下場，被人們當成理想主義者的春秋大夢。」他進而質問：是什麼造就了民族？是像美國那樣，一種共有的公民權？還是像愛爾蘭那樣，一個共同的族群？如果它不是自治，那麼應當改為自治嗎？要是這樣的話，自治到什麼程度才夠用？不管怎麼定義，一個民族能在一個更大的多民族國家中幸福地生活嗎？[27]

威爾遜故意不對「民族自決」作出清晰界定，他拒絕回答藍辛的一系列追問。「民族自決」這種二十世紀的意識形態，比後來出現的核武器的殺傷力還大，它拉枯摧朽般地加速了俄羅斯帝國、德意志帝國、奧匈帝國和鄂圖曼土耳其帝國這四大帝國解體。在帝國解體所留下的真空中，十個新的民族國家脫穎而出，但和平並未降臨，反倒陷入更殘暴、更恐怖的戰亂之中。從戰敗國所處的東歐、中歐到南歐連接形成「弧形暴力地帶」，在一九一八年至一九二三年，以及一九三〇年代以來再度爆發的武裝衝突中，平民遭到殺害的數字普遍都超過士兵陣亡的人數，這一現象在歷史上是極為罕見的。

民族自決，娓娓動聽，但何為「民族」？人言人殊。生理特徵無法界定民族，文化和語言也無法界定民族。「民族自決」如同泥人張手上的泥土，被領袖們任意操弄。隨同威爾遜

27 瑪格蕾特・麥克米蘭（Margaret Macmillan）：《巴黎和會》，（台北）麥田出版，二〇一九年，頁四五。

參加巴黎和會的李普曼感歎說，「我們描繪地圖，討論人口，就好像他們是抽象的黏土」，就靠著少數幾個政治人物在會議室中大筆一揮，數千萬茫然無知的人民被安排、被處置，就像一些棋子，被用來執行某些更宏大的計畫。

然而，由一戰之後的法令所創造的諸多國家中，其軍事的、經濟的和社會的生存能力能否支撐其現代民族國家的架構，卻不是勝利者有充分的時間去認真思考的問題，更不是勝利者能夠回答的問題。如索維爾所說，這是一種塑造其他人民生活的「聖化構想」，其實踐的結果卻與威爾遜的想像截然相反。

威爾遜本能地反感歐洲的舊式多民族帝國，以為幫助歐洲打造一系列現代民族國家就會讓歐洲有一個更好的未來，卻事與願違。

歐洲舊式帝國並非威爾遜所認為的那麼不堪，奧匈帝國和德意志帝國都是相對較為仁慈的多種族帝國。在其內部，固然有種族不平等，但至少罕有發生嚴重的種族屠殺。

一戰之後，波蘭、烏克蘭和白俄羅斯三個斯拉夫民族國家的重建，彼此間的對立和人口交換政策，以及在德國和蘇俄兩大強國之間的選邊站（進而造成的內部分裂和殺戮），凸顯了民族、宗教和階級問題的複雜性，一百年後仍然剪不斷、理還亂。俄國入侵烏克蘭帶來了二戰之後歐洲最嚴重的地緣政治危機，此刻尤其需要記取美國歷史學家蒂莫西．斯奈德（Timothy Snyder）的警告：烏克蘭的國家建設計畫是二十一世紀歐洲安全的關鍵。然而，歐盟的東擴政策——一項明智而高貴的政策——就歐洲東部邊界提出了問題，而非解決了問題。[28]

尤其是奧匈帝國，從十九世紀末經歷了工業革命和經濟繁榮，在一定的框架內，實現諸多對民族權利的保障，國家不再是實施鎮壓手段的暴力機器，而是一個各部分互相接合、充滿活力的政治實體。而在塞爾維亞等新興民族國家內部和周邊發生的慘烈的種族衝突，似乎反過來說明哈布斯堡聯邦是一個還不錯的治理形式和防衛體系，而新成立、離散的民族政治實體只會引發更多問題。就連捷克民族主義史學家帕拉茨基也承認：「我發自內心認為，也從歷史的角度進行分析，維也納是能夠保衛我們的民族，使之和平、自由和公正的中心。」[29]

而此後的全球帝國瓦解、民族國家興起以及暴力循環升級，起源都是最初看似無比美好的「威爾遜時刻」。索維爾冷峻地指出，拯救被壓制少數族群的理念忽視了這樣一種前景：被壓制的少數族群一旦成為他們自己國家的統治者後，他們就會立即開始壓制其他處於他們控制之下的少數族群。這些被忽視了的前景後來果真就成為了現實。

一戰和二戰之間一系列小規模的戰爭及內亂空前殘酷，滲透了國內與國際衝突中的新暴力邏輯：所有國家都要經過整肅，清除掉在種族與政治上不受信任的群體（「劣等居民」和「敵方平民」），以達成某種「淨化過的社會」。[30]

以塞爾維亞為核心建立的南斯拉夫王國，奉行大斯拉夫主義，企圖吞併周邊更多地區。

28 蒂莫西・斯奈德（Timothy Snyder）：《民族的重建：波蘭、烏克蘭、立陶宛、白俄羅斯》，（南京）南京大學出版社，二〇二〇年，頁三七五—三七七。

29 克里斯多福・克拉克（Christopher Clark）：《夢遊者：1914年歐洲如何邁向戰爭之路》（上卷），頁一二八—一三一。

30 羅伯・葛沃斯（Robert Gerwarth）：《不會結束的一戰：帝國滅亡與中東歐民主國家興起》，（台北）時報文化，二〇一八年，頁三八四。

捷克斯洛伐克和匈牙利等剛剛從帝國重壓下獲得獨立的民族國家，又急不可耐地迫害其境內的少數族裔——這些少數族裔反倒懷念在仁慈的奧匈帝國統治下的舊日時光。兩次世界大戰之間短暫獲得獨立地位的波蘭，以縮小版的多民族帝國自居，對其境內的猶太人、立陶宛人、烏克蘭人、白俄羅斯人竭盡壓迫、歧視和羞辱——就如同後來經過越戰獲得統一的越南，搖身一變成為中南半島的「小中華」，對柬埔寨、寮國、泰國等鄰國頤指氣使乃至兵戎相向。

一戰後期，俄國及東歐國家的布爾什維克革命及其引發的內戰、種族清洗、疆域爭端、階級鬥爭……各種不同形式的戰爭和暴力衝突，都帶有種族或階級屠殺的色彩：中歐和東歐大部分新興民族國家內部都發生了大規模的反猶運動和對猶太人的屠殺，按照現代民族國家模式建立的土耳其共和國大肆屠殺亞美尼亞人和庫德人。明明是喬治亞人的史達林，以大俄羅斯民族（大斯拉夫主義）之名，淩虐其帝國境內的包括喬治亞人在內的諸多少數族裔；明明是奧地利人的希特勒，卻以大日爾曼民族之名，吞併了奧地利。

在這些新興民族國家之內，種族屠殺還擴展成階級屠殺。國家，和民族一樣，是隨時間而改變的，當人們認為國家的權力是合法的，它就是合法的。每當民族復興浪潮湧來，知識階層就暴露在大規模清洗的危險中。針對階級身分而實施的屠殺是這個世紀的新現象，不僅知識分子，而且富人（農村的地主和城市的資產階級）也淪為清洗的對象。[31]

希特勒的種族主義觀念不是憑空產生的。威爾遜固然不需要為希特勒的大屠殺負責，但是，殘酷的歷史進程表明：威爾遜所尋求的、其他知識分子所擁護的解決方案，既是幻想的，同樣又是危險的。在「威爾遜時刻」之後一百年，世界仍然動蕩不安：以色列與阿拉伯國家的衝突、南斯拉夫內戰、盧安達內戰及種族屠殺、車臣戰爭、科索沃獨立戰爭、東帝汶獨立戰爭、「阿拉伯之春」轉變為「阿拉伯之冬」、俄羅斯與烏克蘭的衝突、亞美尼亞與亞塞拜然的戰爭……無一不是對「民族自決」這一貌似進步的理念的陰鬱的反諷。

沒有清教徒傳統，就無法產生公民美德；沒有公民美德，法律和秩序必定淪為一紙空文。

美國價值雖有普世性，為何不是世界通用？

威爾遜的失敗，是因為他背離了美國人習以為常的保守主義觀念秩序。他對人性抱有過於積極樂觀的期待，陷入民族自決、萬國平等的想像，這種理想主義迷人而危險。[32]

威爾遜主義開啟了美國式的「自由主義霸權」。美國外交政策學者史蒂芬·華特（Stephen M. Walt）指出，美國領導人選擇自由主義霸權而不採取較節制的整體策略，是因為外交政策界相信，散播自由價值對於美國安全極為重要，且不難做到。他們誇大國際危險、吹捧自由主義霸權可以帶來的好處，並隱瞞真正的成本，藉此說服一般民眾支持這項野心勃勃的政治議程。最終，他們打造了一個以善意鋪成的地獄。[33]

31 蒂莫西·斯奈德：《民族的重建：波蘭、烏克蘭、立陶宛、白俄羅斯，1569-1999》，頁五。

32 偏左派的外交政策學者沃爾特·拉塞爾·米德（Walter R. Mead）認為，威爾遜主義亞文化最初發端於分離主義分子對信仰清教的新英格蘭的忠誠，並在逐漸衰落的美國喀爾文主義漫長而淡薄的餘暉中得到了發展。這個看法是錯誤的，米德未能洞悉清教徒和喀爾文主義人性論的核心——清教徒和喀爾文主義對「人性本罪」的堅信，顯然與威爾遜的「全人類向善論」背道而馳。

33 史蒂芬·華特（Stephen M. Walt）：《以善意鋪成的地獄》，（台北）麥田出版，二〇一九年，頁九。

從威爾遜擔任總統以來，美國的外交關係就在兩種傾向之間擺動：第一種是遵循美國傳統的國家主義、民族獨立、奉行單邊主義；第二種是支持新的大西洋主義、國際主義、多邊主義，以及在英美主導的進步思想和法則下建立的世界。

左翼歷史學家布魯斯·卡明思（Bruce Cumings）認為，威爾遜是民族自治的擁護者，是美國理想主義外交關係之父，是美國僅有的，身上既有嚴格的喀爾文主義，又有相應的偽善、傳教士的熱情、高智商、美德、種族歧視、侵略性，諸多品格在同一個人身上融合。然而，卡明思對喀爾文神學缺乏基本的研究，他不知道威爾遜早已偏離喀爾文神學的核心部分。

威爾遜主義認為，美國應當向全世界傳播美國民主和社會價值觀，促進民主和防止戰爭是相輔相成的。威爾遜主義確實與美國的傳教士傳統有關。歷史學家布爾斯廷（Daniel J. Boorstin）指出，傳教活動是理解美國與世界交往的核心因素。傳教士及其朋友、支持者、在美國國內擁有相同價值觀的其他人不僅影響美國對一些具體國家的政策，而且為美國整體外交政策建立了廣泛的概念——美國既是燈塔，更是救星，尤其是對那些非民主的國家的民眾而言。他們相信，當前的任何弱點或缺陷都不能推翻美國向世界各地傳播民主革命的權力、義務和使命。

然而，十九世紀下半葉以來美國和西方的傳教運動，其背後的動力是受進步主義浸染的社會福音運動，「社會」先於「福音」，本身就說明「福音」不再純正。很多傳教士儼然將自己而非上帝視為落後國家和民族的救星。當他們的影響力溢出教會，影響國家的外交政策時，負面效應就鮮明地呈現出來。比如，北約東擴，鼓勵烏克蘭加入，但當俄國出兵侵略烏克蘭時，北約卻又不敢出兵保護烏克蘭、與俄國對抗，而任由烏克蘭平民遭到俄國軍隊無差別的屠殺。

威爾遜主義是根植於美國文化和歷史的真實存在，但它不能一家獨大（在威爾遜執政時期就是如此），它必須受到其他立場的制約，比如重視本國經濟利益的漢密爾頓主義、更關心國內安全的傑佛遜主義和以美國人民的利益為首的傑克遜主義。

威爾遜以為理想主義是美國人最顯著的性格特徵，但美國人在理想主義之外又有謹慎而悲觀的現實主義——托克維爾指出：「美國人的想像力，即使飛翔得很高時，也是小心謹慎和遲疑不決的。它的行動受到束縛，它的目標難以達到。這些謹小慎微的習慣，也見於政治社會，並對國家的安定和所定的制度的持久產生極為有利的影響。」制憲者們在某種程度上都是喀爾文主義者，基於人性中的幽暗意識，在制憲過程中重點考量的不是締造一個無所不能的大政府以及賦予總統以國王般的權力，而是如何將權力關進籠子裡，防止出現多數人的暴政和民主的暴政。

美國不是左派意義上的民主國家，而是右派意義上的共和國、聯邦國和憲政國。威爾遜誤以為民主是美國的首要特徵，要將美國式民主向全球推廣——這種傳教士般的熱情和正義感，看似高尚，一旦成為外交政策，必定害人害己。

今天的美國，仍在咀嚼「威爾遜主義」的苦果。大部分的美國總統和外交政策的執行者們一直違背了一個常識：不能輕易給他人許下你無法實現的承諾，此種行為看似慷慨，實則為撒播仇恨。

美國人乃至所有人都應當謙卑地意識到：美國道路不是一條適合所有國族的道路，美國價值也不是任何國族都可拿來為己所用的鐵律——托克維爾說，對美國民主的結構發生制約作用的有三大因素：地理、法治和民情。其中又以民情占主要地位。所謂民情，就是一個民族的整個道德和精神面貌，它是其觀察的焦點，也是其全部想法的終點。

那麼，美國的基本價值和民情秩序是什麼呢？民主在美國的成功，得益於新教倫理及其塑造的公民美德，如果沒有這種公民美德，任何國族既無法享受自由，也無法維持獨立。美國經驗在價值層面是普世的，卻並不具備對所有歷史階段的所有國家的普適性，並非隨時隨刻放之四海而皆準，它受限於不同的民情秩序和文化傳統。就好像一顆種子，儘管品質優良，若無適合的天氣、水和土壤，就無法生根發芽。只有在一定程度上具備美國式民情，美國的價值、美國的民主共和制度才有可能成功移植。美國自身也必須持守其民情，否則美國價值和秩序可能在本土遭到動搖乃至顛覆。

今天的威爾遜已成為左派要推倒的過時偶像

第三世界的民族主義者和反叛者們一度將威爾遜視為慈父，但當他們發現威爾遜只說不做時，立即將其棄之如敝屣。德國歷史學家歐斯特哈默（Osterhammel）不無諷刺地描述說，威爾遜所宣告的「民族自決原則」吸引了世界各地的反殖民主義者，由中國算起，經過韓國、印度直至北非，各抗議運動引用十四點和平原則並各自表述，還試圖聯繫美國。他們雖然將威爾遜的說法融入自己的原則，但這些原則卻無法往前回溯至這位美國總統。[34]

自詡為那個時代最進步知識分子的威爾遜，是二十世紀美國左翼思想和國內國際政策的開路人。但「江山代有左派出，各領風騷三五年」，對於左派而言，沒有最左，只有更左，不夠左的左派仍是更左的左派試圖毀滅的敵人。從來不懂得尊重言論自由的左派，喊打喊殺，會一路殺伐到老祖宗那裡，掀翻老祖宗的神主牌。

二〇二〇年，極左的「黑命貴」運動延燒，威爾遜成為犧牲品，遭到鞭屍。

二〇二〇年六月二十七日，普林斯頓大學校長艾斯古柏（Christopher L. Eisgruber）宣布，威爾遜支持種族隔離政策，「就算以他的時代標準評斷，種族歧視也相當明顯」。所以，威爾遜的名字不適合作為學校或學院的名字，尤其是公共政策學院。校方將「威爾遜公共與國際事務學院」改名為「普林斯頓公共與國際事務學院」，住宿學院「威爾遜學院」改名為「第一學院」。威爾遜遭到羞辱式的除名。

反噬是左派的天性。若威爾遜地下有知，看到他被自己做過校長、貢獻良多的普林斯頓大學如除垢般地抹去，不知當作何感想？

34 歐斯特哈默（Osterhammel）：《帝國主義的末日》，（台北）貓頭鷹出版，二〇一九年，頁五〇。

第二章

羅斯福：

權力超越一切君王的集權總統

我們在短期內都無法建成烏托邦。但是，我認為，至少那些負責人該把雪球滾起來。

——富蘭克林．羅斯福

1960 年代以來的美國新左派組織（2）：

黑人解放軍（Black Liberation Army, BLA）
是一個地下黑人權力革命組織，於 1970 至 1981 年在美國運作。該組織計劃掀起一場針對美國政府的戰爭，其宣稱的目標是「為美國黑人的解放和自決拿起武器」，並進行了一系列爆炸、殺害警察和毒販、搶劫（參與者稱之為「徵用」）的恐怖攻擊活動。

楔子

一九四五年四月十二日下午一點一刻，在喬治亞州沃姆斯普林斯的度假別墅中，羅斯福舉起手，指了指後腦勺說：「我的後腦勺痛得厲害。」然後一頭栽倒在地，再也沒有醒來。[1]

此刻，離羅斯福開始其第四個總統任期僅三個月。與威爾遜一樣，羅斯福的執政生涯中相當一段時期是「病夫治國」，疾病帶來的肉體痛苦和精神失調，極大地破壞了他們的治國能力，但這兩位總統不由分說地將二十世紀上半葉定義為「威爾遜—羅斯福時代」，他們執政的時期加起來超過二十年。

羅斯福喜歡當總統，他曾對一位朋友說：「如果可能，你願意當總統吧？所有人都願意吧？」一九四四年七月，病入膏肓的羅斯福用一種矯情的語氣向國人公告其參選決定：「如果國會提名我，我就會接受。如果人民選擇我，我就義不容辭。就我個人而言，我並不想競

1 剛抵達度假別墅之際，羅斯福預感到其生命快到盡頭，請女兒安排與情婦露西（Lucy Mercer，因其常常與羅斯福幽會，特勤局特別授予其 Mrs. Paul Johnson 這個代號）與之會面。羅斯福與露西之間有著長達三十年私情。羅斯福的妻子埃利諾（Eleanor）長相平凡，羅斯福娶她，只是因為她是老羅斯福的姪女，對其在政治上有幫助。對於丈夫出軌，埃利諾有一句名言：「我有一個大象般的記憶，我能夠原諒，但我無法忘記。」在羅斯福倒地身亡之後，特工護送露西離開，公眾對此一無所知——知曉此一緋聞的媒體，為維護總統形象，按下不表。匆匆趕來的埃利諾知道女兒安排丈夫與露西會面，冷冷地命令女兒離開——第一家庭已分崩離析。

選，但作為一名優秀的戰士，我重申——我將接受並繼續擔任總統之職。」他在紙上寫下這段話時，雙手顫抖不已，以至於手上香煙的煙灰如雨散落在辦公桌上。這一幕，就連稱頌羅斯福的歷史學家傑伊·溫尼克（Jay Winik）也歎息說：「倘若就其本性而言，他就是一個偽善的陰謀家與欺騙者，但同時他對追求不朽的聲望又有著無可匹敵的意志與根深蒂固的使命感。」

在二十世紀的美國總統中，羅斯福的實際成就與其獲得的歷史評價差距最大。支持羅斯福的人聲稱，他創建了「美利堅第二共和國」，羅斯福新政及民主黨延續二十年的執政是「美國政治由過去走向當今和未來的關鍵轉折點」，其制度模式延續到今天，「新生的共和國在不斷詮釋著自由的涵義和特徵」。[2]

質疑者則指出，羅斯福獨裁式統治貽害無窮，其新政製造出一個由巨額公共赤字所支持的龐大政府官僚體系，棄絕了美國建國時所秉持的原則，並違反憲法「嚴格限制政府干預經濟」的精神，美國由根據不變之真理的「法治」國家，變成隨從大眾趨勢的「人治」國家——對美國的前途缺乏信心，又沒有明確的思想指導，就愈發使得人們崇信大人物的神奇力量。在美國任何左派思潮復興運動的神話中，羅斯福肯定會是壓倒一切的形象。但是，如果一味滿足於個人仁慈、個人安排、充分良好的意願，而不去對世界上正在發生的事情有更全面更系統的理解，那就會產生極其危險的後果。

羅斯福破壞了華盛頓開創的總統只能任兩屆的不成文傳統，成為美國歷史上唯一四次當選的總統，且將總統權力擴大到連國王也自歎不如的地步——那可是威爾遜夢寐以求、求之不得的目標，羅斯福是威爾遜名副其實的繼承人。

大蕭條之後，羅斯福如何建立集權政府？

一九二九年十月二十四日，紐約股市大崩盤，這一天被稱為大恐慌和大蕭條的第一天。位於百老匯大街的紐約證券交易所外傳來一陣詭異的吼叫聲，一群人立即圍攏聚集。一天之內，十一個在股災中身無分文的投機者跳樓自殺。警察局長格羅夫・華倫意識到情況有異，派遣一支特警隊前往維持秩序。有一個人觀察到群眾的表情像在說，「沒有比這種恐怖的懷疑氣氛更折磨人的了」。[3]

此後，羅斯福在大選中擊敗爭取連任的總統胡佛，僅僅因為他「不是胡佛」，掙扎在困窘中的人們相信他可拯救萬民於水火之中。羅斯福從胡佛手中接到的是一艘快要沉沒的巨輪，他迅速展開史無前例的新政計畫：「我向你們承諾，也向自己承諾，要為美國人民創造新政。」

二十世紀美國最重大、最持久的神話，就是羅斯福新政將美國從大蕭條中解救出來。羅斯福宣稱：「如果我對我們國家的氣質理解沒有錯，我國迫切要求不斷進行大膽的試驗。失敗了，就坦率地承認，再選擇另一種方法去試驗。這裡最為重要的是，要去試驗。」含著金

---

2 杰伊・溫尼克（Jay Winik）：《1944：羅斯福與改變歷史的一年》，（桂林）廣西師範大學出版社，二〇一八年，頁六五三。

3 約翰・高伯瑞（John Kenneth Galbraith）：《1929：大崩盤》，（台北）經濟新潮社，二〇〇九年，頁一五四。

湯匙降臨人世的羅斯福，不用承擔試驗失敗的罪責，即便不當總統，他也可以回到父母留給他的堪比歐洲皇宮、僱用近兩百名奴僕的莊園。然而，壞的政策卻有可能讓普通人家破人亡。

羅斯福如此自信，他並不知道他對「美國氣質」的理解完全錯了：建國者和立憲者們最反感的就是魯莽的、將社會拿來當小白鼠做試驗的激情，保守主義者從不輕言大刀闊斧的試驗和改變。在此意義上，新政的核心不是一種哲學而是一種氣質。這種氣質最本質的東西是羅斯福的信心，他覺得即使在不熟悉的領域中行動，也不會錯。從經濟專家的角度來看，這種自信有時近乎於發了瘋——有一次，羅斯福忽然揚起頭，對幕僚們笑著說：「我曾用金本位做試驗，徹頭徹尾地失敗了。那我為什麼不能用銀本位制進行一下試驗？」幕僚們面面相覷。

為了提供失業救濟與復甦經濟，羅斯福成立了至少六十九個新的聯邦機構，以此對工業、經濟和銀行體系進行全面重構。[4]聯邦政府的規模迅速膨脹，超過美國歷史上任何一個時期（威爾遜亦望塵莫及），聯邦政府成為世界上最大的僱主——它的大部分僱員是終身職。

州權被踐踏，州淪為嗷嗷待哺的小雞，聯邦政府成為予取予奪的母雞。羅斯福通過設立並操縱聯邦工作崗位，分配給各地的財政補貼，強化選民對他的支持，這是他在四次總統大選中大獲全勝的秘訣。以尚待開發的西部地區而論，一九三二年，羅斯福拿下西部所有州，在後面三次競選中以絕對優勢贏得太平洋沿岸各州。他在選舉中擁有強大實力的因素之一，就是穿越大陸、從華盛頓而來的金流。這種政治—經濟格局一直影響到今天——整個太平洋沿岸都是深藍州。

羅斯福給予知識分子和藝術家各種補貼，通過為政府引入一個「智囊團」，確保知識階層對民主黨的忠誠。在公共事業振興局主持下，政府聘請超過七千名劇作家、攝影師、歷史學家和作家，為「聯邦作家計畫」和「聯邦戲劇計畫」工作，在此之前，唯有蘇聯政府「包養」大批作家藝術家。一個確定的事實是：如果你拿彼得的錢給保羅，你一般可以指望得到保羅的選票。得到政府好處的文人雅士都成為羅斯福本人和羅斯福新政的吹鼓手。知識階層從來就不是人們想像的那麼客觀公正、純潔無瑕。這是一種變相賄選，後來成為民主黨人屢試不爽的招數。

羅斯福成功地以新政吸引選票，第一次將民主黨打造成「多數黨」。很多民主黨政客成為其信徒，比如德州參議員的林登．詹森（Lyndon Baines Johnson，日後成為總統、推動六〇年代的新政——「偉大社會」計畫），在競選國會議員時印上「富蘭克林．D和林登．B」的標語。

羅斯福無意處理種族隔離制度，卻以「麵包和肉」的承諾得到黑人的選票。從歷史上看，黑人傾向支持林肯的共和黨，到一九三六年，深受大蕭條之苦的黑人將目光轉向聯邦政府、轉向羅斯福。羅斯福用花言巧語和實際好處，建立了一種包括若干少數派在內的新聯盟。天主教徒、猶太人、黑人、西部人、南部人以及工會成員——這些人都被歡迎成為新政的多

4 這些機構的名字都用字母縮寫表示，又稱「字母機構」，如：公共事業振興署（WPA）、國家復興管理局（NRA）和農業調整管理局（AAA）等。羅斯福發起的一些計畫及掌握無限權力的部門，如聯邦存款保險公司（FDIC）、田納西河谷管理局（TVA）以及證券交易委員會（SEC）等，很快在國家的工業和商貿中扮演重要角色。

數派。[5]

與美國立國精神背道而馳的羅斯福大棒主義

羅斯福絕非寬容大度的人，對不支持新政的人毫不猶豫地揮動大棒。在原則上認同羅斯福新政的歷史學家艾拉·卡茨尼爾森（Ira Katznelson）如實指出：「在新政實施過程中，美國政府為了換取政策的順利推行，在追求道德倫理方面做出了大量犧牲和讓步。」這種舉重若輕的批評無法掩飾更多真相——羅斯福的樂觀主義和作為總統的能量，常常用在不得人心的事情上：關押不服從《國家工業復興法案》的人，清除反對其集權的南方保守派民主黨人。他用徵收所得稅的權力打壓政敵和收買政客。

柯立芝（John Coolidge）和胡佛時代的財政部長、億萬富翁梅隆（Andrew Mellon）即是羅斯福迫害的對象之一。梅隆反對新政，羅斯福命令國稅局對其展開特別調查。梅隆被宣判無罪，卻直到臨終前都屈辱地奔波於法庭之上。一個人憑著自己的良心，長期而忠實地為國效力，到頭來卻受到這樣明目張膽的迫害，此事給羅斯福在商業金融菁英當中的聲望帶來莫大的損害。

羅斯福新政剝奪了美國民眾的自治權和自救權。胡佛離開白宮之後，成為羅斯福新政的激烈批評者。他評論說，新政的激進主義特徵可歸結為「政府對每個城鎮、每個村莊的人們每一天的日常生活進行管制」，這說明「自殖民時期以來，美國所見證的一切自由精神均受到最嚴重的侵犯」。共和黨議員弗蘭克·古勞瑟批評說，「與《全國工業復興法案》授予總統的權力相比……最大的獨裁者墨索里尼有點像古埃及的木乃伊了」，這一法案「使美國的企業俄羅斯化了」。共和黨人約翰·塔伯強調，這一法案「對於希特勒和他的獨裁者同肯定具有強烈的吸引力」。

羅斯福是歐巴馬之前最左的總統，他甚至部分推翻《獨立宣言》。他認為，權利是政府所授予的，並且由政府來重新定義。這正是國父們所否定的理念，國父們認為權利只能是上帝賜予的。實際上，羅斯福的大政府和國家主義政策，更符合墨索里尼的法西斯黨的觀念秩序——「是我們首先主張，文明的形態越複雜，個人自由也必定變得越受限制。」正如密西根州共和黨參議員亞瑟·范登堡（Arthur Vandenberg）的評論：「我不認為總統有任何效仿墨索里尼或者史達林的念頭，但我從他嘴裡聽到的發言卻和那些人所說的東西並無二致。」[6]

羅斯福認為，國父們在《獨立宣言》中支持的權利遠遠不夠。一九三二年的選舉中，他提出「獲得舒適生活的權利」；一九四四年，他發表《經濟權利宣言》，包括「每個人都有獲得有益且有報酬的工作的權利、每個家庭都擁有體面住房的權利、每個人都有獲得良好教育的權利」。國父們認為應該限制政府權力，以保護公民權利；羅斯福卻認為應該擴張政府，

5 威廉·J·本內特（William J. Bennett）：《美國通史》（下），（南昌）江西人民出版社，二〇〇九年頁一一六。

6 埃里克·勞赫威（Eric Rauchway）：《大蕭條與羅斯福新政》，（南京）譯林出版社，二〇一八年，頁一一一。

由政府來幫助公民判斷他們需要什麼。國父們對人的本性心存疑慮；羅斯福卻對總統及政府官員利用政府為人民創建美好生活極為樂觀。國父們設計了一套各個權力分支互相阻撓的體系；羅斯福需要的卻是各個分支之間的協同合作。在羅斯福看來，結果比程序更重要，良好的願望比保護上帝賦予的人權更重要，計畫和新的想法比經驗更重要。

在最初的「百日新政」期間，羅斯福命令國會頒布各項緊急法案，民主黨占據絕對多數的國會淪為其「橡皮圖章」——美國宛如進入一黨統治。首先，所有法案都是行政部門起草的，國會未做任何文字上的改動。其次，雖保留國會立法的形式，但立法過程大大簡化，比如十一項最重要法案的辯論時間不超過四個小時。第三，大量權力被從立法機構移交給行政部門，極大地擴展了聯邦政府（尤其是總統）的權力，其中許多權力是以前政府從未得到過的。而且，權力由國會轉移至總統及其行政部門、公共管理機構的擴大，成為聯邦政府一個永久性特徵。就連支持新政的民主黨參議員阿什赫斯特（Henry F. Ashurst）都驚呼：國會剛剛進行了「規模宏大的試驗，將我們的生活方式短時間地從個人主義變成了嚴格管制的國家社會主義……說不定國會也做了和俄國那種血腥革命一樣的事。」

羅斯福計畫經濟必然是一條「通往奴役之路」

羅斯福生於富豪之家，其家族血統可追溯到五月花號上的先民。他是聖公會教徒，是主流新教菁英。聖公會貌似保守，其主流之內卻一直存在著一股強烈的進步主義思想派系。羅斯福從小就讀於教會學校，接受過洗禮，有時勉強陪同夫人去教會參加禮拜，但其信仰缺乏知識上和靈性上的深度，是一種「簡單的信仰」，「他沒有疑惑，他只是簡單地信仰著，這讓他沒有痛苦或掙扎」。埃利諾跟丈夫討論是否帶孩子上教堂並讓孩子接受基督教教育時，羅斯福用嘲笑的口吻回答：「我從未真正思考過這個問題，我認為最好不要過多思考這種事情。」羅斯福去教會的結果，不是對上帝產生信心，而是「對他自己有信心……或許他可能祈求上帝的幫助與引導，結果卻是選擇相信自己的判斷」。當他受到萬人景仰之際，他認為自己就是「彌賽亞」，拯救美國脫離困境的救世主。[7]有一名顧問提及羅斯福時，戲稱他是「錫製的耶穌」，羅斯福笑納了這一恭維。

羅斯福喜歡聽的講道都是屬於「社會福音」之類的信息。他在演講中經常引用《聖經》經文，然後加上自己偏離經文真實含義的詮釋。一九三五年，他為慶祝第一本英文《聖經》出版四百週年發表演講，肯定《聖經》在美國文化中居於至高地位，是「書中之書」，「儘管《聖經》遭受過嚴厲和銳利的批評，但是最熱的火焰都沒有摧毀它那最不可抗拒和最持久的能力。我們不能只閱讀我們國家興起和發展的歷史而不考慮《聖經》在塑造合眾國的發展方面所占的地位」。一九三八年，他在一封致聯合衛理公會領袖的信中，將《聖經》真理和基督信仰歸結為《登山寶訓》——他跟甘地（Mahatma Gandhi）一樣，都將《登山寶訓》看做某種道德教導，他從未具備基於《聖經》的保守主義觀念秩序。如果說威爾遜的信仰有偏差和錯誤，那麼羅斯福基本上就是一個沒有堅實信仰的人。

7　戴德理（Wright Doyle）：《延遲的盼望：基督教與美國文化之探討》，（台北）中福出版社，二〇〇三年，頁二一一九。

在羅斯福看來，資本主義失敗了，這為實行政府所有制和政府干預經濟的新實驗敞開大門。新政立基於「政府規劃對經濟的復甦是必要的」這一觀點，在一定程度上，是建立在凱因斯主義之上：流水般花出政府的錢，昏天黑地地創造政府合同提供的工作機會，然後讓消費者盡可能多地購買。

羅斯福新政的經濟政策強調兩大原則：第一，制定宏觀經濟計畫。政府作為經濟的主要行為者，制訂資本和勞動的運行條件，對經濟的各個領域進行直接干預。第二，實施社團主義經濟模式。新政的計畫性與蘇聯的「五年計畫」和義大利的社團主義非常相似，比羅斯福更左的副總統亨利·華萊士（Henry A. Wallace）指出，新政及新機構具有「國家社會主義」傾向。羅斯福的智囊們非常熟悉義大利和德國的獨裁經濟模式，將這些獨裁國家的經濟模式作為新政方案的思想來源和參考依據。[8]

羅斯福政府投入一百零五億美元在公共工程上，外加二十七億美元在創立企業上，一度僱用八百五十萬人力，建造了不計其數的公共建築、橋樑、飛機場、公路、下水道、公園、運動場和水庫。羅斯福與希特勒幾乎同一時間經過選舉上台執政，但德國的大型公共建設領先於美國。美國的高速公路工程師們認真研究希特勒建設的高速公路，再如法炮製：「隧道和高架設計的非常有現代感，公共事業振興署建築上的裝飾藝術現代浮雕令人震撼，象徵國家的巨大勝利。」

早在一七七六年，古典經濟學奠基人亞當·斯密（Adam Smith）告誡說，不要採取壟斷價格的做法。按照美國的自由市場制度，企業通過競爭和創新來銷售各自不同價格、不同檔次的產品，但這一制度被羅斯福新政顛覆。

被羅斯福任命為全國復興總署負責人的退役將軍休・約翰遜（Hugh S. Johnson）認為，意在促進工業復甦的《國家工業復興法案》，是「神聖的事物……是自耶穌基督以來最偉大的社會進步」。[9]耐人尋味的是，休・約翰遜本人是一個投資和經營的失敗者。他試圖用軍事化方式管理經濟。他為該機構設計了一個軍事標誌：一隻藍色的鷹一爪緊握齒輪，另一爪緊握一束閃電。他試圖沿用戰時的比喻來動員消費者：「這一次，在家勞作的主婦而非身穿制服的士兵將拯救我們的國家……家庭主婦發起衝鋒的時刻已經來臨。」然而，這個官僚主義機構並未幫助到小企業主。羅斯福隨後發表的私人言論顯示，他認為全國復興總署令他「十分頭疼」，總署的政策「非常錯誤」。政策錯在何處？羅斯福不敢說出的真相是：政府粗暴干涉企業生產和銷售的各個環節，包括產品定價，極大地破壞了自由市場機制。

商務部長瓊斯（Jesse Jones）的非官方頭銜是「美國的經濟皇帝」，他領導著聯邦貸款署、聯邦國有抵押公司、進出口銀行、聯邦住宅管理局、人口普查局、民航管理委員會、專利局、海岸和大地測量局。在民主社會，此前從來沒有哪個人擁有過這麼多的公權力，不出所料，瓊斯管理的每個部門都陷入低效和腐敗之中。

羅斯福為農業設計的計畫《農業調整法案》，帶來很多農民無法購買生活必需品、南方

8 艾拉・卡茨尼爾森（Ira Katznelson）：《恐懼本身：羅斯福新政與當今世界格局的起源》，（太原）書海出版社，二〇一八年，頁三一八。
9 伯頓・W・小福爾索姆（Burton Folsom, Jr.）：《羅斯福新政的謊言》，（北京）華夏出版社，二〇一〇年，頁五六—五七。

農場主為了休耕解僱佃農、相應管理部門膨脹等嚴重後果。它給農業造成嚴重傷害，讓超過兩百萬農民失業，農場主「發現自己的境況實際上更壞了」。

連美國共產黨也支持新政。美共總書記白勞德（Earl Russell Browder）提出「跟著羅斯福走，一切服從羅斯福」這樣肉麻的口號，在一九三六年大選中積極為羅斯福拉票，後來被稱為「白勞德主義」。白勞德是聽從共產國際的命令。歷史學家克米特・麥肯齊（Kermit E. McKenzie）指出，美國共產黨支持羅斯福是「一個富有想像力的、靈活的戰略和戰術方案，允許共產黨人利用愛國主義的象徵，承擔國家獨立的捍衛者的角色。以不要求結束資本主義作為讓步，來團結所有反法西斯的力量」。

計畫經濟注定是一條「通往奴役之路」，儘管羅斯福式的計畫經濟跟史達林暴風驟雨般的經濟政策相比要溫柔得多。海耶克（Friedrich Hayek）指出，一項維護個人自由的政策是唯一真正進步的政策，最重要的是解放個人的創造力，而不是設計更多的機構去「指引」和「指揮」他們——也就是說，要創造有利於進步的條件，而不是去「計畫進步」。[10]

羅斯福的新政計畫基本上不管用。在新政實施期間，失業率一直維持在百分之十八的高位上，到一九三八年仍有五分之一的人失業。一九三七年，又發生第二次經濟危機，經濟滑到一九二九年的水準線之下。直到一九四一年，美國製造業產值仍低於一九二九年。到二戰爆發為止，經濟仍未完全復甦。「恢復的過程」只是在戰爭到來時才出現。讚賞羅斯福新政的左派歷史學家吉爾・萊波爾（Jill Lepore）承認，在羅斯福第一個任期結束時，衰退開始了。「經濟衰退比大蕭條更引人注目。」《時代》雜誌報導說，工業生產比前一年夏天下降百分之三十五，是「美國商業和金融史上最迅速的下降」。智庫沒有了主意。有位民主黨議員說：

「我們已經把所有的兔子從帽子裡拉出來了，再也沒有兔子了。」

羅斯福式司法迫害，讓美國憲法蒙上進步主義的陰影

羅斯福新政引發了南北戰爭之後美國最嚴重的憲政危機。如同法國大革命對法國產生了深刻影響，在美國歷史的重要關頭，新政動搖了美國社會的基本政治面貌，一些基本的政治制度、政治性語言、政治性價值判斷發生了前所未有的變化。持進步主義立場的羅斯福及其支持者認為，這是好的變化；保守主義者則認為，這是壞的變化，它在相當程度上解構了美國憲法並消滅了三權分立的憲政模式。

與大多數美國總統一樣，羅斯福受過法學訓練——但他的法學學業半途而廢。他的父母送他去哥倫比亞大學法學院學習，然而法律的繁瑣精細之處讓他感到厭倦，結果幾門功課不及格，他沒有拿到學位就離開學校。他在律師事務所的工作一無所成。當上總統之後，他大言不慚地炫耀說：「海地的憲法是我寫的，我認為那是一部不錯的憲法。」他卻閉口不談海地憲法宛如一紙空文，海地盛產獨裁者，是世界上最貧窮的國家。

一個輕視《聖經》和蔑視憲法的總統，對美國無比危險。羅斯福曾在威爾遜政府擔任海軍部助理部長，深信威爾遜對美國憲法所作的進步主義的解釋——威爾遜在一九一二年寫

---

10 海耶克（F. A. Hayek）：《通往奴役之路》，（北京）中國社會科學出版社，一九九七年，頁二二六—二二七。

道：「進步主義者所要求的……是允許用達爾文主義的原則來解釋憲法。」羅斯福的名言是：「給我一千萬美元，我可以修改憲法。」他認為，不應當由一代人決定另一代人該做什麼，致力於進步主義理念的民族怎麼能將自己束縛在過去呢？羅斯福的助理檢察長瑟曼・阿諾德（Thurman Arnold）說：「今天充滿希望的人會揮舞著國旗，膽小的人則揮舞著憲法。」對憲法的輕蔑溢於言表。

羅斯福第二次就任總統的典禮上，領誓的首席大法官休斯（Charles E. Hughes）著重強調了「宣誓效忠美國憲法」的誓詞，羅斯福照本宣科——事後，他說當時真想喊出來的話是「是的，但我要效忠的是我所理解的憲法」。

大政府必然呼喚獨裁者，沒有獨裁者，大政府無法高效運作。羅斯福的白宮吞噬了國會，他還嫌不夠，又將目光瞄準最高法院。

一九三五年五月二十七日，最高法院的判決廢除了全國復興總署——大法官們以驚人的九比〇的投票結果，否定了這一機構的合法性，取消了一系列違憲的新政措施。在不到十八個月裡，最高法院廢除了十幾項聯邦法律。國會不斷通過，最高法院不斷廢止。

政治學者基斯・威廷頓指出：「對於總統而言，最高法院是一種資源、一種鼓舞、一種約束。並非所有總統都捲入與最高法院的憲法解釋權競爭，但是司法權之範圍是總統史中一個反覆出現的主題。」[11]最高法院成為防止美國由「半專制」滑向「全面專制」的最後一道防線。曾擔任過總統、之後又出任最高法院首席大法官的塔夫脫（William H. Taft）將最高法院稱為「聖地」；最高法院首席大法官休斯在一九三二年新的最高法院大樓奠基之時，宣稱「共和將會永存，而這正是其信念的象徵」。

一位專欄作家如此評論大法官們：「他們的目的不在於增進任何一個政黨的利益……他們的目的僅在於保存美國法理學說中永恆不變的原則，這一學說早已經過數個世紀的倫理道德的積澱。」但羅斯福的支持者們並不這樣看。一九三六年十一月，在選舉日前一週，《九個老人》這本書成了超級暢銷書。這本書惡毒地攻擊休斯法院的「九個不合時宜的老男人」軟弱無力、愚昧無知，特別是其中的「四騎士」——薩瑟蘭（George Sutherland）、巴特勒（Pierce Butler）、范德文特（Willis Van Devanter）和麥克羅諾茲（James McReynolds）——對抗著挾持巨大民意支持度的總統。

一九三七年，羅斯福對最高法院發起攻擊。他是運用語言和修辭蠱惑人心的大師，他如此包裝迫使最高法院接受總統對憲法的理解的企圖：既然「美國政府是憲法提供給美國人民的一輛三匹馬拉動的馬車」，那麼當人民發現「現在其中兩匹馬齊頭並進，而第三匹馬則不是這樣」時，理所當然地「希望第三匹馬也要像其他兩匹馬那樣」。他攻擊說，最高法院錯誤解讀憲法，也許根本就沒有解讀：「在過去半個世紀裡，聯邦政府三個最重要的部門之前的權力平衡，由於最高法院直接違反了制憲者們的崇高目的而傾覆。」他宣稱，「我的目的是恢復這種平衡」。與法律人不同，「外行的政治人……尊重神聖的所有政府部門，他們不會對其中一個部門比對另外一個更加頂禮膜拜」。他歪曲林肯的話說：「影響全體人民的重大問題，不能由最高法院的判決來決定。」

---

11 基斯·威廷頓：《司法至上的政治基礎：美國歷史上的總統、最高法院及憲法領導權》，頁三一二—三一三。

在一九三七年的國情諮文中，羅斯福說出了心裡話：必須給予憲法以「寬泛的解釋」，以使它成為「推動進步的工具」。最高法院必須「重新注入新鮮血液以戰勝那些更為僵化的成員的惰性」，這樣才能「釋放出憲法創立的政治權力以推動人民的福祉」。

總統與最高法院的爭執，看是權力之爭，背後乃是觀念秩序的對立。即便是中間偏左的、威爾遜任命的大法官布蘭代斯，也對羅斯福新政心懷警惕。他終其一生對於「大」的事物有著極高的警惕，而新政正是快速朝著這個方向發展。[12]

羅斯福對付最高法院的詭計有很多：大幅修改憲法，提出若干憲法修正案，擴大大法官人數——有增加到十一人或十五人等方案。這些計謀一一受阻。於是，羅斯福提出新策略：以若干大法官年老體衰為為名，為每個年齡超過七十歲的大法官派指派一名協助其處理繁重事務的年輕法官，一旦該大法官無法視事，後者即取而代之，此為「填塞」最高法院——與此同時，羅斯福無視自己身體狀況比那些年長大法官更糟的事實。司馬昭之心路人皆知，羅斯福的這個可笑的理由，一百多年前早已被國父和立憲者之一漢密爾頓（Alexander Hamilton）駁得體無完膚——「人在測算法官是否勝任方面的聰明才智，尚未進入已知的技藝目錄」、「用年齡限制任職，最不適宜的就是法官。人只要活著，仔細推敲、權衡比較的能力，保持強健，一般遠遠超過六十」。[13]

支持羅斯福「填塞」計畫的人歡呼說：「革命已經到來。理所當然的，最高法院也會隨之發生革命。」左派法學家布魯斯．阿克曼（Bruce Ackerman）將其形容為「人民主權動議」，「對舊憲法秩序發起挑戰的目的，在於設計出一個高級法創制的體制，來表達這些與以往不同的人民主權心聲」。新政堪與獨立革命、南北戰爭相提並論，是美國歷史上三大歷史轉折點。[14]這是法國大革命支持者的思路。新政確實是美國歷史上一個重要轉折點，卻轉向歧途。

《獨立宣言》中開篇的「我們人民」，不需要羅斯福和左派知識分子自作主張地「代表」。代言小企業主的伊文斯致信羅斯福：「現在最高法院向您提出異議意見。您和您那些追隨共產主義的教授盡了最大的努力想讓美國變成俄國，您和您的屬下們已經並且仍在迎合這個國家裡的遊民、閒漢、文盲，以及各式各樣的地痞流氓。」反對新政的民間組織「自由聯盟」的領袖史密斯指出：「首都只能有一個：要麼華盛頓，要麼莫斯科。自由美國和共產俄國……只能二者選其一。國旗只能有一面：要麼星條旗，要麼無神論者的蘇聯國旗……勝利只屬於一方。如果憲法獲勝，就是我們獲勝了。」評論人門肯（H. L. Mencken）發表了一

12 首先，布蘭代斯信任的是個人、家庭農場主、小企業家、地方社區——他認為，在工業聯合的時代，所有這些人都面臨著滅頂之災。其次，他認為「權力必須永遠受到權力的遏制」，任何一種不受限制的權力——不論是私人的還是公共的權力，不論是資方的還是勞方的權力，不論是立法的、司法的還是總統的權力——都是對個人自由的威脅。第三，他對羅斯福本人的高度自信和自戀不以為然，認為羅斯福「一貫正確」的感覺潛藏著巨大的危險，其代價是試驗失敗、機會丟失，正像當時的評論人士所說，「假如羅斯福沒有毀掉這個國家的話，那麼肯定是因為這個國家是堅不可摧的」。

13 亞歷山大・漢密爾頓（Alexander Hamilton）等：《聯邦論：美國憲法評述》，（南京）譯林出版社，二〇一〇年，頁五四五—五四六。

14 布魯斯・阿克曼正面引用羅斯福宛如希特勒般洋洋自得的宣誓：「是人民心甘情願地將我召喚出來。」但他承認，正是新政打造的國家主義、中央集權模式，造成「人民主權心聲」難以上達天聽——「之所以說這些人民主權的心聲與以往不同，原因在於它以美利堅合眾國已成為中央權力愈來愈強化的國家為基礎。而美國的這種國家主義傾向又是在重建、新政及其後的一系列實踐中得到發展和強化的。」其論述前後矛盾。

篇諷刺性的文章〈新政憲法〉，開頭即諷刺說：「所有的政府權力，不管是什麼類型的，都應該歸屬於美國總統。」還有一位批評者寫道：「我們在歐洲目睹了當一個人（希特勒）被允許擁有太多權力時，會發生什麼事。」這才是美國的民意。

一直對羅斯福百依百順的民主黨人也忍無可忍，民主黨參議員惠勒（Burton K. Wheeler）當面告訴羅斯福：「在我國，許許多多人把最高法院和憲法視為一種信仰，而事關信仰的鬥爭不可能不激烈。」惠勒在國會辯論中指出：「希特勒先生採取行動『以順應時代的需求』。墨索里尼親自設立了法院，以便能夠『順應時代的需求』。……德國有法院，義大利有法院，俄國有法院；當獨裁者覺得有必要時，他們會將人員安插在這些法院裡，以順應所謂的時代的需求。」

民主黨議員特別是南方保守的民主黨人對羅斯福的濫權感到極度不滿。即使不同意最高法院很多實質性判決的人，也認可最高法院的司法權威。兩黨參議員們提出了一份反對「填塞」最高法院提案的報告，該報告直截了當地指出，這個計畫「是我們國家裡從未嘗試過的對司法權的侵犯」：

> 請讓我們——第七十五屆國會的議員們——用後人無法忽視的語言宣布：我們想要擁有的是一個獨立的最高法院，一個無畏的最高法院，一個勇於捍衛人民自由、公開發表真實想法的最高法院；而不是一個出於恐懼或受任命權力或派系熱情所驅使而對國會制定的所有法律都予以讚同的最高法院。我們不是法官的法官。我們並不高於憲法。
>
> 該提案將會使法院屈服於國會和總統的意志之下，並由此摧毀司法體系的獨立性，而後

者是對個人權利的唯一保障。該提案的最終施行將會使我們的政府變為人治而非法治政府，共實際施行將會使憲法由政府的行政分支或立法分支說了算……

該提案應該被堅決地予以否定，以杜絕類似的提案再此被呈遞給美國自由人民的自由代表們。[15]

該報告如同對總統的彈劾書，「若將填塞法院計畫視為對美國精神中所有神聖原則的違背，那無異於是將羅斯福標榜為國家的敵人」。

參議院多數黨領袖、羅斯福的應聲蟲、在國會力推填塞最高法院翻案的約瑟夫·羅賓遜（Joe T. Robinson）突然離世（在國會推動這個不得人心的計畫讓其精疲力盡），是對該議案的最後打擊。參議院最後的表決是七十票對二十票，徹底否決了「填塞」法院的提案。

面對羅斯福伸向最高法院的黑手，前總統胡佛呼籲公眾「為自由而戰」，「美國是最早將人類自由寫進憲法的國家，但這部神聖的法律卻遭到了蔑視」。前共和黨領袖海勒姆·約翰遜（Hiram Johnson）是西奧多·羅斯福在一九一二年大選中的競選夥伴，在羅斯福宣布「填塞」最高法院計畫的第二天，這位老人在給兒子的信中說：「我們正在通往法西斯的路上。他會變成一個十足的獨裁者……我不會對一個人微弱的反對力量抱有任何幻想，但我寧願在這樣一場戰鬥中戰死。」

15 傑夫·謝索（Jeff Shesol）：《至高權力：羅斯福總統與最高法院的較量》，（上海）文匯出版社，二〇二〇年，頁五五〇—五五一。

羅斯福「填塞」最高法院的嘗試失敗了，但他以另一種方式獲勝，「我們輸掉了這場戰役，但我們贏得了整場戰爭」。傑克遜大法官對「填塞」之戰如此總結說：「論戰的每一方都聲稱取勝來安慰自己。總統的敵人挫敗了有關法院改革的議案——而總統則實現了法院的改革。」[16]

當最反對新政的范德文特大法官宣布辭職之後，帶著對參議院否決其擴大最高法院的怒氣，羅斯福以「提名布萊克（Hugo Black）狠狠地羞辱參議院和最高院」。布萊克是一位支持新政的參議員，曾是三K黨成員，且對此拒絕道歉。後來，羅斯福矢口否認知道布萊克的此一背景。但布萊克在一份個人文件中指出：「當我與羅斯福總統共進午餐時，他告訴我完全不必擔心自己曾經的三K黨身分。」[17]

同樣是左派的《紐約時報》在一篇社論中嘲諷說：「在最高法院每次開會時，曾經穿著三K黨白袍的一位大法官出現在法官席上，這將成為自由主義事業被無情地背叛這一事實鮮活的標誌。」所謂「自由主義事業」，從來都藏汙納垢，何曾是一方淨土？參議院自吞苦果，最高法院羞愧地接受一個最尖酸、最不公平地批評它的人，一個完全與司法傳統格格不入的人。

大法官法蘭克福特（Felix Frankfurter）說過，首席大法官休斯「實際上是兩個法院的首腦，在休斯主持最高法院十年的兩個階段中，最高法院的法官……截然不同了。」前期休斯法院從一九三〇年首席大法官的任命到一九三七年，在一定程度上遵循憲法原旨主義和司法克制的原則，廢除了大部分新政立法，包括十二個宣布新政措施無效的判決。但在一九三七年四月之後，最高法院在壓力之下發生根本性轉向，拋棄此前對政府權力採取的限制性方法，倒向支援新政，維持每一項提交給它審查的新政法律，甚至讓一些已被否決的法案起死回生。

斷言一九三七年最高法院的法哲學發生革命並非太過牽強，一位評論者將轉換跑道的最高法院形容為「憲法革命有限公司」。[18]在最高法院的大理石大廳內迴響著羅斯福的怒吼，大法官們不可能沒有聽到。一九三七年最高法院的改旗易幟，就是對「填塞」計畫的保護性回應，是「挽救了九個人的即時轉變」。

更致命的是，在羅斯福超級漫長的十二年又三個月的總統生涯中，隨著大法官們逐一退休或凋零，他先後任命了八名大法官——還將柯立芝總統任命的哈蘭・史東（Harlan F. Stone）提升為首席大法官，其任命大法官人數之多，僅次於國父華盛頓。[19]

羅斯福通過任命大法官這一合法途徑來逐漸改變聯邦司法體系，即便在他去世之後，「羅斯福的最高法院」仍運行多年。美國被誘入左傾軌道，要脫離左傾軌道需要付出加倍代價。

---

16 伯納德・施瓦茨（Bernard Schwartz）：《美國最高法院史》，（北京）中國政法大學出版社，二〇〇四年，頁二三六。

17 戴維・M・奧布賴恩（David M. O'Brien）：《風暴眼：美國政治中的最高法院》，（上海）上海人民出版社，二〇一〇年，頁五〇—五一。

18 伯納德・施瓦茨：《美國最高法院史》，頁二五六。

19 華盛頓時代，最高法院從無到有，華盛頓任命了最初組成最高法院的全部九名大法官，其中一位在兩年後辭職，華盛頓又任命一人接替之，所以他任命並獲得國會批准的大法官一共是十位。

羅斯福「填塞」最高法院的陰謀，第一位女性大法官歐康諾（Sandra Day O'Connor），在半個多世紀之後仍心有餘悸地認為是「最高法院有史以來最大的危機」。[20]但羅斯福「填塞」計畫的失敗，並沒有阻止後世左派知難而退。當拜登集團通過選舉作弊竊取權力之後，又試圖開始新一輪「填塞」計畫（儘管最高法院已背叛保守主義價值，為其選舉舞弊背書，拜登仍不放心）。

「戰時總統」就是「國王總統」

羅斯福的歷史地位奠基於領導美國、幫助盟國打贏了第二次世界大戰，將人類從法西斯暴政的奴役下解放出來。但事實真的如此嗎？

與威爾遜如出一轍：當國內施政遇到瓶頸、經濟狀況一直沒有改善、支持率不斷下滑之際，羅斯福從歐洲和亞洲戰場看到了擺脫困境的機會。參戰，可以轉移民眾的不滿，更可以點石成金，最終還能自我加冕。在選舉期間，威爾遜和羅斯福都再三承諾要讓美國遠離戰爭，但他們都違背了這一莊嚴的承諾。

一旦參戰，羅斯福就成了權力更不受約束的「國王總統」。《紐約時報》評論說，隨著美國宣布參戰，人們廣泛意識到，當時的形勢的確需要「解除對總統權力的限制」。羅斯福公然恐嚇國會，如果戰爭的威脅迫使他立即採取行動，他將不會再給眾議院和參議院選擇的機會，並聲稱總統有權不執行國會的決定或繞過國會直接採取行動。

對此，共和黨領袖、參議員羅伯特·塔夫托（Robert Taft）告誡人們，必須防止「總統一人的絕對獨裁」以及「將國會變成一個不具有立法權力的空殼」，國會應當考慮拒絕接受這樣的原則和信條，「如果總統未經立法機構批准行使這些權力，我將毫不猶豫地建議每一位美國民眾，出於自己的愛國義務，拒絕服從總統利用這些權力發布的任何行政命令」。共和黨人考文尖銳地指出，總統要求的至高無上的權力取決於其本人於人民之間的某種特殊關係，「這樣一種信條與戰爭所堅持反對的法西斯獨裁原則有著緊密的姻緣關係」。

戰爭開打時，羅斯福已喪失了「戰時總統」必備的基本的身體健康。他的心臟腫大，血管阻塞。一九四四年五月，進攻歐洲之前，他「每天躺在床上十八個小時，起床時間只有六個小時」。但他堅持認為，只有他才勝任美國總統職位，而且他生來就是總統。他身邊環繞著一群新聞記者，他們親眼目睹了總統身體狀況急劇惡化。但他們不願報導，不想對美國人民透露一絲一毫——左派媒體的撒謊並非始於今日，這些記者背叛了基本的職業道德。

不僅記者如此，醫生也如此。白宮主任醫師、羅斯福的私人醫生的麥克．麥金太上將（Ross T. McIntire）對總統的病情守口如瓶——與威爾遜一樣，羅斯福認為授予其私人醫生海軍上將軍銜並無不妥。麥金太根本不應該擔任總統的私人醫生，他不具有醫療專業，此外他身為現役的海軍軍官，他的病人同時是他的上級指揮官，這個角色組合持續地帶來壞處。正是因為麥金太的阻攔，羅斯福擔任總統十一年後才做第一次全身健康檢查，其結果讓美國海軍醫學中心的心臟科醫生霍華．布魯恩（Howard Bruenn）驚呼「總統的身體狀況真是

20 歐康諾（Sandra D. O'Connor）：《最後的正義：美國最高法院的歷史》，（台北）商周出版，二〇一六年，頁三八。

太嚇人了」。[21]麥金太違背醫生倫理，對羅斯福知恩圖報，他知道總統已病入膏肓、藥石枉然，與其說他能妙手回春，不如說他的工作是如何讓總統的身體狀況瞞過公眾乃至總統的家人。[22]

這場史無前例的世界大戰永遠改變了世界，也改變了美國。戰爭期間，美國將軍事技能、科學研究和企業管理有機結合起來，熟練掌握了實施「無限戰爭」的藝術。為了表現出民主國家所具備應對挑戰和問題的能力，美國學會了將整個國家視為一個高度凝聚的企業或組織嚴密的公司，以超乎想像的規模，對國家的經濟、社會和軍事動員進行統一監管。總體而言，美國進入了「羅斯福時代的軍事獨裁主義」。應急政體、所實施的各種措施、行政權力的高度集中、審查制度、宣傳制度、監視制度、對常規制度程序的破壞、強制性計畫與社團主義行為、無節制的暴力行為等，使得美國淪為「一個統一的技術實體」。就連支持羅斯福的歷史學者都不得不承認，「美國政治體制的運行實際上出現了嚴重的失序問題」。

戰爭期間發生的種種科學及技術創新，少了政府的參與就不可能實現。原子彈計畫就是國家力量精心引導的經典案例，美國政府訂下目標，傾注資金及人才將它實現，最終徹底改變了世界——這種改變，是福是禍，難以定論。

於是，不僅戰爭期間，在戰後很長一段時間，政府不斷膨脹，人們希望國家出面解決一切問題，這正是羅斯福有意達成的結果。歷史學家齊斯．洛韋（Keith Lowe）反問說：對強大中央集權國家的信心，豈不正是納粹主義、史達林主義和日本軍國主義的基礎之一嗎？對於世界上的問題追求國家解決方案的人們，有時會變得很狂熱。[23]

羅斯福在戰爭時期犯下的兩個重大錯誤

羅斯福骨子裡未必是真正的左派，他接納和認同左派的觀念，只是因為這種觀念能讓他大權在握。同樣，與其說他擁抱戰爭，不如說他擁抱權力。與歷史上那些專制君王一樣，他不願放權給任何人，包括最親密的顧問，他跟威爾遜一樣，沒有朋友。歷史學家浦洛基（Serhii Plokhy）指出：「羅斯福是帝制總統的真正創始人，一手主導外交政策，把國務院貶為只是執行白宮制訂的外交政策的工具。結果是，不僅美國外交政策和羅斯福及其世界觀緊密結合，而且除了總統之外，再也沒有人有能力進行外交運作。」

作為權力無邊的「戰時總統」，羅斯福在外交和內政方面至少犯下兩個不可饒恕的錯誤，釀成重大人道主義災難。

羅斯福的第一個大錯是：他下令國務院在相當長一段時間內拒絕接收猶太難民，而且無視數百萬猶太人正在被納粹屠殺的事實。戰爭期間，美國只接納了三名猶太難民。此後羅斯福在面對大屠殺的證據時，只好承認將猶太難民視為安全隱患的想法太過「刻薄」。

波蘭地下黨領袖卡萬斯基好不容易獲得訪問白宮的機會，他告訴羅斯福：「一百八十萬

---

21 大衛．歐文：《疾病與權力》，頁九〇。

22 約翰．盧卡斯（John Lukacs）：《美國的崛起：1945年美國的崛起與現代世界的誕生》，（北京）新世界出版社，二〇一六年，頁六九—七〇。

23 齊斯．洛韋（Keith Lowe）：《恐懼與自由》，（台北）馬可孛羅，二〇二一年，頁一一四—一一五。

波蘭猶太人已經遭到屠殺。」羅斯福揶揄地詢問：「這個數字是否準確？」卡氏回答說：「我確信這一數字沒有絲毫水分。我們地下組織可以肯定，德國人打算消滅歐洲所有猶太人。」詳實的一手報告把素來活力四射的羅斯福驚得呆若木雞。兩人交談了一小時十五分鐘，超過預定的三十分鐘。羅斯福請卡氏轉告波蘭地下黨：「白宮是你們的朋友。」羅斯福的熱情讓卡氏大為感動。但當卡氏走出白宮時，波蘭駐美大使提醒他：「總統的話不過是些陳詞濫調。」

國務院對猶太難民問題的不作為，是秉承羅斯福的旨意。《新共和》雜誌評論說：「民主國家未能做出任何持續、堅決的努力以化解大屠殺的危機，這是人類文明史上最大的悲劇之一。」[24]

羅斯福犯下的第二個大錯是：下令關押大量無辜日裔美國公民。先後兩次的《戰爭授權法案》賦予羅斯福的權力遠大於其在新政中獲得的權力。從一九四一年十二月七日到一九四四年十月，十多萬日裔美國人被剝奪司法聽證、人身保護和其他憲法予賦予的權利，被破舊擁擠的列車運送到倉促建在荒無人煙的內陸地區的十個「拘留營」。「拘留營」裡生活設施簡陋，沒有個人隱私保護，提供的食物勉強維持生命，醫療條件參差不齊。作為超越憲法的「赤裸裸的獨裁」的專政對象，所有被押人員都受到審訊。羅斯福曾兩次稱「拘留營」為「集中營」。國會和最高法院在白宮和軍方的淫威下保持沉默，甚至與政府串通起來推動排日運動。國會在聽證會上接納了一名管理人員的謊言，聲稱「那些在拘留營被收押的日裔美國人生活得過於輕鬆舒適」。

羅斯福有一句名言：「我們最大的恐懼就是恐懼本身。」然而，在對待日裔美國人問題上，他成了被自己否定的對象。

羅斯福政府對日裔美國人的迫害，是美國歷史上除了對印第安人的屠殺和對黑人的奴隸制之外，第三大種族迫害。

為何說羅斯福與史達林一同打造「美麗新世界」？

在第二次世界大戰第一年，法國哲學家西蒙娜．薇依（Simone Veil）寫道：「一群人為了捍衛一個正義事業拿起武器，由此所獲得的勝利並不一定是正義的勝利；決定勝利正義性多少與否的並不是人們拿起武器所捍衛的那個事業，而是刀槍入庫之後所確定的秩序。」雖然羅斯福沒有活到戰爭結束，但戰後的世界秩序是其規劃的，美國也為其錯誤的外交政策付出高昂代價。

羅斯福是一個政治戰術家和公共關係大師，在激勵美國人民追求偉大目標上出類拔萃。然而，除了打贏戰爭這個顯而易見的目標之外，對於偉大目標究竟是什麼，他心裡並不清楚。

24 對此，猶太裔財政部長摩根索心灰意冷：「等你們的研究有了結果，你們會發現我們今天的態度跟希特勒沒什麼兩樣。」其顧問蘭多夫．保羅指出：「我不知道我們有什麼臉面批評德國人殺人，我們不正在幹同樣的事情嗎？這在法律上稱為『等罪』。」另一位顧問赫伯特．加斯頓說：「我們沒有朝他們開槍，但我們讓別人充當劊子手，任憑他們挨餓受凍而死。」摩根索的助理、律師杜波依斯起草了一份題為《美國政府縱容猶太大屠殺》的備忘錄——這是美國歷史上最重要的備忘錄之一。該備忘錄指出：「國務院的不作為、共謀或蓄意阻撓（甚至直接反猶）的行為是美國的國恥……我們還是直接拿掉自由女神身上的勛章，熄滅金色大門旁邊的明燈吧。」這份備忘錄可以起另一個標題《大屠殺共犯羅斯福》。

他缺乏英國首相邱吉爾的透徹和洞察力。但是，他與威爾遜一樣，是一個淺薄的世界主義者，對於全球政治戰略極其天真。

像那個時代很多知識分子一樣，羅斯福傾向於根據其表面價值看待蘇聯——一個熱愛和平的「人民民主政權」，真誠地渴望全世界工人階級能有更好的狀況。羅斯福對美國和蘇聯制度的逐漸「趨同」堅信不疑，在其「趨同」理論的助推下，二十世紀二〇年代早期和三〇年代晚期強烈的反共產主義政治在一九四二年迅速消退。羅斯福派遣特使到梵蒂岡，遊說教宗軟化其反共立場，為此他說：「我相信，俄國的存在比德國獨裁形式的存在對宗教、教會和整個人類構成的危險要小。」實際上恰恰相反，蘇聯為禍之烈、為禍之長，超過了納粹德國。只反納粹而不反蘇聯，在邏輯上無法自圓其說：蘇聯與納粹一樣都是極權主義，都是西方民主陣營的死敵。

羅斯福派駐莫斯科的大使約瑟夫．戴維斯（Joseph Davies），是其競選活動的資助者，對蘇聯一無所知，在其呈送總統的報告中寫道：「史達林極其聰明和溫和，孩子們喜歡坐在他的膝蓋上，狗會悄悄地靠近他。」於是，羅斯福相信，史達林會與之攜手合作，為一個民主與和平的世界而工作。他不願聽取既是蘇聯專家又是駐蘇聯外交官的喬治．肯楠（George F. Kennan）的忠告：「邀請俄國作為保衛民主國家的幫手會招來對我國立場的誤解，會借給德國一個免費且急需的道德光環來進行備戰。」

在對蘇聯的政策上，羅斯福背叛了恩師威爾遜。威爾遜雖然是進步派，但他還有反共的常識，曾經派遣美軍到俄羅斯帝國境內援助對抗布爾什維克的白軍。對於布爾什維克的否定態度，是威爾遜之後歷屆美國政府的共識，也被威爾遜之後的美國總統們——哈丁（Warren

G. Harding）、柯立芝與胡佛——堅定不移地分享，他們緊隨威爾遜之後，認為蘇聯如同所有「非民主」政府一樣，在本質上都是孱弱的。一九二一年，共和黨參議員伊萊休・魯特（Elihu Root）提出，假如俄國人不能把自己從非民主政府中解放出來，俄國就必須被開除出文明國家共同體。[25]

然而，羅斯福上任之後親自主導與蘇聯建交，開放了「兩個偉大共和國」的關係——這是比季辛吉更早的、馬基維利式的現實主義外交。蘇聯人答應保障在蘇聯工作的美國人的宗教自由，同意停止反美國宣傳，不再派間諜前往美國從事顛覆活動。實際上，蘇聯的顛覆活動直到其解體從未停止過。蘇聯從未實現其承諾的宗教信仰自由，底特律大主教穆尼指出：「信仰自由，即便是其最受限制的形式，在當今的蘇聯也根本不存在。」基督教協會主席韋格爾（Luther A. Weigle）說，莫斯科「將無神論作為國家認可的哲學」。國會議員費什（Hamilton Fish）諷刺說，羅斯福應當邀請史達林來白宮，以便「他可以在游泳池中完成洗禮」，然後，每個人都「加入史達林主日學校」。

美國尚未參加大戰，羅斯福就竭盡全力援助在希特勒的進攻之下節節敗退的史達林。美國給予蘇聯的援助是給予中國的援助的數百倍。羅斯福沒有意識到，史達林是一個比希特勒更壞的獨裁者。幫助一個更壞的暴政抵抗一個次壞的暴政，是正義之舉嗎？當然不是。羅斯福的作為是養虎為患：沒有美國的援助，蘇聯未必能在納粹德國的攻擊下倖存下來；而擊敗了納粹德國的蘇聯，對美國忘恩負義，戰後四十多年來一直都是對美國的最大威脅。

25 貝恩德・施特弗爾：《冷戰：1947-1991，一個極端時代的歷史》，頁二一一—二一二。

羅斯福第一次見到史達林是在德黑蘭會議上。他拒絕邱吉爾的要求，在三巨頭峰會之前先與之會面並達成共識。反之，羅斯福先安排與史達林會晤。他發現，史達林「感人至深」，「我們肯定會相處得很好」。羅斯福的顧問群大多是社會主義者，副總統華萊士就相信，社會主義是由新約《聖經》衍生出來的。這個理論是根源於對人性的極度樂觀，以及對政府權力的依賴。

羅斯福似乎更接近史達林的世界觀，而與邱吉爾格格不入。一九四三年底，三巨頭在德黑蘭會議上共進晚餐。飯吃到一半，史達林舉杯說，一定要消滅德國總參謀部，德國強大的軍事實力依靠少則五萬、多則十萬名軍官，所以要把他們統統槍斃。他說這話時，神情是認真的。邱吉爾在戰爭初期就知道蘇軍屠殺波蘭人的卡廷慘案，如今又聽到史達林這麼說，當即義憤地說：「英國議會和公眾永遠也不會容忍發生集體槍殺。」史達林堅持其意見：一定要槍斃五萬人！邱吉爾怒吼道：「我寧可此時此地就被人押到花園裡，你把我槍斃了，也不願讓這樣不名譽的醜事玷污我和我國的榮譽。」

為了緩和氣氛，羅斯福以一種半開玩笑的口吻說，雙方可各退一步，把要槍斃的德國軍官的人數降低到四萬九千人。這個數字，看起來他是當笑話說，但這個笑話的品味令人不敢恭維。羅斯福三十歲出頭的兒子艾略特（Elliott Roosevelt）插話說：「我們兩國的軍隊可以聯手解決這個問題，在戰場上解決掉那五萬人裡的大部分。」

邱吉爾將怒火從史達林身上轉向羅斯福父子：「艾略特，我不能原諒這些混蛋王八蛋的話從你嘴裡說出來。這種事你怎麼說得出口。」然後怒氣沖沖地離開會議室。

從此細節可看出，被視為老牌帝國主義者的邱吉爾有一種貴族的尊嚴，挺身捍衛英國的憲政和法治傳統，即便在兩強陰影下有志難伸；平日裡常常將平等、人道這些美好詞彙掛在嘴邊的羅斯福，在關鍵時刻跟史達林、希特勒一樣視人命如草芥——一年多之後，在雅爾達會議上，羅斯福再度提及史達林的建議，看來他被該建議打動了。「若光看羅斯福發言的字面意思，然後在考慮這位美國總統眾所周知的反德立場，那殺人不眨眼的就不只是史達林一個人了。」[26]

羅斯福及其智囊不喜歡英國和邱吉爾，認為邱吉爾是自私自利的資本主義之代表，還擁護帝國主義、實踐老式外交。羅斯福當著史達林的面對邱吉爾說：「你看，溫斯頓，這裡有些事情是你理解不了的。你的血管裡流淌的是世世代代都喜歡征服的民族的血液。我們如今要建立一個沒有偏見、沒有暴力的新世界，一個公平正義的世界。」[27]羅斯福及其助手都相信，在新的世界秩序中不應再有帝國，新興獨立國家應該把資源和市場開放給全球大國。過去幾個世紀試驗過的而且總是失敗了的各種權宜方法，如單方面行動、排他性聯盟、勢力範圍、力量均衡等，都已過時。邱吉爾的繼任者艾德禮（Clement Attlee）在回憶錄中寫道：「羅斯福並不隱藏他對大英帝國殖民主義的不悅，因為這是他堅信的原則。」[28]

26 齊斯．洛韋：《二次大戰後的野蠻歐陸》，頁一五九－一六〇。

27 史達林對這番話頗為感動。史達林有其感動的理由：希特勒早在三〇年代初就清楚羅斯福與邱吉爾之間的分歧，但他沒有立足點來利用這一分歧；史達林卻可以從羅斯福與邱吉爾的分歧中獲漁翁之利，尤其當羅斯福盡其最大努力把這些分歧呈現在他面前。這也許是羅斯福最大的失誤。

28 浦洛基（Serhii M. Plokhy）：《雅爾達：改變世界命運的八日秘會》，（台北）時報文化，二〇一一年，頁七八。

《雅爾達密約》的代價，最終犧牲數億人的自由

戰爭後期，羅斯福並不認為蘇聯力量的上升是威脅，一直將蘇聯當做盟友；而從邱吉爾的觀點看，史達林是競爭者、潛在的敵人。在德黑蘭會議和雅爾達會議上，羅斯福故意冷落邱吉爾、親近史達林，在場的每個人都看在眼裡。以羞辱老朋友為代價，高調公然跟「新歡」調情，這種行為——後果先不論——本身就有點殘酷，而且令人生厭。甚至，羅斯福在逝世那一天曾給邱吉爾發去一封電報，勸後者在對下議院的演說中把「一般性的蘇聯問題」放在「盡量次要的位置」。

在雅爾達會議上，羅斯福被史達林玩弄於股掌之上，這跟其健康狀況不斷惡化有關。有研究者認為，羅斯福極度的病態和衰弱都使他不僅在會議中對國際政治和戰略發生誤判，還沒有起碼的精力與史達林討價還價，以致對二戰後的利益劃分中（尤其是在東歐問題上）對當時精力充沛的史達林做了過多的讓步。[29]但亦有學者反駁說，羅斯福的病痛並沒有使他變成一個容易上當、讓史達林擺布的美國總統。高級外交官波倫（Charles E. Bohlen）根據羅斯福與歷史學家李查・紐時達（Richard Neustadt）進行的對談來判斷，羅斯福的思考仍然是清晰與專注的。「羅斯福非常清楚，雅爾達協議是對蘇聯的一個測驗，看蘇聯究竟有多大意願在戰後仍保持三巨頭之間的尊重與合作。」[30]因此，羅斯福對史達林的讓步，更與他對美國歷史境遇的誤判有關——當時很多美國人都有這種誤判。羅斯福以漸進民主進化論的視角審視這個世界，他認為美國處於英國和蘇聯之間，政治上中間偏左——這是羅斯福對於自己政治傾向的真實表述。然而，羅斯福未能理解，納粹德國和共產主義的蘇聯所奉行的意識形

態的本質其實是一致的——儘管雙方殊死搏鬥。

羅斯福關於美英與蘇聯關係的相互位置的認識，恰好與真實情況背道而馳：在二戰期間，英國的資本主義色彩已經沒有那麼濃厚了，反而更多地具有了一個集體化、組織嚴密的福利國家的特點。與之相對是，儘管經過羅斯福新政的改造，美國仍是一個具有高度資本主義特徵的國家，新政對美國固然傷筋動骨，卻沒有換掉「美國之心」。所以，自由資本主義制度的美國與極權主義的蘇聯，注定了要在戰後成為勢不兩立的對手。

在對待蘇聯的問題上，羅斯福有一個古怪的想法，認為和一個獨裁政權打交道比與一個具有議會民主的國家打交道要容易。羅斯福的私人醫生麥金太記載，羅斯福說過「使事情辦起來最順利的情況是，我只要說服史達林一個人就行了。他不必考慮國會的意見，他講了話就算數」。這是羅斯福的心裡話，他崇拜的人物，不是華盛頓、林肯或威爾遜，而是史達林，史達林不像他那樣受國會和最高法院的掣肘，也不用顧慮媒體和公共輿論，他更願意跟史達林換一個位置坐坐看。或許，他最大的夢想就是將美國變成第二個蘇聯。

羅斯福依賴他與史達林的私人交情，把與史達林的交情看作是美國對蘇聯政策的核心，認為這是繞過美國官僚及所謂蘇聯領導人周圍的強硬派（在羅斯福眼中，史達林不是強硬派！）的最好途徑。羅斯福從未意識到，他有多名助手是蘇聯間諜，史達林掌握了美國所有的重大情資，他卻對史達林的真實意圖一無所知。

---

29 皮埃爾・阿考斯、皮埃爾・朗契尼克：《病夫治國》，（南京）江蘇人民出版社，二〇〇五年，頁二一。

30 大衛・歐文：《疾病與權力》，頁九六。

羅斯福或者是完全被史達林欺騙了，或者是他身上本身就具有跟史達林相似的獨裁特質。他本可像巴頓將軍（George S. Patton, Jr.）所主張的那樣對蘇聯更加強硬，面對史達林吞併東歐的野心。他卻不斷退卻，讓出了大半個歐洲。

羅斯福對史達林予取予求。雅爾達會議之後，史達林屢屢違背承諾，將波蘭、羅馬尼亞和匈牙利等東歐國家共產化。在羅斯福去世前兩個星期，他哀歎說，史達林破壞了每一個在雅爾達許下的諾言。但他仍對「約瑟夫大叔」保持樂天派想法，他猜測史達林在早年得到的神學院訓練有一些必定還留在其身上：「我認為有某種東西進入他的性格之中，其方式應該是一位老派基督徒紳士的那種風格。」基於對史達林的幻想，美國的武器和金錢的援助仍然源源不斷給予蘇聯。

羅斯福在雅爾達會議上承認了蘇聯對東歐諸國的控制。英國陸軍元帥蒙哥馬利（Montgomery）稱之為出賣東歐的「另一個慕尼克」。雅爾達會議是「最後的和平會議」，也是冷戰時代許多困難的源頭。羅斯福違背了其原則：同意重畫邊界，沒有徵詢相關政府及民族的意見，強迫千百萬人遷徙。羅伯特．尼斯貝特在《羅斯福與史達林》一書中指出，雅爾達會議和《歐洲解放宣言》為史達林把東歐各國弄成自家的戰利品提供了道義上的合法性。戰後兩代東歐人被迫生活在共產極權暴政之下。羅斯福還同意違背那些被關押在西方占領區的、被德軍俘虜的蘇聯戰俘的意志而遣返他們回國，即使這些人會遭到監禁、甚至屠殺。

在亞洲，為了說服史達林對日作戰（其實完全不必要），羅斯福背棄了其盟友中華民國政府，應許蘇聯只要出兵，就可以在戰後將滿洲納入其勢力範圍。由此，紅軍潮水般湧入滿洲，史達林在那裡為中共提供了安全的天堂，用繳獲的日本武器乃至美國供應給蘇聯的武器中的剩餘部分武裝中共軍隊。在處理亞洲問題上更自信的羅斯福完全沒有意識到，這是美國失去中國的開端。

正如第一次世界大戰真正的勝利者不是威爾遜而是列寧，第二次世界大戰真正的勝利者不是羅斯福而是史達林——史達林不僅將半個歐洲置於其控制之下，而且幫助中共贏得了內戰，擁有了毛澤東這個忠順的小弟。正如法國學者畢仰高（Lucien Bianco）所說，一戰對沙皇統治的影響是災難性的，二戰對國民黨的影響是毀滅性的，如果沒有戰爭，蘇共和中共都不可能奪得政權。[31]美國表面上打贏了兩次世界大戰，卻收穫了蘇聯和中共這兩個比德國、日本更難對付的敵人，美國雖勝猶敗。

威爾遜的國際聯盟計畫半途而廢，羅斯福及其繼任者杜魯門卻真的打造了比國際聯盟更龐大、更臃腫的聯合國及一系列與之配套的國際組織。羅斯福對蘇聯的誤判，為包括聯合國在內的國際組織日後的無能與衰敗埋下了禍根：他以為西方國家可以跟蘇聯達成關於和平與公義的共識。然而，蘇聯以及後來的共產黨中國在聯合國及諸多國際組織登堂入室之後，立即對戰後國際新秩序展開日積月累的侵蝕及破壞，使之走向其主要創制者（美國）初衷的反面。

有趣的是，在羅斯福表面的天真善良背後，有著刻骨的世故與權慾。一九四四年，羅斯福的顧問班傑明·科恩（Benjamin V.Cohen）在一封長信中提出一個石破天驚的建議，他以

31 畢仰高（Lucien Bianco）：《歷史的覆轍：中俄革命之比較》，（香港）香港中文大學出版社，二〇二〇年，頁一七一一八。

跟羅斯福一樣的自由漸進主義的方式，建議羅斯福「為了一個更高的目標」放棄爭取第四個美國總統任期。他認為，羅斯福應當擔任即將成立的聯合國的「總裁」，也就是說，從美國總統搖身一變成為「全世界的總統」，以此建立一個安全民主世界。因為，對美國人有益的一定對全世界人有益。然而，羅斯福沒有接受這一「書生之見」，他當然更願意擔任美國總統，他深知這才是世界上有權勢的職位。

幸運的是，美國具有自我糾錯和自我修復的能力。經過羅斯福及其繼承人杜魯門的長期執政之後，人們厭倦了民主黨。一九五三年，共和黨人艾森豪（Dwight Eisenhower）當選美國總統，為羅斯福新政畫上句號，雖然艾森豪不夠右，畢竟在一定程度上讓美國懸崖勒馬、回歸正途。

第三章

美國民主黨
為什麼愈來愈像中國共產黨？

美國正受到社會主義、共產主義的侵襲，我們不要嘗試，看看委內瑞拉、古巴，曾經的能源大國現在物資匱乏，美國永遠不要社會主義。

——唐納．川普

1960 年代以來的美國新左派組織（3）：

美國民主社會主義者（Democratic Socialists of America, DSA）

前身為 1972 年成立的美國社會民主黨，1983 年改組成立「美國民主社會主義者」，是一個由民主社會主義者、左派社會民主主義者和工人運動活動家組成的政治組織，主張「削弱大型企業權力和增加勞動人民權利的改革而鬥爭」，成立以後迅速發展為美國最大的左派政黨之一，成員包括許多知名人物，發展至今為 21 世紀美國最大的社會主義組織。本章所提及，於 2018 年當選的美國眾議員亞歷山卓・歐加修—寇蒂茲與拉希達・特萊布皆為該組織成員。

楔子

二〇二〇年美國總統大選出現全國範圍內大規模舞弊，作弊者入住白宮，這不僅是一場自美國建國以來最嚴重的憲政危機（危險程度超過南北戰爭），而且將鬆動美國的立國根基。

倫敦政策研究中心高級研究員亞歷山大・馬里科夫斯基（Alexander G. Markovsky）、《布爾什維克的解剖》和《自由布爾什維克主義》的作者評論說：「美國沒有打敗共產主義，而是採用了它。」他指出，他在過去十年裡一直警告的革命已經發生。這不是通常與革命相關聯的血腥起義，而是經過長期的和平演變，最終由社會主義者接管美國這個資本主義的最後堡壘：

> 不應該有任何幻想，馬克思主義者在美國認真地、長期地奪取政權。事實上，從列寧到勃列日涅夫的共產黨領導人都在地獄裡訕訕地笑著，眼睜睜地看著蘇聯以其所有的軍事實力和核武庫不可能完成的事情，被美國人民自己通過一個可疑的選舉程式完成了。[1]

馬里科夫斯基認為，在未來的美國，儘管不會有古拉格、不會有數百萬人被處決，但異

1 馬里科夫斯基（Alexander G. Markovsky）：〈美國，一個社會主義獲勝的國家〉，見「美國思想者」網站，二〇二一年一月二十日，https://www.americanthinker.com/articles/2021/01/america_a_country_of_victorious_socialism_.html。

見者將得到「人道」的處理，被清除出大學、媒體、政府和大公司。布爾什維克的座右銘「誰不工作誰沒飯吃」將被一個新的座右銘所取代——「誰不服從誰沒飯吃」。異議將被政府機構的野蠻力量打壓，包括司法部的權力，提起無謂的訴訟、讓受害者破產、摧毀他們的家庭。審查制度已建立起來，用共產黨人尼古拉·布哈林（Nikolai Bukhari）的話說：「過去我們要求新聞自由、思想自由和公民自由，是因為我們是反對派，需要這些自由來攻擊沙皇政府。現在我們掌權了，就不再需要這些公民自由了。」[2]

二〇二〇年美國總統大選，是筆者在二〇一八年成為美國公民之後第一次投票選總統。但筆者悲哀地意識到：如果美國人民不奮起與作弊者抗爭、堵住漏洞、恢復選舉的公正性和透明度，作弊將會常態化。民主黨政客公然主張賦予監獄中的囚犯和非美國公民（包括非法移民）以投票權，為此投票時不必檢查任何身分證件。那麼，以後的選舉還有意義嗎？史達林說過，「人民可以投票，但怎麼計票是我們的事情」。在蘇聯、中國、現今的香港、國民黨獨裁統治時代的台灣生活過的人們，不難解讀此一事件的真正含義。筆者來自選舉被共產黨操縱、玩弄的中國，當然知道事態的嚴重性：沒有了真正的選舉，就沒有基本的自由和人權保障。

然而，很多普通美國人並未準確理解二〇二〇年十一月發生的畫時代轉變的含義。這並不奇怪。自古以來，歷史上最悲慘的事件都是由那些顯而易見卻被人刻意忽略的事件引發的。美國人以為憲法是一件刀槍不入的軟蝟甲，殊不知憲法早已如一道布滿裂痕的堤壩。

操縱選舉是共產黨最喜歡做的事情之一，共產黨一般不會像獨裁的軍政權那樣赤裸裸地取消選舉，而是利用被操縱的選舉來增強其統治合法性——在這一點上，美國民主黨甘當共產黨的徒弟。民主黨整體性的左傾、與南方保守派分道揚鑣，始於威爾遜與小羅斯福時代，到了甘迺迪時代，民主黨在臉上濃妝艷抹地塗上了光鮮的進步派、自由派的油彩，標榜階級、種族和性別平等及環保。從二十世紀末的柯林頓（Bill Clinton）時代再到二十一世紀初的歐巴馬（Barack Obama）時代，民主黨日漸喪失「黨內民主」，被打造成共產黨式的「民主集中制」的政黨，全黨上下，如臂使指，雷厲風行，令行禁止——共和黨總統提名的最高法院大法官，他們一致投出反對票；共和黨推動的若干方案，他們整齊畫一地反對。共和黨內部仍充滿異議，而民主黨早已淪為「比左」的鬥獸場。

由於拜登的極左議程進行得太過匪夷所思，美國民眾在震驚之餘慢慢清醒過來，即便是某些昔日的左派，也開始反戈一擊。第三波女權主義運動代言人、曾擔任高爾和柯林頓政治顧問的納奧米·沃爾夫（Naomi R. Wolf），過去三十年來都是鐵桿民主黨人，如今大夢初醒般驚呼，美國正在「進入政變狀態，成為一個警察國家」。她表示，她接觸到許多不同背景和政治派別的美國公民，這些人都處於一種「震驚和恐懼」狀態，美國已處於「終止法治」的地步，「正在變成一個極權主義國家」。這個說法有些誇張，儘管美國出現了某些極權主義的跡象，但離極權主義國家還有相當距離，還有很多信奉美國憲制的愛國者願意為自由而戰。不過，在過去數十年來，美國的政治坐標確實不斷往左移動，即便是雷根時代的保守主義復興以及小布希時代的新保守主義崛起，也未能扭轉此種大趨勢。就政黨政治而言，共和

2 數年之後，布哈林死於史達林的大清洗，他想擁有沙皇時代在法庭上自我辯護的權利和自由，卻求之不得，其命運跟劉少奇一樣，可謂作繭自縛。

黨建制派愈來愈像民主黨，而民主黨則愈來愈像共產黨。

柯林頓：溫和但缺乏信仰的墮落總統

德國社會學家桑巴特（Werner Sombart）曾堅信「美國沒有社會主義」——美國公共生活的民主方式，美國工人的政治地位和經濟地位，使得社會主義在美國不受歡迎。美國的政治制度（普選制和憲政民主）和企業制度（主要指計件工資和利益分配）促進了美國工人階級對資本主義持善意態度，所以美國與歐洲國家不一樣，沒有社會主義滋生的土壤，「美國的資本主義是在一個有著廣闊自由土地的大國發展的」，「它拔去了敵視資本主義的芒刺」。[3]

但桑巴特也擔憂地指出，美國對社會主義的排斥不是永遠不變的，「所有這些迄今為止成功阻礙了社會主義在美國發展的因素，未來都可能消失或轉向它們的反面。在下一代人那裡，社會主義在美國很有可能出現最迅速的發展」。他預言說：「馬克思主義這輛列車必定會像到達歐洲一樣到達美國。」[4] 果然，社會主義思潮席捲美國，羅斯福新政是第一個高潮，一九六〇年代的新左派運動是第二個高潮，二十一世紀最初二十年的激進進步主義是第三個高潮。

美國的千禧一代拒絕美國的資本主義共識、接受社會主義的人數，創下有史以來的新紀錄。二〇一九年，哈里斯民意調查（Harris Interactive）顯示，百分之五十的三十八歲以下成年人「更願意在社會主義國家生活」。網路分析公司 YouGov 同年公布的民調更顯示，百分之五十一的Z世代（十六至二十二歲）和百分之五十的千禧世代（二十三至三十八歲）對資本主義感到有些或非常不滿，高達百分之八十五的Z世代和百分之七十的千禧世代表示，可能或極有可能投票給社會主義候選人。相反，只有百分之四十四的X世代（三十九至五十四歲），以及百分之三十三嬰兒潮世代以上的民眾（五十五歲以上）表示，有可能或極有可能支持社會主義候選人。

選民年齡及種族結構的變化，以及選民觀念秩序、精神及心靈秩序的變化，使原本中間偏左的民主黨走向社會主義化。

柯林頓或許是民主黨最後一個「溫和派」總統。出生於一九四六年的柯林頓，來自貧苦家庭，通過苦讀出人頭地。他是「被寵壞的六〇年代造反者」和「逃避兵役者」中的一員，從越南戰爭到海灣戰爭，一貫擺出一副反美姿態。之後，柯林頓在阿肯色政界開始其政治生涯，從法學教授、總檢察長到最年輕的州長，直到成為甘迺迪以來白宮最年輕的主人。

柯林頓屬於嬰兒潮世代。最偉大世代（一九二〇年代生人）與嬰兒潮世代（一九四〇、五〇年代生人）在價值觀上涇渭分明：前者打過二戰，知道納粹和蘇聯等極權主義的邪惡，篤信基督教，超過半數為共和黨保守派；後者深受一九六〇年代社會抗議浪潮影響，篤信所

3 桑巴特（Werner Sombart）：《為什麼美國沒有社會主義》，（北京）社會科學文獻出版社，二〇〇二年，頁二一一—二一二。

4 路易斯・哈茨（Louis Hartz）：《美國的自由主義傳統：獨立革命以來美國政治思想闡釋》，（北京）中國社會科學出版社，二〇〇三年，頁二五二。

謂的進步價值，整體而言比較左傾。一九四〇年代末、五〇年代中期出身的美國白人偏向民主黨的比例最高，「答案可能是一九六八年，或者說是一九六八前後幾年（約一九六五到一九七二）深具情緒煽動性的全國政治事件……這幾個關鍵詞能讓他們掏心掏肺：馬丁・路德・金恩、約翰・甘迺迪、黑豹黨、春節攻勢、美萊村、芝加哥民主黨代表大會、尼克森。」[5]

柯林頓算不上極左派，他的意識形態色彩相對較弱，他是現實主義者和機會主義者。他被稱為「新民主黨人」，其領導和革新民主黨的理念被稱為「第三種道路」。柯林頓沒有全盤放棄雷根經濟學，更趕上網路科技爆炸性發展的時代，世紀之交美國經濟發展強勁，人們過上了好日子，使得柯林頓一直維持較高的民調。

由於受制於金瑞契（Newt Gingrich，被譽為「議長先生」的共和黨人）領導的強勢國會，柯林頓的國內政策採取中間路線——其中最具代表性的是在一九九六年八月簽署《福利改革法案》，這是共和黨人推動的一項立法，拆除了福利國家結構中的基礎部分，標誌著自詹森在一九六四年宣布「無條件向貧困宣戰」以來的第一次改變——人們意識到，美國朝著「聯邦中央集權體制」方向走得太遠，必須加以糾正。該法案將解決貧困問題的權力從聯邦政府歸還給州政府，各州可以在減少貧困方面展開務實競賽。

柯林頓任期的一個重要特點是加速經濟全球化，他簽署了《北美自由貿易協定》和《關貿總協定》。表面上，全球化給美國帶來經濟繁榮；實際上，全球化卻埋下了致命隱患。

柯林頓將腐敗風氣從小石城帶到白宮。國父華盛頓說過，總統職位必須讓有德者居之，若敗德者居之，必將玷污國家名器。然而，由於政界的腐化及僵化，政治體系的醜陋和失靈，讓既有才華又有品德的公民望而卻步，這一現象解釋了柯林頓這樣的人為什麼能當上總統。柯林頓公然在橢圓辦公室與實習生萊溫斯基淫亂，讓曾投票給他的老紳士喬治・肯楠憤懣不已。肯楠寫道：「柯林頓與白宮猶太女實習生之間的性醜聞真讓人難以忍受，齷齪和無聊的報導每天都在增加，我相信此事最終會不了了之。」肯楠再三說：「柯林頓先生應該辭職。」

一九九九年，首席大法官倫奎斯特（William Rehnquist）主持了對柯林頓的審判，其罪名是在大陪審團面前作偽證，掩蓋其與萊溫斯基的性關係證據以及妨礙司法。最終，參議院在作偽證上的投票是四十五比五十五，在妨礙司法上的投票是五十比五十。柯林頓逃過一劫，做滿了任期。

這個「男孩州長」、「男孩總統」看似陽光的面龐後，有深深的暗影。作家在保羅・索魯在考察了柯林頓成長的「南方色情之都」溫泉城之後感歎說：「一位總統最決定性的特質，就是世故與詭詐。全世界的怪誕異常都來到了溫泉城，柯林頓在其中如魚得水；這座城市造就了這個人。……柯林頓就是個典型的南方叫賣員，不知道適可而止，而溫泉城，這座用自己的恣意妄為做宣傳的腐敗城鎮，本身就有柯林頓風格。」[6]早年的柯林頓踮著腳尖，穿行於滿是人性軟弱與貪婪、狡詐與肉慾的坑窪爛泥當中，由此練就了在更深的「華盛頓沼澤」中游刃有餘的本領，進而將白宮變成溫泉城的淫窟。

---

5 葛瑞格・路加諾夫（Greg Lukianoff）、強納森・海德特（Jonathan Haidt）：《為什麼我們製造出玻璃心世代？》，（台北）麥田出版，二〇二〇年，頁三一七—三一八。

6 保羅・索魯（Paul Theroux）：《深南地方》，（台北）馬可孛羅，二〇一九年，頁四五二—四五四。

對「總統學」有精深研究的學者大衛・葛根（David Gergen）評論說，柯林頓才智過人、儀表堂堂，但他失去領導力的原因是：「他不像雷根那樣有一套明確的目標和原則，他似乎呼吸每一個人的想法。在他的世界裡似乎沒有終極的真理，也少有核心信仰。」[7]

有其夫，必有其妻。柯林頓夫婦一樣貪得無厭、謊話連篇，毫無道德底線。離開白宮之後，希拉蕊（Hillary Clinton）以參議員和前第一夫人的身分活躍於政界。擔任歐巴馬的國務卿時，她向中國暗送秋波，淡化人權議題，出賣躲入美國駐華使館的陳光誠。她更與歐巴馬一起為美國鈾礦出口至俄羅斯的限制鬆綁——這才是「通俄門」。她的政策顧問建議，將東亞畫為中國的勢力範圍，以此換取美國進入中國市場。她贊許其幕僚提出的「將台灣賣給中國」的設想，她出賣的是不僅是台灣的民主自由，也是美國的國家利益。

希拉蕊在做國務卿時，繼續在中東等地推行柯林頓時代屢戰屢敗的「自由主義霸權」外交。二〇一六年四月十一日，歐巴馬在接受福斯電視台專訪時，坦白地告訴主持人華萊士（Chris Wallace），其在總統任內「犯下的最大錯誤」是利比亞局勢失控——這是歐巴馬與希拉蕊共同釀成的災禍。維基解密顯示：二〇一一年，利比亞內戰爆發，是由希拉蕊大力促成，目的是將其作為此後其競選總統的亮點。然而，格達費（Gaddafi）政權垮台後，利比亞情勢繼續惡化，美國駐班加西領事館遭武裝分子襲擊，美國駐利比亞大使史蒂文斯（John Stevens）等四人殉職。「班加西事件」是美國外交史上的一大汙點，也是希拉蕊「電郵門」事件的導火線。

柯林頓夫婦對美國和民主黨的傷害，是敗壞了政治人物和政黨政治的品質，他們唯利是圖，本身並不堅持任何價值和理念；而更大的危害來自於歐巴馬——歐巴馬不僅是人品壞

（呈現在公眾面前的，卻是彬彬有禮、家庭美滿的正面形象），更是價值和理念邪惡，這是所有邪惡中最大的邪惡。

歐巴馬：廣大左派的完美偶像

左翼執政的頂峰，不是柯林頓的八年，而是歐巴馬的八年。

在歐巴馬之前，美國有過威爾遜、小羅斯福等左派總統，有過甘迺迪、柯林頓等個人品德敗壞的總統，有過詹森、尼克森等權謀厚黑無邊的總統，這是民主制度必須承擔的結果——如果選民足夠愚蠢，肯定會選出足夠糟糕的總統來。但是，直到歐巴馬的出現，第一次有了仇恨美國的人入主白宮。

歐巴馬將美國的文明遺產當作過時的垃圾，「他的觀點是第三世界革命者的世界觀，他將美國視為種族主義者、剝削與帝國主義者」。歐巴馬相信，一個多元化的時代再也不需要喬治．肯楠那樣的戰略大師，再也不需要國父們的智慧。有人說歐巴馬缺少戰略觀點與目標，但他有其戰略觀點和目標，那就是「限制美國在世界上的影響力，為了讓中國、俄羅斯和伊斯蘭世界不再對美國有敵意，他一直試圖調整美國政策，站在美國利益的對立面」。歐巴馬喜好在國外發表演講，以貌似坦率的姿態承認美國體制具有嚴重缺陷，但他沒有意識到，他

7 大衛．葛根（David Gergen）：《美國總統的七門課》，（台北）時報文化，二〇〇四年，頁四四六。

的謙虛只更加劇國外許多人對美國的厭惡感。[8]

美國倫理學家強納森・海德特（Jonathan Haidt）指出，歐巴馬在國內的若干演說，內容側重於社會正義和企業貪婪，背後的價值是「關懷」和「公平」兩種基本原則，而公平往往是指向平等的結果。歐巴馬在柏林發表的演講，將自己稱為「世界公民」，還提及「地球公民」，他也不願像歷屆美國總統那樣，在西裝外套的翻領上佩戴美國國旗胸章。強納森・海德特從這些細節中發現，歐巴馬是民主黨激進派，頌揚多元文化，支持移民而不同化移民，反對英語成為美國的國語，蔑視保守派推崇的「忠誠」、「權威」、「聖潔」等原則，甚至認為這些原則是可憎的，自然也就排斥「合眾為一」這句非正式的美國格言所蘊含的神聖意義。但若否定美國的這一神聖性，停止落實這項奇跡，就是國家衰退或分裂之時。[9]

歐巴馬的癥結，不是「虛偽的謙卑」，而是「看似崇高的邪惡」或「自以為是的邪惡」，他用蠱惑人心的「大詞」表達若干邪惡觀念。左派記者大衛・格林伯格（David Greenberg）在《紐約時報》發文指出，歐巴馬的政治宣傳是可取的，「它讓政治變得有趣，吸引公眾參與」。說謊不是好品質，尼克森因說謊被趕下台，同樣說謊的歐巴馬卻被認為魅力無窮：「由於歐巴馬率領的白宮從不坦白，他們採用戈培爾的技巧，標榜自己完全透明化，現在活動家也認同不誠實的做法，然後貼上政治化妝術的標籤，但政治化妝術其實就是納粹所謂的宣傳，遵循著戈培爾所提出的規則，只會戕害民主。」這顯示了左派的政治品格愈發卑賤、民眾的判斷力愈發低下。

歐巴馬對美國歷史缺乏起碼的尊重。單看他如何對待英國留給美國的遺產就清清楚楚了：他就任後，無禮地退還了安放在白宮的邱吉爾半身像，此舉是全盤否定過去美國歷屆政府倡導的盎格魯圈國家共有一個夢想、共擔同一使命的理念。他不喜歡英國，因為他拒絕接受早期美國從英倫群島繼承來的價值和制度。他厭惡英國，否認英美的特殊關係，更否定讓這種關係得以建立的價值觀——英美保守主義。他不尊重英國，也不尊重英國遺贈給十三個殖民地的精神財富：普通法、對個人自由和財產權的堅持、不信任政府、必須由民選代表通過法律來決定徵稅。他僅僅將美國國父們看做是反殖民主義者，其實國父們同樣在有意識地捍衛一種僅通過英語表達出來的處理人類事務的政治哲學——而一旦接受此事實，就意味著要接受那些建立共和國的先賢的特殊之處。也就是說，承認美國不是一個簡單的多元文化的混合體，而是如約翰·亞當斯（John Adams）所說，美國是講英語國家大家庭的一部分，美國是熱愛自由的人的家園。[10]

歐巴馬的理想是將美國變成一個比歐洲更趨向社會主義的國家。他的經濟學是國家資本主義。在二〇〇八年金融危機中，歐巴馬政府用數以千億計國家財政援助華爾街金融巨鱷和超大型企業。對破產邊緣的公司的援助使資本從健康公司流向非健康公司，破壞了金融危機之後經濟正常的調整步驟。歐巴馬錯誤的經濟政策，造成僅次於羅斯福時代美國歷史上最緩

---

8 丹尼爾·奎恩·密斯（Daniel Quinn Mills）、史蒂芬·羅斯菲爾德（Steven Rosefielde）：《川普要什麼？》，（台北）好優文化，二〇一八年，頁五五二。

9 強納森·海懷特（Jonathan Haidt）：《好人總是自以為是：政治與宗教如何將我們四分五裂》，（台北）大塊文化，二〇一五年，頁二四八—二五二。

10 丹尼爾·漢南（Daniel Hannan）：《自由的基因：我們現代世界的由來》，（桂林）廣西師範大學出版社，二〇一五年，頁三六六—三六九。

慢的經濟復甦。當川普執政之後實行與之背道而馳的政策帶來經濟復甦時，歐巴馬居然聲稱是他的功勞，只是復甦「滯後」了。他永遠不明白的經濟學常識是：要想使經濟在短期內恢復正常，達到穩固、繁榮狀態，而不是靠人為信貸擴張或凱恩斯主義的「刺激方案」造成一種虛假繁榮，就需要進行一系列重要的自由市場改革。[11]

威爾遜時代成立的美聯儲，在羅斯福時代獲得比其他民主國家的中央銀行大得多的權力，歐巴馬將其視為拯救金融危機的救命稻草。美聯儲的所有原則都與自由市場經濟對立。美聯儲的存在表現了左派在政策上的錯誤估計和慣性思維，他們認為像美聯儲這樣的機構體現了政府對經濟的掌控，可以避免市場陷入混亂。但正如雷根所說，政府無法解決問題，政府就是問題本身——同樣道理，美聯儲無法解決問題，美聯儲才是問題本身。美聯儲就像穿著新衣的皇帝，但每個人都自欺欺人，假裝沒有看到它的醜態，甚至指責政府措施失敗時，大家都對它避而不談，而倒楣的自由市場無辜地成了替罪羊。

「歐記健保」更引發美國內部嚴重紛爭。首先是在強制納保方面，許多人認為政府侵犯個人自由，對收入未達補助水準的中產階級形成沉重負擔；各州政府不滿聯邦法案的費用需要地方政府分擔；更重要的是醫療保險公司在「穩賠不賺」的健保政策之下，只能選擇調高大部分保戶的保費；加上「歐記健保」的強制納保對象並不包含兼職人員，低薪兼職的藍領階級無法得到妥善的保障，還需要自行額外負擔健保費用。這項醫療改革問題叢生，耗資數千萬的健保網站瞬間崩潰，承包此網站的是歐巴馬的同學在加拿大創辦的一家公司。

歐巴馬卸任時，電動車等綠能產業創造的就業機會少得可憐，「歐記健保」造成額外負擔，導致他最在意的兩項政績，成為藍領階級不得不面對的痛苦。他不願幫助在全球化和產業轉型中被犧牲的藍領勞工，嘲諷中西部小鎮的失業者說：「那裡的工作已經流失二十五年了，沒有新的工作出現……這群人變得忿忿不平也不足為奇。於是他們依賴槍支或是基督教，或者對與他們膚色不同的人感到反感，或通過反移民和反貿易的情緒，來表達他們的挫折。」[12]

歐巴馬唯一嫻熟的伎倆是玩弄身分政治，讓某些族裔比其他族裔更「平等」。非裔和拉美裔將歐巴馬當做大救星，但他執政八年後，非裔美國人的失業率高達百分之九點五，比小布希時期的百分之七點七更差。

歐巴馬敵視軍隊和警察等秩序的維護者，大幅削減國防費用，使美國在面對中國和俄羅斯的挑戰時力不從心。其外交政策的成績單慘不忍睹：「亞洲再平衡」戰略但聞人聲不見人影，與伊朗簽訂的協議更讓伊朗為所欲為。他出訪任何國家時都放低身段，不斷道歉，但推崇歐巴馬的西方左派並未因此減弱對美國的仇恨。在中東，小布希陷得太深，歐巴馬又撤得太快，「兩人的舉動讓美國、美國的國際地位以及地區穩定付出了巨大的代價」。[13]日本學

11 湯瑪斯・伍茲（Thomas E. Woods Jr.）：《清算謊言經濟學》，（北京）中華工商聯出版社，二〇一〇年，頁一九六—一九七。

12 歐巴馬的這種說法讓勞工階級更為憤怒，他們成為川普的堅定支持者。這是二〇一六年大選中，希拉蕊在關鍵搖擺州——賓州、俄亥俄州、密西根州與威斯康辛州——全面潰敗的原因之一。Louis Lo：〈美國人或許不討厭歐巴馬，卻對「他的政策」失望透頂〉，見「關鍵評論網」，https://www.thenewslens.com/article/59022。

13 戴維・羅特科普夫（David Rothkopf）：《國家不安全：恐懼時代的美國領導地位》，（北京）社會科學文獻出版社，二〇一六年，頁二一一。

者山內昌之指出：「歐巴馬政府在中東外交上的軟弱作風，是導致第二次冷戰區域熱戰化，以及後現代戰爭複合危機區域深化的一大原因。」[14]

歐巴馬英俊瀟灑，口吐蓮花，宛如娛樂巨星，左派媒體將其塑造成形象清新健康的「好人」，即便其政策「跳票」，也只是「好人的無奈」或「好心辦壞事」。與之同為非裔的保守主義學者湯瑪斯·索維爾一針見血地指出：「毫無疑問，歐巴馬是一個聰明而隨和的傢伙。同樣毫無疑問，過去一百年來，世界上一些最愚蠢、危險和恐怖的事情都是聰明和懦弱的傢伙所做的。」

歐巴馬的笑容後隱藏著「特務治國」的毒辣：美國智庫「美安全政策中心」總裁弗萊茨（Fred Fleitz）撰文揭露，二〇一六年大選期間，歐巴馬政府濫用職權，把情報機構武器化並當成私器監視川普及其助手——欺詐性地獲得《外國情報監視法》授權監視美國公民；散布由前英國間諜史蒂爾（Christopher Steele）杜撰的「史蒂爾檔案」，這是由民主黨全國委員會資助的報告，其中充斥著有關川普「通俄」的謊言；把情報分析政治化；洩漏情報；監視政治對手和記者。弗萊茨呼籲說，必須揭露歐巴馬政府在這一醜聞中的不當行為（川普稱其為「歐巴馬門」），以確保此類不當行為不會再發生。歐巴馬踐踏法治之嚴重性，早已超過尼克森在水門事件中的作為。

桑德斯：以社會主義之名崛起的左派學者

自柯林頓時代發生網路革命以來，在歐巴馬時期透過社群媒體操縱網軍作戰，引發了言論空間的左傾化。在這一時期，民主黨逐漸被左派劫持，溫和派、中間派、建制派都大幅倒退。在民主黨社會主義化、共產黨化過程中，最具標誌性的事件是桑德斯（Bernard Sanders）的崛起。

拜桑德斯之賜，二〇二〇年成為社會主義在美國歷史上最耀眼的時刻。他動員草根群眾的力量打選戰，讓社會主義重回美國主流政治，甚至主宰全國版面。在民主黨初選中，他獲得比二〇一六年更好的戰績，他所募得的小額政治獻金高居民主黨參選人之冠。這位史上任期最久的無黨籍國會議員（編外民主黨），已成功掀起反體制的革命浪潮，撼動美國的政治傳統。[15]

桑德斯出生於猶太裔移民工人家庭，其政治生涯始於一九七一年，當時他加入反對越戰、極左翼及主張社會主義的自由聯盟黨。近代以來，猶太政治人物和知識分子往往成為左派先鋒，這是一個值得探討的議題——某些聰明絕頂的猶太人，若放棄信仰、放棄律法、放棄與傳統社區（文化共同體）之連結，就會變成自以為「取上帝而代之」的正義使者，他們的才智和財富迅速轉化為製造人間災難的動力和資源。

桑德斯是美國歷史上第一名高調宣稱信奉社會主義的參議員。他一直以獨立人士身分出現在選票上，但他加入民主黨的黨團運作。他的主要施政方案是：對內高福利、高稅收及對

14 山內昌之：《伊斯蘭的悲劇》，（台北）遠足文化，二〇一八年，頁五七。

15 李可心：〈社會主義的逆襲：美國嚴重的貧富不均，讓桑德斯成為「全世界最老的年輕人」〉，見關鍵評論網，https://www.thenewslens.com/article/131860。

外保護主義外交，其實質是福利主義國家。[16]

社會主義經過兩百多年發展，衍生許多思想流派，從改良式到革命式不一而足，很難用一個嚴格定義做出總體概括。基本上，典型的「社會主義」（socialism）反對資本主義體制，否定市場經濟，反對私有財產制，主張生產工具公有制。容易與社會主義混淆的是「社會民主主義」（social democracy），它支持在自由民主政治與資本主義經濟的前提下，政府積極介入經濟與社會事務，甚至建立「福利國家」。至於桑德斯自稱的「民主社會主義」（democratic socialism），則是現代另一波融合民主憲政與社會主義的嘗試，起源於社會民主主義在西歐成為執政主流、逐漸擁抱新自由主義的經濟思想之後，部分左派人士另起爐灶、用來作為區隔的自稱。

讓桑德斯在民主黨激進派參選人中更顯激進的原因是，從政半世紀以來，他一向不避諱自稱社會主義者，喜歡用「革命」描述其選戰主軸，訴求拆解既有政治體制。不過，仔細檢視其政見能發現，他主張課徵富人稅、單一保險人制度的全民健保、公立大學免學費、免除學貸、積極立法對抗氣候變遷的「綠色新政」（Green New Deal），但並不主張廢除私有財產制，或是以計畫經濟取代市場經濟。他曾在演說中解釋其「社會主義」是「民主社會主義」，並進一步闡釋為「不具威脅性的平等主義」，稱呼它是「（羅斯福）新政的未竟之業」——極左派公共知識分子杭士基（Avram N. Chomsky）認為桑德斯「簡言之是羅斯福新政主義者」。桑德斯引述杜魯門的話說：社會主義就是社會安全、農作物保證價格、存款保障、自由的勞動力資源，以及所有能幫助全體人民的事物。他曾解釋，他主張芬蘭、丹麥那種「斯堪地那維亞式」的福利國家社會主義，而非北韓、委內瑞拉、中國式的集權社會主義——他知道後者多麼聲名狼藉。但桑德斯不敢面對的真相是：北歐國家都是經濟自由度極高的國家，政府並不運營除了教育之外的任何產業，政府更沒有殺雞取卵地「打土豪、分田地」。

桑德斯競選方案中最醒目的是全民福利。他提出一系列全民福利式解決方案，包括全民醫療保險、提高最低工資、免費高等教育。他的醫保方案比「歐巴馬醫保」更為激進，他呼籲為每個人，包括非法移民，提供全面醫療保險。在高等教育上，主張確保全民可享有免費的高等教育，為就讀公立大學的學生免除學費。他還提出全民住房保障計畫，承諾將投資二點五萬億美元建造近一千萬棟永久性住房，「保證每個美國人都將獲得一個安全、體面、負擔得起的住房」。

此外，延續著民主黨在環境政治方面的路線，桑德斯主張美國在氣候變化議題上承擔領導性角色。他提出針對未來十五年、預算達十六點三萬億美元的「綠色新政」，禁止能源公司在近海鑽井，停止化石燃料的進出口，在二〇三〇年實現電力和交通全部使用可再生能源並創造兩千萬個就業機會——其想像力超過了科幻小說作者。

與民主黨主流強調「重塑美國的中產階級」不同，桑德斯自稱代表中下層民眾的利益。他在競選中拋出的核心議題之一是，擴大工作場所民主，通過工會運動，為工人爭取更高工資、福利與工作環境的權益。在貿易政策方面，他從工人的利益出發，反對跨太平洋夥伴協議（TPP），抨擊導致美國工作流失海外的外包政策。但諷刺性的是，大部分勞工

16 張婧：〈詭異退選背後：桑德斯的「社會主義」究竟是怎樣的社會主義〉，《文化縱橫》雜誌，二〇二〇年四月號。

階層並不支持其「畫餅充饑」的烏托邦方案，每天都辛勤勞動的勞工階層對「大鍋飯」不感興趣。桑德斯的支持者大都是在大學校園與城市中渴望天下掉下餡餅來的年輕人——他承諾提供免費教育、免除學費貸款等頗得這個族群歡心。根據昆尼匹克大學民調顯示，桑德斯是五十歲以下的民主黨人最喜歡的候選人，但在五十歲以上的民主黨人中，他只有一成的支持率。這也是為什麼美國脫口秀主持人諾亞（Trevor Noah）稱桑德斯是「全世界最年輕的老人」。

高福利意味著聯邦政府需要支付大筆費用。桑德斯並沒有與其他左翼政治家不同的方案，仍主張通過高稅收來實現。比如，向億萬資產者徵收極端財富稅，在十五年內將億萬富翁的財富減少一半；對大公司CEO徵收收入不平等稅；實施公司稅制改革，提高企業所得稅到百分之三十五；將年收入超過一千萬美元的最高個人所得稅提高到百分之五十二；對股票、債券、金融衍生品徵收金融交易稅等。他還提出一些更為激進的政策，包括將大公司資產的百分之二十分配給工人。

稍有理智和常識的人都會對桑德斯的狂想打個問號。《經濟學人》曾刊文指出，桑德斯是「美國夢魘」，質疑其「空想式改革」花費浩大。川普陣營對桑德斯的評價再直白不過：「中國武漢肺炎病毒不會擊沉美國，社會主義才是美國最大的威脅。」

作為參議員預算委員會主席，桑德斯經常與美國的超級富豪們對罵。他曾在社群媒體上說：「我們正處在美國歷史上的一個時刻，兩個人——埃隆・馬斯克（Elon Musk）和傑夫・貝佐斯（Jeff Bezos）——擁有的財富超過了美國百分之四十的底層美國人。這種貪婪和不平等的程度不僅不道德，而且是不可持續的。」他主張對富人在疫情期間的收入徵收百分之六十的「新冠病毒稅」。馬斯克嘲諷說：「我一直忘記這個人還活著。」有好事者發掘出桑德斯是一個「反對億萬富翁的百萬富翁」——這個從政長達半個世紀、從未在自由市場上掙錢的政客，這個口口聲聲說要「均貧富」的社會主義者，居然擁有三套豪宅和三百萬美金淨資產，他的財富是從哪裡來的呢？

當代美國的「國會四人幫」

桑德斯兩度爭奪民主黨總統候選人失利後，其政治生涯不太可能再上層樓。但作為激進派教父，他已完成其得意之作——他的旗號凝聚了民主黨進步派、左派革命者與無政府主義者，這批以年輕人為主力的「桑粉」（Bernie Bros）已大舉進入體制內。[17]

目前，眾議院有四名女性被稱為社會主義者「四人幫」（the Squad），分別是紐約州國會眾議員亞歷山卓・歐加修—寇蒂茲（Alexandria Ocasio — Cortez，簡稱ＡＯＣ）、明尼蘇達州國會眾議員伊爾汗・歐馬爾（Ilhan Omar）、密西根州國會眾議員拉希達・特萊布（Rashida Tlaib）以及麻薩諸塞州國會眾議員艾納・普雷斯利（Ayanna Pressley）。此四人於二〇一六年進入國會，並在二〇二〇年的選舉中以大幅差距擊敗對手。伊斯蘭教徒歐馬爾在慶祝勝選的推文寫道，「我們姐妹情誼韌性十足」，還不忘附上「四人幫」合照。「四人幫」

17 麥傑爾：〈折斷桑德斯的左翼：不被接受的「美國社會主義」〉，見台灣「轉角國際」網站，https://global.udn.com/global_vision/story/8663/4424180。

支持「停止警察經費」運動，支持「全民健保」、免費大學教育、「綠色新政」以及其它社會主義政策。此四人周邊有大批盟友，已威脅到以議長裴洛西（Nancy Patricia Pelosi）為代表的民主黨傳統建制派——為了避免被新生代激進派拉下馬，拜登、裴洛西等傳統政客大幅調整其政治立場，向其靠攏。這就好像台灣的國民黨被黃復興黨部綁架，朱立倫向韓國瑜、趙少康靠攏一樣。[18]

「四人幫」等極左派拒絕「美國例外論」——即馬克思分析方法不適用於美國。他們認為，美國和中國、西班牙並無不同，「例外論」可能「使馬克思主義失去激進試驗的主要地區」。[19]馬克思主義在美國長期被孤立，卻並未絕跡。桑德斯和「國會四人幫」正是在這樣的信念之下「寄生上流」並企圖「摧毀上流」。

歐加修—寇蒂茲表面上是民主黨員，實際上是「美國民主社會主義者」組織的資深成員——這個組織就是易容的共產黨。她只是一名國會議員，就要破壞憲法對基本人權的保障了。她發起了「川普支持者黑名單」運動，揚言說：「有沒有人將川普的走狗們建檔，以免他們將來試圖淡化或否認支持川普？我預見未來將有很多推文、文章、照片可能會被刪除。」為《華盛頓郵報》撰寫觀點專欄的珍妮佛·魯賓（Jennifer Rubin）發推文呼應說，應當建立一張共和黨支持者的黑名單，在此基礎上創建一個排斥他們的社會。針對此類主張，《人事》雜誌主編威爾·張伯倫（Will Chamberlain）反諷說：「像AOC和珍妮佛·魯賓這樣進步的民主黨人士，顯然是想如中國對待維吾爾族一樣對待川普支持者。」或許，在他們看來，集中營是異見者唯一的歸宿。

歐加修—寇蒂茲的偽善還因她在紐約大都會博物館慈善晚宴上大出風頭而暴露無遺。她受邀出席這一時尚圈的超級盛事，身穿黑人女設計師奧蘿拉．詹姆士（Aurora James）所設計的昂貴的白色低胸禮服，背上卻印了血紅大字「向富人徵稅」（Tax the Rich）。慈善晚會一張門票要價三萬五千塊美元，這位在社群媒體上抱怨眾議員薪水太低、不足以在華府租房的政客，哪裡來的門票錢呢？與之同框亮相的時裝設計設計奧蘿拉．詹姆士告訴媒體：「我認為議員不會為了舒適，就犧牲道德價值。她希望這個訊息能帶進那個場合，帶進那群人，因為最後還是要他們願意在自己的經濟價值觀上，採更開放自由的態度。」話音剛落，就有媒體披露，奧蘿拉．詹姆士的公司總共收到過國稅局十五份追繳欠稅令。國稅局指出，該公司從員工工資中扣除了稅額，但並未向政府繳納這些稅款。除了欠稅之外，詹姆士還有拖欠房租的不良記錄。這個故事再次驗證了左派的本性：好話說盡，壞事做絕。

道德敗壞和觀念敗壞是同步的。此類社會主義者在國會殿堂露面，顯示美國憲政和觀念秩序出現雙重危機。當然，保守派不會坐以待斃，任由「四人幫」等左派為所欲為。四名新當選的共和黨眾議員——妮可．瑪麗奧（Nicole Malliotakis）、卡洛斯．吉梅內斯（Carlos Gimenez）、瑪麗亞．埃爾維拉．薩拉薩爾（Maria Elvira Salazar）和維多利亞．斯帕茲（Victoria Spartz）——正在國會組建一支「自由力量」小組，旨在反擊社會主義、制衡社會主義者「四人幫」，他們表示：「我們需要組建自己的陣營，我們這些新當選的共和黨人熱愛美國、珍視自由和機遇。」

---

18 本書以朱立倫、趙少康、韓國瑜及其他台灣知名人士作為書中比喻，不代表出版社立場。

19 路易斯．哈茨：《美國的自由主義傳統：獨立革命以來美國政治思想闡釋》，頁二四九。

組建「自由力量」的四位共和黨眾議員，都成長於逃離社會主義政權的家庭。瑪麗奧、吉梅內斯和薩拉薩爾都是古巴難民後代，深知社會主義的邪惡。薩拉薩爾誓言，要在國會堅決抵制社會主義。「我的父母逃離了卡斯楚時代的社會主義夢魘，我生於邁阿密的古巴人社區，那裡是由很多逃離社會主義的倖存者創建的，」她發推文說，「我們不能讓社會主義左派毀了孩子們的美國夢！」

斯帕茲於一九七八年出生於烏克蘭蘇維埃社會主義共和國，少年時代經歷了蘇聯解體和烏克蘭獨立，二〇〇〇年移民美國，二〇〇六年成為美國公民。美國社會往左轉的趨勢讓這位新公民非常震驚：「我知道蘇維埃烏克蘭的貧窮和糟糕，現在，美國正在建立社會主義，我感覺自己又回到那個狀態，我知道如果繼續下去會是什麼樣子。那太令人難過了。」她停下房地產和農場事業以及商學院的兼職教授工作，投身政治，成為茶黨的活躍分子和川普的支持者。她在競選中指出：「這個系統（社會主義）製造大量的毀滅和痛苦，我們必須要比它聰明。現在只有兩個系統：一個系統是你擁有自由和自由的企業；另一個系統是政府決定一切、高層政客決定一切。」

這是一場觀念秩序的戰鬥，是愛美國和愛自由的人，與恨美國和恨自由的人之間的戰鬥。這場戰鬥不僅在選票站和國會議場之間展開，更在全美國的每一寸土地上展開。

「黑命貴」其實是準法西斯運動

二〇一二年二月，非裔青年崔溫・馬丁（Trayvon Martin）遭歐洲、拉丁、非洲混血裔社區自衛巡邏員喬治・齊默爾曼（George Zimmerman）槍殺。次年，開槍者被判無罪，社交網路上首先發起「黑命貴」（#BlackLivesMatter）的話題。

二〇一四年，弗格森騷亂中的麥克・布朗（Michael Brown）和紐約市的埃里克・迦納（Eric Garner）喪生。這兩起非裔美國人的死亡，引發街頭遊行導致暴亂，使「黑命貴」獲得全國性的關注。

當時，正是諾貝爾和平獎得主歐巴馬當政。他獲獎的理由是「促使中東和平做出重大努力」，實際上，中東的亂局在其任內八年毫無改善——歐巴馬累計對七個國家動用武力，其在任八年間，每一天美軍都在打仗。歐巴馬無功獲獎，也顯示諾貝爾和平獎（包括大多數諾貝爾文學獎）與奧斯卡獎、艾美獎、普立茲獎一樣，已淪為左派灌輸意識形態的工具。

一開始，歐巴馬並未縱容犯罪。弗格森騷亂時，他表示：「焚燒建築、對汽車縱火、破壞財產、危及民眾安全，都沒有藉口。」他呼籲起訴犯下上述罪行的任何人：「這是犯罪行為。沒有人可以違法。」這場非裔發起的運動被同樣是非裔的歐巴馬以強力鎮壓而結束。

同樣的事情在二〇二〇年夏天再次上演時，川普所採取的恢復法治和秩序的行動，卻遭到左派抹黑。民主黨人和歐巴馬齊聲譴責川普的政策是種族歧視，真是此一時、彼一時也，人命在不同時段有尊卑貴賤之差異。歐巴馬當政時，民主黨人將「黑命貴」當做其施政的陰霾；川普在台上時，民主黨立即覺得機會來了，「黑命貴」可成為民主黨的側翼和幫手。於是，拜登、裴洛西等民主黨高層表演令人作嘔的下跪秀，公開向「黑命貴」暴徒們發出結盟信號。「黑命貴」在民主黨的慫恿和煽動下，演變成席捲全國的浩劫。

僅以芝加哥一地而論，民主黨人長期執政的芝加哥，二〇二〇年經過兩輪「黑命貴」暴亂打砸搶，惡性案件觸目驚心：全年槍擊案三千兩百三十七起，猛增百分之五十三；謀殺案七百七十四起，增長百分之五十；劫車案一千三百六十二起，劇增百分之一百〇五。若做一個形象的換算：平均每天發生九起槍擊案、兩起謀殺案、四起劫車案。

二〇二〇年五月三十日，芝加哥的「黑命貴」示威演變為暴亂、打砸搶，多輛警車被焚，梅西百貨、蘋果手機店、密西根大道商業區的耐克、古馳、愛馬仕等名牌店均遭洗劫。次日，芝加哥警察局共報告十八起謀殺案。這是芝加哥大學犯罪研究實驗室近六十年有記錄以來的最高單日謀殺案，五月三十一日被媒體形容為「芝加哥六十年來最血腥的一天」。

第二輪暴亂從八月十日淩晨開始，數百名暴徒打砸店鋪，瘋搶商品，有暴徒與警察開槍交火。當天打砸搶之後，「黑命貴」到警察局門口示威，要求釋放被逮捕的暴徒。其領導者阿里爾．阿特金（Ariel Atkins）公開表示：「打砸搶是我們的權利！」左派的本性就是打砸搶殺，列寧的名言是：「不殺人，還叫革命嗎？」

「黑命貴」得到全球左派的熱烈追捧。「黑命貴」全球網路基金會贏得二〇二〇年瑞典奧洛夫．帕爾梅人權獎，該獎是以一九八六年被暗殺的瑞典總理、人權倡導者奧洛夫．帕爾梅（Olof Palme）命名。頒獎委員會稱，獲獎的「黑命貴」組織「以獨特的方式暴露了非裔美國少數民族的苦難，痛苦和憤怒」。此一頒獎羞辱了死於暴力的帕爾梅。它刻意掩蓋「黑命貴」帶來的暴力衝突和生命財產損失。

挪威左派國會議員埃特（Petter Eide）提名「黑命貴」為諾貝爾和平獎候選者，提名理由是：「黑命貴」運動讓其他國家看到了自身種族主義，「它已成為在世界範圍內打擊種族不公的非常重要的運動，在提高全球對種族不公的認識方面取得了巨大成就」。與此同時，西方左派不願或不敢提名香港的反抗者。

這種說法是顛倒黑白。「黑命貴」的發起者從來不避諱其暴力傾向。二〇一四年十二月，他們在紐約市街頭大喊：「我們想要什麼？死掉的警察。我們什麼時候要？現在！」二〇一五年八月，他們在明尼蘇達州抗議，稱警察應該被做成「豬肉培根」。二〇二〇年八月，示威者點燃威斯康辛州基諾沙的建築。「黑命貴」領導者霍克·紐瑟姆表示：「如果這個國家不給我們想要的，我們就燒掉這個系統，換掉它。」他認為，這場「反種族主義運動」並不排斥暴力，因為美國就是建立在暴力之上的——「美國進入一個國家，然後把它炸了，換上美國喜歡的領導人，這才是暴力。那些指責我們暴力的美國人，你們太虛偽了！」

如果將諾貝爾和平獎授予「黑命貴」，諾貝爾和平獎就該改名為諾貝爾暴力獎。學者麥克·雷滕瓦爾德（Michael Rectenwald）評論說，「黑命貴」運動試圖掩蓋和美化其充滿暴力的歷史過往和思想觀念，但在其引發的騷亂和暴動中，充分地體現了其目標和策略。「黑命貴」消滅傳統家庭結構、對謀殺警察和無辜者的行為歌功頌德、造成至少二十五人喪生和二十億美元的經濟損失。

「黑命貴」的所作所為不僅於此。二〇二〇年夏秋之際，美國很多城市的公共景觀和歷史雕塑被燒毀、被推倒、被破壞。裴洛西在被問及破壞者是否會因肆意破壞私人和聯邦財產而被通緝和起訴時說，「我對雕像沒那麼在意」。她的語氣裡充滿幸災樂禍，即便被推翻的塑像中有若干是建國之父。對左派來說，推倒建國之父的塑像及其背後的價值、破壞美國的遺產、歷史和道德共識，正是他們多年的夙願。

保守派評論家保羅·克羅斯（Paul Krause）指出，這是一場馬克思主義與藝術的戰爭、與美國的戰爭。經過漫長的冷戰時代，蘇聯輸了，但馬克思主義者並沒有輸。美國打敗了外部的敵人，卻沒有想到最危險的敵人是內部的敵人。

「黑命貴」推倒的每一尊歷史人物的塑像，都經過精心挑選。雕像背後自有其歷史、文化、價值和信念。法蘭克福學派幹將沃特．班雅明（Walter Benjamin）曾寫道，所有的藝術都是「基於另一種實踐——政治」。毫無疑問，這是一場新運動，通過讓西方憎恨自己的歷史和遺產，以及西方的公共景觀、西方文明的瑰寶，來摧毀西方文明。左派要消滅的不僅僅是歷史人物的雕像，而是美國價值和美國精神：

> 美國的公共景觀、雕像、雕塑和繪畫都在向人們講述一個故事。這是一個關於美國恩典、進步和自由的故事。從五月花號到開國元勳，到亞伯拉罕．林肯和阿靈頓公墓的十字架以及大衛之星。美國的道德共識體現在這些文明瑰寶中，這些寶藏頌揚美國人民、歷史和進步；從勇敢的開拓者和定居者，到一個從大西洋至太平洋的廣闊國家。美國人克服了許多障礙建立了一個接近美好的聯邦，並隨著時間的推移繼續創造更完美的聯邦。[20]

「黑命貴」暴徒的陰謀能夠得逞嗎？川普總統予以迎頭痛擊，他在紀念獨立日的一篇講話中說，決不容許左派「抹滅我們的歷史」並「灌輸我們的孩子」。左派認為美國人民軟弱、順從，但美國人民卻堅強而自豪。他們不會允許左派醜化美國及其價值觀、歷史和文化。川普說：「他們想讓我們保持沉默。但是我們不會保持沉默。我們希望進行自由開放的辯論，而不是取消文化。他們的目標不是一個更好的美國，他們的目標是終結美國。但是就像過去的幾個世紀一樣，美國人民會站出來。」這是美國的愛國者共同的信念。與之相反，左派認為，美國是一個不可救藥的種族主義國家、充滿性別歧視和經濟壓迫的資本主義和帝國主義國家，他們對美國的仇恨不亞於將美國稱之為「大撒旦」的伊朗獨裁者何梅尼。

左派是打砸搶殺的暴徒，又不僅僅如此——他們是很有「文化」的，否則不可能發動一場刀刀見骨的「文化戰爭」。推倒塑像是「一六一九項目」的一次成功實踐。所謂「一六一九項目」是由《紐約時報》發起的一系列長篇報導，後來彙編成一本文集。其中心思想是：美國歷史並非起始於一六二〇年五月花號上天路客在普利茅斯登陸，而是始於一六一九年第一批非洲奴隸被帶到美洲新大陸。這些文章的標題如下——〈美國沒有民主，直到非裔創造了民主〉、〈美國資本主義是殘酷的，你可以追溯到種植園歷史〉、〈新非裔美國人歷史時間表〉，〈奴隸政治對二〇一九反動政治的影響〉，這些題目宛如出自毛澤東的手筆，如同文革時代殺氣騰騰的〈九評〉。這本書在二〇二〇年被授予普立茲新聞評論獎——考慮到此前歌頌史達林的報導也被授予同一獎項，就不必拍案驚奇了。更可怕的是，這本書被推廣到全國公立及私立學校，如今有四千五百所中小學課堂正在使用這些理論教導歪曲的美國歷史。

民主黨在幕後鼓動「黑命貴」打砸搶，並以「一六一九項目」作為其理論支持。他們知道，欲要亡其國，先要滅其史。先摧毀舊美國，才能建立新美國。他們的攻擊矛頭直接指向喬治·華盛頓、亞伯拉罕·林肯，甚至弗雷德里克·道格拉斯（Frederick Douglass，十九世

---

20 保羅·克羅斯（Paul Krause）：〈馬克思主義對藝術和美國的戰爭〉，「美國思想者」網，二〇二一年一月三十日，https://www.americanthinker.com/articles/2021/01/the_marxist_war_on_art_and_america.html。

紀非裔廢奴主義政治家）。因為，只要這些人物的雕像還在，它們就會持久地提醒活著的美國人，民主黨和馬克思主義者兜售的是一個虛假的故事——華盛頓提醒人們，美國不是在奴隸制中誕生的，而是在自由中誕生的；林肯提醒人們，美國永遠忠於那個建立更完美的聯盟的建國精神；弗雷德里克．道格拉斯提醒人們，美國流淌著和解與團結的精神。

民主黨主張對各式各樣的移民打開大門，讓非法移民成為公民。但這種做法跟他們認定美國是邪惡之地自相矛盾——既然他們說美國如此邪惡幽暗，為什麼如此多的移民要背井離鄉跑到美國來？正因為美國是充滿自由和希望的迦南地，才像磁鐵一樣吸引被壓迫者和被剝削者前來投奔。

反之，既然民主黨如此憎惡美國，還不如改名叫「反美黨」或直截了當就叫「美國共產黨」（那個只剩下幾千名黨員的老牌的美國共產黨，說不定就可借屍還魂了），豈不名副其實，還能獲得更多選票？民主黨若有普世胸懷，也可以考慮去中國發展，跟中國共產黨合二為一（或成為中國麾下的第九個「民主黨派」），豈非實至名歸？

如果拜登力推的「大重置」成功，就是一九八四的到來

一八〇一年三月四日，傑佛遜從他下榻的住所（他次日才搬進仍未完工的白宮，而他的政敵和前任約翰．亞當斯當天早晨已乘坐馬車離開）走路到新國會大廈，他在那裡進行了總統就職宣誓儀式。

這是美國歷史上政治權力第一次從一個執政黨向另一個黨和平轉移的時刻。傑佛遜是一

位下筆如有神的作者，卻不是一個口吐蓮花的演說家，但他的這場就職演說中的很多段落都值得後人永遠銘記：「大家應牢記這個神聖原則，雖然在所有情況下大多數人的意見占主導地位，但這個意見必須是合理的才是正當的；而且，少數人擁有同樣的權利，對此同樣要有法律保護，侵犯少數人的權利就是壓迫。」[21]

那時的華盛頓特區還是一座正在沼澤地上大興土木的城市。國會大廈附近連一條成形的街道都沒有。[22]然而，傑佛遜的這段話迴響在國會大廈的殿堂中，他說出了這座大廈得以建立的思想基礎，這也是美國這個國家得以獨立和強大的根基。

今天的民主黨人拒絕遵循傑佛遜的教導，就連傑佛遜本人的塑像都被他們推倒了——儘管傑佛遜是國父們中最左的一個，但在左派的評價系統中，不夠左的就是右派，就是反動派，所以傑佛遜被他們看成是必須打倒的、萬惡的蓄奴主義者。

今天美國的危機，不是少數人的權利和自由被剝奪，而是少數人（民主黨權貴階層及其支持者）聲稱他們是多數人，然後剝奪多數人的權利和自由。

二〇二一年一月六日，民主黨導演了美國版的國會縱火案。評論人葛倫・貝克（Glenn Beck）指出，所謂「國會山的騷亂」，其實是「沒有啤酒館政變的國會縱火案」。評論人塔克・卡爾森（Tucker Carlson）宣稱，民主黨人聲稱「為制止極端主義而採取的行動」終將導

---

21 威廉・J・本內特：《美國通史》（上），頁一四五。

22 艾倫・韋恩斯坦（Allen Weinstein）、大衛・盧布爾（David Rubel）：《彩色美國史》（上），（北京）中國友誼出版公司，二〇〇八年，頁一一八。

致真正的極端主義。評論人馬克・萊文（Mark Levin）揭露了一個涉及民主黨人、媒體、「黑命貴」運動、橄欖球和籃球運動員、推特和臉書的巨大陰謀，這些強大的力量謀畫「以能想像出的最法西斯的方式」，偽造了一場「暴動」，讓保守派噤聲。在納粹德國發生過的「漸進式清洗」已然在美國上演。

國會本是民意代表的議場，若國會失去這一功能，民眾自發占領國會也就是勢在必行。台灣學生和民眾發起太陽花運動，占領立法院，阻止賣台的服貿協議，是拯救台灣的正義之舉。美國政府對民眾衝入國會的應對卻比不上民主化僅三十年的台灣。二〇二一年一月六日的國會山事件，成為開啟「藍色恐怖」的絕佳藉口。數百名抗議者被捕並被長期羈押。當天，抗議者艾什莉・巴比特（Ashili Babbitt）在國會大廈被槍殺，主流媒體極少報導這一事件。巴比特在空軍服務十四年，四次被派駐到中東和敵人交戰。她沒有在槍林彈雨中陣亡，卻在國會大廈被一槍擊中頸部死亡。據現場錄影資料顯示，巴比特並未攜帶武器，也沒有任何危險舉動。國會警察局長史蒂芬・桑德（Steven A. Sund）發表聲明承認，開槍的是國會警察，該警察已被行政休假，等待內部調查結果——一年之後，調查結果仍未出爐。

在十四年的軍旅生涯中，巴比特一直在自豪地為國服務。退役後，她沒有等著享受政府的福利，而是自食其力，和丈夫在聖地亞哥經營一家游泳池維修和服務公司。在剛剛過去的退伍軍人紀念日上，她分享了與丈夫的合影，上面寫著：「英雄屬於懂得自由帶來責任的人。」

因為巴比特是白人，是退伍軍人，是保守派，是川普的支持者，所以她的命就不是命，她沒有任何犯罪記錄卻成為警察的槍下亡魂，並被冠以暴徒和極端主義者的惡名；反之，死於警察過度執法的佛洛伊德（George Floyd），因為是非裔，是無業遊民，是所謂弱勢群體和少數族裔，所以儘管劣跡斑斑，仍被媒體塑造成跟馬丁．路德．金恩並肩的英雄，獲得兩千七百萬賠償金。

拜登及其團隊竊據白宮之後（歐巴馬的人馬大部分回朝了），對其權力並非由選民授予這一事實心知肚明，在恐懼戰兢中，將華盛頓變成一座被水泥拒馬、柵欄和鐵絲網包圍的城市，讓華盛頓變得跟北京很相似。竊國者成了囚徒，在如同監獄一般的國會大廈和白宮中掌權，並展開其戕害美國的民主、自由、法治的計畫。在憲法中被高舉的「我們人民」，成為竊國者心目中危險的敵人。拜登簽署了違憲的《國內反恐法》，其司法部長將抗議學校對孩子施行左派洗腦教育的家長稱為「國內恐怖分子」。雷根的預言似乎應驗了：「如果法西斯主義來到美國，它將會以自由主義的名義出現。」

二○○三年，筆者應美國國務院「國際訪問者計畫」之邀第一次訪問美國，在國會大廈拜訪了多名議員。陪同我的翻譯說，普通民眾若來訪，議員或其助理人員會熱情接待，他們是「民意代表」，是民眾用選票將他們送入這座大樓的。那時，我不是美國公民，可自由走入國會大廈；如今，我成了美國公民，成了「我們人民」中的一員，卻被鐵絲網拒之於門外。這是何等大的諷刺。

日本學者渡邊惣樹發現了這場美國的「階級鬥爭」的新動向，民主黨變得瘋狂，媒體用惡毒的語言攻擊保守派，其「肯定性行動」造成了反向種族歧視：「民主黨強調，必須讓被視為目標的弱勢群體恢復『失去的權利』。……環顧一下各種群體（非裔、移民、少數民族、婦女等），你很容易就能找出自己所屬的團體。這不能稱之為意識型態，而是一種只為了掌握權力而存在的主張（策略），也就是『身分自由主義』。」[23]當弱者轉變為強者時，就會強迫他人接受其價值觀，這是極左派最明顯的特徵。

民主黨導演了兩場對川普總統的彈劾——第一場以「通俄門」為主軸，耗資數千萬美金，結果證明所有的指控都是子虛烏有，當初連篇累牘報導假新聞的《華盛頓郵報》公開道歉；第二場更是從所未有的鬧劇，對一位離開白宮的前總統的彈劾，唯一的意圖是終結其政治生命，將川普主義永遠冰封。

當第二次可恥的彈劾落幕之際，川普總統在一份聲明中指出：

> 我們所珍視的憲政共和國建立在公正的法治基礎上的，而法治是我們自由、權利不可或缺的保障。
>
> 一個政黨可以隨意詆毀法治、詆毀執法、為暴民喝彩、為暴動者開脫，把司法變成無數的政治復仇，迫害、列入黑名單，取消和壓制所有與他們有不同意見的人和觀點，這是我們這個時代的悲哀。我一直是、也將永遠是一個堅定不移的擁護法治、執法英雄的人，我也擁護美國人能和平且光榮地辯論當下問題的權利，沒有惡意，沒有仇恨。

二〇二〇年中國武漢肺炎病毒肆虐全球和美國總統大選舞弊，成為以美國民主黨高層為代表的西方左翼菁英對世界「大重置」（Great Reset）的先聲。「大重置」的概念是世界經濟論壇創辦人克勞斯・施瓦布（Klaus Schwab）早先在一本專著中首次提出的，得到英國查爾斯王子和教宗方濟各等人背書，拜登在競選中頻頻聲稱當選後要「更好地重建」。

「大重置」的具體政策和項目語焉不詳，但大致包括：各國應該以一個「可持續發展」的方式重建經濟、向富人收稅、綠色能源、結束各國政府為化石燃料行業提供的補貼、在防止全球氣候變暖上投入巨資、寬鬆的移民政策、福利國家、支持墮胎和同性戀、與中國妥協、將更多的權力轉移給政府和國際組織等……幾乎全都是美國民主黨和西方左派的議程。

拜登執政之後推出的一系列政策大都符合「大重置」的方向：高達一萬一千億美金的基礎建設計畫，該計畫不同於川普此前試圖推出的基建計畫，其中相當部分資金將用於左派議程，如綠色新政、非法移民的健保等；瘋狂發行鈔票，發放補助金和失業金，使得人們寧願領取救濟也不願工作；禁止開採頁岩油，導致油價飆升一倍；以防疫為名，大肆剝奪和鉗制公民的基本人權和自由，強制聯邦政府僱員、軍隊、教師和學生以及醫務人員施打疫苗，甚至企圖強迫私人企業僱員打疫苗，對拒絕打疫苗的公民實行歧視政策；在大中小學推廣批判性種族理論、取消文化理論等激進左翼思想；大量任命同性戀者和變性人擔任政府高官；將川普政府對中國的制裁鬆綁。

當美國和西方的公眾對「大重置」的危險懵懂無知時，反倒是一群馬克思主義者敏銳地捕捉到該計畫的真正的意圖。馬克思主義者認為，「大重置」體現了資本主義國家的當權者對革命的恐懼，「企圖用國家來緩衝危機的影響，避免革命的發生」，但它不夠左、不夠革命，「無論是經濟還是環境的危機，都是哪怕兩萬億也無法解決的」，所以「這種轉型最終只會走回原點，即資本主義危機」。

23 宮崎正弘：《新冠後，中國與世界的最終戰爭》，（台北）大是文化，二〇二〇年，頁二一四—二一五。

原教旨主義的馬克思主義者們看到，「大重置」表明，資本主義國家開始拋棄彌爾頓．傅利曼的自由市場經濟學說，向凱恩斯主義全面掉頭。福特基金會的主席達倫．沃克（Darren Walker）在達沃斯論壇上說，論壇參與者都是世界上最偉大的資本家，都是資本主義的支持者，他本人也是資本家，相信資本主義，但是，「如果資本主義想要持續發展，我們就必須放棄彌爾頓．傅利曼所宣傳的意識形態」。

原教旨主義的馬克思主義者們發現，體制內的改革派政客們正倒戈相向，試圖支持「大重置」計畫。桑德斯和其他左翼美國民主黨人對拜登的態度很有啟發意義，他們覺得自己的若干政見被拜登政府吸納，所以已經「贏得了這場爭論」。但原教旨主義的馬克思主義者認為：「他們大錯特錯了。現實情況是，他們只是感受到火山爆發前的一陣震顫。」[24]

在保守主義陣營，只有極少數政治人物和思想家覺察到「大重置」的危險。澳大利亞聯邦議員克里斯滕森（George Christensen）在臉書發文，呼籲人們抵制「大重置」議程。他指出，一個未經選舉的全球精英在法律之外運作，為普通公民決定他們在未來如何生活、工作、溝通和做生意。這些精英們想要完全控制人們的私人生活，「頗為詭異的是，他們還提出了第四次工業革命，通過人工智慧、機器人技術、生物識別技術和基因工程的進步來重新定義人類」。克里斯滕森抨擊說，世界經濟論壇的一些危險想法還包括：擁有普遍的基本工資；改革民主制度，放棄某些法律權利和財產權利；將更多的權力交給未經選舉和不受監督的全球官僚。這些政策跟中國的國家資本主義和極權主義如出一轍，是一種升級版的馬列主義。然而，在全球範圍內，缺少更多有影響力的人物挺身而出、力挽狂瀾。

如果「大重置」成功，自由將蕩然無存，人類將陷入全面的黑暗，因為美國是資本主義最後的諾亞方舟。美國正面臨著南北戰爭以來最嚴峻的憲政危機，即漢娜・鄂蘭（Hannah Arendt）所說的「共和的危機」。早在一九六〇年代的語境下，漢娜・鄂蘭已經洞見到此一危機，並呼籲通過一項確立公民不服從的權利的憲法修正案——當一個國家既有的制度不能正常有效運作，它的權威已完全喪失之時，非常時刻就出現了。在此時刻，需要將自願結社變為公民不服從，將異議變為反抗。共和的維持、美國的繼續偉大，有賴於從自身傳統中汲取智慧：

自從「五月花」號協議在一種非常特殊的緊急情況下起草簽署以來，自願結社成了糾補制度的失敗、人的不可靠性以及未來的不確定性的特殊美國式療法。與其他國家不一樣，這個共和國，儘管歷經變亂和失敗的騷動走到今天，或許仍然可以懷有信心，攜著傳統工具面對未來。[25]

24 Niklas Albin Svensson11：〈世界經濟論壇的虛假承諾：「大重置」揭示了當權者對革命的恐懼〉，見「保衛馬克思主義」網站，https://www.marxist.com/davos-great-reset-fear-revolution-cn-traditional.htm。

25 漢娜・阿倫特（Hannah Arendt）：《共和的危機》，（上海）上海人民出版社，二〇一三年，頁七五—七六。

第貳部

麥卡錫對抗馬克思

第四章

麥卡錫：

力抗左派怪獸的自由勇士

我們西方基督教世界與無神論的共產主義世界之間的區別不是政治，是道德。

——約瑟夫．雷蒙德．麥卡錫

1960 年代以來的美國新左派組織（4）：

進步勞工黨（Progressive Labor Party）

成立於 1962 年 1 月，意識形態是共產主義、馬克思列寧主義、反修正主義，初期奉行中國共產黨的國際主義及文化大革命路線，被形容為「毛派」政黨，擅長透過群眾組織進行反越戰與反政府活動。1970 年代後與中國決裂，成立名為反種族主義委員會（CAR）的次級群眾組織，從事反種族主義與反社會生物學的反抗活動。

楔子

德國哲學家尼采在經典著作《善惡的彼岸》中說過：「當你遠遠凝視深淵時，深淵也在凝視你。與怪物戰鬥的人，應當小心自己不要成為怪物。」與怪物戰鬥的人，若有足夠強大的信仰和意志，就不會變成怪物。然而，世間的荒謬就是，世人享受歲月靜好，卻苛責那些與怪物戰鬥的英雄，甚至將他們看作怪物，同時放過真正的怪物，因為大多數人不敢與怪物戰鬥，妖魔化英雄能讓他們擺脫自卑和內疚。

美國當代歷史上最大的冤案是：反共英雄麥卡錫被主流媒體與知識分子醜化為比共產黨更可怕的獨裁者。他們說，麥卡錫是在千夫所指中潦倒而死。實際上，麥卡錫在一九五七年去世時，在美國民眾中仍享有高度的信任與尊重，他被以國葬待遇安葬，七十名參議員參加葬禮，他是十七年來第一位在參議院舉辦葬禮的參議員，幾千名大眾到場向其遺體致敬。隨後，他的遺體被運回其故鄉威斯康辛阿普爾頓安葬，估計有超過三萬當地人到聖瑪麗教堂對這位反共英雄表達敬意。

由於左派長期的洗腦，反共在美國不再是一項榮耀的事業。反共不單單是反對境外的蘇聯等共產黨勢力，更是對抗美國境內形形色色的親共力量：民主黨、共和黨建制派、全面左傾的知識界。而支持反共事業的則是那些被剝奪了話語權的普羅大眾。麥卡錫把找到躲在每一張床下的赤色分子當成神聖事業。在他去世半個多世紀之後，「麥卡錫主義」卻成為邪惡勢力與政治迫害的代名詞，一個用來描述不敢直言其名的仇恨的代名詞。無論個人還是政黨都給競爭對手貼上這個打頭字母為「M」的紅字，就能引發針對「過失者」的討伐以及對「受害者」的保護性同情——川普總統多次被扣上這頂帽子，主流媒體和社群媒體剝奪了他的言論自由；與此同時，張牙舞爪的左派卻將自己包裝成可憐的受害者。

一九六〇年代和一九七〇年代的美國，左派通過反越戰運動、民權運動以及形形色色的反社會活動，摧毀了反共的麥卡錫主義。美國受到來自內部的沉重打擊，處於癱瘓狀態，並帶有一種負罪與無助的感覺。這個國家解除了武裝，其忍氣吞聲使得它面對怪誕信條時不堪一擊。[1]

蘇聯趁美國在越南失利、失血虛弱，發動了一場全球攻勢，將三大洲的十四個國家納為其衛星國，並在中南美洲擴張勢力。美國的左派們認為，蘇聯站在歷史勝利者一邊，美國這個垂死的資本主義國家的出路是變成第二個蘇聯。蘇聯資助的「馬克思主義學者會議」在西雅圖召開，克里姆林宮最忠實的支持者、歷史學家赫伯特・阿普澤克在會上發言說，馬克思主義的教授們應當「盡一切可能的力量」反對美國政府為制止蘇聯在中美洲擴張所作出的努力。他享有美國憲法保障的百分之百的言論自由。而當保守派評論家派特・布坎南（Pat Buchanan）發表譴責蘇聯的聲明時，卻被媒體斥責為麥卡錫主義——一旦被貼上這個標籤，你的言論自由就不受保護了。

那些反麥卡錫主義的人，聲稱他們是保護自由價值觀，最終卻破壞了它們。經過左派的偷梁換柱、指鹿為馬，指責某人是「麥卡錫分子」成為一種遏制方式，壓制左派不喜歡的思想意識，從而終止其不願意引發和展開的討論。麥卡錫主義的幽魂形成了美國政治演說的符咒。這個符咒阻止人們去細查那些外表光鮮的名流政要的檔案記錄，並讓美國人相信冷戰只是政治上的偏執狂們虛構出來的，美國從未受到共產主義的威脅，真正的敵人是麥卡錫這樣邪惡的美國人。

麥卡錫的敵人倖存下來，被重新畫定為烈士，成為經歷美國政治「噩夢」的英雄——比如，在二〇二一年好萊塢的傳記類劇情片《猶大與黑色彌賽亞》，講述了黑豹黨領袖的故事，這群殺人放火、無惡不作的恐怖分子被命名為「黑色彌賽亞」，電影網站評論說：「該片對歷史事件進行了令人興奮的劇情改編，是對種族不公的有力譴責，也是其導演和明星的一次重大勝利。」反之，麥卡錫本人成為那個時代唯一受盡詛咒的人。

為何美國政府無力抵抗紅色入侵？

遵奉馬克思—列寧主義的蘇聯與遵奉《聖經》及清教秩序的美國不可能和平共處。這兩種觀念秩序對人性的認識根本對立。

一九五一年，美國最高法院以六對二的表決對「鄧尼斯（Eugene Dennis）訴美國案」做出判決，首席大法官文森（Frederick Moore Vinson）撰寫多數意見，確定對上訴人——美國共產黨總書記鄧尼斯——作出有罪判決。鄧尼斯的言論自由不受美國憲法保護，因為他陰謀有組織地以武力推翻政府，違反了《史密斯法》，其言行符合「明顯而當前的危險」之標準，而人們不能指望國家坐視顛覆政府的暴動發生。

1 彼得．科利爾（Peter Collier）、戴維．霍洛維茨（David Horowitz）：《破壞性的一代：對六十年代的再思考》，（北京）文津出版社，二〇〇四年，頁一五二。

一九一九年成立的美國共產黨是一個聽命於共產國際和蘇共的組織，在其百年歷史中，雖從未危險到足以顛覆美國憲制的地步，但在整個三〇年代，美共的集會經常把紐約麥迪遜廣場花園二十萬個座位擠滿。僅一九三八年，就有七萬五千人加入共產黨。許多民眾加入人民陣線等組織，這類組織由共產黨發起和資助。美國共產黨採用靈活多變的手法，與激進團體和激進分子勾結，滲透進工人運動、學生運動、教會，甚至政府。

同情和支持蘇聯的美國左派知識分子滿坑滿谷。對於蘇聯共產主義實驗的激動與興奮，是二十世紀三〇年代和四〇年代美國左翼思想的主要構成要素。舞蹈家鄧肯（Isadora Duncan）在舞台上揮舞紅色頭巾並宣稱「我也是紅色的」，她還搬到蘇聯去「為人民跳舞」，她說那些歲月是她一生中最快樂的日子。教育家、哲學家杜威在《俄羅斯印象記》中對蘇聯的熱情躍然紙上：「我在世界上任何地方也沒有看到聰明快樂、用心學習的兒童有這麼大的比例。」作家艾德蒙・威爾遜（Edmund Wilson）在《穿行於兩種制度之間》一書中，對蘇聯大肆吹捧，對美國大加貶低。芝加哥大學教授保羅・道格拉斯在一九二七年作為工會代表團成員訪問蘇聯，其重大發現是：「在俄羅斯，人民真正的權力即經濟權，比任何國家都受到好得多的保護。」社會學家賀拉斯・卡倫（Horace Kallen）在一份報告中讚美蘇聯說：「拋開黨派偏見，所有人都得承認這場革命喚醒了成千上萬的人。蘇聯政府，儘管它也許『專制』（「專制」一詞打上引號，還用定語「也許」潤飾），卻已經解放了他們的能量，為他們賦予了史無前例的人格尊嚴和內在價值，因此也為他們打開了那些向來被塵封著的科學、藝術和個人發展的多樣世界。」[2]

美國左派記者史蒂芬斯說，不打碎雞蛋，「你無法做煎雞蛋」，「我在蘇聯看到未來」

——然而，史達林打碎的不是雞蛋，而是數百萬人的腦袋。對左派而言，打碎數百萬人的腦袋是建造美麗新世界必須付出的代價——只要打碎的不是他的腦袋，只要忍饑挨餓、被送進古拉格群島的不是他本人。左派在犧牲別人的生命、財產、自由和尊嚴時，總是慷慨大方。

一九三六年六月，《新共和》雜誌將史達林的新憲法評價為廣受歡迎的「對獨裁專制束縛的鬆綁」。他們刊登了路易斯．費舍爾的報導，聲稱「俄羅斯沒有發生大饑荒」；還有錫德尼．維伯的報導，宣稱「蘇聯社會主義制度始終堅持超乎外界想像的真正民主，蘇維埃聯盟始終站在獨裁專制的對立面」。美國左派組織「公民自由聯盟」的主席羅傑．鮑德溫（Roger Baldwin）說，「蘇聯已經創造了當今世界最無與倫比的自由」。

當史達林導演一場比歐威爾的小說還要荒謬絕倫的莫斯科大審判、清洗列寧的近衛軍之際，美國左翼人士繼續支持史達林。一九三八年，美國大約一百五十名娛樂業和文化界的顯赫人物，簽署了一份聲明，支持莫斯科審判，認為該審判具有「壓倒性的大量證據，確定無疑的使被告有罪的推測得以成立」。[3]

一九五七年麥卡錫去世，這一年正是舊左派與新左派完成交接的一年。舊左派自稱是進步人士、自由派，希望在體制內部改革美國。新左派並不想耐心地滲入到美國社會主流機構之中，他們公開與之對抗並意圖推翻它。他們想創立自己的機構，「在街道上發起革命」。

---

2 湯瑪斯．伍茲：《另類美國史》，頁一四七—一五〇。

3 當索忍尼辛（Solzhenitsyn）的《古拉格群島》及法國學者尼可拉斯．魏斯（Nicolas Werth）等人的《共產主義黑皮書》等著作陸續問世，公開讚美蘇聯、否定大饑荒和大清洗的聲音才在西方逐漸偃旗息鼓。

然而，新左派所盼望的推翻政府的街頭革命並未發生。經過動蕩的六〇和七〇年代之後，美國社會逐漸恢復正軌，多數新左派便消失在健康食品、環保理念、慢跑運動、商業學校與雅痞風格之中，暫時蟄伏，伺機再起。

為蘇聯塗脂抹粉的還有另一種人，即左翼「和平主義者」。學者約翰．高樂（John Goren）指出：「許多『自由主義者』，顯然是為了讓美國人相信美蘇如果發生戰爭則將釀成大禍……如果承認蘇聯的社會在形式及價值方面與美國社會有顯著的不同，就是存心危害和平。」[4]很多此類「和平主義者」走上叛國之路。

中央情報局負責監督歷史情報收集的高級官員海耶德．佩克在研究了大量檔案材料後歎息說：「還沒有一個現代政府像美國政府那樣被全面滲透。」喬治．肯楠在回憶錄中承認，美國共產黨的黨員或密探對政府部門的滲透並不是憑空想象的無稽之談，而是「確實存在，他們所占的比例儘管不是壓倒性的，但也絕不是微不足道的」。他批評政府玩忽職守，沒有留意關於共產黨活動範圍的警告，「要麼是充耳不聞，要麼是半信半疑」。只有少數被滲透的部門受到查處：一九三七年，國務院東歐事務處整個部門都撤銷了，連圖書館也拆除。「這裡確實有蘇聯影響的氣味，或者說非常強烈的親蘇聯的氣味，在某種程度上就在政府的高級部門。」[5]

由於法律體系的漏洞，即使有人被發現有叛國行為，也不一定受到懲罰：一九四九年，司法部的分析師裘蒂恩．科普朗在聯合國向一名俄國工程師傳遞聯邦調查局絕密文件時被捕，但其律師發現，她曾遭到非法竊聽，所以法庭判處她無罪。人們感歎說，美國政府已淪為「一台沒有任何效率的鎮壓機器」。民主喪失了其防衛機制，則處於非常危險的境地。

向蘇聯提供情報的科學家和知識分子，很多不是為了錢和名，而是出於理想主義和天真浪漫。一九五〇年，此前曾參與原子彈研究的科學家克勞斯·福斯作為蘇聯間諜在倫敦被捕。他承認，出於政治目的，他把核武器建造的細節轉交給蘇聯人。在結束監禁後，他於一九五九年遷居東德。美國情報部門從他身上找出一條諜報工作的名單。名單上的大多數成員認為，冷戰中的任何一方都不應該單獨擁有摧毀性武器。

羅森堡—格林格拉斯—戈爾德—福斯—梅集團是國際間諜活動史上最成功的一個。他們向莫斯科交出許多關於原子彈和導彈的圖表、公式及幾百頁材料。美國花二十億美元的代價，把歐洲和美國最優秀的科學家集中起來，動員美國的工業能力，兩方面結合，用三年半時間，終於獲得成功。與此同時，蘇聯情報局長輕鬆地獲得一份原子彈製作工程的詳細報告。這些叛國者使蘇聯至少提前一年半製造出原子彈。

被嚴重滲透的國務院成為美國政府中最親共的機構——艾奇遜（Dean Gooderham Acheson）時代的國務院親蘇，季辛吉及其之後的國務卿親中。若干高級外交官們對敵國充滿美好想像，對祖國一點也不忠誠。美國駐蘇聯大使約瑟夫·戴維斯信誓旦旦地報告華盛頓，莫斯科大審判沒有冤情，清除「企圖推翻蘇聯政府的陰謀病毒」是必要的——這樣的話像是從沒有真理的《真理報》和沒有消息的《消息報》上抄來的。

---

4 約翰·高樂（John Goren）：《國家的品格》，（北京）民主與建設出版社，二〇一六年，頁二〇六。

5 德瑞克·李波厄特（Derek Leebaert）：《五十年傷痕：美國的冷戰歷史觀與世界》（上），（上海）上海三聯書店，二〇〇八年，頁一〇九。

埃文斯等學者強調，「影響政策」是蘇聯間諜發揮的最重要作用。從共產陣營反戈一擊的錢伯斯（Whittaker Chambers）寫道：「敵對國家的代理人所占據的位置使他們不但能夠竊取機密文件，而且有能力影響本國的外交政策，使其有利於國家的頭號敵人。這不僅體現在一些特殊的時刻……而且體現在數量極其龐大的日常決定之中。」

一九七〇年投奔自由的前蘇聯克格勃高級官員尤里．貝澤門諾夫披露了蘇聯祕密顛覆西方的手段。他指出，很多西方人受詹姆士．龐德一類的間諜電影影響，認為蘇聯顛覆的手段是通過間諜竊取情報、炸毀橋樑等，但事實遠非如此。克格勃只投入百分之十至十五的資源用於傳統諜報戰，更多資源則用在意識形態的滲透和顛覆上。顛覆分四個階段：第一個階段，造成敵對國家的文化頹廢、士氣低落；第二個階段，造成該國的社會動盪；第三個階段，製造危機，而危機將造成三種可能的局面——內戰、革命或者外敵入侵；於是，共產黨將開始第四個階段，即趁機奪權，進而「穩定局面」，建成一黨制獨裁國家。

貝氏指出，共產黨滲透的目標有三大領域：思想領域，包括宗教、教育、媒體、文化等；權力機構，包括政府、法院、警察、軍隊、外交機構等；社會生活，包括家庭、醫療健康、種族、勞資關係等。貝氏以「平等」觀念為例，解釋了共產黨如何通過文化滲透，一步步造成社會動盪，從而製造革命時機的。諜報人員通過各種方式宣傳「絕對平均主義」，讓人們對自己的政治經濟境遇不滿，不滿加劇後，影響生產力，進而影響勞資關係，造成罷工潮、經濟衰退等，於是社會不穩，愈來愈多人激進化，展開權力鬥爭，全面危機爆發後，革命或者外國入侵的機會就成熟了。

麥卡錫指控的共諜，沒有一個是無辜者

參與「曼哈頓計畫」的科學家西奧多．阿爾文．赫爾（Theodore Alvin Hall）認為，美國的原子技術壟斷會造成戰後世界範圍內的恐慌，他在一九四五年初將核分裂原理告訴蘇聯代表，這對蘇聯至關重要。赫爾應當被判有罪。但是，證明赫爾有罪的關鍵證據存在於《維諾娜文件》（Venona Files）之中——它是由高度機密的解碼技術攔截的兩千九百多份蘇聯外交電報，該文件的解密期長達四十年，不能在法庭上公布。赫爾成功逃脫追究，在英格蘭享受其安逸的退休生活。

在冷戰結束之後的上世紀九〇年代中葉，美國政府公布了《維諾娜文件》。解密的文件只占總數的十分之一，但它們顯示，在美國政府內部有三百多名為蘇聯工作的間諜。有些間諜在羅斯福政府中身居高位，能接觸絕密的敏感資訊，有些則利用職權影響政策走向。這些人包括：總統特別助手勞徹林．庫瑞，他率領過兩個代表團到中國；負責協調美國與拉丁美洲關係的國務院高級官員勞倫斯．達根，在兩個證人證明他是共產黨員之後，他神秘地從曼哈頓一所大樓的十六樓上墜地身亡；遭指控為間諜的還有小羅斯福的顧問艾爾傑．希斯（Alger Hiss）以及財政部副部長哈利．德克斯特．懷特（Harry Dexter White）。《維諾娜文件》公布後，再次證明麥卡錫指證的叛國者真實存在，左派作家范．霍夫曼在《華盛頓郵報》撰文指出，麥卡錫「比任何嘲弄他的人都更接近歷史真相」。

在《維諾娜文件》公布之前，就有多個獨立證據證明權傾一時的財政部副部長懷特早已為蘇聯服務。在布雷頓森林會議上，懷特帶領一群嘈雜的政府經濟學家與會，其中有十幾位

是財政部貨幣研究處的員工，同時也是蘇聯「席維麥德斯」間諜集團成員——俄國出身的席維麥德斯（Nathan Gregory Silvermaster）為冷戰時期諸多潛伏在美國政府的俄國共黨間諜之首。在會議上，懷特對凱因斯說：「蘇聯是崛起之國，英國是沒落之邦。」凱因斯很不理解懷特為何對蘇聯如此執迷，也常因他對英國的敵意而憤慨。但凱因斯萬萬沒有想到，原來這位他最具影響力的美國門徒、而且經常是談判桌上的對手，把美國政府的機密交給蘇聯，暗地協助蘇聯監視他及其他代表。

此前，正是懷特在一九四一年促成蔣介石任命中共地下黨員冀朝鼎為南京政府財政部高級官員，後者「幫助」國民政府設計的「金圓券」改革造成政府信用盡失，這是國民黨失去中國的重要原因之一。

懷特為蘇聯服務，不單單是因為烏托邦情結，更因為他從蘇聯得到諸多好處：席維麥德斯幫助懷特支付了其女兒的大學學費。[6]

前哈佛大學講師、懷特的密友克勞林・居里（Lauchlin Bernard Currie）同樣是一名蘇聯間諜。居里在一九三九年成為羅斯福的六位行政助理之一，常常就重大事務如戰爭經濟動員、戰時預算、中國的租借法案等向羅斯福提供意見，也密切參與美俄的貸款協商。他後來被指控向美國戰略情報局施壓，要他們退回盜取的蘇聯密碼傳輸資料，暫停解碼作業——或許，那一部分資料中，就有他出賣給蘇聯的情報。

莫斯科很重視這兩位間諜，但懷特和居里真正的重要性是擔任思想滲透分子。兩人的位階具有相當敏感性、影響力與權威，可直接或間接推動對本國政府未必對美國有益、但對蘇聯絕對有利的行動。諷刺的是，當懷特和居里這兩個精於算計、務實的兩面人發現被史達林愚弄時，就像被情人拋棄一樣地驚訝與不解。

然而，幾乎每一個證據確鑿、被判有罪的蘇聯間諜，都毫無悔意、拒不認罪，甚至將自己塑造成反羅斯福新政的激烈鬥爭下的無辜受害者，以及麥卡錫主義的無辜受害者——當麥卡錫被左派成功地妖魔化之後，這些罪犯似乎就被漂白了。

相比於蘇聯從一建立政權就組建龐大高效的祕密警察和情報部門，美國在此一領域遲鈍而笨拙。二戰剛一結束，隸屬於軍方的戰略情報局被撤銷，在莫斯科建立的情報網也關閉了。長期以來，中央情報局和聯邦調查局官僚低效、腐敗無能，且自身也淪為左派大本營——跟好萊塢電影中特工個個身手不凡的情節一點都不像，這或許是民主社會必須為民主自由付出的代價。

曾任中情局局長的蓋茨（Gates，R.M.）檢討了中情局在與蘇聯的鬥爭中的若干「敗筆」——最大的敗筆是奧爾德里奇．埃姆斯的叛變，以及他作為一名蘇聯特工在中情局心臟潛伏長達十年之久。「在此期間，他摧毀了中情局針對蘇聯的人工情報和反情報工作，洩露了在蘇聯潛伏的大量美國特工身分，至少造成九人死亡。……克格勃控制了中情局招募的特工人員，並通過這些特工傳遞有效的或誤導性的資訊。簡而言之，在蘇聯解體前的一段時間，中情局在蘇聯開展的相當一部分活動都為克格勃所知曉，甚至常常處於它的掌控之中。」當蘇聯東歐發生歷史性劇變之際，中情局及相關部門懵懂無知：「美國政府，包括中情局，在

6 西爾維雅．娜薩（Sylvia Nasar）：《偉大的追尋：經濟學天才與他們的時代》（第三部），（台北）時報文化，二〇一三年，頁二三、頁二五—二六。

一九八九年一月並未意識到，一道歷史巨浪正在向我們撲來。……據我所知，一九八九年初，政府中沒有一個人預測在下屆總統選舉前，東歐將獲得解放，德國將統一並加入北約，蘇聯將成為歷史。」[7]

分裂時刻：希斯共諜案引發的政治風暴

在一九四八至一九四九年的《美國名人錄》中，哈佛大學優等畢業生艾爾傑・希斯的簡介占據了整整幾頁。希斯擔任過若干顯赫職務：最高法院秘書、副總統顧問、參議院軍需工業調查特別委員會法律助理、司法部特別檢察官、聯合國國際組織會議秘書長、聯合國美國代表團首席顧問、卡內基國際和平基金會總裁……他在行政、立法、司法三大分支機構都曾出任要職，也在頂級智庫和國際組織執掌大權，「要找一位比他更引人注目的羅斯福時期的人物是很不容易的」[8]。希斯曾陪同羅斯福出席雅爾達會議，對雅爾達會議上西方向史達林讓步發揮了一定作用。

希斯是東部菁英分子的「典型」——這是後來他的起訴書中的原話。他是個合乎理想的體面人物——國家公務員，被列入華盛頓《社交大全》的民主黨改良派——民主黨將其當做新政各項成就的代表。他身材修長，穿著考究，皮膚被日光浴曬成棕色，風度翩翩，隨時展露笑容，歡快明朗，如同羅斯福最討人喜歡的那一面。他的聲調抑揚頓挫，是地道的哈佛口音。如果是女性挑選丈夫，一定會選擇希斯而不會選擇一看就是鄉下人的麥卡錫。即便在出庭受審時，希斯也不像是被告，反而像旁聽的貴賓。說這樣的人是共產黨員，是令人難以置信的。

揭露希斯的前共產黨人錢伯斯，外貌上與希斯相比天壤之別。在大衛・考特（David Caute）所著的反麥卡錫主義的《大恐懼》一書中，錢伯斯被描述為「駝背的，走路蹣跚的，……賊頭賊腦的，遲遲疑疑的，矮胖的」，希斯則是「一位溫和的、愛鑽研的、知識淵博的紳士」。一九九六年十一月，美國主流媒體發布希斯的訃告消息，再一次羞辱錢伯斯並為希斯辯護。《紐約時報》說，錢伯斯「肥胖，外表淩亂」；《華盛頓郵報》說，錢伯斯「體重超重，不修邊幅」。

蘇聯解體後，俄羅斯公布了大量證實希斯是蘇聯間諜的檔案。類似材料還在第三國發現：匈牙利歷史學家瑪莉亞・施密特從匈牙利共產黨的檔案中發現，匈牙利祕密警察和共產黨領導人之間來往的信件和報告中多次提及希斯這個名字——錢伯斯和希斯所在的間諜小組由一個名叫約瑟夫・彼得斯的匈牙利人領導。她發現這些材料時，希斯還活著。

---

7 羅伯特・M・蓋茨（Gates，R.M.）：《親歷者：五任美國總統贏得冷戰的內幕》，（南京）江蘇鳳凰文藝出版社，二〇一四年，引言，頁三。

8 希斯在雅爾達會議上的角色至今仍存有爭議。一九五三年，羅斯福的顧問、左翼和平主義者萊納斯・鮑林在國會作證說，「不記得希斯曾對波蘭、遠東的任何事發表意見」，「在雅爾達會議期間，他的臉上永遠帶著嚴肅的神情。他不是個外向的人，似乎對部屬高高在上」。作為與羅斯福和希斯有著相似世界觀的人，其證詞未必可靠和全面。歷史學者浦洛基認為，希斯的確替蘇聯當間諜，但其在雅爾達的表現「令人迷惑」。其實，希斯的表現一點不令人迷惑，他無需冒著巨大風險，在會議期間，在眾目睽睽之下，向蘇聯情報機關通風報信，他對蘇聯的貢獻是細水長流式的，是用隱蔽方式影響美國的對蘇聯政策。

錢伯斯在回憶錄《證言》裡毫無保留地宣布：「這件『大案』的核心是關鍵性的信念衝突。……它的象徵意義是重大的，我們時代的兩種不可調和的觀念——共產主義和自由主義——抓住了兩個具有清醒意識和堅定意志的人。在整個世界仍然只朦朦朧朧意識到這種衝突的性質的時候，確實很難另外找到像這樣清楚地知道為何衝突的人來。」[9] 錢伯斯指出，希斯案件具有「宗教的、道德的、人性的、歷史的含義」，他對希斯及其代表的菁英階層的本質看得清清楚楚：「作為歷史來說，希斯這個案件，說明了普通老百姓和那些裝作代表他們行動、思考和說話的人之間，有多方面的裂痕。這些裂痕與其說是這案件所造成的，不如說是這個案件所暴露出來的。這點比之案件中的其他特點更為明顯，更為使人不安。一般來說，擁護希斯，準備不惜一切保護他和為他辯護的，多是些『優秀人物』。」這一美國社會的裂痕延續至今：左派菁英一點也不愛自己的國家，而以毀壞自己的國家為榮。歐巴馬—希拉蕊—拜登集團，就是最新版本的希斯。

在《維諾娜文件》等蘇聯外交電報被破解之前，錢伯斯和另一位前共產黨員、前紐約義大利新聞處僱員伊麗莎白·本特利（Elizabeth Bentley）已實名舉報希斯等三十多名政府官員是蘇聯間諜。本特利承認，她曾擔任蘇聯情報網交通員長達五年之久。他們的證詞極其驚人，使人懷疑他們是否神經錯亂，聯邦調查局幾次置之不理。直到本特利特別安排蘇聯間諜在聯邦特工眼皮底下塞給她兩千美金獎金，其證詞才引起局長胡佛（John Edgar Hoover）的重視。再加上加拿大的蘇聯間諜網的破獲，使原本持懷疑態度的杜魯門下令啟動調查。[10]

當希斯在委員會上義憤填膺地表演，逐一駁斥錢伯斯的指控，被委員會主席認為其「直言無隱」之際，來自加州的年輕議員尼克森不動聲色，一直盯著希斯的臉孔。尼克森力排眾議，提出再度聽取錢伯斯作證並安排兩人當面對證。

在第二次不公開聽證會上，錢伯斯證明他對希斯夫婦及其家庭情況瞭若指掌，他們是合作多年的間諜夥伴。錢伯斯詳細描述希斯家中的傢俱擺設、牆紙的圖案，以及希斯觀賞飛鳥的嗜好——錢伯斯講到希斯一次在波托馬克河上看到一隻黃鸝時那種興奮情景。事有湊巧，委員會成員約翰・麥克道爾眾議員也是業餘鳥類學家。隨後，希斯被傳召而來。麥克道爾問他是否見過黃鸝。希斯以為這個問題是鳥類愛好者之間閒聊家常，興奮地說：「我看過，就在波托馬克河上呢！頭部很美麗，真是漂亮異常的鳥。」[11]

八天以後，在華盛頓的公眾面前舉行了一次希斯—錢伯斯公開對證會。錢伯斯指出，希斯曾給他一輛一九二九年出廠的福特轎車，他說希斯「過去是個共產黨，也許現在還是」。希斯軟弱無力地回答說，「就我記憶所及，那是一輛舊車，是棄置在街上任其蝕爛的車，實際上毫無經濟價值可言」。

希斯試圖反戈一擊，在巴爾的摩市以破壞名譽罪為理由控訴錢伯斯。這一招弄巧成拙：以下的調查不再是由國會來推動，而是在法庭上進行。法庭要求錢伯斯交出進一步的證據。

9 托尼・朱特（Tony Judt）：《重估價值：反思被遺忘的二十世紀》，（北京）商務印書館，二〇一四年，頁三三一。

10 在調查期間，《紐約客》對本利特冷嘲熱諷，將其描述成「把廢物製成合成橡膠」的「金髮紅色間諜皇后」，調查是「一群智力遲鈍的孩子，在那裡玩偵探遊戲」，高尚人士對這一「低級喜劇」不屑一顧。

11 理查德・尼克森（Richard Milhous Nixon）：《時代的破冰者：尼克森回憶錄》（上），（成都）天地出版社，二〇一九年，頁六四。

錢伯斯被迫走投無路，擺出了一份關鍵證據。

錢伯斯在一九三八年脫離共產黨之前，希斯曾將當時能弄到的機密文件、電報等都給他。這些東西以三種方式傳遞：有的是由錢伯斯微縮拍攝後還給希斯；有的是希斯親筆摘要；有的是希斯夫人幫助打字。錢伯斯將大部分文件和膠捲的副本裝入一個黃色封套，藏在其侄子家的雜物櫃頂。十年之後，他將這些保存完好的資料呈送法庭。希斯在震驚之餘，立即恢復冷靜，叫律師將文件轉交司法部——這一招很聰明，如果杜魯門政府宣布是機密文件，法庭就無法作為證據。

不過，錢伯斯還留了一手——他並沒有把所有文件帶到預審聽證會。他將一些微型膠捲藏在馬里蘭小農場的一個挖空的南瓜裡。他將這一情況告之眾議院非美活動調查委員會，這些「南瓜文件」被聯邦調查局起獲並嚴密保護起來。

經過長達一年多審訊，希斯露出更多破綻。當控方律師問他，他親筆寫的祕密文件摘要為何會出現在錢伯斯那裡時，他說不知道，也許是有人從他的廢紙簍中尋找到的。控方律師質問：「為什麼文件看起來只是精心折疊起來而不是皺成一團呢？」希斯無言以對。

最後，希斯被陪審團判決犯有作偽證等兩項罪名（間諜罪已過追訴時效期）入獄五年。即便如此，左派並不以賣國和做間諜為恥。一九五六年，出獄後的希斯受邀到普林斯頓大學演講，數百年師生起立向其鼓掌致敬。這不是普林斯頓大學歷史上最醜陋的一幕，此後普林斯頓大學還會邀請若干獨裁者、暴君及其辯護士前去演講，將他們奉若上賓。

希斯後來成為一名文具推銷商，他相當長壽，活到冷戰結束後的一九九六年，還出版了回憶錄《一生的回憶》，對自己的所作所為毫無悔意。

希斯案沉重打擊了杜魯門政府，包括其國務卿艾奇遜。艾奇遜和希斯在大部分職業生涯中彼此相熟。與艾奇遜一樣，希斯代表了信奉左翼自由主義和國際主義的東部權勢集團，該集團長期掌管美國外交政策。

在希斯被送入監獄服刑的那一天，艾奇遜在記者會上說：「我不打算背棄希斯。每個人都應按自己的原則辦事，我的原則是毋庸置疑的，那就是有人在橄欖山上說過的話，你可以在《馬太福音》第二十五章中找到，從第三十四節開始就是了。」

不熟悉《聖經》的記者趕緊去翻閱《聖經》，那段經文是耶穌基督親口說的話：「我餓了，你們給我吃；渴了，你們給我喝；我做客旅，你們留我住；我赤身露體，你們給我穿；我病了，你們看顧我；我在監裡，你們來看我。」這是有史以來對《聖經》最荒唐和最醜惡的誤用——將叛國者比喻為在監獄中的耶穌，而汙衊麥卡錫、尼克森等人是迫害者。

在希斯被定罪之後兩星期，麥卡錫指出，共產主義與法西斯主義是相似的意識形態，他與奧地利經濟學派的政治經濟學大師米塞斯（Ludwig von Mises）看法一致：「納粹主義是一群以國家社會主義為幌子，為獲得一個偉大國家權力而設的陰溝知識分子的企業，共產主義是一種以福利為幌子的紀律嚴明的少數人追求權力的運動，這兩種制度都是邪惡的，都對民主社會構成同樣的威脅。」

在麥卡錫看來，美國人是有德性的，而共產主義者因其無神論立場必然是敗德者。他對「道德」的執著讓「不道德」的左派們如芒在背。在歷史學者施拉姆看來，麥卡錫的主要「罪行」是他拒絕了現代自由主義背後的道德相對主義——他們堅持一個人的道德與政治選擇毫無意義。相對主義者同情和保護共產主義者，並聲稱在一個絕對邪惡的體系中也能找到有價值的東西——用福斯特・戴維斯的話來說，這是一種「表面上看邪惡，宣稱它一半是好的」的自由主義。

在希斯案中，民主黨人的表現足夠醜陋。麥卡錫從希斯案中得到的啟發是，任何指責民主黨當權者是共產主義者或其同情者的人，遲早都能使指控站得住腳。事實證明，新政自由主義在兩個層面上與共產主義藕斷絲連。首先，它在一九三〇年代頻頻向共產主義暗送秋波。第二，新政體制的自由主義者儘管宣稱有反蘇立場，卻無法有效地應對共產主義的挑戰。不可避免的，由於共產主義的目標對其具有致命吸引力，他們往往對共產主義不戰而降。[12]

一度被希斯欺騙、後出任國務卿的共和黨人約翰・杜勒斯（John Foster Dulles）說出了希斯案的教訓：「希斯的定罪是人類的悲劇，這樣一個大有出息的人最後竟然落得這樣一個不光彩的下場。但一個更大的悲劇是，我們的民族理想似乎不能再鼓舞人心，使人們為了保衛這些理想而獻身了。」

為什麼麥卡錫得以迅速崛起政壇？

反共是一件吃力不討好的事業，過去如此，現今也如此。一九五〇年代，麥卡錫在參議院內推動一系列對共產黨特務的調查，更是在全國各地的演講中呼籲民眾警惕和反對共產主義的滲透，成為美國政界首屈一指的反共鬥士。他宣稱：「與共產黨人共存既不可能、也不光榮、更不討好。我們的長期目標必須是將共產主義從地球上抹去。」他幾乎以一人之力讓反共成為一項全國性的運動。保守主義思想家威廉・巴克利（William Frank Buckley Jr.）評論說：「麥卡錫主義是一種有善良意志和強烈道德觀念的人都會團結在它周圍的運動。」富爾頓．劉易斯（Fulton Lewis）稱讚說：「對於許多美國人來說，麥卡錫主義就是美國主義。」麥卡錫本人則給出一句更為形象和更具草根色彩的描述：「麥卡錫主義就是捲起袖子、準備戰鬥的美國主義。」

一九〇八年，麥卡錫出生於威斯康辛州阿普爾鎮一個愛爾蘭裔農夫家庭。其傳記作者湯瑪斯．里夫斯（Thomas Reeves）寫道：「麥卡錫生長在一個儘管貧窮卻親密幸福的家庭，在這個家庭裡，父母都有共同的權威，並敦促所有孩子都充分表現自己。」

美國是盎格魯—撒克遜新教徒占據主流的國家，像麥卡錫家族這種愛爾蘭裔天主教移民，在這個國家難免遇到歧視。在被新教徒懷疑他們忠於教宗而不忠於美國的歷史中，他們形成了對一切陰謀活動的高度過敏性，特別像赤色滲透這種巨大陰謀更難逃他們的關注，反共成為他們消除古老恥辱印記的又一種方式。由於歷史上長期被指控參與反美陰謀，他們遂致力於剷除另一個真正的陰謀——這大概是同為天主教背景的甘迺迪家族，比其他民主黨人更堅決反共的重要原因。

麥卡錫在九個孩子中排行第五。由於家窮人多，他十四歲就輟學，幫助父親經營養雞場。後來，他在鄰居和老師的幫助下重新上學，以驚人的毅力在一年中完成四年的高中課程，考上密爾沃基市馬格特大學法學系——雖然不是東岸常春藤名校，這所天主教大學卻讓麥卡錫建立了堅定的信仰。在讀大學期間，他必須半工半讀，在加油站和餐廳當服務員、當修路工。

---

12 尼米茲的小企業：《喬．麥卡錫，那位最受人憎惡的美國參議員》，豆瓣網。

他以優異的社交能力當選學社會主席，還成為拳擊選手。

這段生活經歷讓麥卡錫將成功看作是必須經過艱苦的體力勞動才能獲得的果實。他喜歡將農場生活作為政治演講的素材。他曾用「獵臭鼬」的比喻來解釋反共工作的必要性和困難性。「在農場，挖出一隻破壞莊稼的臭鼬，是一件又髒又臭的事。「當你完成這件工作時，沒有人願意靠近你。」但這項工作，「必須有人去做。一個願意幹髒活，忍受惡臭的人，就是一個真正的人，就像一個不管後果如何，都會為他的信仰挺身而出的人」。[13]

大學畢業後，麥卡錫先是當律師，然後在一九三九年被選為威斯康辛州歷史上最年輕的巡迴法院法官。當他接手法官職位時，這間法院積壓的案子超過兩百件。他打破官僚程序，延長工作時間，很快清理了積案。一份地方報紙評論說，麥卡錫法官「高效的伸張正義，他有很好的法律知識和判斷力」。

美國參戰後，盡管法官可免服兵役，但三十三歲的麥卡錫仍志願加入海軍陸戰隊。一九四二年八月，他成為一名中尉，在所羅門群島服役，任職轟炸機中隊情報官。他冒著生命危險，志願當機尾機槍手，參加多次戰鬥任務，並榮獲十字飛行榮譽勛章。他告訴戰友，比起當軍官來，他更願意當直接參加戰鬥的列兵。在三十個月的從軍期間，麥卡錫的表現得到廣泛讚譽。[14]

退役回鄉之後，麥卡錫繼續擔任法官，並參選參議員。這個「穿軍裝的法官」和「尾翼機槍手」，騎著摩托車競選，跑遍威斯康辛每個郡，跑壞了兩部摩托車。他以壓倒性優勢擊敗民主黨對手，當選國會參議員，年僅三十八歲——作為一個中部地區農夫家的孩子，不是畢業於西部名校，沒有財團和媒體支持，完全靠著自我奮鬥，從律師、法官、軍官進而成為參議員，他的人生本身就是「美國夢」的傳奇。

麥卡錫到華盛頓之後，很快在參議院成為一顆令人矚目的新星。一九五〇年二月九日，他在西維吉尼亞惠靈市對著一群支持共和黨的婦女發表林肯紀念日演講，提出國務院有兩百〇五名共產黨嫌疑分子的驚人之論。這次演講開啟了「麥卡錫時代」之先聲。

在那個女權運動尚未興起的時代，女性中的保守主義者占相當大比例——邀請麥卡錫前去演講的是當地共和黨婦女俱樂部。家庭主婦是共和黨的基礎，一如工會成員之於民主黨。共和黨參議員貝利．高華德（Barry Goldwater）指出：「如果沒有共和黨全國婦女俱樂部聯合會，就不會有共和黨。」一九五〇年代，活躍的共和黨員大半是女性，她們所捍衛的是左

13 臭鼬是美國鄉村常見的動物，筆者曾經在開車時曾不慎碾壓到一隻臭鼬的屍體，結果整整一個星期車輛上都有一股揮之不去的臭味，怎麼洗都洗不掉。其實，包括筆者自己在內，所有曾經在共產黨統治之下生活過的人，身上都有這種類似的臭味，都需要終身像關公那樣「刮骨去毒（臭）」。

14 太平洋艦隊司令官尼米茲（Chester W. Nimitz）評價說：「（麥卡錫）一九四三年九月一日到十二月三十一日期間在所羅門群島服役，他作為情報官和轟炸機中隊俯沖轟炸機機尾機槍手的表現是卓有成績的。……盡管腿部受傷嚴重，他拒絕去醫院治療，而是繼續高效完成情報官的任務。他勇敢的表現在海軍服役傳統上屬於最好的。」海軍陸戰隊副司令福德．哈里斯少將在一封給麥卡錫的信中寫道：「毫無例外，你服役期間所有的指揮官都對你的表現給予最高的評價。海軍陸戰隊不會忘記你的貢獻。」麥卡錫的直接上級莫里少校，稱讚麥卡錫志願承擔機尾機槍手、情報員和航空攝影師的戰鬥任務，還特別提到他在若干危險區域參加的轟炸任務：「麥卡錫上尉一直表現出來的勇敢和盡責，屬於美國海軍陸戰隊最佳典範。」麥卡錫腿部受傷造成終身殘疾，此後他走路略顯跛腳。下流的左派媒體為詆毀麥卡錫，抹煞其為國戰鬥的經歷，將其腿部受傷說成酒醉後摔傷，公開嘲笑其身體的殘疾。

派竭力摧毀的傳統家庭的價值。

共和黨全國婦女俱樂部聯合會的領袖貝蒂．法林頓是麥卡錫的堅定支持者，在一九四八年湯瑪斯．杜威（Thomas Dewey）敗選之後，她認為共和黨需要一個能對左派大聲說「請停下來！」的強人：「如果一位領導人能夠指出通往應許之地的道路，我們會多麼感激他。今天世界正需要這樣一個人。……作為女性共和黨員，我們會在我們的俱樂部裡，為他做好準備。」法林頓相信，麥卡錫就是那個男人。

在這次演講中，麥卡錫提出兩組觸目驚心的數字：「雖然我不能花時間一一列舉國務院中已被點名為共產黨和間諜網裡成員的全部人名，但我手上有一份兩百零五人的清單。國務卿（艾奇遜）知道他們是共產黨員，但這些人還是在草擬和制定國務院的政策。」、「我手上有五十七個案件，牽扯共產黨員或忠於共產黨的人。」

這兩個數字後來成為爭議焦點。民主黨人要求麥卡錫給出兩百零五人和五十七個案件的名單。麥卡錫未能給出名單。民主黨人攻擊麥卡錫是虛張聲勢。

麥卡錫在參議院的演講中解釋說，他是國會議員（民意代表），而非執法機構或調查機構負責人，不可能親自調查每個案件（儘管他有法學背景和法官經驗），他的材料來自於其他政府官員。

其中，兩百零五人的說法來自於國務卿詹姆士．伯恩斯（James Francis Byrnes）給國會議員薩巴斯的一封正式信件，這封信件被收入一九四六年的國會記錄。伯恩斯說，杜魯門總統組織了一個委員會，審查從戰爭部等戰時機構轉到國務院任職的雇員，第一批審查三千人，查出兩百八十五人存有安全隱患，監查委員會認定不能長期僱用。其中，有七十九人被解僱。兩下相減，就剩下兩百零六人。雖然，麥卡錫將兩百零六人說成兩百零五人——這個小小的差錯並不能否定他說的事實。

至於五十七個案例，來自於眾議院撥款委員會主席羅伯特·李在一九四七年的一份報告，他在這份關於國務院安全問題的報告中指出，當初他向國務院告發一百零八個懷疑對象，然而其中的五十七人直到一九四八年三月仍出現在國務院薪水名冊上。[15]

同年二月二十日，麥卡錫在參議院發表一場長達六個小時的清除共產黨滲透的演說，該演說不斷被懷有敵意的民主黨參議員打斷，四名民主黨參議員一共打斷他一百二十三次——但他們沒有這位前海軍陸戰隊軍官和拳擊選手的強悍體力，麥卡錫完成了演講。他斷言美國正在輸掉冷戰，因為民主黨官員們沒有想贏的願望，他們同情共產主義，他們正在背叛「民主基督教世界」。

「華盛頓沼澤」的黑暗真相

杜魯門赫然發現，麥卡錫成了其政府最危險的敵人。他譴責麥卡錫說，「我在參議院工作了十年，從未聽說有參議員如此抹黑自己的政府」，「麥卡錫根本不適合參與政治事務」，「我為威斯康辛的選民選擇了這樣一個毫無責任感的人來代表他們而感到失望」——左派口口聲聲說尊重民主，卻翻臉指責民眾選舉與之對立的民意代表是「民粹主義」。

15 保羅·約翰遜：《美國人的歷史》（下卷），頁一〇三。

杜魯門為他的國務卿艾奇遜做出辯護。他宣稱，對艾奇遜的攻擊將為蘇聯政治局提供可乘之機。他譏諷道，麥卡錫是「克里姆林宮擁有的最大資產」。既然總統都可以如此亂扣帽子，左派媒體積極行動起來：因為麥卡錫反對同性戀，他們乾脆汙衊麥卡錫是同性戀者。

面對左派對麥卡錫的攻擊和抹黑，參議院共和黨領袖、被譽為「共和黨先生」的塔夫托聲援說：「麥卡錫參議員是一名正在戰鬥的海軍陸戰隊員，他是在冒著生命危險維護美國的自由。在我們國家的歷史上，克里姆林宮最大的資產始終是國務院裡的親共集團，他們在雅爾達和波茨坦屈從於蘇聯的每一項要求，他們利用每一次機會來推動共產主義事業，以至於在今天造成了共產主義揚言要接管整個亞洲的計畫。……從國務院的親共政策來看，麥卡錫要求進行全面調查是完全有理由的。」

耐人尋味的是，儘管麥卡錫嚴厲譴責民主黨，稱「民主黨的標籤現在成了那些聽從賣國賊指使的男男女女的私產了」，但與許多民主黨人不同，約翰·甘迺迪自一九五三年起與麥卡錫一道在參議院效力，直到麥卡錫在一九五七年去世時，從未批評過他。一九五二年二月，在一次晚宴上，一位演講人稱他很高興麥卡錫不曾在哈佛大學學習過時（這是東部菁英深入骨髓的名校崇拜情結，他們蔑視沒有上過名校的人，但「毀人不倦」的名校並沒有讓他們具備常識判斷），一名甘迺迪家族成員站起來反駁發言人，並憤而離場。小亞瑟·施萊辛格（Arthur Meier Schlesinger Jr.）問起甘迺迪為什麼不批評麥卡錫時，甘迺迪回答道：「見鬼，我在麻薩諸塞州的半數選民認為麥卡錫是英雄。」麥卡錫去世後，羅伯特·甘迺迪（Robert F. Kennedy）專程趕到威斯康辛，全程安靜地參加了葬禮。

麥卡錫的支持度和受歡迎度在一九五四年初達到頂峰。一九五四年一月的一次蓋洛普調查顯示，百分之五十的受訪人總體對麥卡錫持正面看法，認為他做的事情對美國有利，只有百分之二十九的人不讚同他。麥卡錫在「最受尊敬的當代美國人」中排名第四。

麥卡錫在一次演講中說：「我在華盛頓的空氣中都能嗅出美國的軟弱。」這句話是真的，卻不明智，打擊面太廣，一下子得罪了軍方、情報機構、總統和國務卿，以及參議院共和黨的若干同仁。麥卡錫發現，「華盛頓沼澤」從來不是伸張正義的聖殿，而是骯髒的利益分配的交易所——一九五〇年代的華盛頓和今天的華盛頓差別並不大，這裡的大部分人都是逐臭之夫。麥卡錫最大的錯誤或者說最大的優點，就是不願從眾，不願成為烏合之眾的一部分，這讓他成為「華盛頓沼澤」中的異類，他的純粹和不附加政治利害的思考，讓他比任何人都能看清紅色間諜真相。但他也因為太純粹、不合群，而被加入黑名單，成為眾矢之的。

儘管美國學術界左翼意識形態隻手遮天，但敢於說真話的人不會絕跡。二〇〇三年，政治評論員安・庫爾特（Ann Hart Coulter）出版了《叛國：從冷戰到反恐戰爭期間左翼自由派的背叛行徑》一書，勇敢地為麥卡錫翻案。而很多反對麥卡錫的人，後來被證實是叛國者。比如，在左派掀起的一場誹謗麥卡錫的大型宣傳戰中，得力幹將之一是所謂的「獨立」記者以撒多・史東（Isidor F. Stone），此人在沒有證據的情況下稱麥卡錫為「反猶分子」、「法西斯」，並得到《紐約時報》等主流媒體高度讚揚，將其譽為「二十世紀最偉大的調查報導員之一」。

一九九二年，水落石出，各方資料證實：以撒多・史東一直都是從蘇聯拿錢的特工。安・庫爾特在梳理大量的原始文件後指出，麥卡錫對蘇聯滲透美國的嚴重性的估計，不是過高，而是太低，麥卡錫捍衛了美國的自由，給予共產勢力以沉重打擊：「今天『共產主義者』這個詞聽起來和『君主制主義者』一樣可怕，不是毫無原因的——那絕不是因為大無畏《紐約時報》的社論譴責麥卡錫，讚美哈佛大學教育出來的蘇聯間諜。是麥卡錫使得當共產黨主義者成為可恥的事情。美國內部的共產主義運動再沒能恢復元氣。」

亞瑟．赫爾曼（Arthur Herman）是極少數敢於為麥卡錫翻案的歷史學者之一。他在《約瑟夫．麥卡錫：重新審視美國最受厭惡的參議員的生命與遺產》一書中指出，麥卡錫沒有意識到他幾乎是在與整個華盛頓的權力結構對抗。民主黨擔心共產黨同謀的曝光會影響到選票；媒體與學術界早已在大蕭條和二戰後成為左翼的獨占舞台。亞瑟．赫爾曼如此評價麥卡錫的歷史貢獻：

> 他從美國的腹地來到這裡，是一位頑強而普通的政治家。在一個突然而持久的歷史時刻，他看到了他所處的時代的核心真相：他的國家、他的信仰、他的文明正在與共產主義開戰，純碎處於戰爭狀態。「這場戰爭不會結束，美國文明若非走向勝利，就必走向滅亡，」他一再強調。……在很短的時間裡，他硬加在自己的國家身上的正是這種強烈的緊迫感。但是，汽車太平穩，繁榮太溫柔，艾森豪太慈愛，電視太迷人，這一切使得這個國家開始討厭真理真相，也討厭那個一直為真理真相吶喊的人，大家覺得他是多餘的人，聲嘶力竭地亂喊。這個國家再次進入沉睡狀態，那個人也躺下死去了。

麥卡錫如何被左派塑造為「全民公敵」？

仇恨麥卡錫的人，不是對他的粗魯、尖刻甚至誇張的表達方式反感，而是與他的政治立場——反共產主義——針鋒相對。這在新左派教授艾倫・施萊克（Ellen W. Schrecker）的著作《沒有象牙塔》中得到極為坦率的承認。這是一本反映麥卡錫主義在大學影響的傾向性很強的書。「首先，使麥卡錫成為麥卡錫分子的不是他的咆哮，而是他的反共使命——問題不在這個人的手段而在於他的信仰，真正的問題在於他堅持這樣做的目的。」[16]

麥卡錫所從事的是正義的事業，但他在戰術上犯了若干錯誤。他未能確立主要敵人和次要敵人，四處開火，而惹火燒身。多年以後，川普也犯了同樣的錯誤，試圖快刀斬亂麻清除「深層政府」，結果樹敵過多，造成施政困難，黑暗勢力排山倒海般地發起反撲乃至竊取了他的第二個總統任期。

麥卡錫有極高的民意支持度，在體制內卻少有盟友。他觸犯了馬基維利（Machiavelli）對政治家們最強調的一點：建立穩固的政治根基。沒有穩固的政治根基，他影響力巨大，但也是脆弱的，這種脆弱性讓他在很多時候獨自承擔一切反對派攻擊，沒有多少人真心支持他，一旦被打倒，就很難東山再起。

麥卡錫的反共事業遭遇挫敗，首要原因是他向馬歇爾（George Catlett Marshall, Jr.）及軍方展開一系列非難，雖迫使馬歇爾辭去國防部長一職，但從此與軍方結下樑子。

其次，艾森豪出任總統後，麥卡錫未能與之建立良好的互動關係。艾森豪不是麥克阿瑟（Douglas MacArthur）那樣有堅定的基督教信仰的將領，其政治立場頗為含糊，自認為

16 彼得・科利爾、戴維・霍洛維茨：《破壞性的一代：對六十年代的再思考》，頁一四五。

是「溫和的保守派」，與嫉惡如仇的麥卡錫不對路。[17]艾森豪上任後，先後解除杜魯門時期一千四百多名官員的職務，麥卡錫仍嫌其做得不夠多。此前，麥卡錫稱羅斯福—杜魯門時代為民主黨政府的「叛國二十年」；如今，他又加上一年——「叛國二十一年」，包括艾森豪政府的第一年，這種指責不僅讓艾森豪相當惱怒，也讓作為副總統的尼克森與麥卡錫分道揚鑣。

麥卡錫還錯誤地向杜勒斯兄弟發起挑戰——本來他們可以成為其反共事業的盟友。艾森豪的國務卿約翰·杜勒斯堅決反共，與優柔寡斷的艾奇遜截然相反。他的一個重要身分是：他是基督教長老教會信徒，他認為對宗教的篤信是他的力量源泉。對杜勒斯來說，反對共產主義是長老會教義（喀爾文神學）的必然結果。國務院內確實長久存在一股親共勢力，但這不是約翰·杜勒斯的錯，他無法解僱所有外交官，卻不得不面對麥卡錫猛烈的批評。他的弟弟艾倫·杜勒斯（Allen Welsh Dulles）是中央情報局任職時間最長的局長，是美國情報界的傳奇人物，早在戰前就在德國建立了一個龐大的情報網。麥卡錫發起對艾倫·杜勒斯的副手威廉·邦迪的調查——有人說此人曾向希斯的訴訟基金捐過款。此舉讓艾倫·杜勒斯成為麥卡錫的敵人。[18]

麥卡錫有一個缺點：說話太多，太直率。《聖經》中說：「你們各人要快快地聽，慢慢地說，慢慢地動怒。」言多必失，無論你多麼聰明。尼克森在回憶錄中評論說：「我自己對麥卡錫的感情是複雜的。我從來沒有像華盛頓的上流社會一樣，因為他態度粗暴便鄙棄他。說實在的，他這個人還很可愛，雖然有些不負責任地過於任性了。……麥卡錫是真誠的，根據我個人的調查，也知道他的某些指控是有實際根據的。但他總忍不住誇大事實。」

麥卡錫如日中天的反共事業開始遭遇危機。看到麥卡錫力量衰減，敵人們像鯊魚一樣聚集起來發起攻擊。對麥卡錫最著名的攻擊，是由愛德華．莫羅（Edward R.Murrow）主持的電視系列節目「現在觀看」。莫羅及其工作人員花了兩個月時間精心編輯畫面，把麥卡錫塑造成最壞的形象。電視片大部分鏡頭都是麥卡錫處於最不雅觀的狀態，包括「打嗝，挖鼻孔」，沒有一個鏡頭以正常工作狀態展示麥卡錫。這部電視片「不是一個報導，而是全方位的攻擊，使用的手法恰恰是批評人士指責麥卡錫的『捕風捉影』」。影片中出現的每一個「受害者」，後來都被證實或是共產黨人或是其同情者。就連反對麥卡錫的評論人士都認為，這種做法違背了新聞業者的職業道德。但莫羅的策略大獲全勝，麥卡錫和麥卡錫主義從此被妖魔化，麥卡錫這個名字被「臭名昭著」這個詞語鎖定。

17　艾森豪參選前的政治傾向並不清晰。已被選民厭棄的杜魯門突發奇想，想邀請艾森豪加入民主黨參選，自己當副總統搭檔，被艾森豪一口拒絕。艾森豪是溫和的保守派，不是雷根或川普式的真保守派。就宗教信仰而論，艾森豪此前並未固定屬於基督教的某教派。基督教領袖葛理翰在與之會面後說，艾森豪是一位虔誠的基督徒。實際上，艾森豪的宗教信仰是彌散形態的，有他的話為證：「如果不是根植於一種可以感知的深深的宗教信仰，美國就毫無意義——不過，我並不在乎是哪種信仰。」

18　艾倫．杜勒斯擔心中情局的名字出現在報紙上，向尼克森求助。尼克森告訴麥卡錫，他認為邦迪是忠誠的美國人。麥卡錫追問：「那麼他捐款給希斯是怎麼回事？」尼克森回答說：「你必須了解劍橋鎮（哈佛大學所在地）的人的思想狀況。邦迪是哈佛大學畢業生，希斯也是。我想他只是趕浪頭，根本沒有考慮這個浪頭要沖向何處去。」麥卡錫勉強放棄對邦迪和中情局的調查。非名校畢業的尼克森深知名校畢業生們的「校友圈文化」何其強大，他曾為此深受羞辱——在國會聽證會的閉門會議中，尼克森要求希斯說出其母校。希斯回答：「霍普金斯大學和哈佛大學。」然後冷冷地補上一句：「我相信你讀的是惠蒂頓學院？」

三人成虎、改是成非。長期以來，即便傾向保守主義的學者也不敢為麥卡錫辯護。威廉・本內特（William J. Bennett）在其作為「重要的保守主義視野的美國史」的《美國通史》中寫道：「麥卡錫玷污了反共這個光榮的事業，他使對抗蘇聯顛覆的合法努力變得名譽掃地。從此以後，對那些不忠誠的人或集團而言，他們只要喊『麥卡錫主義』，就能使公眾的注意力從真正的問題上轉移開來。」

英國保守派學者保羅・約翰遜（Paul Johnson）在《美國人的歷史》中引用杜魯門政府的一份反駁麥卡錫的研究報告，聲稱美國長期存在「仇恨與不寬容」的潛流，週期性地產生像麥卡錫主義這樣的爆發。他評論說：「麥卡錫從來不是一個嚴肅的顛覆活動調查人，而是一個試圖吸引人們關注的政客。他自己的成功，先是讓他吃驚，然後是使他失衡，最後把他給毀了。」

保守派政治哲學家艾倫・布魯姆（Allan Bloom）批評說，「麥卡錫主義給大學造成了極其負面的影響」，「麥卡錫、麥卡錫之流和麥卡錫的追隨者，顯然都是不學無術之輩，是跟學院作對的，尚未入學術之門的野蠻之徒」。但他很快又補充說：「在多數大學裡，他們對課程安排和人事任命都沒有產生任何影響。……沒有哪個教授被解聘，他們在課堂上可以隨心所欲地講授任何東西。」[19]布魯姆批評麥卡錫，大概因為他是學院中人，即便在質疑大學體制時也情不自禁替這個體制說話。但從他舉出的若干例子可發現，傷害學術自由的並非麥卡錫，而是激進左翼分子。

左派學者更不會放過每一個攻擊麥卡錫的機會。反對冷戰的冷戰史學者李波厄特（Derek Leebaert）評論說，「麥卡錫的名字甚至成了莫須有汙衊的同義詞」。

最出格的辱罵來自威廉・曼徹斯特（William Manchester），他的《光榮與夢想》一書是當代美國史最通俗的讀本。其文筆流暢，敘事生動，但在論及麥卡錫時，是歇斯底里的咒罵：「他是個惡棍，從外貌上看也是如此。他目中無人，經常暗自竊笑。講起話來聲音刺耳，喜歡奚落別人。在參議院裡，由於鬍子稠密，人們很快就可以認出他來。實際上他就是一個所謂下等愛爾蘭人的典型樣板：體格魁梧，肩膀寬大，眉毛隆起，是在波士頓市第八號碼頭和芝加哥南部的貧民區常常看到的那種人物。」這段話充斥著外貌歧視、種族歧視和階級歧視，堪稱左派最忌諱的「政治不正確」之集大成者——難道相貌不佳就當被歧視（其實麥卡錫比杜魯門英俊多了）？難道愛爾蘭後裔就當被歧視？難道鄉下農夫和碼頭工人的孩子就當被歧視？今天，如果用這種方式攻擊任何一個其他人，必定會被告上法庭，但用來攻擊麥卡錫，卻是理所當然的「政治正確」。左派早已習慣了「雙重標準」。

麥卡錫主義是美國精神的真正代表

一九五四年，參議院針對四十六項麥卡錫「行為不當」的指控進行調查。經過特別委員會長達兩個月的調查，只能得出其中兩項勉強成立的結論，這兩項都是莫須有的罪名——麥卡錫拒絕參加某委員會，又對另一個委員會有「誹謗」之論。十二月二日，參議院以多數票通過一份對麥卡錫的指責。這就是後來人云亦云的「譴責決議」。實際上，麥卡錫的支持者、

---

19 艾倫·布魯姆（Allan Bloom）：《美國精神的封閉》，（南京）譯林出版社，二〇〇七年，頁二七五—二七六。

參議員布里奇斯（Styles Bridges）指出，該決議「不是譴責決議」，終稿使用的是詞彙是「認為不當」（condemn）而非「譴責」（censure）。

就在參議院針對麥卡錫充滿敵意的投票之前十天，曾擔任蘇聯總檢察長的安德列・維辛斯基（Andrey Vyshinsky），在紐約出席聯合國會議時突發心臟病去世（他曾嘲笑聯合國的《人權宣言》是一個夢囈）。在莫斯科審判期間，作為史達林的打手，維辛斯基簽署了數百份對列寧的老近衛軍的死刑判決，儘管他知道他們沒有犯下任何罪行。

蘇聯歷史學家沃爾科戈諾夫（Dmitrii Antonovich Volkogonov）在《勝利與悲劇：史達林的政治肖像》一書中描述說，維辛斯基長篇大論的起訴書能使坐在被告席上的人全身癱瘓，其中大多數人在最後發言中只能表示認罪。由於辦理布哈林案件賣力，根據史達林建議，維辛斯基被授予列寧勳章，後又「當選」蘇聯科學院院士。

作為史達林的頭號法學家，維辛斯基為該大清洗提供了理論依據，其重要基石包括：刑法是階級鬥爭的工具以及口供是證據之王。在漫長的大清洗中，有數百萬普通人被殺害，更有近千萬人被送到古拉格群島服苦役。然而，史達林發動的大清洗和大審判，維辛斯基的暴行，不僅沒有受到西方左派的譴責，反倒得到鼓掌歡迎。

與此同時，美國左派卻將維辛斯基的恐怖面具戴到麥卡錫頭上——麥卡錫只是行使美國憲法和最高法院判決賦予國會的、有限的調查權（他並沒有執法權），他的個人品行無可指責，他的調查活動沒有違背法律。一九九五年解密的《維諾娜文件》證明，當年麥卡錫小組委員會閉門聽證會公布的記錄，顯示麥卡錫所認定的共產黨人是精確的。亞瑟・赫爾曼評論說，麥卡錫的絕大多數指控的準確性「已不需要討論」，它們現在「已被接受，就是事實」。

二十世紀四〇到五〇年代，蘇聯間諜的確在美國大肆活動，人數之多、滲透之深，超過美國政治領袖和大眾的預想。

麥卡錫主持的調查確實讓很多人的生活軌跡受到影響，有些人失業了——但僅此而已，好萊塢受到調查的「十君子」中有幾個人被解僱，卻很快就以「英雄」的身分找到薪水更高的工作，就連出獄的希斯都能衣食無憂並喋喋不休地自我辯護。然而，歷史的弔詭和命運的可怕諷刺就在於，是麥卡錫的名字，而不是維辛斯基的名字，被西方世界普遍記住，並被斥為恐怖和猜疑時代的象徵。

更沉重的打擊接踵而至：一九五四年的國會中期選舉中，共和黨失利，麥卡錫保住了參議員的職位，但再也沒有一點調查權力，不得不依賴公開演講來繼續提醒美國大眾警惕共產主義的威脅。任期結束後，他回歸布衣身分，與妻子收養了一名女嬰。長期的戰鬥讓他的身體不勝重負。一九五七年五月二日，麥卡錫在貝蒂斯海軍醫院去世，年僅四十八歲。官方診斷結果是急性肝炎。媒體卻故意暗示他死於酗酒。

麥卡錫沒有辜負美國，而是美國辜負了麥卡錫——如果沒有麥卡錫的孤身奮戰，美國不可能贏得冷戰。近年來，很多歷史學家重新評價麥卡錫的歷史地位，認為「麥卡錫主義的意義，在於它及時抑止了共產主義對西方民主制度的顛覆，此後美國政府內部再也沒有出現過原子彈和氫彈設計圖紙洩密這樣的事件了」。麥卡錫是冷戰中最具勇氣的、堪與麥克阿瑟媲美的英雄，這兩位「麥先生」都是生命不休、反共不止的戰士。

左派拒絕承認麥卡錫是美國精神的守護者的這一歷史事實。一九五四年，哥倫比亞大學召開一個麥卡錫主義研討會，左派歷史學家理查．霍夫施塔特用德國新馬克思主義哲學家阿多諾（Theodor W. Adorno）一九五〇年出版《威權主義人格》一書的理論，把麥卡錫主義解釋為「假保守派」毫無根據的恐懼在社會上的投射。他後來還寫了《美國政治中的類妄想狂風格》一書，成為民主黨政府否定麥卡錫主義的經典表述。其實，這是「德國思想」和「西方馬克思主義學派」侵蝕美國思想和美國精神的又一案例。

然而，美國的學術菁英們無法理解，為什麼鄉巴佬和紅脖子們矢志不渝地追隨麥卡錫（包括後來投票給川普）？答案很簡單，麥卡錫是那個看到敵人在鐵軌上安置石頭、要讓列車傾覆的人，他排除了危險，讓列車安然前行。列車上的人，只要是以身為美國人而驕傲，就會感激他。那些仇恨麥卡錫的左派，不知道自己還活著應當歸功於麥卡錫——如果他們憧憬的共產主義在美國實現，史達林或毛澤東式的獨裁者不會讓他們活著，在極左派眼中，不夠左的左派是些無病呻吟、必須用暴力消滅的小資產階級。

麥卡錫主義並不是《英語大辭典》中說的「毫無根據指控陷害他人」的專制主義，而是美國的立國精神，為了捍衛自由而勇敢奮戰，消滅一切危害自由的敵人與叛徒，正如拉塞爾·柯克（Russell Kirk）形容保守主義「會被不斷嘲諷，但卻始終守護著文明的存續」。麥卡錫主義是美國保守主義的精華，雖然不斷地被誤解和嘲諷，但它守護了美國的自由，在美國立國時就存在，現在依然存在，自由永遠需要守護者和捍衛者。著名美國商人、反共人士阿爾弗雷德·科爾伯格（Alfred Kohlberg）曾用一句話概括麥卡錫的遺產和麥卡錫主義：

> 麥卡錫主義是一個非常古老的美國習俗。除掉叛徒、瀆職者和不忠的僕人，這是一個由來已久的美國決心。

第五章

「文化馬克思主義」如何摧毀美國？

嬉皮、異痞、雅痞、黑豹黨、教士以及總統的自我意識，是在不知不覺之中由半個世紀以前的德國思想塑造的：馬庫色的口音變成了美國中西部的腔調；「德國造」的標籤換成了「美國製造」的標籤；美國的新生活方式成了迪士尼樂園版的威瑪共和國，變得婦孺皆知。

——艾倫・布魯姆

1960 年代以來的美國新左派組織（5）：

青年國際黨（Youth International Party）

成立於 1967 年 12 月 31 日，其成員多數為中產階級、知識分子及學生，以大麻作為標誌，通常被稱為雅痞（Yippies），訴求激進革命與反文化運動，常用惡作劇及行動藝術來嘲弄社會現狀，比如在 1968 年推舉一頭豬（Pigasus the Immortal）作為美國總統候選人的惡搞活動。

楔子

納粹上台，威瑪共和國覆亡，德國的猶太人、反納粹的知識菁英紛紛逃離這個令人窒息的極權國家。有人遠渡重洋到美國，宛如當年五月花號上尋求信仰自由的清教徒；也有人逃亡到歐洲各國，但當納粹入侵波蘭進而占據大半個歐洲之際，飄零在歐洲的流亡者被迫「二次流亡」。

儘管面臨移民政策的限制和啟程時的險惡，遠不止十三萬德國人和兩萬法國人先後到了美國。除了司祭（宗教領袖）之外，美國唯一超額接收的避難者群體是大學教授。從二十世紀三〇年代中期開始，美國高等教育機構便與歐洲知識分子建立起持續的聯繫。哥倫比亞大學接收了法蘭克福大學社會研究所，芝加哥大學接收了奧地利學派和包豪斯學校的若干代表人物，洛克菲勒基金會幫助了巴黎人類博物館人種學研究室和社會文獻中心的學者和資料的轉移。還有無數歐洲一流的畫家、音樂家、作家來到美國，使藝術與文化霸權實現了從巴黎到紐約的歷史性轉移，以至於學者塞爾日．蓋爾堡憤憤不平地評論說，紐約「竊取了」在歐洲建立的「現代藝術」思想，儘管「該霸權的轉移並非一項經過深思熟慮的整體性策略，而是史無前例的混亂所導致的結果」。[1]

流亡者們或多或少有些突然地，經歷了社會的邊緣化、文化的背井離鄉和身分的剝奪，他們作品裡都保留了這些痕跡。但中大多數人很快在新大陸自由而寬容的文化學術氛圍中脫

1 弗朗索瓦．庫塞：《法國理論在美國》，（鄭州）河南大學出版社，二〇一八年，頁一八—一九。

穎而出，贏得美國同仁的肯定、讚賞與追隨。相當一部分人，在戰爭結束、祖國光復之後，仍留在美國。戰後的美國取代大英帝國成為西方世界政治、軍事以及文化學術的高地和秩序輸出者。此時的美國文化，已不再是從日內瓦—尼德蘭—蘇格蘭—英國—北美一脈相承的清教秩序和盎格魯—撒克遜傳統一枝獨秀，它成了歐洲諸國文化的大熔爐，歐洲文化被打上美國烙印，又反芻回到歐洲。

過去，人們只知道逃離德國的物理學家和化學家們大大加快了美國的原子彈計畫，讓美國在與德國研發核武器的競爭中後來居上。其實，同樣重要的是德國思想對美國的「入侵」——儘管很多時候是通過「法國理論」這一仲介。或許是因為德國思想對於英語世界過於艱深晦澀，需要經過法國人華麗的包裝和通俗的闡釋。正是法國這個仲介使馬克思和黑格爾的遺產、尼采和海德格的形象在美國廣為傳播，正如法國學者弗朗索瓦·庫塞所說：「從傅柯（Michel Foucault）到德希達（Jacques Derrida），法國理論首先構成了一個批判的解釋形式，帶有德國哲學的雙重傳統，胡塞爾（Albrecht Husserl）和黑格爾—馬克思的傳統。這個傳統由上一代學者，即兩次世界大戰之間這一時期引入法國的大學中，隨後再進入美國。」

反對這一思想脈絡的美國保守派學者們將「法國理論」看作是「尼采—海德格—馬克思—佛洛伊德」這一「四人組」的「選擇性閱讀」和「挑釁性閱讀」。這一切似乎是傅柯、德勒茲或德希達對尼采、佛洛伊德或海德格重新挪用和精心改造後被延伸到美國知識領域。

不過，就整整兩代法蘭克福學派的知識菁英而言，他們到了美國，就越過法國這座橋樑，直接對美國知識界發號施令。此一時刻，在戰場上戰敗的德國，儼然成了一場隱形的文化戰爭的勝利者。

桑巴特說的沒錯，美國本土並不產生左派思想，左派思想大都來自歐陸，尤其是法國和德國，特別是在哲學上更具原創性的德國。馬克思主義誕生於德國，納粹思想誕生於德國，戰後蔚為大觀的「西方馬克思主義」或「文化馬克思主義」也誕生於德國——因為法蘭克福學派，後者對戰後至今的美國思想文化界產生了壓倒性的影響。

阿多諾的歷史使命是摧毀美國的清教秩序

這片土地如此富饒，一個人真的可以生活在天堂……你吃過酪梨嗎？如果沒有，那你一定要用幾美分到最近的水果店買幾個。取出果核，然後用醋、油、鹽和胡椒等醬料把洞填滿，允許還要加點伍斯特醬。這是一個人能在美國發現的最美味的食物。[2]

倉皇逃離令人窒息的德國，繼而離開不友善的勢利的英國，阿多諾如釋重負地投入美國的懷抱。消失的是那個舊世界，取而代之的是一個美好的新世界。它陌生而富饒。

2 阿多諾在給雙親的信中，如此描繪美國空曠壯麗的河山：「星期一，我們開車穿過內布拉斯加州——沿途非常單調，只有玉米地（誰吃那麼多玉米啊？）。當晚，我們途徑懷俄明州境內的落基山脈，仍然空無一物，甚至察覺不出海拔差異。星期二，經過冰雪覆蓋的猶他州，大鹽湖就在那兒。這裡的風景看著有些奇怪，那些山突然像金字塔一樣冒出平原，在抵達內華達州時又逐漸不見了。」那是在德國和整個歐洲都看不到的曠野景色。比景色更陌生的，是他難以理解的美國的社會和文化。伊瑪．謝拉特（Yvonne Sherratt）：《希特勒的哲學家》，（上海）上海社會科學出版社，二〇一七年，頁二一一。

阿多諾並非自覺的反法西斯鬥士，他是因為族裔身分而非政治立場受到納粹迫害。如果他有選擇的權利，他會像他改信新教路德宗的父親，當一名忠誠的德國人，而不願當一名被懷疑的猶太人，但希特勒不由分說地剝奪了他的選擇權。在某些方面，阿多諾是湯瑪斯．曼（Thomas Mann）所謂「非政治的德國人」這個類型的左翼版本。

一九三〇年代初，納粹一上台就日益勒緊政治繩索，但阿多諾並不情願離開德國。一九三四年，他為希特勒青年團領導人施拉赫的詩寫了一篇阿諛奉承的評論，希望以此改善自身境遇——他在二十歲就獲得博士學位，但在申請教師資格時卻被拒絕，理由是「身為非雅利安人，你沒法感受和領會這樣一種責任」。這是何其大的羞辱。

向納粹低頭，是人性的軟弱和雅斯培（Jaspers）所說的「道德上的罪」，在那個時代這是普遍現象，不必過於苛責阿多諾。但當此妥協在戰後曝光，它成了一個大大的尷尬。為了自衛，阿多諾把矛頭對準其死敵海德格，他說海德格的哲學跟他的哲學不一樣，「其最深處的內核就是法西斯主義的」。[3]但實際上，如果阿多諾不是猶太人，他未必對納粹思想有足夠免疫力，如恩岑斯貝格爾（Hans Maguns Euzensberger）所說：「在法西斯時代我未嘗知道我生活在法西斯時代。」[4]

美國對歐洲逃難者足夠寬容、足夠接納——世界上再也找不到第二個胸襟如此寬廣（比地理還寬廣）的國家，尤其是牛津經歷了裝腔作勢的老男人們的蔑視之後，阿多諾感觸頗深，但他對美國從未有過感恩之心——平民化的美國未能滿足他那菁英知識分子的虛榮心。

阿多諾一生養尊處優，從小被父母的寵愛、書籍和音樂所浸泡。他的父親是富有的酒商，母親是唱義大利歌劇的歌手——這一遺傳因素讓阿多諾成為一名業餘音樂家。湯瑪斯．曼在

《小說的故事》中將阿多諾形容為「智慧超卓之士」，並引用一個美國歌手的觀察：「簡直不可思議！他（阿多諾）瞭解世界上的所有音符！」阿多諾的哲學家朋友利奧・洛文塔爾記得，阿多諾擁有「你會情不自禁愛上的生活——假如你不是非常妒忌這種美好的、受盡保護的生活的話——而且阿多諾從中獲得的自信心一生從未失去過」。

即便在流亡路上，阿多諾也從未忍受過一天苦日子——他在洛杉磯的公寓，即便按照美國中產階級的水準而言，也足夠「豪華」，他收藏大量黑膠唱片和水晶玻璃杯，為其新家設計傢俱布置的人是著名電影導演弗里茨・朗（Fritz Lang）。與其他流亡者相比，他實在是太過奢侈：艾茵・蘭德（Ayn Rand）抵達美國時，父母給她的三百美元大都用於辦簽證和買船票，已所剩無幾；漢娜・鄂蘭抵達美國時，口袋裡只有二十五美元，只能在紐約一棟搖搖欲墜的大樓裡租到一間狹小昏暗的小公寓——廚房是共用的。

法蘭克福學派的好幾位代表人物，熟悉馬克思主義超過《聖經》，卻從未體驗過工人階級的生活，他們對窮人的關心只是紙上談兵，他們富足得讓人嫉恨。劇作家布萊希特（Bertolt Brecht）寫了一整本書來嘲笑法蘭克福學派的奇形怪狀——一九四一年的一個流亡者晚會之後，布萊希特在日記中尖刻地寫道：「在魯爾夫・紐倫堡家中的花園聚會上，我們遇到了兩個小丑，霍克海默（Horkheimer）和波洛克（Pollock），兩個來自法蘭克福社會研究所的

3 理查德・沃林（Richard Wolin）：《阿多諾百年誕辰：否定辯證法的巔峰》，中國南方藝術網。

4 揚－維爾納・米勒（Jan-Werner Muller）：《另一個國度：德國知識分子、兩德統一及民族認同》，（北京）新星出版社，二〇〇八年，頁一三。

衰人（Tuis）。霍克海默是個百萬富翁。波洛克來自一個只能算過得去的家庭，所以只有霍克海默花得起錢，到了任何地方都出資買一個教授席位，為『研究所的革命活動提供一片陣地』。這回是在哥大……靠著他們的錢，他們養活了十幾個知識分子，作為回報，這些人要為他們提供著作，但不保證有雜誌會發表。所以不妨說『這些年來他們主要的革命義務就是為研究所省錢』。」布萊希特在西方鬱鬱不得志，後來投奔東德共產黨，終於過上御用作家錦衣玉食的生活；法蘭克福學派的同仁們卻比布萊希特神通廣大——儘管他們痛恨資本主義，卻能在資本主義社會遊刃有餘。

以阿多諾而論，他在美國頂級的學術機構從不缺少優渥的教席：一九三八至一九四一年間，他在法蘭克福學派的美國大本營紐約哥倫比亞大學社會研究所作研究；一九四一至一九四八年間，他出任普林斯頓大學拉杜克社會研究課題組組長，主持權力主義的研究；一九四八至一九四九年間，他受聘於加州大學柏克萊分校，任社會歧視研究課題組組長。一個德國流亡者，不願瞭解美國，居然大言不慚地在美國傳道授業，也是一大奇事。

一九四〇年代，阿多諾與霍克海默合作寫出法蘭克福學派里程碑式的著作《啟蒙的辯證》——從納粹的野蠻主義這一史無前例的文明倒退出發，質問歐陸自啟蒙運動開始的思想演變史，全盤重新闡釋西方文明的發展，奠定了「批判理論」（Critical Theory）在當代西方思想體系的地位。他們用馬克思主義反對法西斯主義，將早已臭名昭著、如同垃圾般的馬克思主義，經過一番改頭換面、移花接木之後，重新包裝上市，奇跡般地成為優績股。

所謂「批判理論」，就是通過揭露制度和文化中的霸權和壓迫，啟蒙人的自覺、反抗的意識和能力，最終讓人獲得自由和解放。戰後，以美國為首的西方資本主義國家，生產力迅猛發展，民眾生活水準大幅提高，工農大眾的經濟地位得到根本改善，工農不再是無產者，而成為有產者和中產階級。所以，無法再以馬克思主義的經濟學理論來鼓動工農發動暴力革命、推翻現存制度。

在此背景之下，新一代的馬克思主義者們必須尋找和製造人與人之間新的矛盾（種族、性別和性取向等），挑起仇恨和對立，以此摧毀西方資本主義世界的一切。這就是阿多諾的歷史使命。

為何美國清教秩序會被誤解為法西斯主義？

阿多諾、法蘭克福學派以及眾多歐洲流亡知識分子，逃離殘破而危機四伏的家園，來到為他們遮風避雨的美國，不僅沒有努力捍衛庇護他們的美國的憲制，反而像古老故事「農夫和蛇」中攻擊農夫的蛇，對美國反戈一擊，用有毒的思想玷污和顛覆美國的自由憲制，且樂此不疲。

另一位流亡路上的猶太裔哲學家雅斯培並不認為德國人有資格給美國人上課，德國人現在需要的是洗心革面。他在給漢娜．鄂蘭的一封信中寫道：「德國是有史以來第一個作為一個民族走入毀滅的民族。……現在，德國被摧毀了，我頭一回感到心安。」

諾貝爾文學獎得主、猶太裔美國作家索爾．貝婁（Saul Bellow）將美國視為「重塑歷史的地方」。通過與歐洲的對比，美國的這種特性獲得了其道德價值。他用「冷冷的直率」的語氣說，美國是一個「不會置猶太人於死地」的地方。

阿多諾在美國過著安寧舒適的生活，卻以折騰美國為己任，這是一種幽暗的心理動機。一九五〇年，他出版了《威權主義人格》一書，該書對美國心理學及整個社會科學產生重大影響。他將有歐洲血統的白人男性貼上「威權人格」（Authoritarian Personality）標籤，將其定義為父權制家庭的產物。他進而將傳統美國（清教秩序）有關性別角色和性觀念的看法統統定義為「偏見」——即「基督教、資本主義和父權專制家庭在社會中的存在，造成了容易產生種族偏見和德國法西斯主義的性格」。他更聳人聽聞地指出：「如果不剷除這些罪惡，另一場大屠殺可能會在美洲大陸發生。」

阿多諾否定清教秩序，認為清教秩序導致「威權主義人格」，而「威權主義人格」是導致歐洲法西斯主義崛起的關鍵因素，這個三段式推理看似振振有詞，但若仔細以推敲，就會發現其漏洞百出。他無視法西斯主義本身是激烈反傳統（特別是反基督教）的一種現代意識形態，而正是清教秩序讓美國對法西斯主義的免疫力超過所有歐洲國家。阿多諾對美國的無知和偏見，使他的論述方式類似於共產黨顛倒黑白的大批判。如今，「法西斯主義」成為極左派抹黑異見時最常用的字眼，難道僅僅是一種巧合？普丁入侵烏克蘭，濫殺無辜，居然也是打著反法西斯的旗號。

阿多諾及法蘭克福學派其他學者通過出版有關心理壓抑的著作，從經濟學（馬克思）轉向心理學（佛洛伊德），或者說將馬克思與佛洛伊德結合起來。如果說馬克思關注的焦點是經濟，那麼阿多諾及法蘭克福學派關注的焦點就是文化，此即「文化馬克思主義」（Culture Marxism）——將社會割裂成壓迫者和受害者兩大群體，打著反對「文化霸權」的旗號，強調「道德相對主義」和「質疑一切」，批判西方文化的每個支柱，包括家庭、教會、民主政治、普通法、言論自由等，他們試圖抽去這些支柱，從而推到西方文明的大廈。

馬庫色（Herbert Marcuse）由衷地讚揚說：「阿多諾，一位天才。我不得不稱他為天才，因為我從未見過任何人，哲學、社會學、心理學、音樂都樣樣出彩，非常神奇，他出口成章，說的話能直接印成書。」但他又補充說：「我必須承認阿多諾寫的很多文章，我也看不懂。」連馬庫色都看不懂，普通學生又怎麼能讀懂呢？馬庫色為之辯解說，包括阿多諾在內的法蘭克福學派的艱深晦澀，是因為普通的語言已經被體制所滲透、被對個人的控制與操縱所滲透、被權力結構所滲透，他們必須指出這種斷裂，承擔不協調的風險。

阿多諾的影響之深，使許多歐美的作家與學生都喜歡引用其思想與文本，試圖像他那樣以奧祕又帶著詩意的語言提出穿透社會的理論。德國媒體創造了一個新的德文單詞形容這種風格：adornitisch，意思是如同阿多諾的、帶著阿多諾風格的。美國左翼文學和文化批評家蘇珊·桑塔格（Susan Sontag）從學生時代起就致力研究阿多諾，她說：「阿多諾的一冊文集，便等同於一整個書架上的文學研究專書。」

戰後不久，從未認為自己能融入美國、成為美國人的阿多諾，如英雄凱旋般回到德國，將美國拋到身後。但他的思想對美國的影響卻日盛。

戰後的德國為阿多諾提供了長袖善舞的舞台，戰爭期間在美國舒適的流亡成為一大資本（儘管他並未在第一線反抗納粹），讓他有資格定義戰後德國思想的走向。阿多諾的學生克勞生形容老師是「最後一個天才」，柏林大學思想史教授菲爾許更形容戰後聯邦德國知識分子及學生受阿多諾影響之深，使得聯邦德國幾乎就是「阿多諾聯邦共和國」。當時在阿多諾課堂上的學生、哲學家和作家波克曼在一九六四年寫給朋友的信裡，稱阿多諾為「我們的主與我們的大師」。阿多諾在法蘭克福的居處，堪稱學生們心中的學術神殿。

阿多諾很享受帝王般的待遇——至少在課堂上。他寫信告訴友人，學生們對哲學如饑似渴，使他相信，儘管德國永遠不可能再次登上世界政治舞台，「德國只能作為東方和西方政治列強的雙重附屬物得以倖存」，但德國文化可以再度繁榮，德國可以保持「文化大國」的優勢。[5]

然而，在左派的世界裡，從來都是「沒有最左，只有更左」，「弒父」是左派的天性。一九六八年，學生運動席捲西方，激進學生組織「德國社會主義學聯」揮舞著盜印的法蘭克福學派經典文本，搶占政治舞台。激進學生從老師們那裡得到啟示——資本主義與法西斯主義之間具有對應關係，於是他們採納了一套反法西斯信條（Antifa），並自認為是一場新抵抗運動的一部分。

阿多諾沒有像馬庫色那樣投身學生運動和這場貌似革命的革命，他反而批評青年學生「用燃燒彈來實現自己理想」。他被譏諷為保守派，遭到一群女學生當面羞辱（沒有像文革時期中國的老師那樣被紅衛兵活活打死，已是不幸中的萬幸）。此前宣揚「只有擾亂既有秩序，人們才有可能解放自我」、「把混亂帶到藝術和生活之中」的阿多諾，如今自食其果。他召來警察驅逐學生，試圖重建課堂秩序。由此，他與學生的關係徹底破裂，他再次選擇離開德國。

一九六九年，阿多諾鬱鬱寡歡地客死瑞士。

法蘭克福學派：文化馬克思主義的革命基地

在經典馬克思主義理論中，由於世界工人受到統治階級的壓迫，如果歐洲爆發戰爭，工人階級會起來反抗資產階級，從而引發一場共產主義革命。然而，等到一九一四年第一次世界大戰爆發時，無產階級不僅沒有發動一場革命，反而穿上軍裝奔赴戰場，為各自的國家而戰，將子彈射向原本屬於同一階級的敵國士兵。

戰爭結束後，馬克思主義理論家們捫心自問：「問題出在哪兒？」當時有兩位赫赫有名的馬克思主義思想家——葛蘭西（Antonio Gramsci）和盧卡奇（Lukacs）——不約而同得出結論：歐洲工人階級受了西方民主和資本主義成就的蒙蔽。他們推斷，直到二者皆被摧毀，共產主義革命才有可能發生和成功。兩人成為法蘭克福學派的思想源頭。

葛蘭西為義大利共產黨領袖，遭墨索里尼囚禁，一九三七年死於獄中。他提出「文化霸權」作為階級統治手段的理論，認為在進行任何政治革命之前，必須創造新的「共產主義人類」。他極端敵視基督教：「只要工人們還有一個基督徒靈魂，他們就不會回應革命號召。」發動革命之前，必須打倒基督教。

盧卡奇出生於匈牙利銀行家家庭，擁有法學和哲學兩個博士學位，其代表作《歷史與階級意識》使他被公認為自馬克思以來最主要的馬克思主義理論家。隨著一戰的推進和俄國革命的爆發，他在布達佩斯帶領的星期天小組轉向激進的政治哲學，像中國早期的共產主義者李大釗一樣，將俄國布爾什維克革命看作人類的希望。

盧卡奇認為，老祖宗馬克思犯了一個低級錯誤，輕視文化在上層建築中的作用。文化不

5 沃爾夫·勒佩尼斯（Wolf Lepenies）：《德國歷史中的文化誘惑》，（南京）譯林出版社，二〇一〇年，頁一七〇。

僅僅是社會上層建築的一部分，而且是一個獨立且重要的變數，要從改變文化開始改變社會。要想產生新的馬克思主義文化，必須摧毀現有的文化，「我把革命摧毀社會看作是解決時代文化矛盾的唯一辦法」，「恐怖在社會主義意義上是合法的」。[6]

一九一八年，盧卡奇當上匈牙利蘇維埃共和國負責文化和教育事務的人民委員。他意識到，如果家庭單位和性道德受到顛覆，社會便會解體。他實施了一項專注於這兩個目標的政策：以兒童為目標，通過宣講活動鼓勵他們拒斥基督教倫理。曇花一現的匈牙利蘇維埃政權覆滅後，盧卡奇流亡維也納，然後流亡莫斯科，成了史達林的吹鼓手。

一九二三年，在法蘭克福舉辦的「馬克思主義研習週」上，盧卡奇遇到年輕富豪、馬克思主義者菲力克斯．韋爾。韋爾對盧卡奇從文化角度研究馬克思主義很有興趣，決定贊助成立一家新的馬克思主義智庫。

一九二四年六月二十二日，作為德國第一個學術意義上的馬克思主義研究機構，法蘭克福大學社會研究所正式成立——為了掩人耳目，他們取了一個中性的名字。其實，它完全以莫斯科的「馬克思—恩格斯研究所」為藍本，號稱馬克思主義的正統。

一九三〇年，霍克海默來到法蘭克福社會研究所並出任所長。阿多諾、馬庫色、班雅明、弗洛姆（Erich Fromm）等人先後來到這裡，使得法蘭克福學派呈現出某種「星叢」般的思想體系。這個學派的卓越人士還有：文學評論家洛文塔爾；法哲學家諾伊曼；法哲學家基希海默；經濟學家波洛克；以及被馬庫色稱之為「我所有見過的馬克思主義經濟學家中最正統的一位」的格洛斯曼（Henryk Grossman）——他預測了資本主義會在具體的哪一年崩潰，當然事實證明他完全錯了。

由於史達林的暴政逐漸為世人所知，這批德國學者感到有必要跟蘇維埃官定的「列寧—史達林」版的馬克思主義劃清界限，他們自稱「馬克思—尼采—佛洛伊德」譜系的「西方馬克思主義」。

一九三三年，希特勒上台執政。這群西方馬克思主義者在德國無立錐之地，流亡美國，先後落腳東西兩岸的加州和紐約。通過哥倫比亞大學社會學教授林德介紹，霍克海默與該校校長商討社會研究所遷址問題，哥大校長爽快地答應給他們可免費使用的房子。一九三四年九月，法蘭克福社會研究所在哥倫比亞大學鳳凰涅槃重生——哥大原本就是常春藤名校中最左的大學，如今迎來法蘭克福社會研究所，是錦上添花，還是雪上加霜？

哥大為這群居心叵測的流亡者提供了物質基礎，他們得以磨刀霍霍，向美國的文化傳統和價值基礎發起猛烈攻擊。法蘭克福學派認為，「文化馬克思主義」不僅可以批判法西斯主義，也可以批判資本主義，是一件戰無不勝的思想武器。他們表面上反對肆虐德國和歐洲的法西斯主義，實際上矛頭對準美國憲制和清教秩序。這是其暗度陳倉、聲東擊西之計。在美國，基本不需要反對法西斯主義，美國和英國是西方國家中極少數對法西斯主義有強大免疫力的國家。一九三〇年代，法西斯主義是歐洲的病症，正如共產主義也是歐洲的病症。在美國高調反對法西斯主義，如同唐吉訶德大戰風車，智力上是偷懶，道德上是虛偽。

法蘭克福學派在美國站穩腳跟之後，很快露出真面目——美國的左派運動長期缺乏思想

6 彼得・沃森（Peter Watson）：《20世紀思想史：從佛洛伊德到網際網路》（上），（南京）譯林出版社，二〇一九年，頁二〇六。

資源，奄奄一息，法蘭克福學派帶來了火種。他們認為，美國不是民主憲政的共和國，而是隱性的極權主義，這種極權主義不必通過恐怖和暴力的方式實施，而是通過工業生產和消費的方式完成對社會的全面控制。唯有以「文化馬克思主義」為武器，才能帶領革命者擺脫這種極權主義的奴役。

一九五〇年代，是美國的單純、浪漫和金色時代，是傳統因素在美國社會中占據文化優勢的最後一段時期。艾森豪的美國，依然可以看出是源自開國先賢們的那個美國。美國擁有成千上萬的小鎮，在那裡，托克維爾的世界完好無損，對自身和自身的價值充滿純樸天然的自信。愛國主義受到尊重，人們見到國旗、聽到國歌會舉手敬禮。「美國生活方式」是一句讚揚的話，意味著郊區大宅和海灘度假。每一年都能見到逾四百萬嬰兒出生。艾茵・蘭德的《阿特拉斯聳聳肩》剛剛出版，國家航空航天局完成組建，州際高速公路四通八達。美國在每一個領域都登上世界之巔。那是「自由國度」的一個經濟鼎盛時期。

那個時代，上進是人們的目標。商業上的成功受到人們的鼓掌喝彩，被等同於國家的利益。當艾森豪任命通用汽車領導人查爾斯・威爾遜（Charles E. Wilson）為國防部長時，後者在參議院聽證會上說：「多年來我一直認為，對國家有利的事情，對通用汽車也有利，反之亦然。」

那麼，信心、自豪和責任感這些美國特質，後來究竟出了什麼問題？一九五九年，歷史學家小亞瑟・施萊辛格在《政治新動向》中，預言了六〇年代將在美國興起的政治風暴：「正在興起的政治新紀元猶如崩潰的大壩。在過去麻木不仁的年代裡遺留至今的各種問題，被忽視的價值觀，以及被閒置的能力，所有這一切就像咆哮的洪水，頃刻間淹沒了乾枯的土地……」破壞美國特質的是貓王和伍迪・艾倫（Woody Allen）嗎？是搖滾樂、大麻和愛滋病嗎？「冰凍三尺，非一日之寒」，腐蝕美國文明根基的始作俑者，是法蘭克福學派。

一九六〇年代是一個全球（甚至包括美國自己）仇美、反美、造反和革命的年代。六〇年代的左派青年們，如何理解世界，如何反抗世界，幾乎都仰賴阿多諾等「西方馬克思主義」大師們的講課與書寫。[7]

法蘭克福學派對美國文化產生深遠影響，它將一九五〇年代同質化美國搞成今天這個四分五裂、仇恨氾濫的國度。他們促成了家庭和婚姻的瓦解，推倒了教會的權威，對美國愈演愈烈的身分政治、激進女權主義和種族極化貢獻良多。美國的文化—政治建制派毫無保留地擁抱此一理念，並借助公共教育系統、媒體及好萊塢的力量，在全美範圍內推行這套學說。

馬庫色：「美式文革」、學生造反之父

如果說阿多諾堅持「不介入」或者說「思想地介入」社會現實，那麼馬庫色則試圖「積極介入」或者說「政治地介入」社會現實。在六〇年代末至七〇年代的西方學生運動狂潮中，馬庫色以美國公民的身分遊走於美國和歐洲之間，是同時對大西洋兩岸的左派運動發揮重要影響力的初代法蘭克福學派成員之一。

---

7 大衛・加蘭特：《文化馬克思主義誕生記：「法蘭克福學派」如何改變了美國》，ZeroHedge 網站，二〇一六年八月十二日。

美國左派哲學家威廉・麥克布萊德（William McBride）評價說：「對於美國馬克思主義者和非馬克思主義者但懷有進步思想的美國知識分子，赫伯特・馬庫色的思想絕對在二十世紀六〇年代後期和七〇年代初期這些人的世界中居於核心地位。」《紐約時報》將馬庫色稱為「在世的最重要的哲學家」。有趣的是，一九六〇年代在美國大名鼎鼎的左派知識分子，大都不是土生土長的美國人。他們的共同點是：在某種程度上都是馬克思主義者和反美主義者，他們對美國的霸權主義口誅筆伐，偏偏對蘇聯的對內暴政和對外擴張視若無睹（甚至不無讚美，當古拉格群島的真相曝光之後，他們轉而對毛澤東和共產中國頂禮膜拜）。

馬庫色出生於德國一個富裕猶太人家庭。他晚年回憶說，一戰爆發，參軍入伍，是其人生的轉折點。一九一八年，德國發生革命，他曾是士兵委員會委員。在威瑪共和國時期，他在弗萊堡大學跟隨胡塞爾與海德格研究哲學。法西斯主義興起後，他轉而用心鑽研馬克思和黑格爾，然後又研究佛洛伊德。他由純哲學轉向經世致用：「我鑽研這些是想要瞭解，為什麼在進行一場真正革命的條件已經具備的時候，革命卻垮掉了，或者被打敗了，舊勢力又上了台，整個事情是從頭做起，而且表現得更加糟糕。」[8]

流亡美國後，馬庫色曾為中央情報局的前身戰略服務處工作，從事反納粹的情報分析和文化宣傳。戰後，大部分法蘭克福學派成員都回到德國，馬庫色卻留了下來，他入籍美國，被美國國務院任命為中歐部門負責人，直到一九五一年離職。其後半生任教於東西兩岸的多所名校。他似乎更適應美國的生活。

原本以為從此在書齋中度過平靜的學術生涯，卻不料一九六〇年代美國社會陷入動蕩不安，馬庫色看到大顯身手的機會來了。「一九六三、一九六四年以來，我的哲學——我的立場——愈來愈激進，因為我認為我過去經歷過的事情也在這個國家重演。政治在轉向極右，民主遭到腐蝕，對居於少數地位的人民加緊壓迫，對外奉行的侵略政策，已經引起了兩場『有限』戰爭。我認為，作為一個知識分子，我應當盡我的力量來反對這種傾向。」他發文抨擊美國政府「針對反抗人士的暴力行徑以及在全球範圍內實施的帝國主義霸權」，並向學生拋出橄欖枝——他在題詞中聲明，這是獻給布蘭戴斯大學學生的戰鬥檄文，「是對在政治上已經很活躍的學生的某種聲援」。

一九六六年三月，馬庫色出席在加州大學洛杉磯分校舉行的一個時事座談會，在會上發表了題為〈美國對越政策的內在邏輯〉的講話。他指出，美國對外政策的真實邏輯是「不惜一切代價遏制共產主義的擴張，以及鎮壓第三世界國家的社會主義革命，以此維護既有不平等統治秩序並從中謀利」。這些言辭犀利言辭引發在場學生的熱烈反響。

同年十二月，馬庫色應邀參加聖地牙哥分校舉辦的「美國公民自由聯合大會」，在會上做了一篇題為〈公民的不服從〉的發言。他的「公民不服從」與梭羅（Thoreau）的原意迥異：梭羅堅持非暴力，馬庫色則不排斥暴力，認為反抗者有權使用「防禦性的暴力」。

---

8 《馬克思以後的馬克思主義》一書的作者大衛．麥克萊倫（David McLellan）說過：「馬庫色是法蘭克福學派最著名的代表，也是其中唯一沒有放棄自己早年革命觀點的創始成員。」實際上，事實恰恰相反：馬庫色是一名「善變」的學者。在一九三二年正式加入社會研究所之前，他曾試圖構建「海德格爾主義的馬克思主義」；三、四〇年代，他成了「黑格爾主義的馬克思主義者」；五〇年代，他又變成「佛洛伊德主義馬克思主義主要代表人物」；六〇年代，因分析發達工業社會意識形態，他成了「發達工業社會最重要的馬克思主義理論家」。

一九六五年，布蘭戴斯大學拒絕與馬庫色續約，他隨後轉投左派重鎮加州大學聖地牙哥分校。他的到來，讓這所大學陷入更大的騷動之中。周遭居民深受學生暴力活動困擾，聯名向政府情願，要求將馬庫色解聘。但左派掌權的學校管理層置若罔聞。

一九六八年五月，法國爆發五月風暴。馬庫色正身處巴黎，親自感受了這場運動的威力。回美國後，他在加州大學聖地牙哥分校發表講話，將這次運動定調為一次「自發的大規模行動」而非「革命」。他認為，法國的事件對於美國具有重要借鑑意義，即它促成學生運動與工人階級革命的聯合——法國的學生敢於走出教室和校園，走進工廠，爭取工人的支持。

一九六八年十二月，馬庫色出席左派媒體《衛報》發行二十週年紀念會，發表題為〈關於新左派〉的講話。他提出當下新左派運動的任務是「啟蒙、教育、發展政治意識」。

馬庫色的作品比阿多諾的更好讀，但仍以德國的傳統辯證法方式寫就，非常學術，也非常菁英。他坦陳，許多談論他的年輕造反者從未閱讀過他的著作。墨西哥學生運動領袖路易斯・岡薩雷斯・奧爾巴（Luis Gonzalez Alba）就承認，只因為總統古斯塔沃・迪亞斯・奧爾達斯（Gustav Diaz Ordaz）譴責墨西哥學運受到馬庫色等「具有破壞性的哲學家們」的影響，他才開始閱讀馬庫色的著作，但是「我翻開《單向度的人》，最多只讀了五頁，《愛慾與文明》簡直無聊之極」。[9]

馬庫色的頭上有很多冠冕，諸如「學生造反之父」、「學生運動的導師」、「新左派之父」及「三M」之一——另兩個「M」是馬克思和毛澤東，他們的英文名字均以M打頭。一九六七年，羅馬大學學生遊行示威時，在旗幟上打出「Marx, Marcuse, Mao」。但他卻推辭說：「我不是六七十年代學生運動的導師。我所做的是制訂並闡明當時在那的一些想法和目標。這些年來變得活躍的這一代學生，不需要一個父親或祖父，來領導他們反抗一個每天都展現著不平等、不公正、殘酷和破壞性的社會。」

但無論如何，美國年輕人的集體左轉，馬庫色功不可沒。據《幸福》雜誌在一九六〇年一月的統計，全國六百七十萬年齡在十八至二十四歲之間的大學生中，有七十五萬自稱是「新左派」。這些人一般都是來自中等或中上等階層的家庭，在學校學習成績約在中上等以上。他們積極參與民權運動、和平隊、反戰運動、女權運動、環保運動。

同時，學生運動中也出現了一些過激行為。年輕的激進分子把刻意違反美國中產階級的價值準則和生活方式視為改造美國社會的手段。這批被稱為「嬉皮」或「鮮花之子」（Flower Children）的年輕人放棄一切政治口號，也不參與任何政治運動。他們聚在一起，從價值觀念和語言，到穿著打扮和生活方式，創造了一套同美國主流文化完全對立的文化——「反主流文化」（Counter-culture）。「新左派」運動和「反主流文化」成為美國六〇年代的主要政治和文化特徵。

書齋中的馬庫色確實無法充當激進學生運動的領導者。六〇年代末，「新左派」陣營內部已出現明顯的分裂傾向。「新左派」最大的學生組織「爭取民主社會學生會」（SDS）被分成許多目標和口號不同的派別。「瘋狂者」（Crazies）主張無政府主義；「進步勞工」（Progressive Labour）崇拜史達林主義；「革命青年運動」（Revolutionary Youth Movement）

9 馬克·科蘭斯基（Mark Kurlansky）：《1968：撞擊世界之年》，（北京）民主與建設出版社，二〇一六年，頁一四八。

提出暴力革命的口號；「氣象員」（Weathmen）熱衷於恐怖暴力活動。此外，在十萬名「爭取民主社會學生會」成員中，竟有九萬多人願意當「嬉皮」，或不屬於任何組織的「獨立激進分子」。儘管馬庫色在理論上和實踐上都比阿多諾更激進，但激進學生仍然拋棄了他那「不夠革命」的思想，他對學生運動的影響力迅速衰減。

一九七九年，馬庫色去世時，像《等待果陀》那樣，沒有等來革命。但在二〇二〇年，一場以「黑命貴」為名的「準革命」爆發，若馬庫色還活著，他或許將成為回答霍克海默在一九三〇年代所提出的那個問題之人：誰將取代工人階級成為馬克思主義革命的最新先鋒隊？

馬庫色思想的核心即是打造「受害者」

馬庫色一生都是馬克思主義者，他不認為馬克思主義「被證偽了」，但他相信「馬克思主義理論中的一些概念將不得不被重新審視」。因為技術的進步，工人階級的勞動強度大大降低，生活水準大大提高，美國普通工人大都擁有寬敞的住宅、汽車、電視、冰箱、洗衣機，美國也有多黨制和全國普選，馬庫色不得不承認美國的自由比蘇聯多：

對於高度資本主義社會，還有另一重非常重要的辯護，至少初看之下是如此，那就是：它保持著民主，而且不管它有多少不是之處，還在很大程度上保持著多樣性。人們當然必須承認，因為這是事實，那就是在今天的美國，自由仍比蘇聯多，比在世界各地冒出來的新的法西斯和半法西斯獨裁制度下肯定的不知要多多少。

另一方面，人們也不會看不到這種民主在多大程度上是一種受到操縱的有限制的民主。在這個國家裡沒有真正的反對派，因為真正的反對派是能夠利用大眾媒介的。譬如說，這裡就沒有一張法國或義大利那樣的真正反對派報紙。左派，激進左派，根本無法適當使用大眾媒介，因為他們就是籌措不到那樣大筆款子來在電視網和電台上訂購到同樣多的節目時間。

左派從一開頭就在這種民主制度中處於不利地位。而且，誰都知道，政治過程在這裡是由兩大政黨的機器壟斷著的，那就是民主黨和共和黨，這兩個黨在他們的全部目標上基本上是一樣的，因此這裡根本就談不上自下而上的真正民主。

馬庫色對美國兩黨制的批評有一定的道理，但他故意無視左派已經占據主流媒體的事實——他本人就是經常上電視的名嘴以及文章經常出現在報紙重要版面的專欄作家，以及巡迴各大學的演講家。

馬庫色的著作，如《單向度的人》、《愛慾與文明：對佛洛伊德思想的哲學探討》等，確實沒有多少人從頭到尾讀完，但其中的隻言片語在造反運動中熠熠生輝。[10] 比如，他提出的「大拒絕」（the Great Refusal）是最吸引年輕人的觀念之一（有趣的是，半個多世紀以後，中國的青年一代不堪中共的國家資本主義的經濟壓迫和國家奴隸制的暴政，選擇了與馬庫色的「大拒絕」遙相呼應的「躺平」的生活方式）。他認為，要對抗資本主義社會的壓抑、宰

10 馬克．科蘭斯基：《1968：撞擊世界之年》，頁一四六—一四七。

制，就必須藉由想像力塑造出革命解放的「新主體」（new subjectivity）、「新政治」（new politics）。相較於老左派的馬克思主義政治經濟學分析，「大拒絕」戰略轉向到身分認同政治——拒絕所有西方基本價值觀，性解放、女權主義和黑人革命具有天然的正當性，革命的主力是「大學生、貧民窟黑人、被邊緣化者、反社交者」以及「有創造力的公民」。對於困擾美國社會的種族衝突，他寫道，「男性白人是有罪的，黑人是最自然的反叛力量」。

這樣，馬庫色將經典馬克思主義中的階級衝突轉化為種族、性別和性取向等議題。他認為，取代工人階級成為馬克思主義革命的新先鋒隊的，是黑人、婦女和同性戀者等少數族裔的「受害者聯盟」（Coalition of Victims）。[11]「受害者聯盟」可以打造成「復仇者聯盟」，這個群體包括所謂的「無知少女」（無收入的大學生及無業者、知識分子、少數族裔和女性）。[12]只要能煽動起這些群體的憤怒和仇恨，就能導致天下大亂。

如今，「當代馬庫色主義」發展出一套「交織性」理論，從各種權力關係來分析社會，如女性左翼法學家金柏利．威廉斯．克倫肖（Kimberle Williams Crenshaw）所說，歧視不是單一的，而是有交織性的——種族、階級、性別、宗教、年齡等都是分析的範疇。在這個分析框架中，世界被區分成好人與壞人、被壓迫者與壓迫者的戰爭。[13]

晚近三十年來，「受害者聯盟」及其支持者掌握了媒體和大學，從法蘭克福學派發展而來的一系列族群和性別理論，成為主流社會的主流論述。這種主流論述得到「政治正確」加持，變成像「習近平理論」一樣唯我獨尊、不得妄議的絕對真理。法蘭克福學派的中心主題之一便是，除了自己的見解以外概不容忍，這成為當今「政治正確」信奉者的基本特徵，借用霍克海默的話來說，就是「邏輯非獨立於內容」。

馬庫色的思想，是一個謊言套著另一個謊言。直到晚年，他才像剝洋蔥一樣說出真話。他聲稱，若是對所有價值和觀念都容忍，便意味著對「正確」觀念的壓迫。在現實世界，弱者是左派，強者是右派；前者是學生、知識分子和所有少數派，後者是政界、商界、軍方和其他既得利益者。在道德上，左右兩派也不平等：左派力挺和平，右派推動戰爭；左派是人道主義者，右派是專制主義者；左派是被壓迫者，右派是壓迫者。所以，他主張不能無差別地讓右派與左派享有同樣的言論自由，進而杜撰出「解放性容忍」這個術語，號召容忍一切來自左派的觀念，而絕不容忍來自右派的各種觀念。他甚至宣稱，左派的民主是要剝奪右派的基本權利的。這與他此前宣稱的「一個真正的社會主義社會就應當是向新的思想主張開放的，否則就不是社會主義的社會」完全背道而馳。

馬庫色具有強烈的烏托邦情懷。在題為〈烏托邦的終結〉的講演中，他自認是「一個絕對不可救藥的感傷的浪漫主義者」。當有人反問他，如何保證推翻資本主義之後就能建立一個更好的社會，他的回答是強詞奪理的：「資本主義社會一經廢除，無論如何也可以而且會提供一個自由社會能夠賴以生長的基礎。」他在回答法國右派思想家雷蒙·阿隆（Raymond Aron）的質疑時承認，「你可以稱我為一個烏托邦的人」。法蘭克福學派另一重鎮、心理學

11 羅素·雅各比（Russell Jacoby）：《最後的知識分子》，（台北）左岸文化，二〇〇九年，頁一四五。

12 「無知少女」這個說法最早出現在中國的網路上，諷刺中共的政治協商會議挑選成員時的某種潛規則：無黨派人士、知識分子、少數民族、女性必定占相當的比例，若能兼具其中兩種、三種乃至四種身分當然更好。在黨政部門中，往往也會挑選一名兼具此兩種、三種或四種身分的人士，擔任象徵性的、無實權的副職。

13 葛瑞格·路加諾夫、強納森·海德特：《我們為什麼製造出玻璃心世代？》，頁一〇一－一〇二。

家弗洛姆認為，馬庫色本質上是「異化知識分子」的一個例子，他將個人的絕望情緒表達為一種激進主義理論，而這只不過是一個天真、聰明的白日夢，具有非理性、非現實的特徵，並且缺乏對生活的愛。

馬庫色當然不會承認自己「缺乏對生活的愛」。他宣稱：「我所關懷的不僅是我眼前的事物，而且有美國的黑人區，東南亞、拉丁美洲，以及一切明顯地存在著痛苦、殘酷和壓制的地方。即使你眼睛不想看，你也會感到它、書報上讀到它、知道它。這對我並非一種特殊的義務，這是我生活的自然表現。」這段話說得冠冕堂皇，幾乎可以跟德蕾莎修女相媲美。但具有諷刺意味的是，馬庫色從未涉足美國的黑人區，更不用說在裡面居住了。他的個人生活模式是典型的美國中產階級（而且是中產階級上層），他有舒適寬大的房子，有好品牌的汽車，也有婚姻和家庭（他有過三次婚姻，最後一位妻子是比他年輕得多的女學生，他倡導「愛慾的解放才是真正的解放」，但他和妻子並未嘗試過沙特和西蒙．波娃的那種超越婚姻的性自由）。他從大學領取高薪，從出版社和報刊獲取高額的版稅和稿費，也按時納稅——甚至從未想過像梭羅那樣嘗試一下違法抗稅。一九六八年，七十歲的馬庫色表面上看上是個頭髮花白的、頗有長者之風的老人，寵愛自己的鐵灰色小貓，自得其樂地觀賞動物園裡的河馬。[14]他從未擺脫左派慣有的言行脫節的通病。

馬庫色的對立面是波蘭詩人和思想家米沃什（Czesiaw Miiosz）——這是一場米塞斯所說的觀念秩序的戰鬥，這場戰鬥的雙方都是移居美國的流亡者，這絕非巧合。美國本土知識分子對馬庫色的危害無動於衷，或許因為承平日久，他們早已失去了對危險的敏感度。而來自波蘭的米沃什在外交官任上出逃，向法國申請政治避難，後來旅居美國。米沃什在共產黨治下生活過，對一切打著馬克思主義旗號的東西深惡痛絕。他晚年看到了蘇聯東歐共產制度的崩塌，冷峻地評論說：「馬克思主義者看到了無論是革命形式還是進化形式馬克思主義在歐洲被擊敗。……必然性促使產生了一個建立在恐怖基礎上的官僚國家，作為一種永恆且不可避免的制度而存在。……老虎只能生下老虎。」

米沃什對馬庫色的批判，是迄今為止最深刻、最徹底的批判，他將馬庫色等新左派都歸入俄羅斯虛無主義者的行列：「與俄羅斯虛無主義者一樣，他們對一場普遍的火災的渴望是自生自滅的鏈條中的最後一環。他們還記得俄羅斯虛無主義者將自己排除在人民大眾之外，他們認為人民大眾是愚昧無知的，因此是一種負擔。」[15]馬庫色是他的虛榮心的俘虜，只有從這個角度才能理解為什麼「一個人真的希望自己被那些單純經營仇恨的反叛者所閱讀」。

在「經營仇恨」（甚至是「製造仇恨」）的意義上，馬庫色、傅柯以及在新左派運動中比他們更有影響力的切．格瓦拉，跟希特勒、史達林和毛澤東都是一丘之貉。正如米沃什所說：「人變成政治化的天使之後……人就會擁有一個審判者或宗教裁判所的臣僕的一切潛質。」米沃什篤信「美國根基」不會被馬庫色等人摧垮：「美國的民主制度保障其公民有權進行顛覆性宣傳，從一開始，它就生活在永恆的危機狀態中，迫使自己日復一日地翻轉自身。」

哲學家可以自我辯護說，他只為思想負責，不為現實中遵循其思想的殺人犯的殺人行為

---

14 馬克．科蘭斯基：《1968：撞擊世界之年》，頁一四七。

15 米沃什：〈烏托邦的再生：赫伯特．馬庫色〉，搜狐網，https://www.sohu.com/a/243406055_772018。

負責，思想本身是不能殺人的。但毫無疑問，正是馬庫色等法蘭克福學派諸君再加上沙特等法國左翼知識分子的思想觀念，催生出一九六八年的學生造反運動及社會動蕩。他們的學生追隨新馬克思主義的烏托邦路線，為了改變資本主義社會，從校園學運開始，逐漸升級，最後採取暴力和恐怖手段。庫爾特．松特海默爾（Kurt Sontheimer）在《知識分子的苦難》中譴責這些左翼極端分子破壞共和國的根基，也即民主的基本價值觀。[16]

多年以後，法蘭克福學派的新一代掌門人哈伯瑪斯（Habermas）終於意識到必須「告別革命」，進而提出「和解」與「對話」的理念。

文化馬克思主義的剋星（一）：奧地利學派

法蘭克福學派並非「打遍天下無敵手」，它亦有剋星存在，即奧地利學派。並不是所有來自德語世界的知識分子移民都是法蘭克福學派那樣的左派，為美國傳統和資本主義辯護的勇士中，在反對社會主義以及一切形式的集體主義和國家主義的勇士中，有不少是自德語世界，如米塞斯等奧地利學派成員——他們反抗的不單單是納粹政權，更是整個德意志文化思想體系。德意志文化思想體系如同一根「花開兩朵」的樹枝，它開出的兩朵花，一朵是法西斯主義，一朵是馬克思主義。在此意義上，看似決絕的法蘭克福學派的反叛並不徹底，他們只反叛一半的德意志傳統（法西斯主義），卻緊緊擁抱另一半的德意志傳統（馬克思主義）。奧地利學派才是德國乃至整個歐陸思想傳統的全盤否定者和自由價值的堅守者。

一九四〇年，法國淪陷，在日內瓦任教的米塞斯決定離開歐洲，前往安全彼岸美國。在美國，他長期未獲得在奧地利那樣顯赫的地位，因為他是一名堅定不移的反社會主義者和反干預主義者，他堅定不移地鼓吹自由市場，而羅斯福—杜魯門時代的美國知識界對自由市場經濟的熱情降到了最低點。當時，美國主流學術界認為，社會主義不僅在技術上是可行的，而且還能改良資本主義，因此把米塞斯排除在學術圈外——與之形成鮮明對比的是，阿多諾和馬庫色等左派都在美國名校找到了最好的位置。[17]

米塞斯生於集體主義（無論是法西斯主義，還是馬克思主義，都是集體主義）席捲全球的時代，卻在黑夜中昂然高舉自由的火炬，在風雨中做出照耀千古的學問。[18]米塞斯指出，從經濟學角度看，馬克思社會主義同那些五花八門、標新立異的國家社會主義沒有本質區別。馬克思社會主義者吵吵嚷嚷，反對把自己歸類到法西斯的「國家社會主義」的同一個標籤下。這些群體之間的區別都是表面性的，從經濟學上看，它們是一致的——馬克思主義、法西斯主義和納粹主義均為社會主義不同形式的變種。

一九七四年，即米塞斯去世後的一年，他最傑出的學生海耶克榮獲諾貝爾經濟學獎。此時，蘇聯及全球共產主義運動由盛而衰微；歐洲福利國家模式陷入泥潭，凱因斯主義宏觀經濟理論及其干預主義藥方漸漸失去人們的信任；美國國內的左派思潮退潮、保守主義興起、

---

16 漢斯格德．舒爾特（Hansgerd Schulte）：〈德國知識分子史〉，見米歇爾．萊馬里、讓—弗朗索瓦．西里內利主編：《西方當代知識分子史》，（南京）江蘇教育出版社，二〇〇七年，頁二五。

17 卡倫．沃恩（Karen Vaughn）：《奧地利學派經濟學在美國：一個傳統的遷入》，（杭州）浙江大學出版社，二〇〇八年，頁七二—七三。

18 吉多．許爾斯曼（Guido Hülsmann）：《米塞斯大傳》，（上海）上海社會科學出版社，二〇一六年。

雷根革命的鼓點隱隱傳來，由於一系列學術上和政治上的原因，奧地利學派經濟學沉寂的時代開始轉變為對奧地利傳統的興趣重新復甦。

米塞斯在美國最聰明的學生，羅斯巴德（Murray Rothbard）和科茲納（Israel Kirzner）在奧地利學派的復興中扮演了主要角色。前者是奧地利學派最一以貫之、最跨學科也最堅定的思想家，也是為古典經濟自由主義奠定自然法哲學基礎的構建者；後者致力於發展動態的、企業家視角的理論，向人們展示了非常清晰的、極具啟發的企業家才能驅動的市場過程思想。[19]

正如法蘭克福學派不僅僅是一個哲學流派，奧地利學派（及作為其嫡子的芝加哥學派）也不僅僅是一個經濟學流派。在這兩個學派的代表人物及其學術觀點背後，有兩套截然對立的觀念秩序：前者是基於無神論、唯物主義、馬克思主義的觀念秩序，後者是基於基督教傳統、新教倫理、古典自由主義的觀念秩序。

文化馬克思主義的剋星（二）：施特勞斯學派

抵抗西方馬克思主義和新左派的還有另一支力量。當阿多諾、馬庫色等德國思想家的思想危害美國的自由憲制之時，同樣是德裔移民的列奧．施特勞斯首先發現了德國思想對美國的危險性，這似乎成了德國人之間的一場文化戰爭。

威瑪共和國的覆滅，是施特勞斯這一代德國知識分子的切膚之痛。未能捍衛威瑪共和國，讓他抱憾終身。因此，捍衛給予他庇護的美利堅合眾國，成為其不言自明的學術抱負。

施特勞斯指出，如果任由德國思想的侵蝕，華盛頓面臨著變成威瑪的威脅：

一個國家倘若在戰場上被打敗了，作為政治體遭受了猛烈的打擊，它就通過給征服者們套上它自身的思想羈絆，而剝奪了征服者們最崇高的勝利果實。這在歷史上已經不是第一次了。無論美國人民的真實思想是什麼樣的，美國的社會科學卻是確定地採取了在一代人之前還可以合情合理地說成是德國思想特徵的那種對於自然權利的態度。[20]

在《城邦與人》的導論中，施特勞斯指出，西方的危機在於喪失了信念，即「西方的決心已經動搖」。這種信念的喪失有兩個根源，都來自於西方內部。第一個根源是多元主義：堅信有多種文化，其中每種文化從法律上都要受到與其他文化平等的對待。西方文化也不外乎是多種文化中的一種。這背後是普世包容和尊重所有文化的現代科學的基本原則。第二個根源來自於共產主義。馬克思主義不是對西方的完善，而是西方的對立面。共產主義在可預見的將來會一直是西方的敵人，正如施特勞斯所說：「我們看到共產主義的勝利，實際上意味著原初的西方自然科學的勝利，但同時也肯定是東方專制的最極端方式的勝利。」[21]然而，

19 赫蘇斯・韋爾塔・德索托（Jesús Huerta de Soto Ballester）：《奧地利學派：市場秩序與企業家創造性》，（杭州）浙江大學出版社，二〇一〇年，頁一一三—一一四。
20 列奧・施特勞斯（Leo Strauss）：《自然權利與歷史》，（北京）三聯書店，二〇一六年，頁二。
21 斯密什（Steven B.Smith）：《閱讀施特勞斯：政治學、哲學、猶太教》，（北京）華夏出版社，二〇一二年，頁二九二。

施特勞斯的藥方是回到希臘傳統來拯救西方，卻對西方文明的另一個傳統——希伯來文明——視而不見，更對作為美國的根基的清教秩序相當輕視。所以，他雖然發現了病症，但他開出的藥方的療效卻有限。

緊接著論述德國思想危害並與之對抗的，是施特勞斯的弟子艾倫·布魯姆。布魯姆認為，二十世紀後半葉美國的社會與政治問題的根源在於精神危機。美國精神向相對主義及中性價值轉變，這種轉變深受德國思想影響。導致美國思想發生可悲變化的主要罪魁是「德國背景」。

思想之戰比硝煙彌漫的戰場更為激烈。在盟國攻打納粹時，德國思想占領了整個西方，而不僅僅是美國。美國精神的封閉，最重要標誌是大學向大眾卑躬屈膝、虛榮和缺乏信念：

> 二十世紀六〇年代的美國大學像二十世紀三〇年代的德國大學一樣，正在經歷著理性探索結構瓦解的過程，它們失去了對大學崇高使命的信念，屈從於高度意識形態化的學生群氓。……大學放棄了研究或講解價值的權利——對它所講解的價值的自覺意識發生了動搖，把價值觀的決定權交給了民眾、時代精神和諸如此類的東西。[22]

當美國軍隊承受著巨大的損失在諾曼底登陸時，美國國內也經歷了決定命運的「進攻發起日」。德國文化的入侵導致戰後美國哲學思想的大變化。布魯姆認為，二戰對思想領域產生的後果更加不幸，因為戰場並不是進行戰鬥的唯一場所。這也是一場文化戰爭。二戰後，不僅戰敗的德國經歷了再教育工程，勝利的美國也接受了再教育。美國深深受到德國思維習慣的影響。在對希臘、羅馬、猶太教和基督教的理解上，美國人與當年的法國人一樣，完全依賴於德國的指導與傳授。德國對美國的入侵影響到古典學、神學以及政治思想、道德思想、哲學和心理學——也許受其影響最深的是社會學。毫不讓人吃驚，社會學是所有人文社會科學門類中最左的一門學科。

在此意義上，德國雖敗猶榮，而美國雖勝猶敗。軍隊的勝敗是一時的，文化戰線的勝敗則是長遠的。布魯姆指出，美國一直都是一潭死水，只充當消費者角色，完全依靠歐洲知識傳統來確立自己的特點——他說的是歐洲，實際上針對的是德國。他警告說，在這個「世界歷史上的美國時刻」，需要美國與歐洲思想源流劃清界限，尤其是要抵制德國傳統。他希望美國精神與不朽的希臘羅馬思想重新結合（他與老師施特勞斯一樣，看重希臘羅馬，而對五月花號以降新大陸自身形成的清教徒傳統不著一字，用一句俗話來形容就是：抱著金飯碗討飯吃），警告美國人不要繼續在德國的影響下發展，因為德國思想顯然是對任何關於善與惡的嚴肃思考的終結。

為何美國戰勝德國，卻在文化上淪為德國思想的殖民地？

美國與德國的關係，剪不斷，理還亂。

珍珠港事件之後，美國對日本宣戰，卻並未同時對德國宣戰（儘管美德關係已惡化，兩

22 艾倫·布魯姆：《美國精神的封閉》，頁二六五—二六六。

國艦船在大西洋上發生零星的衝突，但美國主流民意並不主張立即對德開戰）。

四天之後，納粹德國首先向美國宣戰，這一決定是希特勒單獨作出的。德國媒體評論說：「元首確信，即便日本不參戰，他早晚也會向美國宣戰。現在，東亞的戰爭對德國就像是天賜的禮物。」由帝國保安總局編纂的民情通報稱：「向美國宣戰對德國人民來說並不意外，而是被廣泛印證了早已存在的事實。」[23]

德國與美國的戰爭被納粹視為文化戰爭——與對抗法國和英國的戰爭不同，因為法英兩國的文化雖受到批判，但在根本上是可以被接納的。一九四二年一月七日，希特勒在「狼穴」中發表的一次長篇大論中，聲稱他發現「英國人比美國人要可愛一千倍……我對美國的一切都表示最深切的仇恨與排斥。整體上看去，美國是一個半猶太、半黑人的社會」。此前，希特勒很少關注美國議題，全球性的大蕭條是他崛起的社會背景，他卻從這場發源於美國的大蕭條中看到一個「真理」——美國式的自由市場經濟和資本主義制度全然失敗了。熱愛歌劇的希特勒炫耀說，德國擁有兩百七十家歌劇院，還擁有極其豐富的文化生活，而美國人就像「在裝飾華美的豬圈裡的豬」。他聽說紐約大都會歌劇院關門了（這是謠傳），這表明美國的文化將要走向敗落，這是個再明顯不過的跡象。之後，當然會伴隨軍事與政治的敗退。

美國與德國的敵對狀態是暫時的（主要是兩次世界大戰期間），兩國的文化交流持續了兩百多年，長期以來，這種交流幾乎是單向度的——是德國文化輸出美國，而美國文化在二十世紀之前對德國基本毫無影響。被譽為「美國心靈」的梭羅不希望美國文化是英國文化的仿製品，由於真正的美國傳統尚未完全建立，要使美國在思想上與寫作上不被英國傳統束縛，需要在相當大的範圍內與其他民族的哲學思想與詩歌創作對話，以期確立新的方向。他認為，美國可以通過德國文化來填補「去英國化」之後的空缺。波士頓的牧師里普利翻譯出版了德國詩歌，希望通過接受「真正德國精神」的薰陶，賦予美國文學以新氣象。神學家與改良主義者派克認為，在現代社會，英國天才的光芒在德國人身上閃耀，在英國人那裡則失去了光彩——英國詩人雪萊宣稱「詩人是世界的立法者，雖然未獲認可」，只有德國人才拿這句話當真。

阿多諾的弟子、德國思想史家薩弗蘭斯基（Safranski）指出：「浪漫主義是德國精神的一個輝煌時代，對其他民族文化具有莫大影響力。」[24]有些時候，德國對美國的影響非常深遠，以至於「被偶像化的德國」開始在美國浮現，連德國人自己都不敢相信德國如此美妙。愛默生（Emerson）曾吶喊：「即使在古老而陳腐的德國，激情昂揚的精神都比這個國家更濃烈——那是一種源自美好自然的活力釋放。我們就像是膽小怯懦、腿腳不便的老爺爺、老奶奶，一直沿著公路蹣跚而行，不敢偏離半步。在這一刻，我心中的精神舵手只有兩個人：貝多芬和貝蒂娜（德國作家）」。愛默生相信，來自德國的精神糧食已被送到美國，你只能

23　希特勒在一九四二年一月初告訴日本駐德國大使大島浩，美國是一個他不知道怎樣去戰勝的對手。那麼，希特勒為何要如此「橫挑強敵」乃至自尋死路呢？當然不是為了履行與日本簽訂的同盟條約——納粹從來沒有契約精神。德國外長里賓特洛甫後來解釋說：「一個強大的國家不會讓別國對它宣戰，它總是主動宣戰。」伊恩・克肖（Ian Kershaw）：《命運攸關的抉擇：1940-1941 年間改變世界的十個抉擇》，（杭州）浙江人民出版社，二〇一七年，頁四〇二。

24　薩弗蘭斯基（Safranski）：《榮耀與醜聞：反思德國浪漫主義》，（上海）上海世紀出版，二〇一四年，頁四二八。

在美國國內找到，離開美國卻無處可尋：這與地理無關，只關乎靈魂。

追隨德國浪漫主義的華麗傳統，意味著美國知識分子在探尋一種新的政治行為與公民參與的方式，並期望在這種方式中，個人情感與慾望得到自由表達，這正是愛默生和他的新英格蘭朋友在十九世紀三〇年代所做的事情。但是，浪漫主義的藝術成就有多璀璨，它的政治實踐就有多危險。過去一百年來，正是德國思想文化的內在缺陷導致德國創建法治國努力的失敗。最近一次失敗就是一九六八年的學生運動，其理論基礎是馬庫色的「壓抑與反抗」理論：人性善，社會讓他惡。倘若人們清除社會的異化現象，這個真實和自然的善就會顯現。然而，蘇聯東歐集團的選擇，不正是以此為理由嗎？他們的現狀一般地看來並不具有魅力，此外在哪裡可以找到另一種體制的選擇？薩弗蘭斯基的結論充滿嘲諷之意：「撇開異域的中國和古巴那加勒比海的社會主義不談，還沒有這樣的選擇，只存在這種對體制的內在的超越性。」

英國學者伊馮．謝拉特（Yvonne Sherratt）將德國哲學稱為「荼毒的聖杯」——僅從反猶主義而論，黑格爾、康德、尼采、恩斯特．海克爾（Ernst Haeckel）一直到海德格等德國大哲學家，全都是反猶主義者，反猶主義遍及德國思想的方方面面，從啟蒙主義到浪漫主義，從民族主義到科學精神，「在德國的寶貴遺產下藏著這樣一個陰暗面。德國哲學家遠非大家認為的那麼內心高尚並超越常人，而是給了歐洲文明被荼毒的聖杯」。[25]正如蘋果的腐敗過程，一旦出現第一個黴斑，第二個黴斑就會接踵而至，全面敗壞和崩塌必然來臨。

美國人不是德國人那樣喜歡鑽研哲學的民族。漢娜．鄂蘭說過：「有時候我想知道，是向德國人逐漸灌輸政治意識更加困難，還是向美國人傳達哪怕是最膚淺的哲學知識更為困難。」這是哲學家的傲慢和德國人的傲慢——漢娜·鄂蘭雖入籍美國，其思想仍是德國式的。美國人不需要崇拜和研究缺乏政治常識的德國哲學，只需要閱讀艾德蒙·伯克和米塞斯、海耶克，只需要讀漢密爾頓等人的《聯邦黨人文集》和托克維爾的《民主在美國》，就可以發現自己的靈魂。

近年來，法蘭克福學派第二代領軍人物哈伯瑪斯，在某種程度上放棄了馬克思主義，回歸西方基督教文明傳統。雖然他是以自由派（不信派）的方式理解基督教，期待基督教成為「沒有聖父的普世基督教」，教會成為「多元中心的世界教會」；但他畢竟承認：

> 對於現代性規範的自我理解而言，基督教不僅僅是一種先導形態，也不僅僅是一種催化劑。強調平等的普遍主義是自由、團結、自主生活方式和解放、個體的道德良知、人權和民主等觀念的源頭……這份遺產在歷史不斷被批判繼承，又不斷被重新闡釋，但其本質一直沒有改變。直到今天，我們還沒有找到任何以替代它的東西。即便在面對後民族挑戰的時候，我們依然還在依靠這份遺產。舍此之外，一切都是後現代詩式的胡言亂語。[26]

哈伯瑪斯在回顧「極端罪惡」的二十世紀（對西方而言，罪惡的頂峰是納粹大屠殺）之

25 伊瑪·謝拉特：《希特勒的哲學家》，頁八〇—八一。

26 哈伯瑪斯、門迪塔：〈關於上帝和世界的對話〉，見曹衛東編譯：《赫爾墨斯的口誤：從話語政治到詩學交往》，（南京）譯林出版社，二〇〇九年，頁二〇一。

時，無比珍惜「惡在相當程度上占據上風」的歐陸之外的另一種經驗——作為美國人的羅蒂充滿自信地將這種經驗概括為：「在一個民族所做的一切當中，沒有什麼能夠讓一個憲政民主之下的公民恢復尊嚴。」哈伯瑪斯坦承，像他這樣的歐洲知識分子無法說出這樣的話來。

來自德國的流亡者、政治哲學家沃格林（Eric Voegelin）認為，英美文明優於日爾曼文明，美國自己家中有珍珠，不必像評論家卡蜜拉．帕利亞所諷刺的那樣「偏離中心的主體」、「吞嚥最大塊的腐敗的乳酪」、「追著德國人的靴子吃灰塵」。沃格林總結說：「作為一個整體，西方社會是一個深度分層的文明，其中美國和英國的民主代表西方文明傳統種最古老、最穩固結合的層次，而日爾曼地區所代表的是則是西方文明中最日益現代的層面（在沃格林那裡，『現代』是一個負面的概念）。在這種形勢下，還有一線希望之光，因為美國和英國的民主在其制度中極其堅強地代表著靈魂的真理，同時也是實存中最強大的勢力。但是，要使這絲微光燃燒成為熊熊火焰，需要我們竭盡全力，抑制靈知主義的敗壞，恢復文明的力量。」是故，美國必須破除對以德國為代表的歐洲的幻想，完成對德國思想的「超克」，並回歸自己的「阿爾比恩」（英國傳統、清教秩序）。美國人身在寶山之中，何須妄自菲薄？

第六章

以反越戰為名的「美式文化大革命」

我們痛恨戰爭，但是我們也喜歡它。我們因越南而變得特殊，成為負有特殊使命的一代人。戰爭使任何出格的事、任何過頭的想法和行為都有了冠冕堂皇的藉口。向某大公司的玻璃窗投擲石塊，我們一想到這事為了支持越南人民，罪惡感就立馬消失。放火焚燒學校圖書館後，我們對自己說：這事為了支持越南人民。如果說戰爭給我們發了許可證，它還讓我們沉湎於道德優越感而不能自拔。

——科利爾（Peter Collier）、霍洛維茨（David Horowitz）

1960 年代以來的美國新左派組織（6）：

地下氣象組織（Weather Underground Organization, WUO）成立於 1969 年，通常被大眾俗稱為氣象員（Weathermen），目標是秘密暴力革命推翻美國政府，最終建立一個無階級的共產主義世界。該組織在 1970 年代進行過一系列針對美國政府的炸彈襲擊，但主要是以毀壞財產為目的，每次襲擊前都會事先放出明確的警告以避免人員傷亡，並策劃多起暴動和劫獄等事件，多數成員犯罪被捕，最終於 1977 年解散。

楔子

一九四五年，二戰期間最慘烈的一場戰鬥在太平洋上的硫磺島打響，美軍付出慘重的代價攻克了這座小小的島嶼。攝影師喬·羅森塔爾（Joe Rosenthal）為美聯社拍一張名為〈硫磺島升旗〉的照片。被拍下還不到四十八小時，這張照片就占據了美國多家報紙的頭版，將原本已厭倦戰爭的美國社會重新點燃希望的火焰，激發了民眾的愛國情懷。

二〇〇〇年，詹姆士·布拉得利（James Bradley）和朗·鮑威斯（Ron Powers）出版了《父輩的旗幟》一書。布拉得利是其中一名豎旗士兵的兒子，這本書刻畫了這六位平凡小夥子的光榮、心碎和傳奇以及那幅永垂不朽的照片背後的真實故事。

二〇〇六年，由好萊塢屈指可數的愛國藝人克林·伊斯威特（Clint Eastwood）拍攝了由此書改編而成的電影《硫磺島的英雄們》（*Flags of Our Fathers*）上映。在電影開頭，一位滿面風霜的老兵說，〈硫磺島升旗〉這張照片重振了美軍的士氣，讓美國宛如神助般地堅持到勝利的那一刻。與之相反，另一張照片卻讓美國失去了越南戰爭的勝利。

這位二戰老兵提到的另一張照片，名為〈西貢的處決〉，由艾迪·亞當斯（Eddie Adams）拍攝，刊登在《紐約時報》頭版，被世界各地報章轉載，並獲得一九六九年普立茲最佳新聞照片獎。

當南越西貢警察局長阮隆向一名被俘的越共團長阮文斂頭部開槍時，亞當斯拍攝下一張「子彈在飛」的照片，他不早不晚捕捉到子彈射進人頭之際的那一毫秒。阮隆在處決阮文斂後，走到按下快門的亞當斯面前，沒有制止他拍照，而是對他說：「他殺了我們很多人，還有你們的人。」然後轉身離開。

看到這張照片的人無不震驚，進而對南越和美軍作出否定性評價——阮隆將軍被這張照片定位為一名殘忍的屠夫，他對一個身穿便服、手無寸鐵、雙臂被捆綁在背後的人開槍。這張照片成為殘酷戰亂狀態的象徵，將當時在美國正在形成的一種觀念推向高峰——這是一場無意義且贏不了的戰爭。

然而，照片不會告訴讀者背後的真相：被處決者阮文斂並非平民和善類，他承認自己殺害了三十四名「反革命分子」，大多數為南越政府公務員、警察和軍人的家屬，包括阮隆的一位朋友和部下阮遵中尉及其全家老小六口人。而在照片中以屠夫形象出現的阮隆，其實是一位英雄。在北越「新春攻勢」最初七十二小時，阮隆擔當了重要角色。據與阮隆並肩作戰兩年的美軍軍官阿坎波拉（Tullius Acampora）上校所說，是阮隆迅速增派部隊，才阻止了西貢的淪陷。

攝影記者亞當斯最初認為阮隆是一個「冷酷的殺手」，但在跟著後者遊歷整個國家之後，他改變了看法。在越戰進入尾聲、阮隆逃離南越前往美國之後，他們成了朋友。在阮隆抵達時，由於那張照片所帶來的影響，美國移民及歸化局曾想要驅逐他出境。他們試圖找亞當斯出來指證他，亞當斯卻作出了有利於阮的證供。美國國會最終解除了驅逐令，阮隆獲准居留，在華盛頓市郊開了一家餐廳。不過，他最終還是因為過去的事情曝光導致生意不佳，被迫退休。亞當斯回憶，他最後一次去那家餐廳時，發現廁所裡滿是侮辱阮隆的塗鴉。[1]

一九九八年，阮隆因癌症病逝於美國時，亞當斯滿懷愧疚，他回憶道：「我因為一張一人槍殺另一人的照片而在一九六九年贏得普立茲獎。有兩個人在照片中死去：吃了子彈的人和阮隆將軍。將軍殺死了那個越共；我用相機殺死了將軍。」[2]

主流媒體不會刊登亞當斯遲到的懺悔。

美國左派是北越共產黨的最佳盟友

一九六九年，在激烈的漢堡山戰役（Battle of Hamburger Hill）結束後，《生活》雜誌刊登了兩百四十一名陣亡美軍的照片。配圖文章引用一位士兵寫給家人的信中的話：「你也許讀不到這封信。我草草寫一點。我在山上看到了死亡。」突然之間，美國公眾把死亡與真人面孔聯繫上，人們對戰爭更加反感。

實際上，這兩百四十一名陣亡者中，只有五人是在此次戰役中喪生的。評論家塞繆爾·札菲里（Samuel Zaffiri）指出：「這裡的引用誤導了許多讀到這篇文章的美國人，讓他們誤以為照片上這些人大部分都是在猛攻漢堡山時犧牲的。」

這篇文章發表後不久，尼克森總統被迫命令駐越司令艾布拉姆斯將軍（Creighton W. Abrams, Jr.），一定要避免「如此大規模戰役」——這一新政策將成為「保護性反應」的一部分。束手束腳、患得患失的戰爭如何打下去？

1 詹姆士·傑弗萊（James Jeffrey）：〈「西貢槍決」：越戰著名殺人照作者的喜與痛〉，BBC中文網，https://www.bbc.com/zhongwen/trad/world-42869653。

2 亞當斯在美聯社的圖片編輯哈爾·布埃爾（Hal Buell）後來承認，單一的照片對於敘說完整的故事而言，是有局限的。「艾迪總是被引述說，攝影是一種強有力的武器，」布埃爾說，「而攝影本身就是有選擇性的。它孤立地抓住一個單一的瞬間，將它與前因後果割裂，從而可能導致對意義的曲解。」

反戰，在左派媒體眼中，是一項多麼崇高的事業！這些記者、編輯和評論人，打著反戰的旗號，自以為站在正義和真理一邊，自以為是在拯救美國和拯救越南，扭曲真相，肆意造假，攻擊本國的政府和軍隊，為越共鼓吹——今天美國的主流媒體幫助中共的大外宣，是因為他們從中國拿到了天價的廣告費；而當初他們替越共抬轎子，確實是分文不取。

媒體的變臉比川劇的變臉還快：狂熱地支持戰爭的是它們，狂熱地反對戰爭的同樣是它們。在越戰初始階段，竭力主張美國出兵的兩個最強大的鼓吹者是《華盛頓郵報》和《紐約時報》。一九六一年四月七日，《華盛頓郵報》寫道：「美國的威信，跟保護越南人民免遭共產主義吞併的努力有莫大的關係。」一九六三年三月十二日，《紐約時報》聲稱：拯救越南的「代價固然很大，但是讓東南亞被俄國和共產中國所控制，其代價更大」。

隨著戰爭烈度加劇，民間逐漸產生厭戰情緒。主流媒體察言觀色，迅速轉變立場，搖身一變成為反戰先鋒，卻從不曾對此前支持戰爭的論述作出任何解釋——無冕之王是不必向庸眾道歉的。

媒體成功地將這樣的觀念灌輸給受眾：美國在打一場「毫無希望」的戰爭。媒體不僅無視美軍的任何成功，而且往往把越共和北越的受挫描繪成勝利。媒體的誤導，在處理越共一九六八年一月三十日的「春節攻勢」中達到一個頂峰。

那次戰役，南越軍隊和美軍大獲全勝，北越在軍事上慘敗。北越軍事領導人武元甲承認，北越軍隊至少有一百萬人被殲滅，他們陣亡的人數是美軍的二十倍。多年之後，武元甲的助手將北越的損失形容為「災難性的」。曾經在奠邊府戰役中擊敗法國人、功勛卓著的武元甲因戰敗而被免職。

然而，美國民眾在媒體上看到的卻是美國和南越節節敗退的報導，媒體將這次勝利扭曲成美國決定性的失敗，以及越共的重大勝利——其重要性不亞於越共打敗法國人的奠邊府之戰。媒體大肆渲染越共遊擊隊對西貢的南越總統府和美國大使館的攻擊，以及越共在順化的戰鬥中暫時取得的優勢。《紐約時報》專欄作家皮爾森寫道，美軍被打得「落花流水」。哥倫比亞廣播公司的著名主持人克朗凱特說：「我們陷入了僵局。」專欄作家李普曼聲稱，「北越是不可戰勝的，我一直相信這一點」。

在美國家庭起居室的電視上呈現的畫面是美軍的混亂、驚恐和死亡。電視評論家傑克·古爾德（Jack Gould）寫道：「對巨量的電視受眾而言，他們看到的可怕畫面確定無疑地形成了這種印象：越戰的傷痛是慘烈的，國務卿和國防部長發表的看似中立的分析是不完整的。」

一九七七年，專家對當初的新聞報導做了詳細研究，揭示出這種顛倒黑白是如何發生的。普立茲獎給關於「春節攻勢」的報導的唯一一個獎，是給報導美萊村屠殺的記者的，而這位記者根本沒有去過越南。美萊村屠殺確實是美軍的一個汙點，此事件讓美國民眾從整體上對美國軍隊展開徹底的道德譴責。但人們忘記了，這個暴行是被趕到現場的其他美國軍隊所制止的，而那位製造暴行的小分隊的指揮官在軍事法庭上受到了應有的審判。美國是一個法治國家，美國軍隊也在憲法的制約和監督之下。

主流媒體對越戰的扭曲醜化

長期以來，越戰老兵被媒體妖魔化了。一些出現在著名電視主持人丹·蘭瑟節目中痛斥戰爭的所謂「越戰老兵」，後來被證實根本就沒有參加過戰鬥，甚至從未去過越南。但他們所說的內容符合當時的流行觀念，就足以讓他們出現在電視上誇誇其談，他們所說的內容被更多的新聞、報紙和書籍所引用。實際上，參加越戰的美國士兵多是貧民、農夫、技工、建築工及其後代，參軍是他們改變個人命運和展示愛國心的方式。將數十萬「紅脖子」家庭的士兵派往越南作戰的是華盛頓的政治菁英，而高官顯貴的親兒愛女大都則通過特權運作避免走上戰場——很快，這些就讀於常春藤名校的權貴子弟就站在反戰第一線，以反戰顯示其崇高和正義，居高臨下地羞辱和攻擊越戰士兵——「往好了說是無知愚蠢、拿著槍的建築工人；往壞了說是精神失常，穿著軍裝的變態殺人狂魔」，在他們看來，每個戰士都罪孽深重。

在越戰結束很多年之後，CNN仍然在傳播一個謠言：美國軍隊在越戰中使用神經性毒氣屠殺美國軍人中的逃兵。這個故事的始作俑者是皮特．安奈特（Peter Arnett），他手頭並無任何第一手之資料證明這個謠言。他還是另一個同樣謬種流傳的謠言的發明者，他聲稱一名美軍軍官說過：「為了拯救一個城鎮，就必須毀滅它。」軍事史家維克多．漢森（Victor D. Hanson）戳穿了他的謊言：「除了安奈特本人所講之外，沒有任何第二個證據支持它。」但左派從來不在乎證據。

主流媒體在傳播假相的同時，刻意隱瞞真相。南越人民在絕望中反抗共產主義的英勇行動極少被報導，北越和胡志明被描述成民族獨立的奮鬥者——他們的濫殺無辜、他們在土地改革中的暴行，媒體沒有一個字提及。中情局西貢分局局長薩利文在回憶錄中指出，最早從一九六三年起，越共就採用剖腸、分屍手段來進行心理戰。越共的暴行包括在順化殺死三千名平民，許多人是被棍棒打死或活埋的。越共還在達山村用機槍和火焰噴射器殺死數百平民。北越軍折磨美軍戰俘，在河內旅館中為了獲得美國人的「悔罪」進行大量使用酷刑。歷史學者指出，「越共恐怖主義的規模和致命性比起二十世紀後半葉的絕大多數恐怖分子來都有過之無不及」。

知識分子為何醜化越戰及美化越共？

美國的年輕人，尤其是大學生，完全被媒體對越南戰爭的負面報導誤導和洗腦了。國防部長麥克納馬拉（Robert Strange McNamara）在訪問大學校園時發現，學校的名氣越大，學生受教育程度越高，就越反對政府的越南政策。他在應邀到母校哈佛商學院演講時，遭到抗議學生圍攻，學生們險些將其坐車掀翻。

哈佛校方事後致歉說：「這樣的無禮舉動和身體衝撞絕對不應該在大學裡發生。我們對哈佛大學發生這樣的事頗為震驚。」麥克納馬拉回信說：「我能理解當代大學生對重大問題的濃厚興趣和以引人注目的方式表達這種興趣的願望。有時候，我們的熱情往往會壓倒理智。不過，這種出格的行為不應該成為壓制人們表達反對意見的理由——表達反對意見是擁有自由的人的特權和原則。」[3]身為國防部長，卻被剝奪言論自由，何其荒謬？麥克納馬拉試圖跟左派講理，他沒有看透左派的本質：在左派掌權的世界裡，是沒有言論自由的。

3 麥克納馬拉（Robert Strange McNamara）：《回顧：越戰的悲劇與教訓》，（北京）作家出版社，一九九六年版，頁二六二—二六四。

就連中情局這樣的核心部門也充斥著反戰情緒。前中情局局長羅伯特．蓋茨在回憶錄中承認，在他加入中情局的一九六九年，他與中情局的年輕人們深受國內反越戰運動之影響——仇視戰爭、仇視當權派。他們情緒激烈，很多人都參加過在國家廣場和五角大樓舉行的反戰集會活動。「我參加的唯一一次遊行是在一九七〇年五月九日——美國入侵柬埔寨導致了這次大規模遊行。」參加遊行示威是包括中情局員工在內的美國公民的憲法權利，但高亢地參加反政府活動的政府僱員，能在其左派立場與職業生涯兩者之間保持平衡嗎？

美國主流媒體和文化名流在無限醜化本國政府、本國軍隊的同時，為敵人唱起了讚歌。作家、女權主義者、文學評論界的教母式人物蘇珊．桑塔格在專欄文章中說，北越是一個理想的地方。後來，她在古巴待了三個月，發現古巴「令人震驚的不存在壓迫現象」——實際上，就在她訪問古巴的時候，數萬政治犯被卡斯楚政權處決或虐待致死。她承認古巴「缺乏新聞自由」，但仍然為古巴革命「沒有背叛自身」而喝彩。她認為，因為美國政府在越南施暴，她更要站在古巴一邊，「以此補償美國政府關於古巴的明顯謊言和不實陳述」。左派從來不顧自己的邏輯有多麼混亂，無論如何他們都能自圓其說。

演員珍．芳達（Jane Fonda）應邀飛抵河內，受到北越領導人親切接見，在北越高射砲旁擺姿勢照相——此時，美國飛行員正被這樣的高射砲擊落、殺害或囚禁，遭受酷刑。在二戰中，這種為敵宣傳的行為會以叛國罪制裁，珍．芳達為所欲為，沒有受到懲罰，表明美國法治已崩壞。

多年後，當年北越軍隊的高級軍官裴廷在接受訪問時說：「美國人的反戰運動對我們的戰略是至關重要的。我們從後方得到的支持是完全安全的，然後美國人的後方卻是脆弱的。

像珍・芳達和美國前司法部長拉姆齊・克拉克等人對河內的訪問，給予了我們信心。當珍・芳達在新聞發布會上穿著紅色越南服裝，說她為美國在戰爭中的行動感到羞恥、說她會與我們一起抗爭時，我們歡欣鼓舞。」

美國的反戰積極分子全盤接受北越的宣傳——北越說，他們供給美國俘虜的食物要比給自己人的還多，因為「美國人比我們高大」。戰俘邁亞・登頓不能公開說出真相，還是發出一份情報——他根據摩斯電碼眨眼睛，送出的情報是令人膽寒的「酷刑」一詞，但沒有媒體願意報導這個事實。賣國賊風光一時，戰俘卻無人問津。

有時，記者的報導還會遭到左派刻意誤讀，連記者本人都無法苟同這種誤讀。戰地記者西德尼・尚伯格在一篇關於順化戰役的報導中，描述了一名三歲的越南小女孩的悲慘遭遇，「她的母親被北越的火箭彈炸死，屍體倒在不遠處。火箭彈炸破又灼傷了她的臉和雙臂，她的兩腿都斷了，但她活了下來」。有人給這個女孩一個橘子，想要使她安靜下來。她雙手緊緊地抓住橘子，卻沒有因此而平靜。「我想回家，」她不斷地哀哭，「我要和媽媽一起回家」。這一幕盡顯戰爭的殘酷。

一名來自緬因州的年輕反戰活動家讀了這篇報導後寫信給作者說，他想幫助文章中寫到的那個三歲孤女，他認為，「作為一個美國人，我們的政府是戰爭的主要發起者，也是這一個別事件的罪魁禍首」。尚伯格告訴這名左派人士，那位女孩受傷和她母親被害與美軍無關，她們的災難是北越軍隊造成的，是北越軍隊故意向準備南逃的平民開火。[4] 這位反戰活動家

4 西德尼・尚伯格（Sydney Schanberg）：《戰火之外》，（西安）陝西師範大學出版社，二〇一二年，頁一四

的同情心立即消失得無影無蹤：似乎只有被美軍傷害的平民才值得被救助，被北越軍隊傷害的平民就是活該倒楣。

保守派經濟學家湯瑪斯．索維爾指出：美國知識階層在國內製造的輿論，使得在越南戰鬥的美國軍隊不可能繼續下去。美國國內的輿論也使得在美國軍隊撤離之後，南越很難繼續獲得美國的軍事和經濟支持，而北越卻能源源不斷地從蘇聯和中國等共產主義陣營得到援助，如此一來南越被北越擊敗的結果就是必然的了。[5]

以「反戰」之名掀起的學生造反運動

一九六七年十月二十一日，成千上萬的反越戰民眾從美國各地湧向首都華盛頓，在五角大樓門前以最大的陣容集會抗議。他們高舉著「立即撤回軍隊」、「我們不去越南（打仗）」、「完全撤出越南。讓亞洲人管亞洲的事」等標語牌。為了對抗清場的防暴警察，他們用鐵鏈將彼此鎖在一起。在當天被捕的人當中，有一位名叫諾曼．梅勒（Norman Mailer）的著名作家，他對美國的仇恨將貫穿他極具爭議性的一生。

次年，梅勒將這次抗議活動的經歷寫成「新新聞主義」（New Journalism）的代表作《夜幕下的大軍》。在書中，作為主人公的中年猶太知識分子「梅勒」，在不同的場合扮演著不同角色：「冥思者」、「畜生」、「存在主義者」、「歷史學家」、「小說家」、「將軍」、「參加者」等，他是一個充滿矛盾、離經叛道的人，這一形象是對一九六〇年代美國時代特性的真實寫照和隱喻：一個反叛、混亂、矛盾、階層分裂、理智喪失的時代，一個混合著激進主義、存在主義、和平主義、無政府主義的時代，一個充溢著嬉皮精神的時代。此書成為一九六八年最膾炙人口的作品之一，為梅勒帶來了繼他描寫二戰經歷的成名作《裸者與死者》之後的最高榮譽：先後榮獲美國「國家圖書獎」和普立茲獎。梅勒將反戰運動描述成史詩般的事件時，卻也隱晦地承認，反戰運動的參與者是一些「被寵壞的、享受特權和逃避兵役的孩子」，是「美國資產階級被迷幻劑開光的革命小將」。[6]

如果說威爾遜時代和小羅斯福時代的知識分子多半是進步主義者和老左派，那麼梅勒這一代的知識分子就邁入了新左派的行列。作為文學家，梅勒對新左派的理論無甚貢獻，卻因為他巨大的社會活動的能量而被譽為新左派運動的發起人之一。希拉蕊．米爾斯在為梅勒寫的傳記中總結了梅勒對新左派的誕生所起的作用：「梅勒的激進思想的形成已達十年之久。現在，他要以一個哲學導師、榜樣和積極分子的資格，投身到即將到來的同權力機構的鬥爭。」

從上世紀五〇年代到七〇年代，梅勒不僅在乖張地表演著自己的「反文化」理念——他努力模仿乃至超越海明威的男子漢氣概，通過酗酒、打架鬥毆、吸毒和家庭暴力來呈現；更試圖在新聞寫作中尋找這種叛逆方式的哲學解釋——在一九五七年發表的〈白皮膚的黑人〉中，他凸顯美國的種族分歧問題，將嬉皮定義為戰後的存在主義者，而性高潮則是這些「垮

〇—一四一、頁一五八。
5 湯瑪斯．索維爾：《知識分子與社會》，頁二九四。
6 諾曼．梅勒（Norman Mailer）：《夜幕下的大軍》，（南京）譯林出版社，一九九八年。

掉的一代」追尋生命意義的最佳途徑。

新左派活躍分子查理・羅賓在談到〈白皮膚的黑人〉對他本人的啟發時指出：「這篇文章我讀了四、五遍。新左派的一個最大特徵是，白人喜歡並且希望能像黑人那樣。諾曼・梅勒在〈白皮膚的黑人〉中指出了這一點，認為黑人的感情要比白人的真摯。他是第一個向人們提出這一問題，並讓人們對此深思的人。」早在上中學時就讀了《裸者與死者》的艾比・霍夫曼也說：「若讓我說哪個美國作家寫的文章對我的生活影響最大，那該是梅勒的《白皮膚的黑人》。它從文化的角度重新論述以前涉及過的所有問題（一九五〇年代『垮掉的一代』在詩中所表達的和爵士樂的歌詞所唱的），使它們富有政治意義。」

反戰的青年一代將梅勒看做反體制的先知。新左派運動積極分子傑克・紐菲爾德在一份名叫《鄉音》的報紙上講到：「早在新左派形成之前，梅勒就已告訴人們，這場革命即將到來；當麻木的自由派還在積極為詹森總統撰寫發言稿時，梅勒就已把詹森稱為殺人魔王；當新左派在米爾斯（Charles Wright Mills）的眼睛裡還只是一點微弱的光亮時，梅勒就已開始大談黑人、吸大麻、古巴革命、暴力、社會制度……以及頹廢派的問題。」

作為一名被文學成就大大高估的平庸作家（有評論說梅勒是美國文壇的「皇帝的新裝」），梅勒很早就喪失了創作的靈感，為了維持其名聲，他只有不斷激化自己的政治立場。他是三十一名《紐約時報》的廣告上簽字支持「公平對待古巴委員會」的著名知識分子之一（其中包括法國哲學家沙特）——這個支持古巴的激進左派組織的成員，包括自稱信奉共產主義的、刺殺甘迺迪的疑兇李・哈維・奧斯瓦爾德（Lee Harvey Oswald）。

梅勒將美國在越南的行動形容為一場血腥的狩獵，正因為美國如此自毀、如此墮落，美軍才會去越南。[7]然而，他自己一點也不比那些在戰場上殺戮的士兵更和平：當政治立場的激化無法得到媒體的關注時，他上演了一場殺妻秀，他用摺疊小刀刺傷妻子。他一生中有六次失敗的婚姻，受害者阿黛爾（Adele）是他第二任妻子。在刺傷阿黛爾事件之後，梅勒對記者說：「我已經喪失了所有辯解的權力。大家對我的判斷已經是先入為主的偏見了。現在如果我再去立論，說我們這個時代太暴力了，大家就會說，瞧瞧他自己幹的好事，還說別人呢。我自己毀掉了成為我們這個時代的耶利米的機會。」就連推崇梅勒的《紐約時報》也忍不住諷刺說：「作為兇手，可以這樣把自己也擺在受害者的位置上，實屬少見。」[8]

梅勒是一名永遠的憤青，從反越戰到反對伊拉克戰爭，從來沒有閒著。在去世前幾年，他曾在洛杉磯人文研究所發表題為〈得到帝國、失去民主？〉的演講。他認為，美國人面臨的不祥前景是，美國將會成為一個「超級的香蕉共和國」，軍隊在美國人生活中將變得愈發重要，高貴而美好的民主可能要讓路。「我對人類本質的長期體會——我現在八十歲了——使我相信，實際情況可能是法西斯主義而非民主。」從美國近來各方面的發展趨勢看，美國已經形成了「一種法西斯主義來臨前的氣氛」。然而，梅勒對法西斯的本質缺乏基本的理解——他一生信奉的極左派思想，就是法西斯的孿生兄弟。

一九六七年十月二十一日的晚上，在五角大樓門口跟梅勒一起被捕的，還有一位比梅勒

7　諾曼．梅勒：《我們為什麼在越南》，（南京）江蘇文藝出版社，二〇一五年。
8　格雷登．卡特（Graydon Carter）：〈20世紀最後一個轟轟烈烈的明星作家〉，紐約時報中文網，https://cn.nytimes.com/people/20131211/t11mailer/zh-hant/。

年輕五歲的學者杭士基。杭士基回憶說：「成千上萬的青年包圍了這棟他們認為是——我也認為是——地球上最醜惡的建築。」

與梅勒同樣出生於富裕的美國猶太人家庭，也同樣在早年就拋棄了猶太教—基督教的宗教和文化傳承，杭士基的思想資源全都來自左派的垃圾桶——他在青年時代最喜歡閱讀的刊物有：意第緒語無政府主義期刊《勞動者自由之聲》、左派期刊《政治》、共產主義期刊《生活的馬克思主義》以及反史達林主義的馬列主義團體「美國列寧主義聯盟」的宣傳冊子；他喜歡的作者有：魯道夫・羅克、伯特蘭・羅素、德懷特・麥克唐納、卡爾・李卜克內西、羅莎・盧森堡。他一生都自詡為無政府主義者，有時候還會加上「工團主義」（Syndicalism）的定語——跟墨索里尼的論述一模一樣。難怪杭士基後來要為法國歷史學家羅貝爾・福里松否認納粹大屠殺的論述加油打氣，聯繫到他的猶太人身分，他的這一立場怪異而荒謬，雖然他聲稱其辯護是以捍衛言論自由為基點。社會學家維爾納・科恩在對杭士基的立場進行批評的同時，發表了一篇題為〈仇恨的夥伴：諾姆・杭士基與納粹大屠殺否認論者〉的評論，點出了其精神特質就是「仇恨」。

一九六七年，杭士基在《紐約書評》上發表了包括〈知識分子的責任〉在內的數篇反戰文章，由此一躍成為美國異見知識分子的領軍人物。他看不起大多數時候躲在書齋中的馬庫色，他自己常年走上街頭抗爭的第一線。他聲稱，美國的主流媒體被統治階級所壟斷，實際上，從越戰到反恐戰爭，像他這樣的極左派知識分子一直是主流媒體寵兒——儘管杭士基只是專業方向相當冷僻的語言學家，對政治並不精通，但他在政治議題上發表的見解被媒體無限放大。

新左派的精髓及對「納粹德國式亞美利加」的痛恨，在號稱「我是國家和民族的敵人」的杭士基身上有許多體現。在他看來，六〇年代所有大國中，最應受到譴責的是美國，其自由民主政治是一個幌子，自由市場經濟不過是強權的偽裝，其對外政策十足邪惡，「美國已成為世界上最具侵略性的國家」。[9]他將美國的策略稱為「帝國大戰略」，甚至將美國定義為「國際頭號恐怖主義國家」。[10]有趣的是，儘管他辱罵美國用語之惡毒超過了美國的敵國（如中國、伊朗、朝鮮、委內瑞拉），他卻不願離開美國，移居被他讚美的極權國家。他對這一常識心知肚明：只有美國才能確保他的言論自由——「國與國之間的綜合比較沒有什麼意義，我也不會這麼比較。不過美國有些成就，特別是在言論自由方面幾個世紀來爭得的領先地位，是值得敬仰的。」

杭士基不讚同史達林主義，卻支持毛澤東、卡斯楚和格瓦拉（Ernesto Guevara）的「真正的社會革命」。他稱毛的中國是「公正的社會」：「中國是新社會的一個重要樣板，基層出現了各種非常有趣的事物，無疑，集體化和共產化在很大程度上是基於群眾的參與，基於農民達到了一定的認識水準。」他說這段話時，中國在五年前發生了餓死數千萬人的大饑荒。他承認北越殺過地主，但辯解說那是為了鞏固政權所採取的必要措施，「採取恐怖主行動是正當的」。他是最後一個為赤柬大屠殺辯護的西方學者——在柬埔寨，若干大屠殺實施者已受審並定罪，大屠殺紀念館亦對外開放。

9 杭士基（Avram N. Chomsky）：《誰統治世界？》，（台北）時報文化，二〇一八年。
10 杭士基：《海盜與皇帝：美國是國際頭號恐怖主義國家》，（台北）立緒，二〇一五年。

杭士基代表美國最敗壞、全然喪失理性和良知的左翼公知。對越戰的研究無可辯駁地表明，美國並非敗在軍事上。從南越撤軍的原因在於國內反戰運動帶來的政治成本太大。導致這種政治成本不斷增大以至美國政府無法承受的首要因素，則是像杭士基這樣的激進知識分子竭力煽動學生反戰。

杭士基及其在媒體和學界的同仁，從未為當初的言行認錯並道歉，他們繼續利用美國的言論自由環境反對美國。澳大利亞歷史學家基斯．溫德舒特爾指出：

> 這位老激進分子的長期政治實踐表明，他整個生涯的一大特色是：對同樣的事物採用雙重標準。
>
> 杭士基自稱是自由論者和無政府主義者，但他卻為某些有史以來最獨裁、最殘忍的政權進行辯護。他的政治哲學的出發點號稱是讓受壓迫的勞苦大眾翻身做主，但他卻將普通大眾視為特權階層和權勢群體的無知玩偶而橫加蔑視。他對知識分子職責的界定是探明真相、揭穿謊言，但他卻通過隱瞞真相和弄虛作假來支持自己心儀的政權。他認為存在著普適的道德原則，但他卻只用以衡量西方自由民主社會，這些原則並不妨礙他為自己心儀的政權開脫罪責。他是一位公開指責官僚的官僚。當人們發現他做出了不負責任的誤判時，他總是拒不認錯。

如今，杭士基的偽君子行為已經成為一桿標尺，標明他竭力宣揚的左翼激進主義業已墮落到了可悲的程度。[11]

梅勒和杭士基一生都反美、仇美，比越南人還要反美、仇美——他們不願面對的一個事實是：越戰結束二十五年後，越南雖仍在共產黨統治下，卻向美國拋出橄欖枝，心甘情願地成為美國的候補盟友。二〇〇〇年，美國總統柯林頓訪問越南，是越戰結束後第一位訪問越南的美國總統。他受到越南民眾的熱烈歡迎，萬人空巷，盛況空前，人群發出「總統，你好！」的歡呼聲。這些越南新生代對越戰的記憶僅限於教科書上的敘述，對於美國代表的西方文化抱有無限的憧憬。

美式文化大革命：以暴動、吸毒、性解放改造社會秩序

反對戰爭、追求和平，在列國、歷代都是常見的觀點，反對越戰也在情理之中——反越戰觀點的表達從來都受到美國憲法的保障。但是，將反對美國政府的某一項戰爭決策擴大到反社會、反美國的憲制乃至使用暴力推翻美國政府，以反越戰為藉口掀起一場「文化革命」乃至暴力革命，就是將反戰運動導向歧途。

二十世紀六〇年代後期，在美國和整個西方世界出現了狂飆突進的民權運動、女權運動、反戰運動、反正統文化運動、新左派運動和環保運動，這些浪潮共同形成一場「文化革命」——僅比毛澤東在中國發起的「文化大革命」晚兩年。兩者有一字之差，產生的背景和

11 基思・溫德舒特爾：〈偽君子諾姆・喬姆斯基〉，見費迪南・布倫蒂埃等：《批判知識分子的批判》，（北京）中國社會科學出版社，二〇〇七年，頁二四三—二四四。

運行的方式不同，精神源頭卻有相通之處。美國左翼學者理查・沃林（Richard Wolin）認為，毛主義在西方的流行伴隨著第三世界主義的迷戀。畢竟，中國——「天空的另一半」——是世界上人口最密集的國家。毛成功地向世界提供了一種新的、以農民階級的中心角色為基礎的革命模式，這種模式似乎適合全球反殖民鬥爭的時代。不久，中國的「農民共產主義」的吸引力通過古巴和越南與美國的對抗而被放大。[12]

在評論家約瑟夫・艾普斯坦看來，一九六〇年代代表一種摧殘文化、不可理喻的性氾濫與政治爆炸：「六〇年代就像是一波席捲全美的海嘯。浪潮可能已經開始退卻，但所過之處的海洋，觸目盡是破碎玻璃、動物屍體和各式各樣的垃圾。」《新標準》雜誌評論說：「我們仍然生活在一場針對心智的陰狠攻擊的餘波之中，該場攻擊是六〇年代激進運動最令人厭惡的特徵之一。其對文化生活的影響一直持續著，而且演發成巨大的災難。可能要結合吉朋和托克維爾的天分，才能說得盡整個卑劣的故事。不過，並不需要天縱奇才，也能認知到如此悖違理智所造成的一些惡果。」[13]

一九六八年，《時代週刊》所說的「內部異見病毒」蔓延到很多城市。一首歌唱到：「暴風雨就要來了。」這一年是轉折點，這一年將被證明是美國歷史上最令人沮喪的一年。[14]詹森不再競選連任、馬丁・路德・金恩和羅伯・甘迺迪遇刺、芝加哥暴亂……這一年集中體現了整個六〇年代動蕩的全部故事。同樣是在這一年，學運也席捲了歐洲。

一九六八年伊始，大多數美國城市都在備戰——建造軍火庫。在底特律，由於四十三人死於前一年的種族騷亂，警方囤積催淚瓦斯和防毒面罩，請求配備重型武器。

一月，隨著假期結束、學生返校，全美各地大學成為戰場。數十年來，高等學府一直是知識分子和文化避風港的象徵。但現在，大學被看成權勢集團的堡壘。激進團體發誓要接管校園的權力。反叛的大學生們首先反對的是「學校當局」，他們把學校看作美國政府的化身、是宣傳和維護美國現行政策和價值觀的重要喉舌和機構。

這一年的第一個星期，共有五人被指控共謀向年輕人提供違反徵兵法的建議。其中包括作家兼兒科醫生班傑明・斯波克（Benjamin Spock）博士——他公開說希望十萬、二十萬，甚至五十萬青年拒絕應召入伍，或在部隊中拒絕服從命令。他的《嬰兒與兒童教育》一書銷量巨大，「垮掉」的一代是以他倡導的「開放」（實際上是「放任」）教育培養出來的。還有一位被指控者是耶魯大學的牧師小威廉・斯隆・科芬（William S. Coffin）——他就是小威廉・巴克利批判過的極左派牧師。

舊金山州立大學的日裔校長早川一會清晰地意識到學生運動和反戰運動的本質：

> 真正的問題不是暴力，而是以激進為方向的對學術自由的攻擊……實際發生的情況是，我們正在見證一個傲慢的菁英學生運動的崛起，這些運動的絕大部分成員來自富有家庭，讀著時髦、昂貴的大學。實際上，在美國，我們正開始經歷不發達國家已經發生過的一切，大

12 理查德・沃林（Richard Wolin）：《東風：法國知識分子與二十世紀六十年代的遺產》，（北京）中央編譯出版社，二〇一七年，頁二四。

13 羅素・雅各比（Russell Jacoby）：《最後的知識分子》，（台北）左岸文化，二〇〇九年，頁一四四—一四五。

14 威廉・J・本內特：《美國通史》（下），頁三五三。

學生認為他們是菁英，改進一大部分飽受貧困之苦、沒有文化的農民的處境是他們的使命，並且，在必要的時候，起來反抗現有制度並推翻它。[15]

春節學期剛剛開始，哥倫比亞大學的學生就發起運動，質問校方對越戰的態度。哥大校長格雷森．柯克（Grayson L.Kirk）為美國在越南戰爭中的作用辯護。學生們在給柯克的一封信中寫道：「我們這些年輕人使你心驚膽戰。我們說，這個社會垮掉了。你和你們的資本主義是社會的病根。……你要的是社會安定和服從領導；而我們則要正義、自由和社會主義。」

當哥大新建的體育館專為黑人學生出入開了一道便門時，學生們對校方的種族主義政策表示強烈不滿。激進學生領袖馬克．拉德帶領一群學生占領校長辦公室，撕毀校方儲存的研究報告和論文。馬克．拉德坐在校長的桌子旁接受採訪，自得地吸著雪茄。校長格雷森．柯克譴責說：「我們的年輕人，其數量之多令人不安，他們似乎拒斥任何來源和任何形式的權威，他們藏身於狂暴和幼稚的虛無主義，而他們唯一的目的就是破壞。現在的代際鴻溝，比我所知道的歷史上任何時期都更為驚人，或者更具有潛在的危險性。」

到了春天，大學中的遊行示威司空見慣，哈佛大學、加州大學伯克利分校、康乃爾大學、俄亥俄肯特州立大學等，都相繼爆發學生運動，矛頭直指校方在越戰和種族問題上的立場。一個月中會有三十所大學發生此類事件，甚至連高中和初中學生也參與其中。在紐約布魯克林區，貝德福德—斯泰沃森特區二五八初中的數百名八年級學生聚集在大廳，占領教室，故意觸發火警，向校方要求更好的伙食和更多的舞會。

一九六八年末，宣揚無政府主義、反主流文化的激進青年組織「青年國際黨」成立，艾比．霍夫曼是其核心人物。正是該組織讓「雅痞」一詞從驚歎詞變成首字母縮略詞，其靈感來源於整晚吸食大麻。霍夫曼向警方解釋說：「我們就在那兒，全都飄飄欲仙，在地板上打滾。」

「吸一口飄飄欲仙，輟學讓你擺脫煩惱」是六〇年代學生運動中最膾炙人口的的口號。在六、七〇年代，反戰成了年輕一代人自我放縱的理由。整整一代年輕人，尚未摧毀美國社會，自己先「垮掉」了。他們在性、毒品、暴力和搖滾樂中揮霍青春、戕害自己，並以此為樂、以此為榮。

當大學生開始吸食大麻時，海洛因像瘟疫一樣席捲貧民區。吸毒和犯罪將貧民區變成令人毛骨悚然的無政府狀態：年僅十三歲的毒品販子趾高氣揚地挎著自動武器在大街上行走。美國某些大城市的貧民區，並不比索馬利亞的摩加迪休更安全。

「垮掉」的生活絕非常態——人們應當有一種正確的、健全的生活，這種生活應當符合人類的本質，發揮個體乃至全人類追求自由、尊嚴、歡樂的潛力。好的文化與教育應當傳達這樣的觀念：維護社會秩序、講究個人責任、抑制肉慾膨脹、保持適度清醒、照顧家庭、撫育子女、對人真摯誠實、追求法律允許下的自由。

一九六九年十月十五日，積蓄幾年的反戰情緒爆發為全國範圍的反戰示威遊行。這是反戰運動的高潮。全國各地有超過兩百萬人參加了有組織的「暫停越戰日」活動。主辦方在華

15 羅布．柯克帕特里克：《1969：革命、動亂與現代美國的誕生》，（北京）光明日報出版社，二〇一三年，頁一四。

盛頓動員二十五萬名示威者參加。尼克森當律師時的合作夥伴、現任總檢察長約翰·米契爾從陽台上望去，感覺「就像是俄國革命」。

美國學運的本質，即是「富家子弟造反」

民主黨人、參議院外交關係委員會主席富布賴特（Fulbright）在一場聽證會的開場白中指出，美國正在目睹其年輕人的「精神反叛」，因為「美國已經背叛了傳統的價值觀」。然而，富布賴特將事實弄反了，年輕一代的反抗，不是要捍衛美國傳統的價值觀，而是要將其徹底顛覆和摧毀。對於激進學生來說，現狀不值得捍衛，他們是破壞性的一代。他們敵視美國，相信美國的問題癥結在於制度，所需要的不是修修補補，必須推翻重來。曾經做過革命派的民主黨政治人物湯姆·海頓在其回憶錄中寫道：「我們自己就受到我們致力於消除的許多社會病的感染。我們本想建立一個新世界，最終卻在十年時間裡自我摧毀了。」

在大學、司法界、新聞界、基金會、教會等菁英組織的領導下，美國文化經歷了一場革命，從而改變了某些最基本的理念和價值觀。「文化革命」的倡導者和實施者是一群左派菁英分子，包括輿論製造者、政策制定者和神話編撰者，即律師、法官、教授、政治官員、記者、作者、電影廠和電視台老闆、牧師等等。這場「文化革命」的動力來自人們普遍存在的對整個美國社會和道德秩序的不信任，以及民權運動和越戰帶來的種種不幸。人們對新的價值觀進行了大量實踐，比如降低打擊犯罪的力度、放鬆福利政策、迅速進行性觀念的革命、把大學變成新文化的研究場所。「文化革命」不僅向窮人傳達有關性和毒品的錯誤資訊，還影響到美國體制的核心——大學、法律、公共學校、福利制度、精神病院等，進而從具體的方方面面影響人的生活。

這場「文化革命」破壞了美國傳統的價值體系，「垮掉」的不僅僅是那一代人，而且是此後的幾代人。歷史學家威廉．奧尼爾指出，六〇年代的美國已「分崩離析」，價值體系失去支撐中心，社會結構缺少凝聚力量。不斷惡化的種族矛盾、貧富懸殊、暴力犯罪、毒品氾濫、未婚生育、福利依賴等社會問題困擾著美國社會。大多數美國人認為社會環境的惡化是傳統道德和價值觀的衰落所致，社會問題就是道德問題或價值觀問題，美國正在經歷一場道德危機。[16]

美國傳統文化被扭曲了，造成信念與現實脫節、正確與錯誤的標準模糊。「文化革命」導致文化和道德上的相對主義風行一時。六〇年代以後，「文化革命」仍在進行。無論是大學中學和小學所教導的、電視節目中所表現的、流行音樂所傳唱的，還是新聞媒體所報導的父母與子女之間的關係、男人與女人的之間的關係都變得愈發極端，造成日益嚴重的惡性循環。學者李江琳指出，最典型的就是那些在美國街頭無休無止的安提法（AntiFa）青年，「他們帶著宗教般的狂熱去參與當下公共事務，卻又鄙視宗教對人性惡的一面的諸多規勸和約束，於是就只剩下毫無邊界的狂熱，越演越烈，越演越離譜。他們的癥結是傳統價值的瓦解，生命意義感的缺失」。[17]

16 王璞：《文化戰爭中的美國大學》，（北京）北京師範大學出版社，二〇〇八年，頁四一。

17 李江琳：〈共產主義理想的陷阱〉，台灣上報網站，https://www.upmedia.mg/news_info.php?SerialNo=98820。

耐人尋味的是，西方的「文化革命」與中國的「文化大革命」有一個共同特徵，那就是：「富家子弟造反」。共產中國的最高領導人——毛澤東、劉少奇、周恩來、朱德、陳雲、鄧小平等——幾乎全是富家子弟，沒有一個是一貧如洗的工農子弟；當毛澤東掀起「文化大革命」時，第一波響應的造反者都是紅二代、高幹子弟。

在美國和西方，六〇年代的反叛者很多是中產階級家庭出身，出於對現存秩序和中產階級家庭「無所事事的悲劇」的反感，以反戰為幌子開始叛逆之路。當越戰結束，他們失去反對的對象，很快重新回到主流社會——他們原本就是名校學生，有很好的教育背景，父母的財富和人脈也為他們提供了在社會上成功的有力幫助。他們造反的經歷，對他們此後的幸福人生影響甚微。

然而，富家子弟並未讓窮人獲得解放，反倒將窮人推入萬丈深淵。他們將錯誤觀念傳遞給工薪階層的孩子，後者面臨的風險就大多了——一旦輟學，許多人再也無法回到學校，找不到工作，難以組建正常的家庭，不得不依靠毒品和酒精生活。他們的家庭被四處蔓延的文化運動搞得支離破碎，飽受冷眼和虐待。由於沒有家庭的支持和引導，年輕人只能向新文化尋求「自由」，因為「自由」讓他們降臨到世上。他們臉上暴躁和憤怒的表情是可以理解的。社會學家克里斯多夫·簡克斯表示：「可以這樣看待六〇年代，它是一次失敗的實驗，付出代價的只是窮人，其餘的人則倖免於難。」[18]

這場「文化革命」改變了人們對貧困根源的看法，人們相信個人是無辜的，都是社會制度的錯——這是馬克思的觀念。當這些左派理念被窮人認同時，便造成災難性後果：這種新文化忽視個人責任和自我調控，否認成功需要耐心，向窮人鼓吹自我放縱。長期致力於幫助無家可歸者的多伊基金會主席喬治．麥克唐納受這種新文化的影響，一開始認為無家可歸者都是缺乏同情心的社會造成的。後來，他發現，五分之四的無家可歸者都是癮君子，他們的問題不是買不起房子，而是源於自我毀滅的行為，這些行為恰恰是由一種能向他們提供住房、衣食救助和同情的文化所造成的。他最終意識到：無家可歸者真正需要的是周圍的文化向他們傳遞一種自食其力、處事冷靜、注重個人責任的資訊。

研究報告顯示，一九七〇年代以來，全美三分之一的兒童出生在單親家庭；二分之一的婚姻以離異告終；三分之一的孕婦的結局是墮胎；四分之一的高中生在畢業前輟學。美國有九千萬功能性文盲。紐約市區的高中生只有三分之一能獲得畢業文憑，芝加哥和洛杉磯的輟學率比紐約還要高。這些地方有相當多的成年人不去工作。謀殺是十八至三十四歲非裔美國人死亡的主要原因；在首都華盛頓每天被殺人的人比同一天死於越南的美國士兵還要多。

造反的富家子弟是不需要品嘗這顆苦果的，苦果都留給那些傻乎乎地跟著他們跑或聽信他們承諾的窮人。

「遊擊戰爭」：淪為恐怖活動的美式文革末路

學生運動並不天然正確和正義。學生運動的演變規律通常是愈來愈激化。一九六〇年代

18 麥隆．馬格尼特（Myron Magnet）：《夢想與夢魘：六十年代給下層階級留下的遺產》，（北京）文津出版社，二〇〇四年，頁一一二。

最大的學生組織「學生爭取民主社會」，口頭上說是爭取民主，實際上是要將美國變成共產主義社會。之前的學運以非暴力不合作為原則，一九六八年之後，校園抗議變得更加暴力。在舊金山州立大學校園內，「第三世界解放陣線」成員設置的一條罷課糾察線引發二十五起縱火、三次炸彈爆炸，導致一百五十人被捕。加州大學伯克利分校的示威者用自備的警棍武裝起來，與校警搏鬥。當時任加州州長的雷根指出：「這是一場遊擊戰爭。」[19]

「文化革命」不能讓反叛學生感到滿足。有一批更激進的左派青年從街頭暴力走上恐怖主義道路。他們發現新左派整天沒完沒了地討論，制定各種各樣完美的準則，不僅無用，而且無聊。他們成立了「革命青年運動」，從事具有破壞性的活動。其領導人之一柏娜汀·多恩（Bernardine Dohrn）畢業於芝加哥大學，獲得法學學位，是激進青年的代表——受過良好教育，氣質優雅，美艷動人，來自白人中產階級社區。她在競選活動中回答一名質疑者的問題「你認為自己是一個社會主義者嗎？」時，盯著對方看了一會兒，然後回答：「我認為自己是一個革命的共產主義者。」她贏得雷鳴般的掌聲。她聲稱：「在一個史無前例的殘暴社會，執著於非暴力的做法是行不通的。我可不會受制於非暴力的原則。」

在「革命青年運動」內部，又產生更激進的地下組織——「氣象員」（Weathermen）。其名稱來自於鮑勃·迪倫的歌曲〈地下思鄉藍調〉：「你不需要氣象員也知道風向哪裡吹。」該組織在成立宣言中寫到：「我們處在世界範圍的魔鬼的心臟。我們的任務是消滅美帝國主義，創造一個沒有階級的世界。」他們號召組建「白人戰鬥力量」與「黑人解放運動」聯合，和其它激進運動一起達成摧毀美帝國主義的目標，並最終建立一個共產主義世界。

「氣象員」內部組建了對美國政府的「作戰部」，制定作戰規劃。除去公開的遊行示威活動，更重要的是進行武裝遊擊戰爭。為了保存革命實力，參與武裝鬥爭的成員，全都轉入地下祕密活動，故又有「地下氣象員」之稱。

傑夫．瓊斯（Jeff Jones）是「氣象員」的領導人之一，也是柏娜汀．多恩的同居戀人。他發現軍事行動的必要性，開始想到人民戰爭和遊擊戰，認為那樣才能掀起社會大動蕩，將國王拉下馬。他提出一整套關於美國革命的理論：美國黑人和貧民區的暴動是第三世界反對帝國主義戰爭的組成部分，是全球農村包圍美國這個城市中心。白人將在資本主義的大牆內毀滅；美國革命者既不能把自己看作是布爾什維克，也不能看作是毛澤東主義者，只能通過自己的方式製造混亂，推翻美國政府，讓道德上優越的第三世界來統治。

「氣象員」很快在全國各地如雨後春筍般發展起來，大約有三百多名中堅分子。其領導層祕密赴古巴求取「革命真經」。在古巴，他們備受矚目，還與北越高級代表團會面。北越代表團的阮團長嚴肅地對他們說：「戰爭正進入最後階段。你們一定要盡快發動武裝鬥爭，起到先鋒隊和領頭羊的作用。」越南人向「氣象員」們贈送戒指，這些戒指是用被擊落的美軍飛機的殘片打造的。一名「氣象員」成員事後說：「我們充滿了罪惡感——戰爭已經進入關鍵階段，我們到底準備為在越南犧牲的同志做些什麼呢？」他們受訓回國後，購置並儲存槍支，在荒郊野外練習射擊。

在他們的革命生涯中，傳統道德中對性的束縛被打破。他們提倡「砸爛一夫一妻制」——這是性觀念上最後一點資產階級殘餘。領導人之一的比爾．艾爾斯（Bill Ayers）聲稱：

19　羅布．柯克帕特里克：《1969：革命、動亂與現代美國的誕生》，頁一一一。

「任何認為人可以對另外一個人負責的看法，也同樣會把其他人排除在外。我們必須打破這樣的觀念，以建立一個集體。」他們常常舉行「全國狂歡」式的群交聚會：「人們操在一起，就會戰鬥在一起。」

一九六九年，當芝加哥法院開庭審理八名左翼恐怖分子時（左派稱之為「八君子」），「氣象員」鼓動激進學生「向芝加哥進軍」。他們的口號是「把戰火燒到國內」；歌曲《點燃我的火焰》變成對縱火的呼籲。

十月八日夜，「氣象員」發起一場名為「全面戰爭」的搖滾音樂會。原本指望數萬人參加，卻只來了數百人。他們拿起棍棒、鐵鏈、石塊，沿著克拉克大街一路橫衝直撞，打壞商店櫥窗、居民窗戶，砸毀芝加哥北部富裕的黃金海岸社區的汽車。

次日，一位示威者表示：「昨夜是我們的一次開始。今夜，統治階級和他們的富人區墮落分子將膽戰心驚地走在街上。如果他們以前沒有明白這一點，他們最好現在想通：他們就是敵人。」在激進學生看來，你若不就是革命的一部分，就是反革命。

一九六九年的最後一週，「氣象員」在密西根州弗特林舉行「戰爭委員會」會議，起草一份政治綱領，主要內容是實行一系列精心策畫的針對政府和執法機構的恐怖活動。

一九七〇年五月，「氣象員」向媒體傳遞了一份題為〈戰爭狀態聲明〉的宣言，向美國政府「宣戰」並開始實施一系列炸彈襲擊事件。他們攻擊的目標大多數是政府建築和銀行。在作為地下組織運行的六年間，「氣象員」聲稱對二十多起爆炸事件負責。這些恐怖襲擊事件，先後造成數十人（大部分是無辜平民）死亡。

「氣象員」得到共產黨國家和一些左派富翁的祕密資助，其領導人過著花天酒地的生活，普通成員卻連基本衣食都得不到保障。一位從軍隊開小差、參加該組織的成員發現，該組織的等級秩序不亞於軍隊中的將軍與士兵：「領導階層好像從來不工作，完全靠激進的律師和有錢的朋友生活。這些人告訴他們最想聽的奉承話——他們是多麼勇敢的革命者，而我們這些人還得辛辛苦苦地工作並保全他們的名聲。我們當中很多人一無所有，而他們卻吃得好穿得暖。」這幾乎是所有左派團體和組織當中理論與實踐脫節的真相。

「氣象員」有其特殊的標誌：一個大寫字母M，中間一道閃電貫穿——就像電影中墨西哥俠盜蘇洛所過之處用劍尖簽名的「Z」。「氣象員」停止活動後，很多街頭混混在一番惡作劇之後，往往留下這個「氣象員」使用過的標誌。在近年來的「黑命貴」暴動中，這個醒目的標誌被暴徒頻頻使用，「氣象員」如同百足之蟲、死而不僵。最具諷刺性的是，美國的若干超級富豪（如亞馬遜老闆貝佐斯等人）和民主黨領袖們高調支持「黑命貴」，以民主黨的眾議院議長裴洛西帶領民主黨議員們在鏡頭前下跪為象徵，顯示了美國政治和社會令人不安的分裂。今日美國的真正危機，不在街頭，而在政治體制內部。[20]

美式文革的遺產，持續至今的「不斷革命」

一九六〇年代末至一九七〇年代初的美國，簡直是「全國山河一片紅」。被譽為「一代

20 李江琳：〈人不可能兩次踏進同一條河：美國社會動蕩之今昔〉，見台灣上報網站，https://www.upmedia.mg/news_info.php?SerialNo=93218。

保守主義的精神教父」的美國天主教哲學家諾瓦克（Michael Movak）發現，美國的文化領域全被左派占據了：「冷戰結束時，左派已經占領了美國文化的大多數制高點：好萊塢，主要的全國性電視和報紙等媒體的新聞部門，大多數有影響的全國性雜誌，大學，享有很高聲望的出版公司，福特、洛克菲勒、麥克阿瑟、皮尤、梅隆等大基金會，甚至大多數可能位列交響樂團、博物館、歌劇院和戲院董事會之席的公司經理職位。」[21]

一九七三年，美國從越南完成撤軍。越南戰爭是新左派用以反抗美國政治和社會制度的「支撐點」。只要越戰不停，新左派的造反就有無可爭議的合法性和正義性，也能得到民眾相當程度的支持。新左派也相信，只有通過他們的革命，推翻奉行帝國主義政策的政府，越南戰爭才有可能結束。但是，新左派沒有料到，美國政府竟然會主動從越南撤兵。這一行動意味著，現行的制度還能運轉，並且行之有效。

美國撤出越南後，越南並沒有像反戰鬥士所期望的那樣，成為一個和平、民主、平等的國家。越南在柬埔寨的帝國主義行為和在國內的專制獨裁統治，迫使成千上萬民眾背井離鄉、淪為難民。這些難民在西方所講述的越共的暴政，深深刺痛了一批曾為越南獨立而奮鬥的新左派。他們為之奮鬥的越南似乎背叛了他們。與此同時，中國的文化大革命的真相也漸漸從鐵幕背後傳出，西方左派發現毛澤東和毛主義五彩斑斕的包裝後面乃是黑暗骯髒的實體。而且，中國與越南這兩個民族主義的共產黨國家，為爭奪區域霸權爆發了一場血腥的戰爭。新左派的失望之情不亞於一九三〇年代的老左派對蘇聯的憧憬的破滅。

由於失去反對的對象，「氣象員」組織走向衰敗，部分成員參加其它激進組織，亦有部分成員繼續從事犯罪活動而被捕。該組織在一九七七年宣布解散。

一九八一年，柏娜汀・多恩與同居男友、前「氣象員」領袖比爾・艾爾斯向警方自首。他們前後各做過一屆「氣象員」主席（柏娜汀・多恩在位時，該組織向正統馬克思主義靠攏，她採用史達林的舊稱謂——「總書記」），他們都被聯邦調查局列入首要通緝的十人名單。

柏娜汀・多恩服刑不到一年即出獄，後任西北大學法律系副教授、兒童和家庭公義中心主任、人權組織負責人。比爾・艾爾斯成為伊利諾伊大學教育學教授，始終堅持「氣象員」的理念，他對《紐約時報》說：「我並不後悔放置炸彈，我相信我們只是做得還不夠多。」美國學校教職員工的准入制度過於寬鬆，居然毫不在意申請者是否有刑事犯罪記錄。

一九八一年，「氣象員」成員凱西・布丹（Kathy Boudin）和蘇珊・羅森堡（Susan Rosenberg）一起參加「黑人解放軍」策畫的搶劫紐約州運款車行動。行動中發生槍戰，兩名警察和一名警衛被打死。凱西・布丹當場被捕，被判處二十二年徒刑。蘇珊・羅森堡成功逃遁，直到三年後被捕，被判最高刑期五十八年，在獄中獲得文學碩士學位。二〇〇一年一月，柯林頓最後一天在白宮辦公，簽署了對蘇珊・羅森堡的特赦令——左派對左派有著天然的同情心。蘇珊・羅森堡仍堅持暴力革命觀念，出獄時對記者說：「我認為激烈的暴力來源於我們賴以生活的社會制度，社會制度要對種種暴力形式負責。」

二〇〇四年十二月，紐約的漢密爾頓學院聘請蘇珊・羅森堡出任比較文學教授，在教育界引發軒然大波——人們直呼她為「恐怖教授」，恐怖分子當教授，能教育出什麼樣的學生來呢？來自搶劫案發生地點的學者更是激烈反對這一聘任案，他們沒有遺忘當年血腥現場給

---

21 王璞：《文化戰爭中的美國大學》，頁四七。

當地居民造成的震撼。

左翼學者以學術自由為理由為此辯護，該學院的羅伯特．帕昆特教授認為：「若是希特勒能活著，以一個作者和社會活動家身分申請教職，也能在這裡找到一份工作。他可以給我們帶來與眾不同的視野，觀察德國歷史。」不知德國人若聽到此種高論，當作何感受？

反戰的一代、垮掉的一代、在街頭從事「遊擊戰爭」的一代，在一九八〇年代之後，逐漸重返體制，靜悄悄地占據大學講台。一九八〇年代的大學成了「希望的田野」，在美國歷史上，從未有過這麼多左派知識分子到大學謀職並且找到職位。新左派知識分子一旦獲得大學職缺，便蒙受其利，擁有固定的薪資、長假，可以寫所欲寫，有時還能教所欲教。他們縱身躍入一種「吃著大學反大學」的生活：一方面鄙視作為資本主義建制之一部分的大學體系，一方面又覺得在大學中討生活並不可恥，反而感到相當自在。他們快速從社會邊緣、敵對角色，轉變成學術機構的中流砥柱及主流社會的代言人。他們如此言行不一，遠不如恐怖分子切．格瓦拉那麼「知行合一」。

加州大學柏克萊分校哲學教授約翰．瑟爾在《紐約書評》發表長文指出，二十世紀六〇年代激進主義造就一批後現代教授，他們現在已在學術界掌權，目的是摧毀傳統學術。這批新一代激進分子，包括激進的女權主義者、同性戀者、馬克思主義思想家、各種解構主義者、結構主義者和後結構主義者、讀者反饋的理論家、新史學家等。其共同點是試圖揭開傳統中產階級思想聲稱的客觀和公正的外表，有計畫地汙衊所有的評判標準——理性的、道德的和審美的——除了他們自己意識形態驅動的需要。他們深信：「一個歷史時刻來臨了，激進知識分子所獲得的不僅是教師的工作機會，更是在校園裡點燃文化與政治火焰的機會。」

學者羅傑・金博爾在《獲得終身教職的激進分子：政治如何敗壞了我們的高等教育》一書中指出，二十世紀六〇年代末造反的那一批大學生中有不少人進入教育界，獲得大學終身教職，許多學院的人文科系裡擠滿左翼教授。這批教授的學術活動是他們當年政治活動的延伸。他們勢必要從所占領的陣地出發，以文化為武器，與其心目中的種族主義、帝國主義作鬥爭，他們的目的是要改造世界。這些左傾教授的所作所為，正在嚴重危害美國高等教育。人文科學領域的混亂狀況，都要歸罪於這些人。傳統的西方經典正被這一夥捧著鐵飯碗的激進派謀殺。他們使用的工具是德希達的解構主義等標新立異的新式理論。他們已經在學術和行政部門取得壓倒性優勢。

學者科利爾與霍洛維茨曾是左派幹將，後來幡然覺悟，撰文披露左派團體敵意的不良用心，左派在其國際主義計畫破產後轉向發動文化戰爭：「激進派沒能在六〇年代燒毀大學，到七〇年代卻紛紛進了研究生院……而現在他們進入各大委員會，確保那些與他們思想一致的人得到僱用。」由此，今天的美國大學深陷於危機之中：「大學已成為反美主義的最後庇護所，這是六〇年代留下的最持久的遺產。在學術界有控制的氣氛裡，怪異的理論階層正在培養出來。當代大學的一個主要動力是解構主義，懷疑真理。另一個動機是種族—階級—性別理論，試圖形成一個後史達林版的無產階級，主要在惟權力現實中淪為犧牲品的群體組成。」[22]進入二十世紀，這些定時炸彈在美國頂尖大學和學術機構被一一引爆。

一九八八年，理查・諾伊豪斯提出「文化戰爭」這一概念。「這是一場界定美國文化的

22 彼得・科利爾、戴維・霍洛維茨：《破壞性的一代：對六十年代的再思考》，頁二一〇—二一一。

戰爭，一場關於我們應以何種觀念組織我們生活的戰爭。」這場「文化戰爭」以大學為主戰場。在某種意義上，「文化戰爭」是俄國革命的大爆炸遺留下來的一種背景輻射。政治上的馬克思主義與柏林牆一同倒塌之際，在文化領域，後現代主義大獲全勝，它是一種比尼克森說的「不戰而勝」更加危險的「兵不刃血」的占領。

越戰早已畫上句號，作為越戰後遺症的「文化革命」卻如同癲癇一樣，深深嵌入美國當代文化的肌體乃至心靈之中，並隨時發作。「一九六八」一代，青年時代是「文化革命」的吹鼓手，然後起而行道，在街頭和廣場參與「遊擊戰爭」，中年之後又從「遊擊戰爭」退回校園和書齋，將「文化革命」的思想傳遞給下一代——這就是那一代人的生命三部曲。

第七章

美利堅秩序的轉折點：從季辛吉和尼克森拯救中國說起

尼克森與季辛吉對中國敞開門戶時，擱置不碰中國政治制度本質這個棘手問題，不願他們的大構想胎死腹中。……在東歐反共，卻接受中國的共產制度，找得到任何合理的說詞辯解嗎？……天安門屠殺事件提醒美國人正視中共政權的基礎。東歐的革命亦證實，共產政權不一定會長命百歲──中、美對此一事實，感受各有不同。我們今天仍在和這段歷史格鬥，而且短時間內仍擺脫不開這段歷史。

──孟捷慕（James H. Mann）

1960 年代以來的美國新左派組織（7）：

義和拳（I Wor Kuen, IWK）

成立於 1969 年的紐約唐人街，是一個信奉激進馬克思主義的亞裔美國人團體，關注「全世界的民族解放運動但尤其注意中華人民共和國……（以及）唐人街的壓迫狀況」，與中國共產黨關係密切，1972 年與舊金山的類似組織「紅衛兵黨」合作，發展為全國性組織。最終於 1978 年解散。

楔子

一九七二年二月二十一日十一點二十七分，美國總統尼克森的專機「空軍一號」在北京首都機場降落，周恩來率領葉劍英、姬鵬飛、喬冠華等官員到機場迎接。周恩來與尼克森象徵性地握手，並誇張地說：「這是跨越太平洋的握手。」他對一九五五年日內瓦會議上美國國務卿杜勒斯拒絕與之握手仍耿耿於懷。[1]尼克森在回憶錄中的描述同樣誇張：「當我們的手相握時，一個時代結束了，另一個時代開始了。」

外國元首訪華，解放軍三軍儀仗隊通常由一百二十人到一百五十五人組成，中共給尼克森準備了三百七十一人的超大陣容，這是中共外交史上前所未有的最高規格。尼克森在回憶錄中寫道，當軍樂隊演奏兩國國歌時，「在共產黨中國首都的刮風的跑道上，《星條旗歌》在我聽來從來沒有這麼激動人心」。他如此描述他看過的「最出色」的儀仗隊：「每個士兵在我經過時慢慢地轉動他的頭，在密集的行列中產生一種幾乎使人認為行動受催眠影響的感覺。」此後幾天在中國，乃至他的整個後半生，果然被中國催眠了。

人民大會堂宴會廳舉辦盛大國宴款待美國貴賓。國宴的菜品規格是中共建政後少有的排場，多達幾十道，包括周恩來特意準備的三十年國酒茅台。美方最初提出所有食品都從美國空運，中方為了面子，承諾可按照美方要求提供所有食材。

負責搜集食材是「三十四號特供處」——這個在一九四九年成立的食品「特供」機構，

1 季辛吉（Henry Kissinger）：《論中國》，（北京）中信出版集團，二〇一五年，頁二三五。

對外只用數字「三十四號」。該機構是對共產主義人人平等理論的莫大嘲諷，也證明「新階級」理論並非空穴來風。

早在尼克森訪華前，周恩來就打聽到美國人喜食海味，吩咐準備一千公斤新鮮鮑魚。[2] 當年奉命下海撈鮑的大連獐子島老漁民王天勇接受香港《蘋果日報》採訪時表示：「那時不知要給誰撈，上邊說是『政治任務』，又正是寒冬臘月，上邊都不理，一定要下水，還指定要最好最大的。……我們一共收穫了一千五百公斤鮑魚，又從中選出一噸優質鮑魚裝上軍艦，轉乘飛機運抵北京。」這真是「一騎紅塵妃子笑，無人知是荔枝來」的現代版本。

《紐約時報》記者馬托夫報導說，被驅使在天寒地凍中打撈鮑魚的十名漁民中，有三位漁民被凍死，其中一位年僅十七歲，名叫何高。後來，尼克森夫婦讀到報導，一度陷入深深自責之中。

二月二十三日晚，北京開始下大雪，但按照計畫，尼克森第二天要去長城。尼克森夫婦起床後驚訝地發現，昨天夜裡厚厚的大雪驟然「消失」。在人定勝天的中國，什麼奇跡都能發生：事必親躬的周恩來早就給北京市領導打電話布置掃雪任務，北京連夜出動一百多輛灑水車、六十萬人從釣魚台一直掃雪到烽火台。從這個細節可知，柏林牆只存在不到三十年，長城存在兩千年，不是沒有原因的。共產中國仍然是傳統的東方帝國（儘管添加了史達林式極權主義統治模式），由沒有自由意志的奴隸與暴君共同組成。

尼克森和季辛吉很享受在北京得到的東方帝王般的款待，假裝不知道他們所看到的中國乃是一個超級大的「波坦金村」。

如果說二戰最大的受益國是蘇聯，那麼越戰最大的受益者就是中國——世事無常，美國在越南的挫敗，成了中國絕處逢生的契機。

季辛吉是理想主義者嗎？

一九六一年，年輕的哈佛大學教授季辛吉費盡九牛二虎之力擠進白宮。此時，季辛吉的職務是每週只用上一兩天班的兼職顧問，但對於這名有十四個親人死在納粹集中營、十五歲時逃到美國、最初只會幾個英文單詞的德國猶太人來說，已是一個莫大的成就。[3]美國社會是有容乃大，只要足夠聰明、足夠努力，新移民也能實現其美國夢。

然而，一名差點亡命於納粹魔爪的猶太難民，在美國掌握大權之後，卻成為美國民主的破壞者，似乎有些不可思議。但若仔細分析就能知道原因所在：記者蘭道（David Landau）認為，季辛吉是「威瑪之子」，揮之不去「革命及政治秩序失序、所有公認權威消失的可怕幽靈」。這跟鄧小平一看到學生遊行示威就聯想到文革、就擔心失去權力，然後下決心對學

2 國務院將採捕鮑魚的命令層層下達，直至遼寧大連長海縣獐子島人民公社的潛水隊。接到任務後，從來不在這一季節捕鮑的潛水隊員，冒著零下二十攝氏度的嚴寒和被鯊魚襲擊的危險，經歷上百次深海捕撈，終於完成這一「不可能完成的任務」。《中美聯合公報》發表後，周恩來專門致電遼寧，表揚潛水隊是中美談判的「幕後英雄」。

3 季辛吉精通拍馬術，但他的前系主任、甘迺迪的國安顧問邦迪不吃他那一套。邦迪承認季辛吉才華過人，卻認為其野心勃勃、令人討厭。季辛吉轉而求助於甘迺迪的特別助理、同樣是哈佛大學出身的歷史學家阿瑟・施列格爾——後者利用他來對付甘迺迪倚重的外交界元老艾奇遜。

生和市民展開血腥屠殺，是同樣道理。

季辛吉不喜歡受官僚系統的束縛，蔑視民意和輿論，對民主價值持玩世不恭態度，執迷於訴諸個人魅力、具前瞻性和非民主的政府決策。與之同時代的評論家們指出，「季辛吉主義」意味著「迷信秩序與權力而犧牲人性」、「認同全球現實政治，置務實主義於道義之上」，季辛吉「擁有近乎邪惡的心理直覺、可抓住暗藏性格根源的本能、知曉什麼會驅使或毀滅他人的本能」，還有「操弄權力的天賦：善於利用對手性格的優缺點」，「在他的世界裡權力代表著一切：均衡不只是秩序的必要條件、正義的先決條件，均衡就是秩序，就等於正義」。[4]

季辛吉毫無疑問是現實主義者。歷史學家尼爾·弗格森（Niall Ferguson）卻標新立異地將其形容為理想主義者，是康德「永久和平論」的信徒（比康德還康德）——當然，弗格森特別界定說，他指的是年輕時代的季辛吉。但這種界定是毫無意義的：年輕時代的季辛吉是學生和學者，那時他信奉什麼主義，跟公共利益關係不大。對季辛吉的歷史評價，取決於其當權時的政策產生何種結果。與賽珍珠、愛德加·史諾和費正清一樣，季辛吉主張美國承認共產中國，但他並無前三者身上虛妄的理想主義激情，而是出於赤裸裸的、冷酷的現實主義考量。[5]

在甘迺迪的白宮，季辛吉是一個默默無聞的小人物。他就柏林危機撰寫了一份備忘錄，卻沒有受到上層重視。他憤憤不平地說：「我現在所處的位置，就像一個人坐在駕駛員旁邊，駕駛員正駕車衝向懸崖。而問我的卻是，汽油不夠，油壓不正常。」由於自感處於決策層邊緣，他擔心白宮用他只是集思廣益，而並不會採納其意見。於是，他在當年十月辭職。[6]

此後七年，季辛吉在學界和民間積攢名望，逐漸形成其外交政策的思路。弗格森認為，季辛吉主義主要包括：大多數策略選擇是兩害相權取其輕；做決定基本上是靠推測；外交政策遵循現實主義。但季辛吉在個人事業早期反對歷史唯物論及經濟命定論，認為冷戰非關經濟、甚至無關核武器儲備，更別說戰車部隊，而主要是理想之爭。這種解讀宛如緣木求魚，實際上，季辛吉絲毫不具備清教徒的觀念秩序和對西方民主價值的認信，他是虛無主義者，認為歷史發展是一種偶然。好壞善惡都不是其考慮的重點，他與施密特（Carl Schmitt）一樣只迷戀權力本身，而且權力無關乎正義。童年親身體驗過納粹的殘暴，他不再相信世間還有正義。[7]

兼顧伏爾加與茅台的大三角戰略

作為知識菁英的季辛吉，一向看不起出身卑微、教育背景寒磣的尼克森。一九六八年，當尼克森成為共和黨總統提名人時，季辛吉經過一番審時度勢，自告奮勇出任其外交顧問——

4 尼爾．弗格森（Niall Ferguson）：《季辛吉 1923-1968 年，理想主義者》（上冊），（台北）廣場出版，二〇一九年，頁二三—二四。

5 理想主義會給制定外交政策帶來禍害，完全剝離價值判斷的現實主義或功利主義也會帶來禍害。弗格森對季辛吉的激賞，是因為他們分享同樣的觀念秩序。他們對中國的看法驚人一致，都主張對中國採取綏靖政策。弗格森在論文〈讓中美共同體再次偉大〉（Make Chimerica Great Again）中提出「中美共同體」（或「中美國」）的概念，希望中美「尋求和解」。川普執政期間，他又撰文呼籲川普沿襲季辛吉的對華政策。

6 弗雷德里克．肯普（Frederick Kempe）：《柏林 1961：甘迺迪、赫魯雪夫和世界上最危險的地方》，（北京）中國青年出版社，二〇一三年，頁二六八—二七〇。

7 尼爾．弗格森：《季辛吉 1923-1968 年，理想主義者》（上冊），頁二九、三五—三六、四四八。

只要能與尼克森分享權力，尼克森是什麼人已不重要了。尼克森宣誓就職時，美國已深陷越戰泥潭，決策部門的菁英們發現，越戰不光打不贏，而且還反映出美國政治制度的先天性道德失敗。尼克森將收拾殘局的希望寄託在足智多謀的季辛吉身上，兩人達成「不可能的組合」。尼克森將季辛吉的國家安全顧問的提名排在國務卿和國防部長之前（實際上也在副總統之前）——季辛吉擁有比副總統、國務卿、國防部長大得多的權力，有人戲稱為「助理總統」。[8]

尼克森是一個不受既定規則約束的政客。一向反共的他突發奇想——美國要從越南脫身，可借助中國的幫助，不妨改變過去二十多年封鎖中國的政策。支持這個想法的前提是：尼克森認為中共不是正宗的共產黨，這是一個從延安時代就在美國人當中流傳的童話。後來尼克森訪華時候，季辛吉當著毛澤東的面說，尼克森當總統後，「我們才瞭解中國革命的特殊本質，以及和其他社會主義國家革命不同之處」。尼克森的結論更離譜：「我們兩國現在可以坐在一起暢談，主要是我們認清了世界新局勢，國家內部的政治思維模式沒有那麼重要，主要是看我們的對外政策。」（尼克森放棄了共和黨人歷來的立場，比如共和黨人斯科特勸告說，和中國交往必須「保持戒心」：「雙方對人類和社會的看法存在基本的哲學的分歧，中國有和我們知識、經驗和觀念根本不相同的東西。」）尼克森對中共的看法跟蘇共對中共的判斷一致——中共是共產主義陣營中的叛徒，但中共不會同意這個論斷，中共認為自己才是唯一原教旨主義的共產黨。

一九六九年末，季辛吉接受且完善尼克森的這一想法，認可敲開中國大門值得一試——經過越戰，美國實力下降，對抗蘇聯力不從心，必須聯合中國才有勝算。中國的加入能讓美、蘇雙邊關係變成三角關係，這種關係有利於美國。這就是「大三角」戰略。「我們跟他們兩邊都維持更勝於他們之間的關係，對我們的幫助就能發揮到極致。」美國將淩駕於蘇聯和中國之上，維持雙方的平衡或均勢，季辛吉使用一個關於國酒的比喻：「謹慎關注雙方的首都，我們就能繼續飲我們的茅台，繼續喝我們的伏特加。」[9]

季辛吉並沒有任何宗教或意識形態上的認同，他既不信仰解猶太教，也不信仰基督教，對各種主義都不感興趣，就連共和黨與民主黨的價值分歧對他而言都不重要。尼克森在回憶錄中承認：「我感覺到他像我一樣，不是那種宗教感很強烈的人。」後來，當尼克森在水門事件的幽暗時刻，請求季辛吉與之一起在白宮橢圓辦公室跪下來祈禱，這位權術大師勉強跪下，卻言不由衷——他心中沒有上帝的位置，沒有禱告的對象。

民主國家的祕密外交

季辛吉認為，他一生最重要的成就有三個：與越南和談、與中國接近、與蘇聯建立新的

8 季辛吉不承認自己是馬基維利主義者或梅特涅主義者——他在接受法拉奇採訪時說，馬基維利「對我絲毫沒有影響」、「我與梅特涅不可能有共同的地方，我只寫過一本關於他的書」，反之，他炫耀說，「對我影響最大的是斯賓諾莎和康德兩位哲學家」，並且強調「權力本身，作為一種工具，對我沒有什麼吸引力」，但實際上，他唯一的信仰就是權力，他有一種《紅與黑》的主人公于連式的人格特質。奧里亞娜·法拉奇（Oriana Fallaci）：《風雲人物採訪記》（上），（南京）譯林出版社，二〇一一年，頁二〇、二一。

9 瑪格蕾特·麥克米蘭（Margaret MacMillan）：《只爭朝夕：當尼克森遇上毛澤東》，（台北）時報文化，二〇一一年，頁一三五－一三六。

緩和關係。要達成這些目標，就必須放棄意識形態上的成見，不能依靠問題本身的是非曲直去解決，他批評反共的右派「缺乏時間感，或脈絡感，或感覺不到現實的綿密交織」。他指出：「我們轉向中國，不是要為一九四〇年代末自由派中國政策的過錯贖罪，而是要重塑一種全球均勢。」

一九六九年十二月，季辛吉做了一份簡報，向媒體解釋政府外交政策的轉變。簡報中如此寫道：「我們一向表明，我們沒有永久的敵人，我們評斷其他國家，特別是像共產主義中國這樣的國家，是根據他們的所作所為，而不是取決於他們國內的意識形態。」這種說法是自欺欺人：中國等共產主義國家的所作所為，是由其意識形態所決定的，中共向來為了意識形態而不惜犧牲國家利益——一個最明顯的例子是，中國半個多世紀以來對朝鮮的外交政策「沒有最左，只有更左」，很多時候跟國家利益背道而馳。

季辛吉遇到了尼克森，並深得尼克森信任，得以大展手腳。一九七一年七月，季辛吉為尼克森打前站，取道巴基斯坦祕密訪問中國。一見面，他就被周恩來征服：「周恩來是我在六十年來的公職生涯中遇到過的最有魅力的人。他能以他超人的智慧和能力壓倒談判對手，能憑直覺猜到對方的心理活動。」他不知道周恩來身兼祕密警察頭子，殺人不眨眼，以及文革期間跪在江青面前的醜態——即便知道了也不會相信。

當見到毛澤東之後，這個哈佛博士在只有中學學歷的暴君面前如同畢恭畢敬、洗耳恭聽的小學生，乖乖聽毛漫無目的地談天說地，偶爾畫蛇添足式地表示讚同。毛澤東與希特勒同樣具有某種惡魔般的領袖魅力，從季辛吉對毛的頂禮膜拜可以推測，若他早生二十年，若他不是猶太人，一定會忠心耿耿地為希特勒效勞。

季辛吉認為，國事訪問很少能給國際事務帶來重大影響，尼克森訪華卻是例外。「中國又回到世界外交的舞台上，美國也有了更多的戰略機會，這都給國際體系賦予新的活力和彈性。中美之間磋商的頻繁程度甚至在正式盟友之間都是極其罕見的。」他強調說：「中美修好的好處並不是永恆的友誼或互相融洽的價值觀，而是重新達成全球的力量平衡。也許，隨著時間的推移，雙方還能在價值觀上達成更大的融洽。」他的這一預測錯得一塌糊塗：此後半個世紀，中美雙方在價值觀上並未達成「更大的融洽」，反而漸行漸遠。

季辛吉討好中國，犧牲品除了被迫退出聯合國的台灣—中華民國政府之外，還有孟加拉。一九七〇年底，巴基斯坦軍方展開一場大規模的滅絕行動，叫作「尋光行動」，旨在徹底「一勞永逸」的解決孟加拉（當時是東巴基斯坦）問題。這場屠殺行動激發了孟加拉與巴基斯坦的全面內戰。

屠殺初始時，美國駐東巴基斯坦領事布洛德要求美國介入制止。但季辛吉認為，巴基斯坦是北京的老牌盟友，不想在跟北京建立長期友誼之前，因孟加拉問題開罪於北京。印度表態支持孟加拉，印度當時友蘇又反中，更讓季辛吉對孟加拉獨立沒有好感。布洛德的建議如石沉大海，他在電報上嚴厲批評美國政府，認為美國「道德破產」，這幾則有名的電報被稱作「血色電報」。季辛吉充耳不聞，將布洛德調離孟加拉地區。在戰事最激烈的時刻，尼克森政府一度考慮派有核彈投射能力的轟炸機前往戰場，支援西巴基斯坦軍方。[10]季辛吉的所

10 鄭紹鈺：〈孟加拉的崛起之路〉，台灣關鍵評論網，https://www.thenewslens.com/article/146177?utm_source=2016IndexHot&utm_medium=internal&utm_campaign=hot_post。

作所為，與他殘害他家人的希特勒庶幾近之。

從派遣季辛吉到中國訪問開始，尼克森就對此高度保密，傳統上負責外交的國務院、對外交事務擁有一定發言權的國會、五角大樓與參謀長聯席會議等全都被蒙在鼓裡。[11] 尼克森與季辛吉自行祕密處理對華政策，把國務院當作敵人，保密到家。在訪問北京期間，尼克森排斥隸屬國務院的翻譯，主動借重中方翻譯。[12]

作為三權分立的民主國家，總統及白宮為何能壟斷外交權，實行祕密外交？這是美國憲制上的一個漏洞。國父們在起草憲法時，美國尚是一個位於新大陸、相對孤立的小國，無需處理複雜的外交議題（國父們不願與歐洲舊世界有過多糾纏），因此對外交政策的權限並未作出太多規劃。華盛頓的告別演講和傑佛遜的總統就職演講中，都反覆強調美國不要捲入歐洲事務（那時，對美國來說，與歐洲的外交基本上就是外交的全部）。華盛頓說：「歐洲有一套基本利益，它對於我們毫無或甚少關係。歐洲經常發生爭執，其原因基本上與我們毫不相干……我們真正的政策，乃是避免同任何外國訂立永久的同盟。」

國父們卻沒有想到，一百多年後，美國成長為世界帝國，尤其是二戰之後成為西方民主世界的領袖，外交政策成為國務中的重中之重。然而，憲法中卻未對外交事務的權限做出明確界定，使得外交事務基本處於總統掌控之下。美國總統在外交上的大權，超過任何一個歐洲大國的君王和政府首腦。美國總統在大部分的國內事務上不能一言九鼎，在外交事務上卻往往獨行其事。而總統一旦失誤，必將對國家造成重大危機。

在此一背景下，尼克森和季辛格對祕密外交樂此不疲。季辛吉後來解釋說：「尼克森任總統期間最富戲劇性的事件在當時卻鮮為人知，因為尼克森認為訪華若要成功，就必須嚴加保密。若公之於眾，則需要美國政府內部獲得層層批准，走一道道複雜的程序，世界各國也都會堅持要求與我們商議，這樣會影響我們去北京摸清中方的態度。透明固然重要，但為了建立更為和平的世界秩序，抓住歷史機遇也是必要的。」這種解釋是典型的「為了達到目的可以不擇手段」。

尼克森踐踏了美國的民主傳統和民眾的知情權，最終將為此付出沉重代價，那就是水門事件——水門事件是民主黨和左派媒體為尼克森設下的圈套，尼克森的敵人們並非後來書籍和電影中大公無私的「扒糞者」；但尼克森本人並非完全無辜，他是「聰明反被聰明誤」，常在水邊走，不可能不打濕鞋子。

一九九三年，尼克森在最後一次訪問中國時，不無苦澀地說：「歷史會記得我兩件事：水門案和敲開中國大門。」實際上，敲開中國大門的危害性千百倍於水門案，前者更應當受到譴責，尼克森直到去世也未能明白這一點。尼克森訪華，嚴重危害美國的國家利益和國家

11 季辛吉抵達巴基斯坦後，以生病為由假稱需要休息，住到喜馬拉雅山腳下一個避暑山莊。在華盛頓，只有尼克森和季辛吉的高級助理黑格（Alexander Haig）知道其真正目的地。為掩人耳目，美國隨員中最矮胖的一位，奉命化妝成季辛吉。賓館的每個房間都擺了許多芒果，這位季辛吉的分身大吃芒果，吃壞了肚子。

12 美方隨行三名翻譯，其一為傅立民（Chas W Freeman Jr）。訪華第一天，白宮助理查平召見傅立民，要他擔任尼克森敬酒時的譯員。傅要求先看講稿，查平說沒有講稿。傅說他知道有講稿，他曾被徵求意見：「如果你認為我信口就把總統引用毛主席的詩譯回中文，你一定是頭腦不清楚。」查平說，這是總統的命令。傅拒絕從命。查平講稿交給中方譯員冀朝鑄，由其擔綱翻譯。次日，尼克森主動對周恩來說，正式會談的譯員由中方指派，因為「美國人守不住祕密」。兩天之後，當傅立民展現其翻譯才華，尼克森才對其道歉，並惺惺作態地對周恩來說，傅立民說不定是美國首任駐華大使。多年後，傅立民出任駐華公使及助理國防部長。

安全，成為中共政權延續至今的關鍵因素。若非他向中國敞開大門，當初經濟和政治狀況比蘇聯更糟糕的中共政權未必能比蘇聯更長命，比蘇聯更早崩潰的將是中國。中國的救星不是毛澤東或鄧小平，而是尼克森。

尼克森式的外交，有極強烈的個人色彩。它超越政府一般程序，使中國領導人得以專心只與一個類似季辛吉的高階美國官員打交道，可以對此人奉承討好，投其所好，再加以利用。

尼克森和季辛吉建立的對華外交模式，經後來歷任政府奉為圭臬：對華交涉很特殊，要脫離正常的外交及體制管道。就風格和內容兩方面而言，尼克森與季辛吉的外交，至少在未來四分之一個世紀裡，指導著美中關係發展。當然，在美國歷史上，祕密外交不是尼克森和季辛吉的發明，羅斯福在雅爾達會議上與史達林簽訂密約就是惡劣的先例。

美國外交政策尤其是對華政策的全面變革，要等到冷戰結束三十多年之後，川普在危機中當選總統並任命蓬佩奧（Mike Pompeo）為國務卿，才得以實現。美國揮霍了寶貴的三十年，文嬉武戲，而中國已然野蠻崛起。如何應對中國這個專制國家，已然是英國和西方的「單一最大優先要務」。改變來得太遲了，但亡羊補牢、未為晚也。

尼克森在訪華時對中國的印象大都是錯的。比如，他通過短短一個星期的訪問，得出中國比蘇聯好打交道的結論——或者說，他是先有了結論，然後才尋找支持此結論的素材。他認為，蘇聯人一本正經地堅持他們所有的東西都是世界上最大的和最好的，而中國人幾乎念念不忘自我批評，常常向人請教怎樣改進自己——連江青都不例外，江青主動要求尼克森對「樣板戲」提意見。尼克森不知道那是中國人的偽善。中國人比俄國人更詭詐，俄國人再壞也有東正教的底子和從彼得大帝以來三百年西化的底子，而中國人口頭上是共產主義加儒家的義正詞嚴，骨子裡卻是法家和縱橫家的厚黑權謀。蘇聯多多少少還遵守簽署的保障人權的赫爾辛基協定，而中國將《中英聯合聲明》和國際海事法庭的裁決都全當做一紙空文。

尼克森訪華是近代美國外交政策的最大錯誤

尼克森曾是堅定的反共鬥士，他如何解釋自己的巨大轉變呢？他認為，他找到了對共產世界「不戰而勝」、和平演變的絕妙方式。他告訴周恩來：「我在艾森豪政府中任職時，我的看法與杜勒斯先生的看法相似。但是自那以後，世界發生了變化，中華人民共和國和美國的關係也必須改變。就像總理與季辛吉博士會面中所說的，舵手必須懂得該怎樣駕馭風浪，否則只會被大潮所吞噬。」所謂「世界發生的變化」，指中蘇交惡。他發現，對美國來說，中蘇邊境上的軍事攤牌或許是一座橋樑，美國可以拉攏中國，從而讓「將冷戰的前沿向有利於自己的方向移動」。

在一九七一年二月二十五日經過修訂後完整發表的「關島主義」和「尼克森主義」的發言中，尼克森承諾在東南亞縮減美國的干涉力量。表面上看這種考量的核心是財政問題，其實是向中國拋出橄欖枝。對於尼克森的這種「改變」，季辛吉進一步闡釋說：

在尼克森的設想中，中國起了關鍵作用。兩國領導人從不同角度審視了他們的共同目標。在毛澤東看來，和解是一種戰略必要手段，尼克森則將其視為一個改變美國外交政策和世界領導地位的機會。他想利用對華開放向美國公眾表明，即使在一場元氣大傷的戰爭中，美國還是能制定長治久安的藍圖。於是他和他的屬下們竭力爭取與五分之一的世界人口重新建立聯繫，以減輕從東南亞黯然撤軍的痛苦。[13]

實際上，這種「改變」並未成為美國社會、朝野兩黨、尼克森政府乃至共和黨人的「共識」。尼克森的國務卿羅傑斯（William P. Rogers）非常不讚同「改變」。共和黨的反共力量仍遵循杜勒斯的做法：杜勒斯在某種程度上主導了艾森豪政府的外交政策，在其去世之後仍對甘迺迪和詹森政府具有決定性影響。杜勒斯對冷戰做出準宗教式的詮釋，他的基本立場，用其下屬、國務院遠東事務局的局長羅伯森的話來說就是：「我們當然百分之百支持台灣的國民黨政府，百分之百反對北京的共產黨政府。……除非共產黨人改頭換面不再當共產黨人，否則一切免談。」

尼克森深知，對華政策的轉變會引起黨內保守派反彈。他小心翼翼地開始「掃雷」工作。他鼓勵季辛吉打電話給高華德參議員和加州州長雷根等共和黨保守派大老，簡報其北京之行。他最高明的一招就是說服雷根，以總統特使的身分在當年十月到台北出席雙十節國慶慶典，安撫感到被出賣的國民黨政府。日後出任雷根政府國家安全顧問的理查．艾倫（Richard V. Allen）說：「雷根一直遺憾，被這麼利用；但當時他認為，總統要求他效勞，他就會從命。」[14]

尼克森的做法慢慢奏效了。對許多保守派來說，反蘇比反華更具吸引力，他們被說服接納「強化與中國關係以制衡蘇聯」的「中國牌」觀念——反蘇最力的參議員傑克遜讚同尼克森的與中國關係正常化的觀點。但保守派輿論推手、《國家評論》雜誌主編威廉．巴克利反駁說，傑克遜犯了對中國「道德盲目」的病症，看不清中華人民共和國事實上比蘇聯更極權專制。

鑑於巴克利在保守派陣營中的巨大影響力，尼克森放下身段拉攏他，邀請他作為媒體人員參與訪華之行。巴克利受邀加入其中，卻沒有改變自己的觀點，他冷眼旁觀尼克森與周恩來的觥籌交錯：「那感覺就好像是讓蕭克羅斯爵士在紐倫堡審判時，從檢察官席走下來，擁抱戈林、鄧尼茨、赫斯，乞請他們加入打造美好世界的行列。」巴克利看透中國的本質，也看到尼克森對華政策的致命局限與偏差。

西方對中國的無知

尼克森是決策者，季辛吉是執行者，但主僕二人不斷勾心鬥角、爾虞我詐。在派遣季辛吉訪問中國前夕，尼克森一度要求季辛吉前往北京之外的其他城市，以便日後自己能成為進入中國首都的第一位美國政客。但季辛吉虛以委蛇搪塞總統，他一心一意只想到北京去。等到尼克森訪華時，他本來希望至少有一次在沒有季辛吉陪同的情況下與周恩來展開會談，卻被季辛吉阻撓而未能實現——每一次重要會談季辛吉都在場，以確保對每一個環節的掌控。

13 季辛吉：《論中國》，頁二〇七。

14 孟捷慕（James H. Mann）：《轉向：從尼克森到柯林頓美中關係揭秘》，（台北）先覺出版，一九九九年，頁六二。

就連毛澤東都掌握了這一情資。當季辛吉陪同尼克森進入毛澤東的書房展開會談時，毛澤東說，今天不談外交政策，只談哲學，季辛吉是這些人中唯一的哲學博士，「今天請他主講，如何？」尼克森心中當然不是滋味。季辛吉在回憶錄中寫道：「毛好像出於一種習慣，要在來賓之間挑起『矛盾』。他一邊表示謙虛，一邊調侃了別人，又可以在總統和安家安全顧問之間埋下不和的種子——一般來說，總統是不會樂意被自己的安全顧問搶了風頭的。」[15]

尼克森在與毛澤東的會談中說：「我們具有不同的哲學，然而都腳踏實地來自人民，問題是我們能不能實現一個突破，這突破將不僅有利於中國和美國，而且有利於今後多年的世界。我們就是為了這個而來的。」為了拉近關係，尼克森向毛說他們同樣都是窮苦人家出身，經過千辛萬苦的個人奮鬥才成為國家元首。尼克森被毛澤東海闊天空地談論的「哲學」弄糊塗了，絲毫沒有意識到坐在他對面的人是殘暴的屠夫，而他成了這個奄奄一息的屠夫的救星。

多年後，尼克森總結他在中國感到最鮮明的印象有兩個。其一是在北京觀看體育表演時，「觀眾既守紀律又激動得近乎狂熱的令人生畏的景象，它證實了我的這一信念，即我們必須在今後幾十年內在中國還在學習發展它的國家力量和潛力的時候，搞好同中國的關係。否則我們終有一天要面對世界歷史上最可怕的強大的敵人」。尼克森生得晚，沒有趕上觀摩納粹黨代會和柏林奧運會，否則他會有更大的驚奇。尼克森意識到中國的可怕，卻幫助它變得更可怕。他不可能改變中國對美國根深蒂固的敵意（除非美國接受中國的意識形態，並融入以中國為中心的「朝貢體系」），最終美國仍必須面對這個可怕的敵人。

尼克森的另一個鮮明印象是「周恩來無與倫比的品格」。數十年來，周恩來幾乎實現了對西方來賓的「通殺」——從馬歇爾到尼克森，無不拜倒在這個孔夫子式的共產黨員腳下。周恩來是儒家式東方專制主義與現代共產極權主義完美結合的範例。這個例子再度表明西方對中國的無知到何種程度。多年之後，成色弱很多的新版周恩來——溫家寶——照樣博得中外偶像崇拜者們熱烈的掌聲。

尼克森政府設計、議定的主調，主導了美國對中國政策的思維：與中國親善有助於美國與蘇聯打交道；華府與北京可以攜手在東亞地區解決各項事宜；同時，美國不應、也不會挑戰中共領導人。後來歷任總統、國務卿和國家安全顧問，都在尼克森與季辛吉建構的大廈上添建，偶爾略作修葺；他們很少挑戰尼、季的中國政策的基礎，或重新評估其基本假設是否依舊說得通。隨著時間流逝，尼、季對華政策成為新教條，取代了一九五〇至六〇年代指導美國外交行動的舊教條。

即便是天安門屠殺也沒有改變尼克森對中國一廂情願的想像。他承認「一九八九年，是東歐九千萬人民勝利的一年，法律之治取代了恐怖統治；然而，它卻是中國十一億人民悲慘的一年，民主的夢想徹底被坦克機槍所粉碎」，但他仍然堅持不能孤立中國、要與中國保持

15 尼克森、季辛吉對各自的歷史地位和歷史評價爭風吃醋，後來在法拉奇採訪事件中再次發酵。季辛吉在受採時炫耀說：「中國是我取得成功的極其重要的因素，但關鍵還不在於此。關鍵在於我總是單槍匹馬地行事，美國人特別喜歡這一點。美國人喜歡獨來獨往的騎馬牧者，即便不帶手槍也沒有關係，就像西部電影里的人一樣。」這段話惹惱了尼克森，在數日內拒絕與季辛吉見面，也不接其電話。懊喪不已的季辛吉聲稱接受法拉奇採訪是他「平生最愚蠢的一件事」。

接觸、並加大在中國的投資，如此才能實現對中國的「和平演變」。雖然中國的人權狀況「像地獄深淵一般」，美國也不必將最惠國待遇與人權問題掛鉤，「美國可以把中國當做平等的合作夥伴，毋須把它當做敵人相待……我們也承擔不了做敵人的後果……現在把中國孤立起來，將是一場歷史大悲劇」。[16]

毛澤東如何迷惑了尼克森？

尼克森訪問北京，享受著歷史創造者的殊榮，隨後在競選連任中以絕對優勢獲勝。美國很快從越南撤軍，蘇聯也退縮了。他即將邁入偉大總統的行列。但是，從巔峰跌入谷底如同過山車一般：當水門事件爆發之時，民眾並沒有因為他是讓中美關係解凍的「英雄」而原諒他。

這場外交戰中真正的勝利者是毛澤東。六〇年代中期，中蘇交惡，中共的首要敵人從美國轉換為蘇聯。一九六九年，中蘇在邊境爆發珍寶島衝突，中方設了一個圈套，讓蘇聯邊防部隊遭受重大傷亡。隨即，蘇軍發動反擊，在新疆邊境消滅中國一個營。部署在中國邊境的蘇聯部隊增加到四十二個師，達一百萬人。蘇聯中層外交官詢問世界各國相識的同級官員，若蘇聯先發制人，攻擊中國的核設施，各國將如何反應。中國的同情者寥寥無幾。

同年，毛澤東重新起用在文革初期受到衝擊的陳毅、聶榮臻、徐向前和葉劍英等四名元帥，請他們分析中國的戰略選項。[17]四人在報告中提出，若蘇聯大舉侵華，中國可以打美國牌。陳毅為這個看上去離經叛道的觀點提供了一個歷史支點，建議毛澤東參考史達林與希特勒簽訂互不侵犯條約的經驗——這個細節說明，陳毅本人及毛澤東都是史達林的同類，都不認為史達林與希特勒簽訂和約是對共產主義事業的背叛。歷史學家余英時說毛澤東是「打天下的光棍」，毛多次贊揚日本侵華幫助共產黨崛起並向日本表示感謝，跟史達林與希特勒共舞有異曲同工之妙。葉劍英提出《三國演義》中的例子：「魏蜀吳三國鼎立，諸葛亮的戰略方針是『東聯孫吳，北拒曹魏』，可以參考。」這個比喻與季辛吉的「大三角」戰略不謀而合。

文革造成國內「天下大亂」，蘇聯的壓力以及中國在世界範圍內日漸孤立，使毛澤東迫切需要改善與美國的關係，用陳毅的話來說，「主席走這麼一步，整個棋局就活過來了」。這句話從反面理解就是：大部分中共高層都承認此前中國已步入「死局」，必須轉向。

季辛吉在為尼克森準備關於毛澤東的性格資料時，煞費苦心地為兩人尋找共同交集的對話主題。尼克森記下來：「尼、毛都是重視人民的人」，兩人都「與知識分子不對頭」。這個比喻不倫不類。尼克森雖嫌惡知識分子，卻不曾把他們打入階級鬥爭的煉獄，或是下放到

16 尼克森：《新世界》，（台北）時報出版，一九九二年，頁一六一、頁一七二—一七三。

17 毛已有向美國妥協的意願，但不便首先表示，需要有台階下，便安排四名老帥在工廠「蹲點」的同時，研究國際問題。周恩來將駐英國代辦熊向暉調來擔任四名老帥的助理。四名老帥剛接到命令時，摸不透毛的心思：經毛審定的九大報告對國際形勢已有詳細闡述，為什麼需要新的研究？周恩來給了定心丸：九大報告並非一錘定音，需要借助老帥的戰略眼光，提出新看法，不必擔心被扣上「右傾」帽子。周表示，希望四名老帥歸納出幾條，先由周斟酌、參謀，再呈送毛。四名老帥提出「蘇聯是中國的首要敵人、中國可以跟作為次要敵人的美國接觸」的新觀點。毛以此為論據，指示前線外交人員與美方展開談判，繼而邀請季辛吉訪華，最終促成尼克森訪華。

農村去養豬養牛。

毛澤東比尼克森更期盼這場會談，卻又運用欲擒故縱的手段。中方邀請尼克森在抵京幾小時之內就與毛澤東會面，「其實，用『邀請』一詞不太準確，因為跟毛澤東的會面每次都不是事先約好的，而是像從天而降的消息。這好像過去君王召見臣民的方式」。

毛澤東在會面前十分焦慮，報告尼克森一行人行蹤的電話不斷打進來。毛的身體狀況已非常糟糕，醫療組為此次會面做了萬全的準備。毛澤東書房兼會客室內的氧氣瓶、呼吸器等醫療用具全部搬走，移到旁邊的走廊上，又準備了一些小型輕便的急救設備，將氧氣瓶藏在一個大雕漆箱裡，其他設備則置於室內的大盆景後面，以便因應緊急之需。[18]

會談中，毛情緒很高，不停說笑話，試圖製造輕鬆氣氛。同時，他又刻意維持帝王般的威嚴及超然地位，他沒有回應尼克森希望討論的兩國之間棘手的政治難題，四兩撥千斤地說：「這些具體問題應該去和總理談，我只討論哲學。」毛認為自己淩駕於包括尼克森在內的所有「政務官」之上。

毛掌握著談話的主導權，像老師稱讚學生一般稱讚尼克森的《六次危機》寫得不錯。尼克森恭維說：「你讀得太多了。」毛說：「讀得太少，對美國瞭解太少了，對美國不懂。要請你派教師來，特別是歷史和地理教師。」

毛老奸巨猾，避重就輕；比之年輕一代的尼克森，處處被動，緊張急躁。這場對話，宛如此前甘迺迪與赫魯曉夫的對話，尼克森的表現比甘迺迪更不堪。

原定這次會見只是禮節性的十五分鐘，卻按毛的意願延長到一小時五分鐘。尼克森來訪，讓毛相當振奮。根據中美雙方事先的意向，毛還準備再會見尼克森一次，毛個人也有強烈慾望，但終究因為身體狀況而放棄。

尼克森在中國的表現未能維持他在美國政壇的平均水準。由於時差和壓力的關係，他屢屢犯錯。在中國的最後一夜，他喝了很多杯茅台酒，在晚宴上進行唯一一次沒有講稿的即席致辭。他似乎遠遠超出原本的交涉，提出一個近似於與中國成立軍事防禦同盟的主意。季辛吉嚇了一跳，但暗喜「此時新聞界也兵疲馬乏，沒有注意到它」。

這些細節上的錯誤，跟整個決策的錯誤相比，顯得微不足道——讓中國走出鐵幕，比當年丟掉中國還要可怕。在整個冷戰時代，美國犯的最大錯誤，不是越戰，而是將中國從鐵幕後釋放出來，原本希望以毒攻毒，結果卻是縱龍作惡、一發而不可收拾。

在與中國恢復關係初期，尼克森政府的官員幾乎都在中國領土與中國領導人會談。美國試圖無中生有，創造出關係。當初，季辛吉和尼克森前往北京，比中國領導人來華府訪問容易得多，尤其是美國的主要談判對象周恩來，及毛澤東本人的健康情況都很差。但是，美國人前往北京朝聖的模式，後來逐漸變得難以打破，使中方「天朝對待屬國朝覲」的意識大增。多年之後，美國人急欲與北京來往的心態不僅沒有必要，反倒使中方在談判上占了優勢。歷史學者索樂文研究中國的談判術之後，得出一項結論：「在中國首都談判，使得中方有機會包圍談判對象，擴大對方的感謝、依賴、敬畏與無助之意識。」這句話對於中方及前往北京的美國官員的心理，描繪得入木三分。美國人始終未能理解中國千年一貫的天下帝國觀念及

18 亞歷山大・潘佐夫（Alexander V. Pantsov）、梁思文（Steven I. Levine）：《毛澤東：真實的故事》，（台灣）聯經出版，二〇一五年，頁五八九。

其朝貢體制，必將為此付出沉痛代價。

尼克森和毛澤東的破冰會談，雖然共同抒發了對蘇聯的仇恨，卻沒有達成中美建交的結果。尼克森承諾在其第二個任期內完成中美建交，但他因水門事件辭職，未能實現此一承諾。一直等到卡特（Jimmy Carter）上台，才於一九七九年一月一日實現美中互相承認並建立外交關係。但尼克森訪華使得中國成功擺脫鐵幕的陰影。北京憑藉一九七二年的《上海公報》成功阻止蘇聯在東亞的權力訴求，並讓自己成為該區域的強國。在意識形態上，這一點還體現在一九七四年毛提出的「三個世界理論」當中，中國成為第三世界的當然盟主。

中美結束敵對狀態，中美在國際上組成「反蘇統一戰線」，對中國同日本、歐洲及蘇聯的國家關係產生強烈衝擊。日本在同年九月與中國恢復關係，其他十七個國家在幾個月內做了同樣的事情。毛取得巨大成功：中國走出四分之一世紀被孤立、封鎖和戰爭的風險，減輕了經濟建設難以承受的重負。[19]因此，毛澤東將尼克森視為中國的大恩人，對西方人很少友善、對恩人也很少知恩圖報的毛澤東，偏偏對尼克森視為知己。當尼克森因水門事件下台，在美國千夫所指之際，毛邀請尼克森再此訪華，毛澤東也給予尼克森現任總統的高規格待遇，並對其因水門事件下台表示同情。這個不名譽的前總統在北京受到了宛如衣錦返鄉般的歡迎。[20]

毛感激尼克森不是沒有理由的。不是鄧小平的改革開放而是毛澤東與美國的緩和政策拯救了中共政權。毛與季辛吉一樣是現實主義者，對他來說，昨天美國還是萬惡的帝國主義，今天就可成為座上嘉賓。他轉向之快，讓西方的毛主義者措手不及乃至理想破滅。毛對此毫不在意，他在意的唯有中共政權和其個人權力的穩固。

中國的國內政治需要影響著外交政策，外交政策反過來又影響國內的政治形勢。內政外交一番互動之後，中美兩國握手言和，使國際格局呈現出美蘇中三足鼎立局面；與此同時，國內三足鼎立的政治格局隨著林彪集團覆滅，變換為激進派和務實派的兩極天平——毛成為天平的支點。毛總的傾向是打美國牌反對蘇聯，但又時刻警惕著避免出牌的權力為美國和國內其他人所左右——他偶爾利用時間差來敲打一下從中美緩和中獲利最大的周恩來，以顯示

19 魯林（Alain Roux）：《毛澤東傳．專制者》（下），（香港）香港中文大學出版社，二〇一七年，頁一四五。

20 尼克森辭職後，作為「不光彩的前總統」，一開始深居簡出，但他不甘心就此離開政壇。一九七六年二月二十一日，中國邀請其再次訪華，他不顧福特政府反對，接受中國邀請，將此行視為捍衛其外交成就——中美結盟。中國派遣專機來美國接尼克森，這是第一架從中國飛到美國的專機。福特政府一度打算拒絕讓這架飛機抵達美國，但在最後關頭退縮了。福特私下裡咒罵說：「假設他持續如此蠻幹，我們將要給他好看。」國家安全顧問史考羅特露骨地說：「尼克森就是一個爛人。」這是尼克森辭職後的第一次外訪，成為其重新進入歷史舞台的標誌——他在中國講話的口氣「似乎還是美國總統」。尼克森稱讚毛：「誰也否認不了他是一位戰鬥到最後一息的戰士」。法新社評論說：「尼克森在中國似乎一天天變得更加愉快和自信。這要歸功於中國領導人給予他的心理的電休克療法。中國領導人給他一種政治上復活和恢復青春的治療。」《基督教科學箴言報》評論說：「尼克森得以恢復名譽而成為有用的國際人物這一機會是中國共產黨人給他的，而中共一度是他喜歡抨擊的對象之一。」記者布勞德寫道：「為了從搖擺不定的人生中替自己撈任何有意義的瑣細事物，沒有什麼、真的沒有什麼事情是他不會去做的。」參議員高華德更進一步指控尼克森觸犯了一七九九年通過的「羅根法」，該法禁止公民從事未經授權的外交活動。「假使他要幫這個國家一個忙，他可以留在中國。」尼克森的行為形同叛國，但美國政府及司法機構居然任其為所欲為。

自己才是最高仲裁者。[21]

「撐傘孤僧」是左派對毛的浪漫化想像

在尼克森掀起的中國熱中，很多西方媒體將殺人如麻的毛澤東美化成詩人和哲學家，這是此一綏靖主義潮流中最骯髒惡臭的章節。

西方一度將毛澤東看作「撐傘孤僧」，這樣的誤讀既是東西文化的隔膜所造成的（西方對東方始終存有浪漫化的想像），更是左派刻意為毛濃妝艷抹。

一九七〇年十二月十八日，毛在中南海住處接見「中國人民的老朋友」愛德加·史諾（Edgar P. Snow）。史諾以《紅星照耀中國》一書改變了西方人對毛和中共的負面看法。兩人談話長達五小時。

毛內心並不信任史諾，背後說史諾是中央情報局特務。毛這次召見史諾，是向他透露希望跟美國政府接觸的資訊。然而，史諾並非中情局特務，這個不被美國政府信任的記者並沒有管道向美國政府傳遞此一重要資訊，結果白白耽誤了幾個月時間。毛望穿秋水而未得到美國的回音。

史諾在《生活》雜誌發表了一篇題為〈同毛澤東的一次交談〉的文章。他提到個人崇拜問題，毛回答說，你們美國人才是個人崇拜多呢！你們的國都就叫「華盛頓」。史諾問：「搞個人崇拜的人是不是真心？」毛說：「有三種，一種是真的，第二種是隨大流，第三種是假的。」史諾沒有想到，這句話暗示毛與林彪已決裂。毛又說：「我是無法無天，叫『和尚打傘，無髮（法）無天』，沒有頭髮，沒有天。」

對毛說的「和尚打傘，無髮（法）無天」一語，在場的唐聞生先是直譯、再解釋說，「無法無天」意為無所畏懼、勇往直前。事後，唐聞生奉命給史諾一份英文記錄。史諾在他的報導中寫道他與毛告別的場景：

當毛主席親切地送我到門口時，他說他不是一個複雜的人，而實在是很簡單的。他說，他不過是一個帶著把破傘雲遊世間的孤僧罷了。[22]

史諾對「和尚打傘」作了自以為是的「藝術加工」，以致面目全非，對西方讀者產生極大誤導。中文本身就是一種含義模糊的語言，毛講話的風格又是天馬行空、喜歡使用隱喻，即便他身邊的人也要經過再三揣摩才知道他的真實意思。西方人更加摸不著頭腦。中國情報界和外交界元老、「中國諜王」熊向暉後來特別撰文對「打傘孤僧」做出糾正，認為史諾誤會了毛的原意。一九三六年入黨、被毛澤東和周恩來安插在胡宗南身邊的間諜熊向暉，知道毛所說的「和尚打傘，無髮（法）無天」毫無雲遊孤僧的詩情畫意，而與毛自詡為敢於挑戰

21 史雲、李丹慧：《難以繼續的「繼續革命」：從批林到批鄧》，（香港）香港中文大學當代中國研究中心，二〇〇八年，頁一一五－一一六。

22 熊向暉：《我的情報與外交生涯》，（北京）中信出版社，二〇一九年，頁二五〇－二五五。

玉皇大帝、觀音和如來佛的「潑猴」一樣，沒有任何法律和規矩可以約束他。[23]

距離產生美感，文化隔閡產生新鮮感。西方人只要不是左派，相對比較容易辨認出希特勒和史達林是殘忍的獨裁者；但是，一旦跨越東西文明的界限，他們就喪失了常識和標準，無法辨識東方的領導人是好是壞。

因此，尼克森和季辛吉這一對活寶，被毛玩弄於股掌之上而毫不自知。與毛澤東會談時，季辛吉諂媚地說：「我過去在哈佛大學教書時，指定我的學生研讀主席的文選。」毛說：「我的那些東西算不了什麼。」尼克森說：「主席的著作感動了全國，改變了世界。」毛說：「沒有改變世界，只改變了北京附近的幾個地方。」他們一起開帶有色情意味的玩笑，不顧有女性翻譯在場。

毛表示，他在上次的美國總統大選中投了尼克森一票，「我喜歡右派」，「右派當權，我比較高興」，「美國的左派只能是誇誇其談，右派卻能做到，至少目前是如此」。毛對西方左派的偽善虛驕、言行脫節有一定認識，卻完全不能理解什麼是右派，因為他對基督教文明秩序一無所知。毛說他喜歡右派，只是消除尼克森的顧慮。

一九七五年十月二十一日，生命只有最後幾個月的毛澤東，與來訪的季辛吉作最後一次單獨會談。毛說了一段關於台灣的前途和命運的話：

> 台灣最好在你們手裡。要是你現在把台灣還給我，我也不要。因為現在要不得。現在那裡反革命分子太多了。一百年以後，我們就會要了（做手勢）打仗也得要。（季辛吉插話說：「不用一百年。」）好難講。五年、十年、二十年、一百年。實在難說得很。（指著天花板）

等到我上天堂去見上帝，我要同祂講，現在台灣由美國代管還比較好。

可見，毛既不是馬列主義者，也不是民族主義者，他並不關心台灣的歸屬，只關心他個人及中政權的安危。這批談話紀要，中國至今未公布。美國國務院將其作為絕密檔案封鎖了二十六年後，在老布希任總統時的一九九九年解密。人們對那段塵封的歷史早已興趣缺缺。但今天讀來，毛的野蠻和無恥，季辛吉的詭詐和怯懦，仍是觸目驚心。

毛沒有什麼深奧理論，但其文字生動活潑、攝人魂魄，就連胡適都承認毛是共產黨白話文第一人。毛公開將自己形容為「馬克思加秦始皇」，比大部分研究毛的著述都準確。馬克思就是經濟公有制、暴力革命、階級鬥爭，秦始皇就是中央集權、皇帝獨裁。看上去，一東一西且相差兩千多年的秦始皇和馬克思似乎無法相加，二者卻在中國、在毛身上結合得天衣無縫。

23 熊向暉早年深受胡宗南重用，獲公費資助赴美留學。後來任胡宗南的秘書，將軍方最高機密第一時間告知中共。周恩來說，蔣介石的作戰命令還沒有下達到軍長，毛主席就看到了。毛讚揚說，熊向暉一個人頂幾個師。熊向暉一直在周恩來身邊擔任要職，文革期間出任中國駐墨西哥大使，在其上任前一週，墨西哥逮捕了一批「在中國受過訓練的游擊隊員」。墨西哥左翼總統埃切維里亞在接受熊向暉遞交國書時，異乎尋常地向其詢問中共支持游擊隊的問題。毛在會見來訪的埃切維里亞時，用開玩笑的口吻說，要其提防熊向暉在其國家「搗亂」、「搞顛覆」。此事還有後話，熊向暉的女兒熊蕾現為《新華社》旗下「中國特稿社」副社長，在官媒發表一篇題為〈從基因爭奪到新冠疫情：一個新聞人的記錄和思考〉的文章，指責SARS病毒和武漢肺炎都是哈佛大學對中國的細菌戰。

如魚飲水，冷暖自知。毛對自己的定義，比所有西方研究毛和中國的學者都更準確。毛是馬克思加秦始皇，意味著中國是共產極權主義加天朝帝國主義——這就是中共意識形態缺一不可的兩翼。中共將兩者疊加在一起，使得其力量與迷惑性也倍增，既讓蘇聯東歐式的共產主義甘拜下風，也讓第三世界傳統的獨裁政權望塵莫及。

後尼克森時代的季辛吉

一九七四年八月十日，尼克森辭去總統職務，黯然離開白宮，副總統福特（Gerald Rudolph Ford, Jr.）繼任總統。季辛吉沒有跟尼克森共進退，留在白宮下來，還高升一步：人脈不足的福特希望藉助身兼國務卿和國家安全顧問的季辛吉幫他穩住局面並贏得公眾支持。

福特執政初期，政府內部所有有關外交政策和國防項目的部門會議都由季辛吉主持，他和他手下的人員控制著資訊和情報的流動；他們起草上報給總統的政策建議報告。在政府外部，媒體和全國都對季辛吉這位諾貝爾和平獎得主讚賞有加（儘管法拉奇嘲諷說，「不幸的諾貝爾，不幸的和平」）。[24]

不過，事情很快發生變化。福特站穩腳跟之後，開始任用大批自己的人馬——新國防部長倫斯斐（Donald Rumsfeld）、新白宮辦公廳主任錢尼（Richard Cheney），這些新人很快蠶食季辛吉的權力。季辛吉被迫讓出國家安全顧問這一要職，雖然擔任這一職務的是執行他的政策的、他的前副手斯史考羅夫特（Brent Scowcroft），但他失去了召集外交政策主要部門聯委會的權力，失去了在白宮的基礎和接近總統的便利。

然而，季辛吉人走而茶不涼。國務院將其奉為「外交教父」。季辛吉訪問中國近百次，隨著中國開放對外貿易與外國投資，其個人利益跟中國水乳交融：他馬不停蹄地協助美商在中國尋求門路，本事通天，可以為美商引薦中國最高領導人，從鄧小平、江澤民、胡錦濤一直到習近平——他是薄熙來倒台前在重慶會見的最後一位外國客人，他的家族和客戶在重慶有天文數字般的投資項目。

季辛吉常因混淆評論與顧問的分際，為人詬病。他無視美國的立國價值，無視美國的國家利益，僅僅為滿足個人的權力慾望和利益而不擇手段、厚黑無邊，他是二十世紀給美國帶來重大災難的政客之一。他從來不以當年主導放縱中國、養虎為患的政策感到後悔，從來不為肉麻地稱頌從毛澤東到習近平等中共歷屆黨魁和獨裁者感到羞恥。二〇一八年，國會參議院軍事委員會舉行聽證會，九十五歲的季辛吉出席，再度表示中國崛起「是政策和歷史的必然」。

24 就在福特宣誓就職第二天，季辛吉起草了一份備忘錄交給福特簽署，備忘錄將擴大他業已擁有的權力。根據這份備忘錄，季辛吉的國家安全委員會負責外交政策的全部決策，季辛吉繼續主持最高層政府官員有關外交政策的所有會議。季辛吉成為美國歷史上擁有最大權力的國務卿和國家安全顧問——而且，兩個職位前所未有地合二為一。一九七五年初，小說家約翰・赫什在白宮停留了一個星期，他報導說，季辛吉壟斷了外交政策，「現任總統在就職前很少接觸外交事務，我聽說，他只聽一個聲音，一個反覆無常的聲音，那就是亨利・季辛吉的聲音。這是我整整一週都在思考的最令人不安的想法——外交、安全、國外情報，怎麼能每天只聽一個聲音？」

鄧小平的「投名狀」讓美國引鴆止渴

毛死後，鄧小平在權力鬥爭中勝出，結束文革，將治國重心從意識形態轉向經濟建設。但經歷十年浩劫，中國已然民不聊生、民怨沸騰。鄧小平是聰明人，知道孫子兵法中「圍魏救趙」的道理，他需要發動一場小規模的、收發自如的對外戰爭，來轉移民眾不滿並凝聚民心，打擊的對象自然是近年來在南方邊境屢屢與中國發生衝突的越南。

鄧小平也將打越南視為一份給美國的「投名狀」——他的改革開放「新政」，離不開美國和西方的技術與金融支持。而且，打越南可切斷蘇聯在東南亞的黑手，遏制蘇聯在亞洲的擴張，讓中國避免受到南北夾擊。

近代以來，中越關係千絲萬縷，剪不斷、理還亂。一九四九年，中共奪取政權之後，即派出軍事顧問團幫助越共對抗法軍。[25] 美國出兵越南後，中國是北越最堅定和最慷慨的盟友，提供的實質性幫助比蘇聯更大。一九六二年，毛澤東答應向北越提供九萬枝槍炮，毛說：「凡是越南需要的，我們就優先供應。」解放軍幫助北越訓練軍隊、傳授遊擊戰知識、援建工業設施和鐵路。前後累計共有三十二萬解放軍官兵被派往北越，巔峰時的一九六七年有十七萬人在北越，在越南傷亡的中國軍人和工程技術人員近六千人。在整個越南抗美戰爭期間，中國對越南總援助加上中國援越部隊和技術人員開支，超過兩百億美元。中越兩個政權的關係，正如中國與北韓，堪稱「血盟」。

然而，越戰後期，因中美關係解凍，越南感到被中國背叛，遂倒向蘇聯。越戰剛結束，越南開始做「印度支那聯邦」（東南亞的「小中華」）大夢，出兵推翻中國支持的赤柬政權，驅逐在越南的數十萬華僑。中國認為越南恩將仇報、成了蘇聯在南方包圍中國的打手。中越交惡，邊境衝突不斷。

一九七九年一月，鄧小平訪美，這是他一生中最重要的一次出訪。他是中共建政之後訪美的最高級別官員。他的官方身分只是副總理，但他已掌握最高權力，美方給予他國家元首的超規格接待。這次出訪以後，鄧小平再也沒有離開過中國。

這次出訪，是鄧小平贏得美國信任的一次大考，也是一出演給蘇聯看的大戲，更是對越南作戰提前進行的心理戰。打越南是他為美國送上的一份大禮，其實是一份裹了蜂蜜的毒藥。

在抵美國的第一天夜裡，鄧小平應邀到時任國家安全顧問的布里辛斯基（Zbigniew Brzezinski）位於維吉尼亞麥克林的家中做客。在這次非正式交談中，鄧小平對主人提出，他希望與卡特總統有一個小規模的會晤，談一談越南問題。

次日上午和下午，鄧小平一直在白宮與卡特展開正式會談。上午的會談較為正式。鄧小平指出，中國現在認為蘇聯是頭號敵人，願意與美國密切合作對抗蘇聯的擴張，「我們不是建議成立正式聯盟，而是各自根據自己的立場行事，協調行動，採取必要措施」。已離開權力中樞的季辛吉評論說：「不組成聯盟卻作為盟國一起行動，這把現實主義發揮到極

25 擔任中國駐越軍事顧問團團長的解放軍高級將領韋國清為人謹慎，在越南充當軍事顧問期間，每次回國，都到北京向劉少奇、彭德懷匯報越南戰況。臨到再赴越南，彭德懷找他談話，然後帶他去見毛，接受新指示。每次指示和談話，韋國清都有詳細筆記。但回國之後，他定期檢查過去的筆記，然後加以銷毀。

致。」同為現主義者的季辛吉對鄧小平惺惺相惜，他讀出了鄧小平的心裡話：「在鄧小平看來，中美關係共同利益反映在建立非正式的全球安排，在亞洲通過政治和軍事合作遏制蘇聯。」

在白宮的會談中，鄧小平將越南稱為東方的古巴，是蘇聯從南部威脅中國的基地，為他拋出打越南的計畫做好了鋪墊。

下午的正式會談結束後，應鄧小平要求，雙方轉到橢圓形辦公室舉行一場參與人數更少的祕密會議。除了總統卡特、副總統孟岱爾（Mondale）、國家安全顧問布里辛斯基和國務卿范錫（Cyrus Vance）之外，美方其他人員全部退席。[26]

鄧小平以嚴肅而又果決的作風，說出了對越南發動懲罰性打擊的計畫。他告訴卡特，如果中國對越南發動懲戒戰爭，他考慮到蘇聯入侵的可能性，北京將安排從北方邊境撤退三十萬平民。不過，若只是打一場有限戰爭，能速戰速決，莫斯科就來不及做「大反應」；而且時值寒冬，蘇聯對中國北方發動攻擊也比較困難。鄧又說，中國「不害怕」，但需要華盛頓「道義上的支持」。

卡特此前從情報中得知，中越關係已惡化，但聽聞此言仍大吃一驚。平庸而缺乏魄力的卡特，被鄧小平嚇破了膽，一時不敢接過這張投名狀。他企圖勸說鄧放棄懲越計畫，他告訴鄧，此舉可能造成極大的反效果，世界輿論可能同情越南。但他沒有譴責或直接反對鄧的計畫，他溫和的否定暗含著含糊的默許：「這是個嚴重的問題。你們不僅會受到來自背面的軍事威脅，而且還要面對國際態度的轉變。……我們很難鼓勵暴力，我們可以給你們通報情報。據我們所知，最近沒有蘇軍向你們邊境移動的動作。我的話只能說到這個地步。我們也和世界各國一起譴責越南，但是出兵越南會造成不穩定，是非常嚴重的行為。」

支持中國對越南動武的布里辛斯基日後寫道：「我擔心總統可能被國務卿范錫說服，對中方施加最大壓力，不讓他們動武：因為這只會使中國人認為美國乃是『紙老虎』。」他對鄧表示一定的欽佩之意：「我私下希望，鄧小平重視動武這件事，能對美國某些關鍵決策者有所啟發。」其弦外之音是，他對卡特軟弱的外交政策有所不滿，認為卡特缺乏鄧小平的魄力——卡特是二十世紀下半葉最軟弱的總統。

次日早晨，卡特和鄧小平單獨會晤，只有一名翻譯在場。卡特向鄧小平讀了一封他連夜親筆寫好的信——這封信至今尚未公開。布里辛斯基後來說：「總統親筆寫了一封信給鄧小平，信的基調是溫和的，內容是嚴肅的。裡面強調要力行克制，並總結了可能發生的不利的國際後果。我覺得這麼做是合適的，因為我們不能正式和中國人聯手。」

卡特的擔心是：「中國挑起的武裝衝突，將使美國對中國的外交政策以及未來能否和平解放台灣問題產生嚴重關切。」但卡特只是要求中國「節制」。

鄧保證，中國軍隊不會長期侵占越南領土，將在開戰十天到十二天後撤出越南境內。鄧還說，中國攻打越南的好處是長期的，也符合美國利益。中國表面上是懲戒越南，實際上是打臉蘇聯。鄧相信，如果中國不給蘇聯一個教訓，蘇聯就會像利用古巴一樣利用越南，給中國製造無窮的麻煩。他知道這個設身處地的說法頗能打動美國人——前些年的古巴危機險些釀成第三次世界大戰和核戰爭，而越戰的失敗是美國鬱積至今的一個莫大屈辱。中國幫美國

26 傅高義（Ezra Feivel Vogel）：《鄧小平改變中國》，（台北）天下文化，二〇一二年，頁四六九。

在越南出一口氣，美國對中國的看法必定大為改觀。鄧小平是心理戰大師。與之相比，卡特懵懵懂懂，既未看穿鄧小平的隱秘用心，也與國際和國內輿論脫節。

鄧小平回國後不到兩個星期，解放軍即出動二十萬（也有說四十萬）大軍對越南發起攻擊。世界輿論皆稱之為「侵略戰爭」，但美國保持沉默。中國攻占越南大片土地。不過，儘管中國軍隊面對的是越南的二線部隊（越軍精銳部隊正在柬埔寨作戰），仍付出慘重代價。文革期間解放軍政治掛帥的影響，在戰爭中暴露無遺：裝備陳舊、後勤薄弱、人員短缺、戰術僵硬。在種種因素拖累下，中國軍隊傷亡數萬，很快撤回國內，並宣稱懲戒越南的任務已完成。鄧趁勢改組軍方高層，迫使許世友等文革中飛揚跋扈的老將軍退休。

中國在這場局部戰爭中並未撈到好處。但「捨不得孩子套不來狼」，中國對越戰爭，在對美外交上是一筆好買賣：經過此役，中國騙取美國信任，中美關係進入蜜月期，美國在此後四十年養虎為患——這是美國為越戰付出的又一巨大代價。美國試圖擺脫越戰後遺症，卻飲鴆止渴，中毒更深。

為何左派認為鄧是「好的共產黨人？」

毛澤東比史達林更狡詐，鄧小平比勃列日涅夫更狡詐。他們知道，即便一度與美國為敵，卻不能永遠與美國為敵，若永遠與美國為敵，無法避免國破身滅的下場。出於生存本能，他們要跟美國交往；出於富國強兵的目標，中國必須從美國那裡得到一張加入美國建立的國際政治經濟體系的門票。直到戈巴契夫上台，蘇聯才明白這個道理，比毛澤東邀請尼克森訪華晚了十三年，比鄧小平訪美晚了六年。遲到的改革是找死，蘇聯死掉了；而依靠打著改革旗號的坑蒙拐騙偷，中國活了過來。

一九七八年，中美建交，但關係冷淡。復出並奪取實權的鄧小平，決定給兩國關係點一把火。

一九七八年至一九七九年，鄧小平風塵僕僕地頻頻出訪，以改變中國的國際形象——從革命鬥士、革命輸出者，變為蘇聯和越南地緣政治陰謀的又一個受害者，變為願意與美國和西方做買賣的「儒商」。

毛一生中只出境過一次——到莫斯科朝拜史達林，此後便在其住處接見八方來客；鄧則放低身段，走出共產主義陣營，他在訪問西方資本主義國家時，多次公開承認中國積貧積弱，需要向發達國家學習，不再「自力更生」、唯我獨尊。鄧並非第一個這樣做的中國領導人。在一九七二年與尼克森和季辛吉談判時，周恩來就使用過同一招「苦肉計」——他不諱言中國相對脆弱，「而且我們也承認我們很落後」。周恩來曾向美國外交官露出長褲底下的衛生褲說：「瞧，我們不指望這種品質的產品可以外銷。」他不曾想到數十年之後，中國生產的廉價衣服、鞋子和玩具等傾銷全世界。

周恩來告訴季辛吉：「我們的經濟發展了以後，我們還是不會認為自己是個超級大國，不會加入超級大國的行列。」鄧小平在聯大發言時也信誓旦旦地保證，中國即便強大起來，也不稱霸，不做超級大國。如果美國人天真地相信周恩來和鄧小平說的話，就是自掘墳墓、重演農夫和蛇的故事。

一九七九年，鄧小平的訪美之行大獲成功。單純天真的美國人看到這個面帶微笑的矮個子戴上美式牛仔帽，以為他愛上了美國文化，以為他是美國的朋友——他跟此前訪美時臉色陰沉、言辭兇狠的蘇聯領導人大不一樣。這讓很多美國人聯想起國共內戰期間，美國在中國的傳教士、外交官和左派媒體共同塑造的吃苦耐勞、生機勃勃的延安共產黨人的正面形象：相對於「壞的共產黨人」的蘇聯人而言，中共或許是另一種「好的共產黨人」。美國人不知道，鄧小平的微笑背後是刀鋒，他是一個比石頭還硬的毛主義者。鄧小平從頭至尾都將美國當做最危險的敵人、必須打倒乃至消滅的敵人。但當鄧小平需要美國的投資和技術來幫助中國發展經濟時，他願意扮豬吃老虎。

「韜光養晦」騙過天真的左派

鄧小平的外交政策濃縮為一個詞語就是「韜光養晦」。他正式提出「韜光養晦」這個概念是在一九九〇年代初，但在一九七九年訪美途中，他就有了這個想法的雛形。一九八九年發生六四天安門事件，嚴重打擊中共國際形象。在國際社會，鄧小平從「改革開放總設計師」淪為殺人不眨眼的屠夫（其實他一貫如此）。緊接著，一九八九年夏秋，東歐共產黨政權像多米諾骨牌般垮台；一九九一年，蘇聯解體。國際反共浪潮驚濤拍岸，全世界的共產黨政權似乎都來日無多。鄧小平提出應對方針——「冷靜觀察、穩住陣腳、沉著應付、韜光養晦、善於守拙、絕不當頭」，從此「韜光養晦」成為中共外交政策的定海神針。

其實，鄧的提法並無多少原創性，仍是從毛那裡演化而來。在中國與蘇聯關係惡化時，毛引用明代謀士朱升向朱元璋進獻的九字方針「高築牆，廣積糧，緩稱王」，稍加改動成為

「深挖洞，廣積糧，不稱霸」。

美國有很多「中國通」，但就連他們的祖師爺費正清也對中國一點都不通，他們對中共的觀察往往失之毫釐、謬以千里。甚至他們的中文水準亦十分有限——幾乎沒有人正確理解鄧小平所說的「韜光養晦」是什麼意思。美國研究中國問題的學者和制定對華政策的關鍵人物，大都將鄧小平的「韜光養晦」理解為「和平崛起」的宣誓。

所以，當習近平在國際舞台上齜牙咧嘴、展示出咄咄逼人的態勢時，「中國通」們都大吃一驚，認為習近平「背叛」了鄧小平、習近平的出現在後毛澤東時代的中國是一個異數，如果搞掉習近平，換上一個忠實執行鄧小平遺囑的人，那麼中國必定又能回到「和平崛起」的正道上。比如，鄧小平傳記的作者、哈佛大學教授傅高義（Ezra Feivel Vogel）認為：「就定義和討論『中國夢』而言，大國關係很重要，要是鄧小平還活著，我認為他會重視和處理好大國關係。我認為中國應該繼續『韜光養晦』。中國國內的確有一批人覺得『韜光養晦』已經過時，不需要了。我們看到中國的經濟、軍事等方面都在發展，海外影響力也在擴大，但中國保持謙虛總比變得驕傲更能保障利益。」

這種思路大錯特錯。他們沒有理解「韜光養晦」的結果必然是「有所作為」。就習近平專橫盲動的本性而言，他對毛的尊崇確實超過對鄧的尊崇，在共產獨裁者序列中，毛遠比鄧更有卡里斯瑪式領袖魅力。不過，在共產極權主義和天朝帝國主義這兩個層面，毛鄧是一體的，習與毛鄧也是一體的，談不上誰背叛誰：鄧沒有背叛毛，習也沒有背叛鄧。美國華裔學者李少民指出，鄧小平思想歸根結底無非有三點：第一，堅持黨的領導（四項基本原則中最重要的部分）；第二，不管白貓黑貓，抓到耗子就是好貓（極端的實用主義）；第三，「韜光養晦」。在這三點上，習都是忠實的執行者而非背叛者。

那麼，什麼是「韜光養晦」?正如毛的「不稱霸」，只是「暫不稱霸」，一旦到時機成熟，照樣要稱霸；鄧小平的「韜光養晦」，意思不是要跟你和平共處、排排坐、吃果果，而是說：現在我的實力不夠，就忍耐蟄伏，臥薪嘗膽、聞雞起舞，君子報仇、十年不晚；等到有一天我強大起來，一定要與你決一雌雄，不僅一較高下，更要一決生死。天下只能有一個老大。

中共做世界老大的野心，比當年的蘇共還要強烈。就「天下帝國」的意義而言，俄羅斯帝國僅有三百年歷史，中華帝國卻有兩千年歷史。就馬列主義原教旨主義而言，當年中蘇交惡的原因，比國家利益衝突更重要的是，中共認為嘗試與美國緩和的蘇共走上修正主義道路，而與美國勢不兩立的中共才是唯一正統的馬列主義。在這兩個層面，中共都要除去美國才能一統天下、「修成正果」。

曾任中共國防部長的遲浩田上將（六四屠殺的兇手之一）有一篇二〇〇五年即在中文網路上傳播甚廣的演講，題為〈戰爭離我們不遠，它是中華世紀的產婆〉，全盤托出中國軍方對鄧小平「韜光養晦」政策的理解，以及毛早已制定好的與美國「百年馬拉松式」的競爭計畫。美國的外交官員和戰略學者們只重視中國官方溫文爾雅的講話（近年來，中國外交官也愈發戰狼化），卻忽視這些在中國民間悄然流傳的「內部講話」——中國官方讓此類「內部講話」慢慢流傳開來，是別有用心的，是讓中國民眾漸漸領悟並支持高層的「一盤大棋」。遲浩田的戰爭叫囂及處置「失敗的美國」的方式，比當年的納粹還要狂妄和殘暴，卻並非空穴來風，完全符合中共的本性：

美國是當今世界上最成功的國家，只有我們把它的一切有用經驗都學到手，我們將來才能取代它。我們雖然現在也學著美國人的腔調說「中美互相依存榮辱與共」，但我們不要忘記，我們的文明史反覆教育我們，一山不可二虎。我們也千萬不要忘記，小平同志強調的「韜光養晦」，它的潛台詞其實說到底就是：對於美國，我們必需忍耐，必需隱藏我們的最終目的，隱藏我們的能力，等待時機。

在解決「美國問題」上我們要跳出框框。……只有用非常手段把美國「清場」，才能把中國人民帶領過去。這是唯一的一條道路，而不是我們願意不願意的問題。用什麼非常手段才能把美國「清場」呢？飛機大炮導彈軍艦之類的常規武器不行，核武器之類的高破壞性武器也不行，我們不會傻得真要用核武器與美國同歸於盡，雖然我們高喊為了台灣問題不惜一切代價。只有非破壞性的大規模殺人武器才能把美國完好地保留下來。現代生物科技發展突飛猛進，新的生化武器層出不窮。當然我們也沒有閒著，這些年來我們搶時間掌握了這類殺手鐧，我們已經有能力達到突然把美國「清場」的目的。小平同志還健在時，中央就高瞻遠矚地做出了正確決策：不發展航母戰鬥群，而集中力量搞滅絕敵人人口的殺手鐧。

從人道主義考慮，我們應該先向美國人民發出警告，勸他們離開美洲而把他們現在生活的土地讓給中國人民，或者至少把半個美國讓給中國殖民，因為美洲最早是中國人發現的麼。但這行得通嗎？如果這行不通，那就只有一條路可走：用果斷手段在美國「清場」，以迅雷不及掩兒之勢把美國這塊土地騰出來！我們的歷史經驗證明，只要我們造成了既成事實，世界上誰都不能把我們怎麼樣，何況美國這個為首的敵人被消滅了，其他敵人只好向我們低頭。

馬克思主義指出，暴力是新社會誕生的產婆。所以戰爭就是中華世紀誕生的產婆。[27]

這份演講早在中國武漢肺炎病毒肆虐全球之前十五年就廣為流傳。今天重讀，細思極恐。中國武漢肺炎病毒是中共策畫的生化戰、超限戰的猜測，絕非空穴來風；白宮、國務院和五角大樓本該人手一份，美國普羅大眾也應當知曉。否則，等到中國跑到美國來「清場」，美國的滅頂之災就降臨了。

27 遲浩田：〈戰爭離我們不遠，它是中華世紀的產婆〉，見萬維網，https://news.creaders.net/china/2021/02/10/2319822.html。

第參部

家人與敵人

第八章

大學：

左派權力扭曲知識的文明瘋人院

大學乃是未來的應許之地。大學乃是現代文化生活和國家生活的最偉大的和最重要的中心。

——雅羅斯拉夫．帕欽利（Jaroslav Pelikan）

1960 年代以來的美國新左派組織（8）：

美國革命共產黨（Revolutionary Communist Party, USA）
前身為 1968 年成立的加州「灣區革命聯盟」，1975 年重組為「美國革命共產黨」。初期與中國共產黨關係密切，正面評價毛澤東所發動的文化大革命，但認為改革開放後的中國是背叛了毛澤東思想的修正主義國家。1979 年初鄧小平訪美時，在華盛頓等地舉行了反對鄧小平訪美的示威遊行，甚至還組織過試圖暗殺鄧小平的恐怖活動。

楔子

二〇二一年一月六日，華盛頓爆發支持川普、質疑拜登陣營在大選中舞弊的數萬人抗議示威活動，左派趁機導演了一出美國版的「國會縱火案」。

在馬塞諸塞州大學紀念醫院工作的特瑞莎・杜克（Therese Duke）參加了這次活動，在自由廣場上遭到一名非裔女子揮拳打傷，其血流滿面的影片在網上廣為傳播——民眾和平示威遭到暴力襲擊，對「自由廣場」之名構成莫大諷刺。事後，這名非裔女子因故意攻擊他人面臨刑事控訴，她堂而皇之地宣布在社群媒體上籌集律師費，很快就籌集到七萬五千美元——助紂為虐是善心之舉嗎？

任何人在網上看到一位中年女子被打得頭破血流，都會對受害者產生憐憫之心，並譴責施暴者。然而，受害者的女兒、十八歲的大學生海倫娜・杜克看到影片之後，立即在在置頂推文中寫到：「媽媽，還記得你告誡我不要參加黑命貴抗議，因為他們暴力嗎？現在看看你自己。」此後她的一系列推文更顯示，她非但沒有同情母親，反而為此感到「羞恥」——她的母親並非暴力襲擊他人的人，而是暴力襲擊的受害者，何過之有？

「我舉報！我媽參加了國會暴亂，臉上被打出血的那個人就是她！」海倫娜・杜克在社群媒體上除了指認母親，還公布跟母親一起參與抗議活動的舅舅和舅母的名字，用中國話說就是「大義滅親」——「暴亂」一詞也是中共和納粹的常用詞。

特瑞莎・杜克在過去十六年來一直在大學紀念醫院工作，因女兒的「無私」檢舉，遭到醫院解僱。醫院方發表聲明稱，涉事員工已「不屬於我們組織」。受害者受到嚴厲懲罰，美國是一個民主和法治的國家嗎？

類似的多起告密事件在美國各地發生，有兒子舉報父親、妻子舉報丈夫的。一場鼓勵告密、鼓勵骨肉相殘、剝奪部分公民的言論自由和宗教信仰自由的美式告密運動正在大張旗鼓地上演。中國文革時期學生毆打老師、子女毆打父母的慘劇，很快將以「正義」和「平權」的名義在美國重演——當年，北師大女附中副校長卞耕耘被一群如花似玉的女學生活活打死，少年薄熙來以一記飛毛腿將父親、受批判的中共元老薄一波的肋骨踢斷；如今，中國紅衛兵在美國有傳人了，「美國紅衛兵」不是單獨出現的，他們是一個龐大群體，背後還有捐款資助的「惡之平庸」的民眾、政客、財閥及提供理論闡述的左派文人。

經濟學家熊彼得（Joseph Alois Schumpeter）說過，一個人為他的理想所做的第一件事，就是撒謊。如今，撒謊還遠遠不夠，告密成了一種伸張正義的方式。培養出這種自以為正義在握的作惡者，說明美國的大學病了，且病入膏肓。大學圍牆內與圍牆外的危機互相關聯、互相激化。從歷史上看，至少某幾個世紀的更大的問題都是由大學裡的危機引起的，反過來又推動危機升高。

美國大學何以培養告密者？美國大學何以淪為瘋人院？一切並非始於今日。

何以常春藤大學會從神學院演變為弒神的學院？

二〇二一年一月，美國紀錄片導演艾米・霍羅威茨赴耶魯大學調查，驚訝地發現：百分之六十五的受訪學生贊同廢除美國憲法，認為它是「一份白人至上主義者的文件」。根據《哈佛深紅報》最近一項研究發現，學生群體中無神論者和不可知論者的比例從二〇二七年的百分之三十二點四增長到二〇一九年的百分之三十七點九，愈來愈多學生不認同任何特定的信仰。

二〇二一年九月，新學期開學之際，四十四歲的無神論者葛列格・愛潑斯坦（Greg Epstein）當選哈佛校牧團主席。這個由清教徒時代創立的為學生提供信仰上的指導的機構，近年來已經變成一個基督教色彩不斷弱化的多元信仰機構，它包括了二十個不同信仰和精神傳統，如基督教、猶太教、佛教、巴哈伊教、伊斯蘭教、印度教等。葛列格・愛潑斯坦生長於猶太家庭，是《紐約時報》暢銷書《沒有上帝的善：十億非宗教人士相信多少》的作者，他當選後直言：「不指望從神那裡得到答案，我們就是彼此的答案。」然而，一個無神論者能夠對學生的信仰提供指引嗎？投票支持他的哈佛大學校園基督徒團契研究生及教師事工的團隊負責人和哈佛大學校牧皮特・威廉姆森（Pete Williamson）居然撰文聲稱這樣可以「在一個跨宗教的空間裡建立信任……對基督教信仰的排他性主張是一種幫助，而不是一種阻礙」。[1]

一九五三年，虔誠的聖公會信徒內森・蒲賽（Nathan Pusey）出任哈佛大學新校長，他上任後的第一項工作就是應邀在哈佛大學神學院為一九五三年的首屆畢業同學會發表演講。

1 皮特・威廉姆森（Pete Williamson）：〈我為什麼投票給哈佛大學校牧團的無神論主席？〉，見「今日基督教」網站，https://www.christianitytoday.com/ct/2021/october-web-only/atheism-harvard-interfaith-dialogue-chaplain-zh-hant.html。

蒲賽注意到，這所大學的校長最後一次出席神學院活動的時間是一九〇九年——接近半個世紀之前。可見，哈佛校方幾乎不把神學院當做哈佛的一部分。蒲賽在演講中強調，「神學不應當被視為一種次要的學術訓練；它的意義肯定不會僅限於此。它可以回應我們最深切的渴望和需要」。他還說，這個時代最迫切需要的東西更多是「信仰，這種信仰是意識到道德價值和靈魂性經歷具有神聖性的特徵」。他希望將走上歧途的哈佛帶回起初的正道上，即便不能如此，至少要鞏固哈佛神學院的地位。

然而，蒲賽很快迎來一次挫敗。一九五八年，他決定推行一項政策：把哈佛大學的紀念教堂作為基督教的禮拜場所，不允許其他宗教團體在那裡舉行活動。這座紀念教堂是一九三〇年代修建的，為的是紀念一戰中犧牲的哈佛學子。這一政策在師生中引發激烈爭論，一群地位顯赫的教授向校長提交了一份請願書，要求教堂向所有宗教信仰開放。持不可知論的教授佩里．米樂批評說，哈佛大學的基督教是創建這所大學的清教徒留下的「一個暗淡的影子」。有趣的是，他又表示，一想到他可能無法在自己的大學教堂舉行葬禮便感到憤怒不已。

第二週，大學董事會向哈佛大學的多元現實作出讓步，宣布教堂向所有宗教信仰的個人活動開放。[2]教堂是基督徒敬拜上帝的地方這個常識被顛覆了，而無神論者惦記著要在教堂舉辦葬禮，這又不知道在唱哪齣戲。若有一天（肯定會有那麼一天），哈佛大學修建一所清真寺，這些自詡為堅持多元化觀念的教授們，敢向清真寺的阿訇們提出在清真寺舉行基督教活動的要求嗎？

常春藤大學已然「失魂落魄」——他們並不覺得「失魂落魄」有什麼不好，而以「放逐上帝」然後自己成為上帝為榮。

每一所常春藤大學最初都是由清教徒創建的神學院。為什麼在最初的幾十年裡，新英格蘭是當時世界上受過高等教育的人口比例最高的地區之一呢？那是因為在清教徒的觀念裡，創辦高等教育是建設文明社會的當務之急。由於教育和識字是新教徒道德觀中的根底，清教徒們一旦在新大陸安定下來，馬上開辦波士頓文法學校；一六三六年——清教徒抵達馬薩諸塞的第六年，馬薩諸塞灣公司撥款四百英鎊（超過一六三五年該殖民地的賦稅），成立哈佛學院——學校以清教徒牧師約翰·哈佛（John Harvard）之名來命名，他在臨死之前將財產和藏書全都捐給這所機構。

哈佛的目標是為馬薩諸塞提供一批本地長大和受教育的基督教牧師，這樣就沒有必要從英格蘭找來靠不住的聖公會神職人員。[3]從英國移居尼德蘭並成為弗蘭克大學校長的清教徒教育家威廉·艾姆斯（William Ames）一度曾計畫到美洲，雖未能成行，但其巨著《神學精髓》成為哈佛學院的神學教材，他在弗蘭克大學就職演講的題目成為哈佛學院印章上的箴言——「基督與教會」。哈佛的章程寫道：「應該清楚地教導、努力敦促每位學生，使之認真思考，人生及學習的主要目的是認識上帝和耶穌基督，這就是永生。因此，人生應當以基督為根基，為全部純正知識和學識的唯一根基。」[4]

2 喬治·M·馬斯登（George M.Marsden）：《美國大學之魂》，（北京）北京大學出版社，二〇一五年，頁四六九—四七〇。

3 崔斯坦·杭特（Tristram Hunt）：《帝國城市：成就大英帝國的十座殖民城市》，（台北）蔚藍文化，二〇一七年，頁四七。

4 利蘭·賴肯（Leland Ryken）：《入世的清教徒》，（北京）群言出版社，二〇一一年，頁二一四。

那些在十九世紀晚期為美國大學制定最初規則的人是在強大的新教傳統中成長起來的。幾乎每所新大學的領導者都具有新教背景，都擁有新教精神所塑造的觀念，都時常讚美基督教傳統。美國大學在創建之初並不是嚴格意義上的世俗機構，而是宗教文化的組成部分。

進入二十世紀，急劇的現代化進程改變了人們的生活方式和觀念——上千年來被當做「萬古磐石」的基督教信仰動搖了。舊時學院建立的基礎是虔誠，其領導者和後來的文化倡導者之間最明顯的差別是貶低基督教神學的新趨勢。宗教不再是學術觀無可迴避的核心，學者們從神學轉向倫理學。[5]

二十世紀美國大學精神的演變經由兩個步驟來實現：第一步是去掉大學傳統中基督教的宗派色彩；第二步是將被自由派神學和世俗主義腐蝕的、弱化的、無宗派的基督教連根拔起。就如同先去掉一名戰士的武器和盔甲，對付他就容易了。

左派知識分子將《聖經》和基督教視為眼中釘。在大學裡，正式的宗教要麼遠遠隱於幕後，要麼被公開否認。耶魯和布朗的教授們都主張，如果要在大學裡教授《聖經》，就必須將它看作普通的文獻，要用通常的學術方法來分析。埃德溫·伊爾普教授宣稱，社會學已證明道德觀念是經驗進化的產物，「把上帝想像成一位曾經在石頭上刻出十誡的石匠是不科學的和荒謬的」。赫伯特·威利特教授說，人們需要對《舊約》加以剪輯，以加強它的道德色彩。歷史學家卡爾·貝克爾在耶魯大學發表的演講：「我們仍然不可能把人看成那位將地球創造成了一個暫時居所的上帝的孩子。我們寧願把人視為地球表面上的一個偶然存在物，他被那種使鐵器生鏽、使玉米成熟的力量粗心地拋進了兩個冰河期之間的時代。」一場強大的反基督教的世俗化運動正在來臨。

在大學裡，攻擊基督教傳統變成一種顯示虛假勇氣的時髦行為——基督教並無還手之力。社會學家魯思・本尼迪克特（Ruth Benedict）對早期殖民地歷史中關於「獵巫」的記載津津樂道，由此譴責說，「新英格蘭的精神病人正是清教徒自己」——這個結論，米歇爾・傅柯最願意聽到。儘管大學標榜「多樣性和互相寬容」，但在大學中公開承認基督教信仰變得相當困難，小威廉・巴克利在《耶魯的上帝與人》一書中道出其親身經歷，在大學裡嚴肅討論宗教信仰的師生受到公然的歧視。左派認為，既然傳道的觀念是以基督教優越論的假說為前提，那麼彰顯基督教信仰本身就構成對其他宗教信仰者及無神論者的「冒犯」。反之，東方宗教、新興宗教和巫術卻在大學和文化界贏得空前多的追隨者，這些東西以及毒品、性解放和搖滾文化，與政治激進主義結合，迅速成為主流文化。

「知識即目的」的德國思想如何摧毀大學的傳統價值？

大學本應是西方文明的最後堡壘，如今卻成為摧毀文明的殺手。學者麥隆・馬格尼特（Myron Magnet）指出，西方文化是伴隨著基督教神學、古典和文藝復興時期的人文主義、科學研究以及崇尚自由、民主的個人主義思想而發展的。這種發展始於歐洲，最終在美國達到高峰。學校的任務，就是通過教學是這種傳統延續下去。教師在這方面有不可推卸的責任。

5 勞倫斯・維賽（Laurence R. Veysey）：《美國現代大學的崛起》，（北京）北京大學出版社，二〇一八年，頁二一二。

然而，今天的大學和大學教師偏偏致力於摧毀這一傳統。

與美國大學去基督教化幾乎同步，德國的大學模式和教育思想成為美國大學的範本——這種情形在二戰之後來自德國的「西方馬克思主義」思潮進入美國之前半個多世紀就發生了。一九〇〇年，從政治、經濟方面來說，地球上最具影響力的是英國，但在思想世界的主宰是德國，更為確切地說是講德語的國家。大學是德國在思想王國處於卓越地位的理由之一。從十八世紀起，德國大學在歐洲大陸居於領先地位，尤其是當普魯士的柏林大學於一八一〇年創辦之後。從化學到考古學，德國大學都取得經典性的一流學術地位，更不用說哲學博士這個概念在德國的誕生。[6]

在回憶一八八〇年代美國的學術和思想氛圍時，喬西亞．羅伊斯（Josiah Royce）指出：「這一代人只夢想著德國的大學。英格蘭被忽略了。人們認為它沒有足夠的學者風度。法國也被忽略了。德國學者是我們的大師和指導者。」康德、黑格爾和歌德的老德國為不太親英的人文主義者提供了強大的支援。

在大學教育方面，德國對美國的影響是難以估量的，具有壓倒一切的象徵意義。美國人對德國大學非常崇敬。在一八五〇年以前的幾十年裡，美國有志於做牧師的年輕人，有超過四分之一的人數就讀於德國一流大學的新教神學院。雖然當時仍屬於正統新教神學的德國神學，正經歷唯心主義的改造。更保守的美國人，尤其是接受過蘇格蘭常識哲學支持的正統喀爾文主義教育的美國人，常常發現他們很難接受德國人的觀點。但是，到了十九世紀中期，從德國傳入的思想正在改變居於主導地位的喀爾文主義傳統。

美國大學中的研究生院制度是參考德國的專家培養方案建立起來的，比如約翰．霍普金斯研究生院，以及為獲得德式博士學位而採取的種種激勵措施，這在美國教育史上是一件非同尋常的大事。吉爾曼校長打算由此將德國的「科學精神」、「嚴格的科學的研究方法」引入美國學生的知識生活。教育史家勞倫斯·維賽（Laurence R. Veysey）評論說：「霍普金斯直接象徵著德國研究，它的存在觸手可及，給人新奇而戲劇化的感覺。」

美國學者亨利·特潘對普魯士和柏林大學的教育理想懷有一種近乎神秘的崇敬心理。他從普魯士帶回的一條重要經驗是，教育改革應該由國家來發動。德國大學處在德意志各個邦國的有力控制之下，大學被視為崇高的文化理想的象徵，但受國家利益的限制，其發展仰賴於國王的開明。

最致命的一種德國神學思想是所謂的「高等批判」，它假設《聖經》充滿歷史性和科學性的謬誤，嘗試以現代思想和語言學分析方法重新詮釋《聖經》。他們認為科學已推翻神蹟的可能性，拒絕《聖經》中有關神蹟的描述，包括耶穌道成肉身與死裡復活。這種思想迅速在很多神學院造成相當權威的影響，進而在整個美國的高等教育領域占據統治地位。

在二十世紀二十年代早期，宗教課程在大學已淪為課程體系中可有可無的部分。在學生所學習的大部分課程中都聽不到宗教的觀點，宗教研究遭到主流學術界邊緣化。宗教學沒有被視為一門「正式」的人文科學，而被視為二流學科，其他人文科學很少嚴肅對待它的意見。為了擺脫這種窘況，愈來愈多宗教學家開始利用科學術語來定義這門學科。只有在神學院裡，基督教的學術研究才能得到同情，但在綜合性大學中，神學院只是點綴，它因為不符合

6 彼得·沃森：《20世紀思想史》（上），頁二二八。

科學原則而被視為古代殘留下來的文物。

這種科學主義本身就有重大缺陷，如白璧德（Irving Babbitt）追問：「德國人在此時期的巨大失敗難道不就在於過分相信思想性的機制與設備嗎？」[7]或者用美國歷史學家雅羅斯拉夫·帕利欽的話來說，德國信奉的那種「知識本身即目的」的原則導致二十世紀的大屠殺——德國哲學中的這一定義既是簡單化的，又是危險的，為了獲得精確的「知識」可能導致對見證人施以折磨，或者藥物學的操縱。因此，「知識即目的」的原則必須和更大的、更具綜合性的一套基本原則結合起來，這些基本原則可歸納為亞理斯多德所說的「智性美德」。[8]

美國學者赫斯利普（Robert D. Heslep）承認，「基於美國人現時面臨道德生活即將崩潰的觀察」，美國人急需進行道德教育，但他主張道德行為是基於理性的，是無上帝的，「相信道德原則必須體現上帝意志的只是占總人口三分之一的福音派基督教」。[9]約翰·巴斯康姆也宣布：「宗教不是道德的基礎，同樣，道德也不是宗教的基礎。」

當科學取代信仰，當相對主義取代真理和善，當實用主義取代精神追求，大學何以成為大學？歷史學家、「有信仰的傑出學者」雅羅斯拉夫·帕利欽如此質疑從德國學來的杜威和魯思·本尼迪克特的世俗化方案：

如果這個世界並不存在任何以上帝創造的自然法則為基礎的不證自明的第一原則，那麼當這些所謂的關於「善」的科學定義產生衝突的時候，將會出現什麼情況？例如，如果一個人不承認人類是上帝創造出來的，那麼他如何才能證明人類是「生而平等的」呢？既然在這個正在滑向極權主義的世界裡，「科學」正在迅速地變成一種宣傳工具，那麼人們是否還能找到任何可以申訴的法庭？美國人對於科學、社會科學和實驗的信仰，是不是他們在一個虛無的黑暗世界裡為壯膽而吹的口哨呢？[10]

T．S．艾略特曾指出：「我們必須從生活哲學中提取教育理論，最終，這一問題是個宗教問題。」如果沒有真理，大學何來存在之必要？大學之所以是大學，如索爾斯坦．凡勃倫（Thorstein Veblen）所說，就是因為大學應當研究某種「高深的學問」，「它可以形成一種有魔力的或宗教性的信仰體系，或是神話、神學、哲學或科學體系」，進而「組成那種文明實質的內核，並賦予文明以獨有的特徵，使其與眾不同」。大學是一個「以生命價值和榮譽的存在而生效的團體」，在此處「這種高深的學問體現為一種基本原則和永恆真理的系統化，……它如上帝般遠離我們的日常世俗功利，以超然的態度俯視蒼生」。[11]這種古典的大

7 歐文．白璧德（Irving Babbitt）：《文學與美國大學》，（北京）北京大學出版社，二〇〇四年，頁一〇一。
8 雅羅斯拉夫．帕利欽（Jaroslav Pelikan）：《大學理念重審：與紐曼對話》，（北京）北京大學出版社，二〇〇八年，頁四八。
9 赫斯利普（Robert D. Heslep）：《美國人的道德教育》，（北京）人民教育出版社，二〇〇三年，頁五二。
10 喬治．M．馬斯登：《美國大學之魂》，頁四二九。
11 索爾斯坦．凡勃倫（Thorstein Veblen）：《學與商的博弈：論美國高等教育》，（上海）上海人民出版社，二〇〇九年，頁五〇—五一。

學理想，變得曲高和寡。

將十八歲的青少年培養成反噬父母的告密者和毫無同情心的「正義使者」的機構，不是大學，而是瘋人院。納粹德國從來不缺少這樣的機構，希特勒成功地利用大學的「洗腦」工作將整整一代青少年從父母那裡奪走，讓他們成為「希特勒的孩子」。美國不需要這樣的機構。美國大學生死存亡的關鍵在於——進入二十一世紀之後，那些仍然擁有真正的宗教使命的學院、大學或者試圖成為大學的學院應該得到繼續履行這樣的使命的自由。即使在一流大學裡，也應該容忍包括宗教言論在內的各種不同的學術討論。那才是真正的言論自由和學術自由。

左派的學術自由，便是要將右派排除在外

進步主義、左翼自由主義與蘇聯的共產主義、社會主義的共鳴或合流，進而占據大學講台，始於大蕭條時期。大蕭條沉重打擊了從十九世紀下半葉以來美國社會的樂觀情緒和自豪感。新教思想家萊茵霍爾德・尼布爾（Reinhold Niebuhr）歎息說，「我們的西方社會顯然正處於崩潰與瓦解的過程之中」、「曾經在短時間內全面主宰現代資本主義的盲目樂觀哲學已經終結」、「現代自由主義文化根本無法為正處於迷茫之中的一代人指明方向」。

大蕭條造成的經濟環境和生存危機重創大學和知識階層。一九三三年，一千五百所高等院校破產或關閉，大學入學人數下降二十五萬，這是美國歷史上前所未有的。大部分教師的工資都被拖欠。買書的人寥寥無幾，圖書銷售下降百分之五十。《憤怒的葡萄》的作者、左

翼作家史坦貝克（John E. Steinbeck, Jr.）抱怨說：「當人們破產的時候，他們放棄的第一樣東西就是書。」

作家、教授和知識分子陷入貧困狀態，貧困必然影響其政治立場。他們急劇向左轉，拋棄傳統，向外尋找出路：有人開始關注蘇聯的發展模式，羨慕其有能力對連續幾年的發展規劃進行部署，從而迅速現代化，趕超危機四伏的資本主義發展模式。還有人對蘇聯的無產階級社會結構感興趣，畢竟誰不羨慕按需分配的大同世界呢？

從二十年代末到三〇年代，美國出現了「紅色十年」。一九二九至一九三三年是美國知識分子歷史上一個大的分水嶺。十八世紀，美國的思想者和文人都跟開國元勛們的共和主義同調合拍。十九世紀，他們基本上都認可個人主義，這是美國人生活方式的核心——十九世紀中葉典型的知識分子愛默生就是一個在中西部到處兜售自立精神的巡迴推銷員。然而，一九二〇年代的文人，帶動學術界菁英和媒體工作者一起，紛紛轉變立場，開始批評並敵視美國民意的結構性理念：自由市場、資本主義、個人主義、進取、獨立和個人責任。[12]他們把政府視為救星，把平等當做理想。這種知識階層與美國普通人價值立場的截然對立，一直延續至今。

新左派對大學影響最巨之處在於馬克思主義登堂入室，由人人喊打的過街老鼠變身為代表平等、正義和自由的正面價值和學說。半個世紀前，馬克思主義幾乎完全不存在於美國校園裡，如今卻被細分而畫歸進政治學、社會學、歷史學、文學理論及其他領域之中，並在

12 保羅．約翰遜：《美國人的歷史》（下卷），頁一七一—一八。

大多數的主要大學裡得到傳授。據《華爾街日報》調查，二十世紀末期，有一萬兩千名馬克思主義者在大學裡任教。政治學教授伯特爾．歐爾曼與身兼教師與編輯的愛德華．維爾諾夫合作，編纂了三冊調查報告《左派學園：美國校園中的馬克思學術》，他們一個學科一個學科地逐一審視左翼教授的作品。他們的結論是：「馬克思主義文化革命正發生於美國大學裡。……那是場和平而民主的革命，主要是用書本和演說來奮戰。」思想史家羅素．雅各比（Russell Jacoby）感歎說，新左派藉著建立起一個具有可信度的激進分子、女權主義、馬克思主義或新馬克思主義的學術體系，來對自身領域中具有威信的、當道的種種釋義，發動猛烈攻擊，在美國學術史上堪稱空前。

美國學界出現了一個可以跟歐洲人爭鋒的馬克思主義學者——詹明信（Fredric Jameson），此人受封為「當今最具原創性與影響力的馬克思主義思想家」，其代表作《馬克思主義意識形態》、《政治無意識》獲得圈內極高評價。有趣的是，詹明信的寫作並非針對公眾，而是針對研究課程，他對如何營造學術明星的技巧非常嫻熟。新左派不知不覺地被體制化和資本主義化，就好像格瓦拉和毛澤東的頭像被作為時髦的商業標誌印刷在奢侈品上一樣。

相對於羅斯福新政的餘威和六〇年代鋪天蓋地而來的左派思潮以及八〇年代之後激進分子占據大學講台，保守主義在美國主流社會特別是知識界和大學備受孤立。海耶克因其理論無人問津而患上嚴重的抑鬱症，在很長一段時間內不復著述。直到柴契爾夫人和雷根的出現——柴契爾夫人隨身攜帶海耶克的著作，雷根閱讀的是《讀者文摘》版本的海耶克理論——大局才出現翻轉。

被譽為「美國保守主義之父」的拉塞爾・柯克不見容於大學，在一所中部州立大學當了幾年講師之後，辭職回到老家當農夫並獨立寫作——這是梭羅、愛默生和惠特曼的傳統。然而，在二十世紀的美國，知識分子的標誌是一個大學的位址和使用印刷有精美大學校徽的信紙、信封。

在芝加哥大學任教的列奧・施特勞斯和艾倫・布魯姆這對師生的境遇也好不到哪裡去。美國史權威戈登・伍德（Gordon S. Wood）以主流學界代言人的口氣說：「學術界對施特勞斯派有普遍的敵意。」這種敵意使得施特勞斯在美國的著述方式仍如同在納粹德國，保持著某種「受迫害者的寫作」的隱秘風格。

艾倫・布魯姆的《走向封閉的美國精神》一書寫成後，被多家出版社退稿，在得到其摯友、諾貝爾文學獎得主索爾・貝婁作序推薦後才被出版社勉強接受。後來意外地暢銷數十萬冊，卻被權威書評人班傑明・哈柏稱之為「一本有史以來最深刻的反民主的書」，布魯姆被視為美國知識界的頭號公敵。[13]

布魯姆、索爾・貝婁及威廉・本內特，三人的姓氏都以B字母開頭，被左派稱為「三B

---

13 一九八八年九月，一場學術會議在北卡羅萊納大學召開，《紐約時報》形容，與會者重溫了歐威爾《一九八四》中的「仇恨時刻」——公民被要求在「國家公敵」的畫像面前站立並聲討之。與會者在杜克大學英文教授費什的率領下，一個接一個地對「反對的保守主義者」展開大批判——首當其衝的便是布魯姆。加州大學柏克萊分校的歷史學教授萊文出版了與《走向封閉的美國精神》針鋒相對的《走向開放的美國精神》一書，認為少數群體、有色人種群體、移民群體有權定義自己的經典，美國和西方早已不再有「核心的傳統」。不過，後者的銷量和影響力遠不如前者，「搭順風車」並不能「發大財」。

殺手集團」（the killer B』）——雷根主義在美國知識界的代言人和「最兇惡的打手」，這不是一個好的綽號。布魯姆任職的芝加哥大學社會思想委員會被看作保守主義的「反動堡壘」——再加上史丹佛大學胡佛研究所，是保守派在一流大學中碩果僅存的據點。

二〇二〇年末，若干哈佛學生發起請願，要求哈佛在川普總統離任後，禁止川普政府任內的官員到哈佛求職或者進入校園演講。在哈佛大學流傳的這封請願信要求校方制定一套新的「問責標準」，以審查在川普任內效力的官員，如果卸任後向哈佛應徵職位，例如申請做教授或做研究工作或要求安排演講等，都必須按照新的「指導方針」評估和考慮。

這封請願信認為，與其他總統任內的官員相比，效力川普的官員應受到更多審查，理由是「完全無視真理是本屆政府許多決定的根本特徵」，「僅此一項就足以劃清界限」。那些川普的同僚「已經沒有資格被學校聘為教職員工或研究員。」言下之意，這些極左翼的學生自認為他們代表了絕對的「真理」，一旦他們獲得權力，便可不擇手段打擊不追隨他們的人。

哈佛大學還出現了另一份更離譜的請願連署信，要求校方撤銷三位政治人物的學位，因他們支持川普的選舉舞弊的說法及「煽動國會山莊暴動」（跟中共將天安門民主運動定位為「暴亂」何其相似）。這三個政治人物包括從哈佛畢業的白宮新聞秘書麥肯奈妮（Kayleigh McEnany）、共和黨參議員克魯茲（Ted Cruz）及眾議員克倫肖（Dan Crenshaw）。

這份撤銷川普支持者學位的請願連署，由四個哈佛學生發起。請願書指出，因他們不願服從選舉結果，煽動川普支持者參與國會暴動，並造成五人死亡，必須為其行為付出代價。請願書認為，哈佛的學位是特權，並不是權利，如果畢業校友違反民主普世價值，應被撤銷學籍。如果哈佛大學不撤銷這些不服選舉結果、煽動暴力的人的學位，等同於支援白人至上主義。

這兩份請願書為醜聞纏身的哈佛再增添兩個笑料。此前，哈佛大學歷史學者史蒂芬・特恩斯特倫因在課堂上使用「印第安人」而非「美國原住民」的說法，被停止教授本科生課程。若是觸犯「政治正確」的教條，即便校長也不能得到豁免——言論審查被強行施加在校長薩默斯身上，他是在演講中提及「為什麼沒有更多的女性進入科學研究領域」，惹惱了女權主義者們。左派教授們認為校長的話欠考慮，在一次秘密投票中，校長被貼上「對哈佛教授缺乏信心」的標籤加以譴責。薩默斯被迫為此道歉。哈佛大學教授哈威・曼斯斐爾德（Harvey C. Mansfield）感歎說，這一幕讓人「驚恐和絕望」，顯示言論自由在哈佛已蕩然無存。[14] 湯瑪斯・索維爾對此嘲笑說，期望大多數知識分子都擁有常識，這可能是一種過高的期望，當他們在生活中的全部作用都建立於他們的非同尋常之上時，也就意味著他們所說的是不同於其他人正在說的東西。

在大學中，尤其是一流大學中，自由派和保守派的觀點並不處於平衡狀態。所謂利用第一修正案來保護言論自由，其實是：他們不會保護右派的言論自由，他們認為右派根本就不應該在大學中出現。美國名牌大學中保守派教授幾乎絕跡的事實，左派根本不在乎。誰在戕害大學的言論自由和學術自由呢？又是誰在捍衛它們？哈威・曼斯斐爾德在〈言論自由的代價〉一文中指出，實際上，「保守主義比自由主義更接近大學的宗旨」。自由派相信消除社

14 二〇一三年，筆者曾赴哈佛大學拜訪曼斯菲爾德教授，他向筆者表達了哈佛大學等美國名校因左派肆虐而導致學術自由和言論自由受害的擔憂。

會的偏見是可能的——當偏見沒有了，真理就占主導地位了。但保守派相信消除偏見是不可能的，他們期待社會是個真理和非真理的混合體，所以他們比自由派更寬容。保守派或許自己有偏見，因而對別人的偏見更容易寬容。即便在左派的威脅之下，保守派並沒有完全沉默下來，即便他們說話就要付出代價。保守派被迫沉默，不是因為語言規範而是因為不被雇傭、不被邀請在大學發表演講或作報告。有些保守派演講者遭到抗議者的威脅，但最多的情況是，保守派根本就到不了會場，人家不邀請他。[15]用哥倫比亞大學學生的說法就是：「你不能成為保守派，如果你是，你馬上就聲名狼藉。」

大學的通識教育，即摧毀「西方文明」教育

左派學者在大學站穩腳跟之後，首先要圍剿的就是通識教育、尤其是名為「西方文明」的核心課程。耶魯大學的學生遞交請願書，要求校方取消長達數十年的修課要求，不再研習喬叟、史賓塞、彌爾頓和華茲渥斯的作品，因為這些著作「會醞釀出一種格外仇視有色人種的文化」。史丹佛大學取消「西方文明」課程，主要原因就是學校行政部門屈從於少數左翼學生的無理取鬧，左派學生高呼：「西方文明該滾蛋！」校方在分裂主義的進攻面前束手無策，一味退讓，致使必修課中西方經典作品大量減少，新的閱讀書目荒誕無稽。

左派大肆散布「受害者」思想，即所有的西方文明具有不可救藥的壓迫性和反動性。西方文明的受害者就是大學生，大學生受到「死的歐洲白人男性」成就的統治，整個歷史、文學和文化「經典」是「歐洲中心的」、「殖民主義」和「菁英主義」的。傳統的通識教育課

程是種族主義、性別主義和憎惡同性戀的，必須將西方文明經典著作的研究替換成為第三世界文化和受壓迫者「正名」的課程。

左派一個學科一個學科地展開掃蕩，如同當年鄂圖曼土耳其帝國對拜占庭帝國的蠶食鯨吞——一個城市接一個城市地攻占。就連最不歡迎馬克思主義的經濟學，都出現了一道道裂縫：激進的馬克思主義經濟學家已在幾所大學占有一席之地，他們的組織「激進政治經濟學聯盟」和刊物《激進政治經濟學評論》已是新左派最成功的學術機構。

當右派統統被趕出大學之後，在極左派眼中「不夠左的左派」就成了被清除的對象。一個典型案例是：從二〇一六年九月開始，俄勒岡州里德學院的左派學生竭力干擾一門人文課程，他們認為這門古典課程講授的全是古希臘的白人，是種族歧視。這門課的教授瓦迪維亞（Valdivia）是混血的女同志，講授古希臘的女性及同性戀詩人莎弗（Sappho）——她的身分和講授的內容足夠政治正確。左派學生仍在教室裡吵吵嚷嚷，揮舞帶有攻擊性髒字的標語。她請求學生不要這樣做，如此損及她的身體健康。左派學生發表公開信，指控她反黑人，說她「創造創傷的上下秩序，認為自己的創傷高人一等」。校方對此放任不管。瓦迪維亞被迫投書《華盛頓郵報》，在〈當校園陷入極端主義，我等教授不應默不作聲〉一文中寫道：「沒有人應當先通過另一個人的意識形態純度測試，才能獲准發言。若是無法自由交換意見，大學生活將歸於滅亡——文明也是一樣。面對恐嚇，教育者應當挺身發聲，而非噤口不言。」學者和評論人希瑟·麥克·唐納（Heather Mac Donald）指出，美國正在培育完全不瞭解美

15 哈維·曼斯菲爾德（Harvey Mansfield）：〈言論自由的代價〉，「愛思想」網站。

國建國思想的學生，這些學生因妄想的怨恨和自憐而發火。他們發起了一波波的校園審查，將美國寶貴的傳承殘害得面目全非，而軟性的極權主義可能成為美國的新常態。[16]

文學研究是大學中左派肆虐的重災區。一個荒謬之極的事實是：當文學作品縮減時，文學理論卻在擴增，馬克思主義文學評論家沉溺於「自我吞噬」的理論這個弊病。針對「比較文學」這個文學系的新分支，艾倫·布魯姆指出：

現在，比較文學大體上受到一批教授的操控，他們深受具有巴黎風味的海德格信徒和後沙特主義一代的影響，尤其是德希達、傅柯和羅蘭·巴特的影響。這一派被稱為「解構主義」，可以預料，它是以哲學的名義壓抑理性、拒斥真理的可能性的最新階段。詮釋著的創造性活動比文本更重要；沒有文本，只有解釋。因此，對我們來說最重要的東西，對那些原著所要告訴我們的認識，轉而變成了這些詮釋者的主觀性和創造性的自我，這個詮釋者說，不存在文本，也不存在文本所指涉的現實。……這無異於消解傳統。[17]

這種以重新詮釋經典為名的對經典的「解構」，與白璧德當年的期望背道而馳——白璧德強調，需要一種介於中學教師和大學專家之間的學者，用更加廣闊和開放的精神來向美國的大學生們闡釋古典作品，並且把「自己正在塑造未來共和國公民的心靈與性格」這一意識帶入教育工作中。新左派知道經典能夠讓人知道什麼是智慧、真理和善，並且是他們那些亂七八糟思想的剋星；所以，唯有去除經典，他們才能塑造出跟他們一樣的「無根的一代」。

與艾倫·布魯姆同姓的學者、耶魯大學文學教授哈羅德·布魯姆（Harold Bloom）在《西方正典》一書中百折不撓地為經典辯護。他堅信，人的生命中存在著審美的價值，所有西方經典所能帶給閱讀者的，是「孤獨靈魂至高無上的權力」，是「深度的自我」和「最終的內在性」。他將莎士比亞、但丁、喬叟、塞萬提斯、彌爾頓、蒙田和莫里哀、歌德、華茲渥斯、珍・奧斯汀列入西方正典的清單，視惠特曼和狄更生為美國經典的重心人物，而莎士比亞是「我們所認識的最偉大作家」。他堅稱莎士比亞是「世界歷史上最重要的心理學家」，與之相比，佛洛伊德的精神分析世界觀不過是薩滿教的另一種形式而已，是「一種古老的普世的治療技術」。

顛覆者們與之針鋒相對，左派文學教授多利莫爾與辛菲爾德編著了《政治意義上的莎士比亞》，將莎士比亞描述成「萬惡的殖民帝國大英帝國的代言人」。如果這本書的論點成立，「莎士比亞已經死於一種學術愛滋病，他的免疫系統已被馬克思主義、女性主義、符號學、後解構主義和精神分析批判悲慘地破壞掉了」。

歷史學家希梅爾法布（Gertrude Himmelfarb）在《正視深淵》一書中抨擊了遍布於文學理論、哲學和歷史領域的以各種姿態抬頭的後現代主義。她對文學理論的批判是：文學理論已經越俎代庖，取代文學成為研究對象，在此過程中奪走了閱讀偉大作品所獲得的「深刻的精神和情感」。結果，「現代主義的怪獸已經搖身變為後現代主義的怪獸——相對主義滑入虛無主義，反道德滑入無道德，非理性滑入瘋狂，性偏差滑入多形態的錯亂行為」。所謂的

16 希瑟・麥克・唐納（Heather Mac Donald）：《美國多元假象》，（台北）八旗文化，二〇二〇年，頁二二八。

17 艾倫・布魯姆：《美國精神的封閉》，頁三二八—三二九。

「解構主義」和「多元主義」，「不僅否認絕對真理而且否定偶然的、部分的、趨真的真理……用這個學派的行話來說，真理是『極權的』、『霸道的』、『男權主義的』、『貴族的』、『專橫的』」。希梅爾法布進而發現，後現代的「多元主義」甚至為「大屠殺」開脫——將其描述成一種「結構性」的而非私人性的恐怖——私人性的恐怖是要由真實的個體承擔的，是不需要發生的，它必須被理解，且為每一代人再理解。

面對暗潮洶湧的各種左派思潮，施特勞斯、艾倫・布魯姆等保守主義思想家堅持以復興「古典政治哲學」為己任。他們勢單力薄，卻信心十足地認為，西方現代性的危機越深刻，反倒恰恰提供了一種前所未有的契機，使人們可能以全新的視野來審視從前沒有被真正理解的傳統。

在「政治正確」之下，還有一個「科學正確」的分支，這裡的科學其實是「偽科學」或「有待驗證的假說」，卻被左派奉為不容置疑的絕對真理。過去，進化論是左派的神主牌，學校只能教授這一種理論，而不允許教授神造論等與之不同的理論；如今，全球變暖以及與之配套的一系列激進環保主義成為新的顯學，如果你不認同，你就被目為沒有受過教育的、反科學的野蠻人——實際上，肆虐美國和很多西方國家的「綠色新政」，絕非倡導者表面上所說的那麼冠冕堂皇、悲天憫人，其背後是骯髒幽暗的經濟利益。

箝制自由的左派鎖鏈（一）：「政治正確」

一九六〇年代以來，「政治正確」、「身分認同」和「多元文化主義」，已成為美國大學校園內的主導思想，成為箝制言論自由和學術自由的三重鎖鏈，即便是雷根的保守主義革命也未能扭轉這種局面。一九九一年蘇聯的解體、冷戰的結束，本該讓這一狀況出現根本性改觀，結果反倒讓其更加惡化。

「政治正確」是第一道無形的鎖鏈，所有大學中人都必須戴著鐐銬跳舞，它讓大學成為民主國家和自由社會中言論自由最少的地方——學術自由更無從談起。《黨派評論》雜誌主編威廉．菲力浦斯指出，所謂「政治正確」，從本質上所是一種新的左傾思潮，它包括極端的和激進的女權主義理論、男女同性戀解放的研究和活動，還有從解構主義、新馬克思主義以及過去遺留下來的種種革命傾向所產生的思想觀念等。它沒有直接訴諸暴力革命，但在很大程度上是反美利堅文化的，在某些方面是反資本主義的以及親第三世界、親少數族裔以及反對西方文化利益和政治利益的。對大學而言，「政治正確」的最大弊端在於，在其腐蝕下，人們在知識上愈來愈缺乏篩選和比較各種彼此競爭的價值觀念的信心。[18]

激進分子在大學校園裡製造出恐怖和壓抑的氣氛，強迫每個人都遵守言論和行為的「政治正確」規則，否則就譴責其為性別歧視或種族歧視者。威廉．本內特指出，大學師生在言論和判斷上，尤其在同性戀、女權主義、種族、「歐洲中心主義」、「殖民主義」等問題上，必須保持「政治正確」，因為「學術思想警察」正在監視著每一個人。如果被他們發現有任何違規之處，教師的評級升等、學生的論文通過，都會遇到嚴重問題。

社運人士和左派師生在校園內造就了一種可怕的氛圍：只要特定群體的人覺得被另一個

18 威廉．亨利：《為菁英主義辯護》，（南京）譯林出版社，二〇〇〇年，頁三－四。

人的言行冒犯或壓迫，那個人就犯了歧視的錯。由於部分學生認為某些觀念冒犯人，所以大學應該保護所有學生不受這些觀念之害，這種看法形同拋棄蘇格拉底的遺產。蘇格拉底自命為雅典人的牛虻，他相信自己有刺激、擾亂、質疑來自挑釁雅典同胞的責任，好讓他們徹底思考目前的信念，並改變自己無法辯護的想法。然而，今天的大學絕對不會邀請蘇格拉底這樣的危險人物前去演講，因為他讓某些人不安、不快或憤怒。近年來，數百名保守派人士到大學演講的邀請被取消。[19]

二〇二一年秋，密西根大學音樂學院最著名的教授之一、華裔作曲家盛宗亮在課堂上講授將經典文學劇本改編成歌劇的過程，他給學生們播放了一九六五年的電影、由勞倫斯·奧利維爾（Laurence Olivier）主演的《奧賽羅》——他沒有特別留意到這位白人演員將臉塗黑扮演黑人，在當年的好萊塢這是習以為常的，但在今天這一行為卻是極端的政治不正確。很多學生認為他們受到了侮辱，對老師發起粗魯的攻擊。盛宗亮多次道歉，「受傷」的學生不依不饒。校方宣布，盛宗亮自願停授這門課，以便讓學生有「積極的學習環境」。

盛宗亮在道歉信中承認自己考慮不周，但否認歧視非裔，並舉出自己曾與許多非裔藝術家合作的例子。然而，攻擊沒有停止。該片播放一周後，作曲系七名教授中的其他六人，在一份聯名起草的信上對盛宗亮提出嚴厲批判，將這起事件描述為「令人失望，在很多方面對學生個人造成了傷害，也對我們的社區造成了破壞」。之後，三十三名本科生、研究生及九名教職員工要求學校不再讓盛宗亮教這門課。《紐約時報》支持這些「正義」做法。[20]

《紐約時報》輕描淡寫地承認，這是校園「取消文化」泛濫的一個例子，除了激情過度的學生拒絕接受道歉外，還附帶一個意外的波折——中國出生的盛宗亮是文化大革命的倖存者，他家的鋼琴在「文革」中被紅衛兵抄走。「文革」時只有十幾歲的盛宗亮，為了避免下放，報名參加了一個有官方許可的民族樂團，之後被送到青海省一個偏僻地區。盛宗亮在道歉信中提及這段經歷：「但讓人感到不安的是，我們生活在一個有人可以試圖通過公開譴責來毀掉別人的事業和名譽的時代。」在毛時代中國的這段經歷，跟他今天在美國所遭遇的一切如此相似——學生的辱罵，同僚的落井下石，校方的切割，輿論的審判——唯一的不同是，他失去了講台，但至少暫時不會被強制送到勞改營接受勞動改造。

很少有人敢於為盛宗亮辯護。《理性》雜誌編輯羅比．索阿夫（Robby Soave）在該雜誌的一篇文章中指出，盛宗亮的道歉「本應綽綽有餘」，他還提出，盛宗亮本人現在應該得到道歉。「密西根大學是一個公立部門，學生和教授理應享有言論自由和表達權利，」索阿夫寫道。「因為盛宗亮在課堂上的選擇而懲罰他，違反了學校珍視的學術自由原則。在教育的背景下播放一部有種族問題的電影既不是種族主義行為，也不是對種族主義的認可。」這樣清醒、理性、守住言論自由和學術自由的底線的聲音，無人傾聽。

激進分子在大學校園裡製造出恐怖和壓抑的氣氛，強迫每個人都遵守言論和行為的「政治正確」規則，否則就譴責其為性別歧視或種族歧視者。保守派學者、曾在雷根時代出任美國教育部長的威廉．本內特發現，大學師生在言論和判斷上，尤其在同性戀、女權主義、種

19 葛瑞格．路加諾夫、強納森．海德特：《為什麼我們製造出玻璃心世代？》，頁七四。

20 珍妮佛．舒斯勒（Jennifer Schuessler）：〈放塗黑臉版《奧賽羅》，華裔音樂教授遭抵制〉，紐約時報中文網，https://cn.nytimes.com/culture/20211018/othello-blackface-bright-sheng/zh-hant/。

族、歐洲中心主義、殖民主義等問題上，必須保持「政治正確」，因為「學術思想警察」正在監視著每一個人。如果被他們發現有任何違規之處，教師的評級升等、學生的論文通過，都會遇到嚴重問題。

「政治正確」使美國大學出現了「文革化」的苗頭，這絕非危言聳聽。曾經獲獎無數、成就卓著的盛宗亮面對巨大的壓力，完全不能保護自己，只能違心地、一次又一次地道歉，自我貶抑、自我妖魔化。他逃離中國是因為那裡沒有言論自由，他卻發現，美國大學中的言論自由已然所剩無幾，連美國憲法都不能保障他的言論自由和學術自由。當每個美國教授都只能像他們被攝像頭監控的中國同行那樣謹言慎行，當每個美國教授都必須低聲下氣地討好學生並竭力營造讓學生感到「舒適」的課堂氛圍，大學跟勞改營還有什麼本質的差異呢？

箝制自由的左派鎖鏈（二）：「身分政治」

大學中的第二道鎖鏈是「身分認同」。這種觀念認為人類是由膚色、性別和性取向等特徵來定義，而西方文明向來藉由歧視這些特徵而驅動。這種觀念重塑了大學，開創出圍繞著種族、族群、性別和性別認同等議題的全新領域，它讓大學喪失了建立「生命共同體」的可能，淪為其成員彼此為敵的戰場。[21]

左派否認存在著共同人性，他們強化已有的心理原型——只有兩種人，一種人是受害者，另一種人是加害者，而每一個人都能被歸入其中一類。印度裔美國學者迪內希·德蘇爾卡（Dinesh D'Souza）在其《不自由的教育：大學校園內的種族與性別政治》一書中指出，美國大學校園已經「巴爾幹化」，各族群的亞文化將校園分割地支離破碎：黑人文化、西班牙語文化、亞洲文化（殘存的）、白人文化。他考察了一百多所美國高校，並對加州大學柏克萊分校、史丹佛大學、霍華德大學、密西根大學、杜克大學和哈佛大學等六所有代表性的大學進行個案研究，結論是：這次席捲美國各大學校園的變革，性質是如此深刻，以致可以毫不誇張地稱之為一場革命。

「身分認同」導致大學的招生和教學過程全都陷入一種新的不平等，規則的平等被踐踏和破壞。德蘇爾卡引用柏克萊大學秘密的內部報告，用統計學的方法證實，進入「贊助性行動計畫」的非裔學生只有百分之十八完成學業，修業普通大學的非裔大學生則有百分之四十二順利結業。他指出：「加利福尼亞最優秀的非裔學生和西裔學生，若在其他學校，可以更容易安頓下來，與勢均力敵的同學公平競爭，而且畢業的人數很多，比例也很大。」他認為，對非裔和西裔學生更低的入學標準的「贊助性行動計畫」，是在拔苗助長，害了被照顧的對象。他指出，美國一流大學新生錄取過程存在嚴重的種族歧視（反向種族歧視），這種歧視是一種優敗劣勝的負淘汰（逆淘汰），歧視的對像是白人，有時也包括亞裔（實際上亞裔受到更嚴重的歧視）。而正是那些占盡便宜的低分少數族裔學生，在進入學校後濫用權利，打著反種族歧視的旗號大搞分裂活動。德蘇爾卡的研究遭到左派猛烈抨擊，甚至給他扣上種族主義者的帽子——儘管他身為在美國人數比非裔和拉丁裔少得多的亞裔。

評論家希瑟．麥克．唐納指出，大學教授都灌輸學生相信，今天在美國，除了亞裔以外

---

21 希瑟．麥克．唐納：《美國多元假象》，頁八。

的少數族裔或女性，都是受壓迫的對象。在這一具有清晰等級秩序的種族身分認定中，對非裔昔日遭遇的不公毫無罪責的亞裔卻成為犧牲品和替罪羊。這種「反向種族歧視」已成為大學招生的一個潛規則——人為壓低亞裔學生的招生名額，然後將名額轉移給非裔或拉丁裔申請人。亞裔社團啟動了對哈佛大學等名校招生歧視的訴訟，川普政府的司法部支持此一訴訟，拜登政府的司法部卻反對此一訴訟——可見，民主黨人的反種族歧視是多麼偽善。

「身分認同」進一步激化就是所謂的「批判性種族理論」（Critical Race Theory）。這種源於馬克思主義的理論認為，美國的文化和法律是由白人至上的種族主義塑造的，所以必須批判和推翻。激進主義的學者將將此類理論和思想帶進教材和校園：如果你是白人，你就是壓迫者；如果你是有色人種，你就是受壓迫者。前者必須為其祖先的罪行道歉，後者則心安理得地享有類似戰爭賠款般的賠償和福利，且享有不受質疑的乃至超越法律的特權。當「身分認同」固化之後，敵我關係也固化，共同敵人認同政治與微侵犯理論結合，形成嗆聲文化。在這種文化裡，一個人所說、所做的一切幾乎都會帶來公開羞辱。由此，大學形成如履薄冰的氛圍，師生養成自我審查的習慣。

箝制自由的左派鎖鏈（三）：「多元文化主義」

大學中的第三道鎖鏈是「多元文化主義」。它是左派對美國傳統價值觀的詆毀與破壞。娓娓動聽的「多元文化主義」，其實質是「取消文化」（Cancel Culture）。這個詞語最初是指公眾人物或公司，因冒犯性言行而遭公眾抵制，比如工作機會、商業代言、企業贊助，甚至其網路影響力等全被取消。這種如影隨形的強制力量在大學校園中獨領風騷——左派的多元化當然不會將他們不認同的觀點視為多元中的一員，他們的目標是取消任何讓他們感到不舒服的言論。

美國的大學在八〇年代「哭著喊著要『多樣性』」，是因為左派在政治、經濟議程相繼破產之後，希望圍繞「多樣性」和「身分政治」建立一種新的意識形態。「多元文化主義」的「多樣性」並不包含白人內部的族裔多樣性，只有種族、性偏好和性別的多樣性。不容忍是新的議程，權力則是關鍵。現代大學的文化風潮明確支持進步論者的議程，更多人相信大學已然淪為自由派世俗主義的堡壘。[22]

諾瓦克指出，「多元文化主義」有九個顛倒是非之見：第一，反美主義。多元文化主義認為，西方是帝國主義的，美國是西方最發達的國家，多元文化主義自然敵視美國的傳統和制度，頌揚非西方文化特別是那些和美國敵對的非西方文化。

第二，受害者研究。多元文化主義以粗俗的文化馬克思主義為標準，將世界分為受害者和壓迫者兩大集團。

第三，自我頌揚。多元文化主義的目的是鼓吹「自我尊重」，必要時不惜犧牲事實，連吸毒和犯罪都被合理化。

第四，推諉。多元文化主義的假設是：它選定的受害者因為其他人的邪惡行為而不能滿

22 詹姆士·亨特（James Davison Hunter）：《文化戰爭：定義美國的一場奮鬥》，（北京）中國社會科學出版社，二〇〇〇年，頁二四二。

足普遍標準。所有的錯都是社會的錯而非個人的錯。

第五，審查。由於多元文化主義認為真誠的調查研究是無用的，批評是惡意的，思想是軟弱的，理性不過是權力的僕從，所以它要審查和鎮壓異己。

第六，群體思維。多元文化主義認為人們不過是群體的成員，害怕個人的創造性，所以，它通過公開羞辱異己者來施加思想控制。

第七，平均主義暴政。以被歪曲的「平等」為名，多元文化主義關注群體、群體的結果和統治數據反映的群體狀況，毀滅個人的願望和成就。

第八，雙重標準。多元文化主義否認存在能評判個人和文化的普遍標準。他們在面對不同的問題時使用不同的標準。

第九，以相對主義為戰術。多元文化主義假裝是「不判斷的」，事實上卻以自己的善惡判斷為基礎。多元文化主義只是以相對主義為武器，事實上他們是威權主義者，「手握相對主義，他們去攻擊現存的一切。一旦權力在他們手中，他們將按照他們的方式塑造世界」。[23]

「政治正確」、「身分政治」與「多元文化主義」共同造成言論自由、學術自由在大學的終結。托克維爾所擔心的民主社會中的「軟專制主義」降臨了，而左派或自以為中立的人會粉飾性地稱之為「敏感性」。在上世紀八、九十年代之交，大約有三百所的美國大學推行了「敏感性」運動——通過半法律化的語言規範，嚴禁出現「冒犯別人的言論」（又名「微歧視」）。

美國大學的墮落（一）：與納粹翩翩起舞

美國教育家羅伯特・赫欽斯（Robert Maynard Hutchins）說過：「教育的首要目的在知道什麼對人是善的，即是洞悉萬物的原理秩序，因為各種價值有其層次。教育的任務就在幫助我們瞭解價值層次，建立價值體系。一個否認價值存在的制度，就是否認教育的可能性。」言猶在耳，美國的大學的所作所為卻與之背道而馳。

在美國與德國開戰前數年間，美國的主流知識界無比欣賞納粹政權，因為納粹的政策契合他們的烏托邦理想國的想像：納粹是大政府的福利國家，納粹照顧工人階級、提供最低工資保障、以大型基建工程降低失業率（這也是小羅斯福和拜登拯救經濟的妙方）、讓每個工人家庭都擁有一輛汽車。美國的每一個缺點都可以在納粹德國對應的優點那裡找到解決方案。歷史學家布蘭德利・哈特（Bradley Hart）在《希特勒的美國朋友們：第三帝國在美國的支持者們》一書中指出，可口可樂、ＩＢＭ、通用汽車、摩根等企業和企業家亨利・福特、飛行家林白、天主教神父考夫林、好萊塢編劇威廉・達德利・佩里等公眾人物都是納粹的支持者。考夫林神父的頻道大概有三千萬左右聽眾，他的廣播成為大部分人教堂禮拜之後的固定節目。他曾經是羅斯福的支持者，高呼「要麼羅斯福，要麼毀滅」，後來他發現羅斯福不夠左，又成為其反對者，並成立「全國社會正義聯盟」，希望推翻美國政權，推行自己的社會正義理想，仿效希特勒的國家資本主義的經濟政策，從而讓美國能像第三帝國一樣根治失

23 王璞：《文化戰爭中的美國大學》，頁四一—四二。

業問題。考夫林神父在大學裡擁有大量的支持者。

如果沒有清教秩序此一「定海神針」，希特勒的鼓吹和實踐看起來似乎妙不可言——德國比美國更快地走出大蕭條，德國工人的薪水超過了美國工人，如果不是希特勒發動戰爭，德國可以繼續成為美國的老師。面對納粹狂潮，大西洋不是天然的屏障，美國的大學亦非一方淨土。或許因為美國的大學有一段以德國為師的歷史，即便納粹在德國崛起，它們也不願與納粹政權決裂。歷史學家史蒂芬·諾伍德（Stephen H. Norwood）曾在二〇〇九年出版了一本名為《象牙塔裡的第三帝國》的著作，副題是「美國校園的共謀與衝突」。作者以大量文獻勾勒出美國各名校在上世紀三十年代的掙扎與墮落——他們在希特勒上台之後，一度對納粹讚不絕口並與之展開親密合作。

當時的哈佛大學校長詹姆士·科南特（James B. Conant）是一位傑出的學者，是哈佛大學近代最重要的校長，他的任期從一九三三年至一九五三年，長達二十年之久。一九三六年，納粹德國除了舉辦盛況空前的柏林奧運，還舉辦了一個學界的盛會——海德堡大學五百五十年校慶，這個時間長度是美國建國史的兩倍。納粹宣傳部長戈培爾，正是擁有海德堡大學哲學博士的高材生，這個校慶是納粹精心安排的宣傳秀。此前，包括海德堡大學在內的所有德國大學都展開了排猶和焚書運動。科南特不顧抵制納粹宣傳秀的呼籲，親自前往德國參加海德堡大學的校慶活動。他除了天真地認為這只是一個學院的盛會，另一個動機是不希望觸怒納粹，導致德國的大學一起報復和抵制當年哈佛的三百年校慶。

既然校長毫不掩飾其親納粹的立場，院長和教授們都爭先恐後赴柏林朝拜，展開所謂的「學術之旅」。一九三四年，哈佛大學法學院院長普蘭德興沖沖地跑去柏林，接受柏林大學的榮譽學位，回國後大談在新德國的所見所聞，宣稱「不管猶太人住在德國多久，納粹政府沒有對猶太學者與猶太人施加迫害」。

學者和社會活動家尼古拉斯·巴特勒（Nicholas M. Butler）從一九〇一到一九四五擔任哥大校長，長達四十四年，是哥倫比亞大學歷史上最重要的一位校長，在美國大學史上也絕無僅有。他本人是和平主義者，因致力於推動「非戰公約」，於一九三一年獲得諾貝爾和平獎。諷刺的是，巴特勒十分欣賞義大利獨裁者墨索里尼，他的柏林經驗與非戰理念讓他同情納粹德國。希特勒上台後，巴特勒立刻請德國駐美大使到哥大就國際關係問題發表演講，宣揚納粹德國的「民主與維護和平的決心」。當猶太裔的師生表示抗議時，他居然下令解僱了多名反對他的教授和開除了多名反對他的學生。

最具諷刺意味的是，美國的大學和知識菁英不肯反省當年向納粹暗送秋波的幽暗歷史，卻將捍衛美國精神和美國傳統的川普和保守派扣上法西斯的帽子。當川普剛剛參加競選時，《紐約時報》即發表了一篇由彼得·帕克（Peter Baker）撰寫的〈「川普現象」說明法西斯主義來到了美國？〉的文章，作者憂心忡忡地指出：「川普的競選活動已經引發了與其吸引力本質有關的熱烈討論，並招來了左右兩翼批評人士關於法西斯主義有可能在美國興起的警告。言辭更為尖銳的對手已經把川普和阿道夫·希特勒以及貝尼托·墨索里尼聯繫了起來。」布魯金斯學會奉行鷹派國際主義的學者羅伯特·卡根（Robert Kagan）也在《華盛頓郵報》發表了一篇題為〈法西斯主義就這樣來到美國〉的文章，警告「這可能會是一個相當危險的時刻，將來回頭看時，我們肯定想要弄清，我們為什麼會在本可以阻止它到來的時候卻掉以輕心」——然而，卡根反對川普恰恰是因為川普不主張貿然發動對外戰爭，而卡根本人是伊拉克戰爭的狂熱支持者。大學、智庫和媒體的菁英分子們用納粹來妖魔化川普，正如普丁將入侵烏克蘭的戰爭美化為幫助烏克蘭「去法西斯化」。大學的知識分子們迷戀的大政府、福利制度都是納粹的國家政策，而川普主張的讓政府靠邊站的個人主義和放鬆管制跟法西斯主義背道而馳。

當時，除了學校高層與納粹德國交好，各大學的德文系也在校園內建立起宣揚新德國的據點。諾伍德稱之為「納粹巢穴」，專門負責洗腦學生。德文系的行政官員和教授們不斷邀請納粹官員和支持納粹的德國學者前來演講，宣傳德國的「新秩序」，讓美國學生感受到德國人對納粹政權的全力支持與對希特勒的衷心崇拜。大大小小的德國之友會、德文俱樂部等校園組織和社會團體，在德美兩國文化交流的旗幟下，成為納粹在美國最有效的宣傳網路。

當太平洋戰爭爆發、希特勒對美國宣戰之後，這些大學及其校長、教授們迅速轉換立場，個個都成了反法西斯的先鋒和旗手。戰爭期間和戰後沒有人受到批評和追究，這些學界名流仍然保持著光鮮的公共形象。直到今天，美國的大學仍然害怕提及這段幽暗的歷史。諾伍德的著作，史料豐富，出版後曾引發嚴肅討論，但迅速被學界和公眾遺忘。

伊利諾州立大學教授李中志在〈學院裡的暗黑帝國〉一文中指出，《象牙塔裡的第三帝國》這本書不被學界廣為推薦的唯一原因是它讓美國名校難堪。它一方面掀開名校在最黑暗時期的道德危機，另一方面又充滿既視感——第三帝國早已瓦解，但依附在第三帝國的道德危機並沒有過去，而是以現在進行式依附在另一個暗黑帝國上。檢視共產中國在美國學院的所做所為，加上美國學院高層對中國政權的態度，與其說諾伍德是在記錄上世紀三十年代的美國學院如何受納粹蠱惑，不如說他是用歷史反照出當代美國學院面對中國的姿態。「在中國崛起的陰影下，美國學界迅速崩壞，但我們或許不必太意外，若我們翻開二戰前學院的黑暗史，我們只是在重複一樣的悲劇。」[24]

當今孔子學院的運作豈是獨創？今天的中國比昔日的納粹德國更財大氣粗，更捨得在美國的大學及研究機構投入重金。中共的短期戰略目標是竊取美國的科技成果，長期戰略目標是收買大批西方知識菁英並通過他們為中國在美國主流社會形塑正面形象。

美國大學的墮落（二）：向中共屈膝叩頭

二〇二一年一月十四日，五十六歲的美國工程院院士、麻省理工學院教授陳剛在家中被捕。他被控欺詐、未提交外國銀行帳戶報告以及在納稅申報單中虛假陳述。他於當天在地方法院首次出庭。

根據指控檔，陳剛是美籍華人（畢業於華中科技大學），擔任麻省理工學院帕帕拉多微納米工程實驗室主任和固態太陽能熱能轉換中心主任。他在麻省理工學院的研究獲得美國聯邦機構授予的一千九百多萬美元資助。自二〇一二年以來，他又在中國擔任多項職務，通過提供建議和專業知識換取巨額經濟報酬，他接受了大約兩千九百萬美元外國資金，包括來自中國南方科技大學的一千九百萬美元。

24 李中志：〈學院裡的暗黑帝國〉，「思想坦克」網站，https://www.voicettank.org/single-post/2020/05/19/051902。

若干北美親共華人認為，陳剛是美中關係惡化的又一個犧牲品。他們信奉陰謀論，無視陳剛的若干犯罪事實。還有人在網上發起為其請願和募捐活動（很可能有中共使館在背後策動）。不過，也有華人質疑說：陳剛從中美兩國獲取天文數字般的研究經費，早已富可敵國，為什麼需要來自工薪階層的捐款？

雖然陳剛後來被釋放，拜登政府也叫停了專門調查華裔學者或中國訪問學者竊取美國科技成果的「中國計畫」，但中國以舉國之力對美國大學的滲透、偷竊和文宣並沒有停止。有人說，陳剛是那些「兩邊通吃」的美籍華人的典型——美國華裔社群是對美國忠誠度較低的族群之一，並非人們普遍認為的「模範少數族裔」。陳剛不止「兩邊通吃」，還「三邊通吃」——他擁有台灣「中央研究院院士」的尊榮頭銜。[25]

陳剛被捕後，麻省理工學院的校長拉斐爾・雷夫（Leo Rafael Reif）在給學校師生員工發送的郵件中表示，對此事表示震驚，並稱陳剛「是一位廣受尊敬的學者和教員」，他的被捕「是令人驚訝、深感痛苦和難以理解的」。

拉斐爾・雷夫的首要身分，似乎並非麻省理工的校長，而是中共的外交部發言人。他對陳剛的正面評價和對陳剛被捕感到「難以理解」，才是真正讓人「難以理解」的地方。這兩種「難以理解」，但若放在過去數十年來中國對美國大學的滲透收買、蠶食鯨吞的大背景下，就「很容易理解」了。中國政府太有錢了，中國政府可以拿從十四億國民那裡搜刮來的民脂民膏收買它認為有收買價值的所有人——除非對方是像余英時那樣無法收買的對象。

就在陳剛事發前兩個星期，美國國務卿蓬佩奧以「中共對美國國家安全和學術自由的挑戰」為題在喬治亞理工大學發表演講。這場演講原計畫在麻省理工學院舉辦，但校方以防疫為由予以拒絕。蓬佩奧點名批評說：「事實上，我必須告訴大家，麻省理工學院對請我到他們的校園發表這篇演講並不感興趣。拉斐爾．雷夫校長暗示，我的論點可能會侮辱他們的華裔學生和教授。但事實上，沒有什麼比這更離譜的了。這篇演講所要保護的正是這些人，保護他們的自由。」蓬佩奧警告說，在美國校園裡經常看到的是沈默和審查。這是由中國推動的。為什麼美國的學校要自我審查？他們往往是因為怕得罪中國。「我們的很多大學都被北京收買了。」[26]

美國的大學與狼共舞，甚至禁止本國的國務卿發聲，它們封殺地位不如國務卿的反共人士和民主人士的觀點易如反掌。拉斐爾．雷夫校長大概最不願意聽到蓬佩奧的這番告誡：中共利用美國校園自由主義者要求反種族主義或反仇外的呼聲，合理化自己在美國校園中的惡意行為，讓美國學術菁英在這類議題上沉默或自我審查。「中共知道，左傾的大學校園充斥著反美主義，讓他們的反美資訊輕易地找到受眾。……美國人必須認識到，中國共產黨正為

25 有媒體詢問中研院，陳剛被捕是否會影響其院士身分？中研院表示，院士為終身名譽職，為名譽榮銜，其本質較近於獎項，而非「職位」，院士事務例如榮銜變動，皆須於院士會議討論通過後才能正式提案，如通過再送交院士會議提案規劃處理委員會進行後續處理程序。「由於陳剛未在本院任職，如其在任職機構之作為有違反規定情事，由任職單位處理。」中研院這種推卸責任的回答，讓其學術光環蒙塵。〈中研院士陳剛未揭露與中國合作關係，在美被捕〉，見《自由時報》網站，https://news.ltn.com.tw/news/life/breakingnews/3412450。

26 〈蓬佩奧警告中共正「毒害」美校園〉，見自由亞洲電台中文網，https://www.rfa.org/mandarin/yataibaodao/junshiwaijiao/jt2-12092020173452.html。

達到自己的目的，毒害我們高等教育機構的肌體。我們絕不能允許中國共產黨摧殘美國的學術自由。」

蓬佩奧在演講中歷數中共在美國校園偷竊科技資訊、危害言論自由以及騷擾中國留學生或華裔學者的紀錄。中共特務在美國大學如入無人之境：加州大學舊金山分校研究員王欣涉嫌隱藏解放軍軍官的身分，收集加州大學舊金山分校實驗室的資料；在芝加哥伊利諾伊理工學院學習電子工程的季超群曾試圖加入美軍，故意掩蓋與中國情報部門的關係，中國情報部門責成他在工作的地方招募工程師和科學家。

普丁入侵烏克蘭之後，美國的很多大學發起聲勢浩大的抗議活動，左派師生很喜歡展示他們的同情秀，這種表演可以凸顯他們的高尚；然而，與此同時，喬治·華盛頓大學等多所美國名校卻派出校警清除抗議人士在校園裡張貼的反對北京冬奧會、為遭到種族滅絕的維吾爾人發聲的標語——他們的解釋是，這些標語讓中國留學生感到被「冒犯」。此種雙重標準盡顯大學管理層的偽善，他們不敢得罪中國，因為中國是他們的金主。

不僅華裔學者中箭落馬，許多美國學者——往往是在美國納稅人的資助下做研究——也被引誘到「千人計畫」中。二〇二一年十二月二十二日，一年多之前被捕的哈佛大學化學和生化系主任查爾斯·利伯（Charles M. Lieber）在法庭上被聯邦陪審團裁定向美國政府做虛假陳述、提交虛假納稅申報單及未申報中國銀行帳戶等六項罪名成立，定罪的最高刑罰是二十六年監禁和一百二十萬美元罰款。檢方指出，利伯祕密與中國武漢科技大學簽訂一份「千人計畫」合同，領取每月五萬美元薪資和一百萬元人民幣的生活補貼。

利伯曾獲化學領域的最高榮譽——沃爾夫化學獎，是美國國家科學院院士，亦是國際奈米科技領軍人物之一。他在法庭上辯解說：「我希望我的事業能夠得到認可。每個人都想被認可。我那時年輕而愚蠢，這真是很丟臉。」他還拿自己的兒子做了一個比較，後者是一名高中摔跤手，他說：「諾貝爾獎有點像奧運金牌——是非常非常難得的。每個科學家都想獲得諾貝爾獎。」這個說法像是一個冷笑話：利伯出生於一九五九年，他與參與中國「千人計畫」是在二〇一一年，那時他已經五十二歲了，不是像他兒子那樣不諳世事的高中生。而且，中國沒有一個科學家獲得過諾貝爾化學獎，中國並不是諾貝爾獎的孵化器，難道與中國合作就能提高利伯獲得諾貝爾獎的幾率嗎？難怪利伯的自我辯護無法說服陪審團成員。《紐約時報》在報導此事時，大量引用利伯的律師和學生認為其無罪的觀點，卻也不得不承認：利伯的定罪是「中國計畫」的勝利——這一計畫在二〇一八年由川普政府發起，目的是為了揪出涉嫌與中國分享敏感資訊的科學家。[27]

中國不僅收買個人，更用大量資金滲透美國校園。美國教育部調查包含麻省理工學院、康乃爾大學在內的六所指標性大學，發現這些學校至少漏報十三億美元的外國資金捐助，主要捐獻國是中國。蓬佩奧要求美國各高校重新審核獲得的外國資金來源，防止受到不當的財務影響，並且重新審議校園內孔子學院和中國學生學者聯合會等受中共控制的組織活動。

在美國的大學中，師生們以批評總統（特別是共和黨總統）自樂，以此標榜大學的言論自由。這確實是讓中國這類專制國家的大學羨慕的言論自由——這種情況若發生在中國的大

27 埃朗・巴里（Ellen Barry）：〈哈佛知名教授隱瞞參與中國「千人計畫」被定罪〉，《紐約時報》中文網，https://cn.nytimes.com/usa/20211222/charles-lieber/zh-hant/。

學，教授或學生將立即遭到開除，然後當局會栽贓類似嫖娼的恥辱罪名將其逮捕入獄。但是，儘管美國的大學擁有批評本國總統的言論自由，卻喪失了批評中國（擴展到關於中國的一切，包括不准使用武漢肺炎、中國病毒等「歧視性」詞語）的勇氣。

在普林斯頓大學，上中國政治課的學生（不僅是中國留學生，還包括美國學生）被迫在其作業上使用代號，以免中共特務發現他們的身分，並根據嚴厲的新國家安全法對他們進行起訴。大學校方美其名曰「保護學生」，絲毫不覺得這是在助紂為虐，是自動放棄校園內的言論自由和學術自由。

紐約大學為維持其在上海開設的分校，在中共壓力之下，推翻了此前與流亡的維權律師陳光誠簽訂的訪問學者計畫，將陳光誠趕出大學——在二戰前，美國的大學是很多受納粹迫害的歐洲流亡知識分子的庇護所；今天，美國大學在面對比納粹德國更強大的中共政權時，卻對中國流亡者關上大門，並向中共低頭乃至下跪。

羅伯特．赫欽斯如此描述大學的願景：「智慧及至善是高等教育的目的，不可能還有其他。智慧及至善是人類生命的終極目的。……如果我們不先問人是什麼，怎能考慮到人的尊嚴？如果我們不探尋生命的終極是什麼，又怎能談到準備人生？形而上學是教育和人類一切活動的基礎。」若美國大學以美國精神為敵，以納粹德國和共產中國為友，就不配稱為大學。若大學淪為瘋人院，在瘋人院中，只有一群不容異見、喊打喊殺的紅衛兵和一群見錢眼開、財迷心竅的買辦，豈能找到智慧和至善呢？

第九章

主流媒體：納粹宣傳大師戈培爾的美國傳人

這個時代的既得利益者們建構了一個奇妙的機器，我們可以稱之為「大幻燈機」。這個機器的功能就是放映那些精挑細選的生活圖像，從而讓人們去模仿。西方世界中，所有處於技術影響下的人們都坐在觀眾席上。我們被安排好何時笑、何時哭，幻燈信號不希望觀眾的反應與它的指示產生絲毫的偏差。

——查理德·M·維沃

1960 年代以來的美國新左派組織（9）：

黑豹黨（Black Panther Party, BPP）

成立於 1966 年，由非裔美國人組成的黑人民族主義和社會主義政黨，信奉馬克思列寧思想，主張階級鬥爭，以及黑人積極正當防衛權利，因此使用武力也是合理的，成立後多次引發暴力衝突，是美國歷史上最知名的左派黑人組織。最終於 1982 年解散。

楔子

保守主義思想家理查德・M・維沃在一九四八年出版了《思想的後果》一書——跟歐威爾出版《一九八四》同年。這兩本書互為表裡，可參照閱讀。《思想的後果》原本是對二戰的一種回應，它所針對的是二戰造成的巨大破壞，對倫理原則產生的影響，以及和平與秩序被摧毀後所遺留的矛盾。它也是一本預言之書，預言了這個世界正在失去信仰、失去中心、失去那些對於公民文化生活來說至關重要的東西。他嚴厲批判由報紙、電影和廣播所形成的「人造世界」（那個時代電視尚未普及，更沒有網際網路），他稱之為「偉大的幻燈機」：

這台巨大的幻燈機，通過宣揚一種進步的信條、通過把物質富足勾畫成生活的目標、通過將那些對生活的真實性持懷疑態度的思想加以隔離，努力不讓普通公民覺察「他們的賬本以及他的家庭幸福是多麼虛假空洞」。它是一台放大布爾喬亞精神的強大機器，我們已經從它對實在性的疏離中看到了它的精神病態。[1]

一九九八年拍攝的電影《楚門的世界》（*The Trumen Show*）就是對「大幻燈機」概念的鮮活呈現：楚門，即「真誠之人」的意思；片名即意為「真誠之人的秀」。這是一部全天

1 理查德・M・維沃：《思想的後果》，頁一〇九—一一〇。

二十四小時即時播出的電視實況秀，讓全世界觀眾看著一個男孩從出生到成為一個男人、目睹他的初吻、見證他的婚禮……只有楚門本人不知道他處在怎樣的世界，他的世界全部來自於「創造者」——電視編導克里斯托夫（Christof）——的創意。

楚門活在一個巨大的攝影棚裡，他抬頭望著的天空，不是無限的空間，只是他看到的假像。他身邊所有人都是編導請來的演員，包括父母、愛人、朋友……他像正常人一樣出生、學會走路、入學、戀愛、成家、工作，他是一個真實、正常的人，但他的生命永遠處於被觀看狀態，每個起承轉合都被編劇設定。

這部電影的主人公，與其說是楚門，不如說是編導克里斯托夫——他具有上帝一般的權威，對楚門來說，他就是上帝。只是，上帝賦予祂所創造的的人類以自由意志，包括選擇不信祂的自由；而克里斯托夫將楚門當作沒有自由意志的奴隸和棋子，全然掌控楚門的生活。他「高高地坐在大圓球上」，五千個攝影器使他足不出戶就無所不知、無所不在。現代高科技賦予他無所不能的魔力：輕按一下按鈕，就把黑夜變成白天，就能興風作浪，發起閃電雷鳴。這位「創造者」為全世界帶來娛樂的同時，也為自己帶來可觀的收入——就連楚門小時候用的尿布、愛吃的零食、用的洗衣粉、開的汽車等，全都是廠商的廣告。

克里斯托夫製作這套真人秀的動機，是因為觀眾對虛假的演技感到厭惡，需要從具有真實感的節目來尋找刺激。若回顧電影的開端，飾演楚門好友的演員接受訪問時說：「這部實況秀裡發生的一切都毫無虛假，只有控制。」

扮演楚門的喜劇演員金・凱瑞（James Eugene Carrey）指出：「這部電影擁有許多層面，並非一般的好萊塢電影。同時，它的主題概念也十分有創意，而且令人感同身受。它會讓人不禁捫心自問：『也許我周圍生活的每個人都是在演戲？』」影評人雷吉・史密斯說：「從表像上看來，影片講述的似乎是一個荒誕無稽的人生寓言，然而深入其內部，你會發現，其中所蘊涵的意義是深刻的，它會讓你覺得不寒而慄，因為也許有一天，你會開始擔心是否在自己的周圍也會發生同樣的事。」

二十多年後，《楚門的世界》的片廠已壓縮在一部小小的智慧型手機之中。在社群媒體活躍的年代，《楚門的世界》的設定已融入每個人的生活。媒體（包括社群媒體）不僅是「無冕之王」，媒體已自我加冕，將受眾或參與者當做洗腦和控制對象，甚至將總統、國王和政府全都踩在腳下。

只反右不反左：媒體是左派的「看門狗」嗎？

美國學者馬克・李維（Mark R. Levin）在《美國馬克思主義》一書中，詳細描繪了美國新聞集團等主流媒體逐漸共產化的過程，以及左派如何透過控制媒體消滅言論自由、透過假新聞與扭曲事實，讓公眾在無意間被植入馬克思主義思想。左派控制的媒體，不再滿足於充當行政、立法和司法之外的「第四權」，儼然是八面威風的「第一權」。正是在左派媒體的強勢操作之下，整個世界淪為「楚門的世界」，也淪為歐威爾筆下的「一九八四」和「動物農莊」。

長期擔任白宮記者團團長、專職報導過九位總統的海倫・湯瑪斯（Helen Thomas），被譽為「新聞界第一夫人」，她在回憶錄中以「新聞自由的捍衛者」自居，聲稱「對於新聞工作者而言，新聞事業是一份高尚美好、令人魂牽夢繞、無法釋懷的事業，於我而言也是如此」。她將新聞事業比喻為「民主的看門狗」，「對當權者提出尖銳問題，並且督促他們真實、完整、誠實地實踐對公眾的承諾，是記者和編輯的使命。這應該是這個行業的標準和規條」。

她引用合眾國際社（UPI）創辦人艾倫．斯克里普斯（Ellen Scripps）對媒體的定位說：「我們沒有政治傾向，用通用的語言來表述，我們不是民主黨，也不是共和黨……我們要做的，無非是支持好人，譴責壞人，不管他們是什麼黨派的。我們不應出於自己的好惡或利益對任何人或政策說謊。……報紙應該不偏不黨，它應該做的僅僅是呈現事實真相。編輯應該做的是，通盤考慮事情的方方面面，把相關的人和事放在公眾面前，然後將自己抽離於事實之外，一切讓公眾自己判斷。」[2]

海倫．湯瑪斯口中的新聞事業，如此高大上，但她所說的和所做的自相矛盾。她從未克制其激進左派立場，對民主黨總統和共和黨總統的報導和評論明顯有親疏之別：她形容水門事件是「正午的黑暗」、「伊朗門」事件是「難以置信的陰謀詭計」——只是因為這些事情發生在共和黨總統任上；她卻認為卡特的弟弟收受利比亞獨裁政府數十萬美金是「天真而理所當然地領受」，柯林頓在面對性醜聞時「具有適應能力和對自己個人的強烈信心」——只是因為這些事情發生在民主黨總統身上。這種只反右不反左、厚此薄彼的評論，無法讓人信服。

問題不在於一個記者是否為自由派或保守派——記者與普通公民一樣，一定有其政治立場，一定會在投票中彰顯其政治立場。有政治立場並不可怕，在報導中或多或少地表達政治立場不足為奇——這甚至是無可避免的。問題的關鍵在於，一名記者明明有政治立場，偏偏要標榜客觀中立，把自己神聖化成「正義的化身」，這就是皇帝的新衣了。

海倫「舉賢不避親」地讚賞其丈夫、記者道格拉斯．科內爾（Douglas B. Cornell）在新聞業上的成就。實際上，科內爾長期致力於打造羅斯福的神話、掩蓋羅斯福的風流韻事，是個趨炎附勢之徒。海倫一不小心露了餡：「道格拉斯非常尊敬羅斯福總統，當得知總統允許他帶父母登上競選的火車與總統見面的時候，他非常感動。」這個細節不是榮耀，而是恥辱，它既表明羅斯福善用小恩小惠籠絡記者，也表明記者如此缺乏獨立性，輕易被其收歸麾下——他們口頭上說為正義而戰，骨子裡卻以被總統邀請乘坐專列或空軍一號為最大榮耀。這是一種隱形腐敗，這是以輿論權向政治人物換取特權，從而淪為權力的吹鼓手。

對於主流媒體來說，只要是左派，就大聲讚美；只要是右派，就拼命詆毀。事實不重要，真相也不重要，政治立場最重要。立場最左的電視台CNN的做法，已經跟戈培爾沒有什麼兩樣了：二〇二〇年十二月一日，非營利機構「真相工程」創辦人詹姆士．奧基夫（James O'Keefe）透過推特釋出一段CNN會議錄音——CNN總裁傑夫．札克（Jeff Zucker）指示編輯團隊：不能把川普當成「正常人」來報導，要報導川普的各種不正常行為，比如「他的絕望」、「他病了」、「他輸了」、「他的行為隨著時間愈來愈瘋狂」等。錄音中還有記者的建議：CNN應該掩蓋川普揭露大選舞弊的主張。爆料者奧基夫評論說：「看一個媒體集團總裁是如何咆哮、命令他的記者，告訴他們什麼要遮掩，什麼不要遮掩……此舉是欺

2 海倫．湯瑪斯（Helen Thomas）：《民主的看門狗？》，（廣州）南方日報出版社，二〇〇九年，頁一六一。

騙民眾。CNN應該給人民道歉，這是可恥的行為。」CNN主事者的做法，與大選前很多主流媒體和社交平台處理亨特·拜登「硬碟門」事件是一樣的：主動幫拜登在大選前後把有風險的火苗壓下去。至於民眾有沒有權利知道正在發生的新聞事件，那不是媒體關注的事項。

二〇一六年的總統大選結束後，美國主流媒體和民主黨人共同捏造了川普「通俄門」冤案。當時，《華盛頓郵報》等主流媒體發布了一份幕後由民主黨人在幕後偽造的「史蒂爾檔案」（*Steele dossier*），當中爆料許多川普的所謂「黑暗歷史」，包括在俄羅斯召妓、以非法方式取得房地產交易，甚至指控俄羅斯政府涉嫌透過攻擊民主黨干涉美國總統大選，以讓川普當選。歐巴馬以此理由驅逐了三十五名俄國外交官。

說謊成性的人，其他方面的道德亦必然敗壞。二〇二二年，札克因為被揭露與同事、CNN高級副總裁格爾斯特（Allison Gollust）長期保持不正當性關係而被迫辭職，後者卻保住了飯碗，很多CNN員工很是憤怒，「因為婚外情而撒謊多年，卻仍可以保住工作，太笑話了」。CNN這個美國版的中央電視台，因為大言不慚而被觀眾拋棄，其收視率在短短兩年間下跌八成。

負責「通俄門」案調查的特別檢察官達勒姆（John H. Durham）先後下令逮捕並起訴希拉蕊競選陣營的律師薩斯曼（Michael Sussmann）、前英國間諜史蒂爾（Christopher Steele）以及提供抹黑川普情報的布魯金斯研究所顧問、前研究員、俄羅斯人丹欽科（Igor Danchenko）。這些人紛紛招認他們此前說謊和提供假消息炮製子虛烏有的「通俄門」事件。川普痛批「通俄門」調查是美國史上最誇張的政治獵巫行動。

《華盛頓郵報》是唯一對此事公開認錯並罕見地更正及大篇幅刪除相關報導的美國主流媒體。《華郵》記者法希（Paul Farhi）寫道：「《華盛頓郵報》採取了不尋常的步驟，糾正和刪除了兩篇報導的大部分內容。」《華郵》發言人塞弗林豪斯（Steve Severinghaus）表示，該報「意識到這些指控引發的嚴重問題，並將繼續密切關注後續的調查」。《華郵》執行總編輯布茲比（Sally Buzbee）表示，《華郵》再也不能支持舊報導的準確性，「我們正採取最透明的方式面對這個問題」。《華郵》的表現雖然比其他主流媒體好，但撰寫虛假報導的記者和編輯並未受到應有的懲處，《華郵》也沒有向受害人川普誠懇道歉。

媒體監督一切，但誰來監督媒體？

美國主流媒體集體左傾，始於威爾遜時代，定型於羅斯福時代，一直延續至今。

在「善意的說謊者」和「理想主義、浪漫主義的說謊者」陣營中，首屈一指的是具有強烈親蘇傾向的《紐約時報》記者杜蘭蒂（Walter Duranty）。杜蘭蒂發表了關於蘇聯的一系列報導，聲稱蘇聯是「正在造就中的偉大國家」——羅斯福是其熱心讀者之一。《國家》雜誌讚揚其撰寫了「最啟發人心、最冷靜公平、最可讀的重要消息」。杜蘭蒂因為一九三一年對蘇聯的報導，榮獲美國新聞界最高獎項——普立茲獎。

報導烏克蘭大饑荒的英國記者馬格瑞治抨擊杜蘭蒂說，此人是「我在五十年的新聞生涯中所見的最大撒謊者」。杜蘭蒂多次否定烏克蘭大饑荒的存在：「『飢餓』一說多半是胡言亂語，或者是惡意的宣傳。」實際上，他並非「天真無知漢」，他對大饑荒可怕的性質和規模瞭若指掌。在一份給朋友的私人信件中，他估計死亡人數多達七百萬；在另一封信中，他推測可能高達一千萬。

那麼，杜蘭蒂如何解釋其撒謊呢？他曾解釋為什麼不報導蘇聯第一個五年計畫造成嚴重生命損失的「生命代價故事」：「在過去七年內，這個國家史無前例地投入巨資發展社會主義工業，並同時把原來狹小陳舊的個體農莊轉變為社會主義現代化農業生產組織，而且這兩項舉措最終都證明是成功的。……不論手段如何，有發展規劃總比毫無發展目標強。」

直到今天，《紐約時報》仍拼命維護杜蘭蒂的名譽和獎項。二〇〇三年，哥倫比亞大學歷史學家馬克·哈根受命審查杜蘭蒂的報導，發現其報導是奴隸式地重複蘇聯的宣傳。「為了《紐約時報》的榮譽起見，」他告訴美聯社，「他們應該取消這個獎」。《紐約時報》和普立茲委員會卻拒絕其建議。

早在一九四〇年代，維沃就發現了報紙的洗腦陰謀：它用催眠術迷惑大眾，並且阻撓大眾參與討論。一旦失去了參與，人就失去了思考能力，愈來愈盲目無知。報紙被強烈地驅使著進行歪曲事實的報導，它讓罪犯成為英雄，讓政客得到虛名。美國建國之初，傑佛遜曾認為，一個有報紙卻無政府的世界，比一個有政府卻無報紙的世界更好。但是，他晚年在給約翰·亞當斯的一封信中寫道：「我已經不看報紙了，我用原來看報紙的時間去閱讀塔西佗和修昔底德，去閱讀牛頓和歐幾里德，我發現自己比原來快樂多了！」

一九六〇年代，記者、編輯和主持人主導了媒體的方向，他們都是謊話連篇的左派。這不僅是政治上的，而且是文化上的重大變革。事實上很有可能，對於砍斷美國的纜繩、使之漂離傳統的停泊地，貢獻最大的莫過於這一變化。因為媒體擁有塑造人心的力量。

最高法院大法官湯瑪斯對媒體之惡有清晰的認識。他說：「我的工作是寫法律意見。我裁決案件、寫判決書。我的工作不是為了回應那些白癡和批評者，他們的言論完全沒有根據。這不是說人們不應該接受批評，但批評應該是建設性的。」一九九三年，湯瑪斯（Clarence Thomas）在一次演講中說：「具有諷刺性的是，這些憑一己之見攻擊他人的人們已經改頭換面，遍布在大學校園、新聞媒體、好萊塢以及那些所謂『文化菁英』之中。誰是他們攻擊的目標？是那些慣於質疑社會與文明內的種種騙局者，是那些堅持固有價值並拒絕盲從者，是敢於對新近的意識形態的狂熱說不者。」他認為新聞媒體「普遍靠不住，因為對於我該怎麼想怎麼做，他們早有成見。」他還說，他生命中最快樂的一天，就是取消訂閱《華盛頓郵報》的那一天。[3]

媒體認為，它有權監督行政、立法和司法三大權力分支機構，但沒有任何人和機構有權監督它。媒體自身成為一個利維坦式的權力怪獸。

參議員喬什·霍利（Josh Hawley）因為「代表其選民，主導了在參議院就選舉公正進行的辯論」，被出版商「西蒙與舒斯特」取消出書合同。西蒙與舒斯特是CBS集團旗下的公司，為美國六大出版商之一。該出版社認為，霍利是在「煽動叛亂」——什麼時候，出版社擁有比法院還要大的權力，可以對一位民意代表在國會中的言論做出終結判斷？霍利稱，取消合同的行為真是太「歐威爾式了」：「請讓我明確一點，這不僅是合同糾紛，這是對第一修正

3 傑弗里·圖賓（Jeffrey Toobin）：《九人：美國最高法院風雲》，（上海）上海三聯書店，二〇一〇年，頁九四。

案的直接攻擊。現在只能出版『被批准的言論』，這是左派在企圖讓所有他們不贊成的人消聲。我將竭盡所能與這種現象做鬥爭。法庭見。」

霍利認識到捍衛第一修正案是本案的核心。第一修正案保護言論自由，並非如媒體單方面所宣稱的那樣，是賦予媒體以為所欲為、以假亂真的特權。在歷史上，媒體早已屢屢使用這一被擴展的特權作惡：一九八一年，《華盛頓郵報》刊登的一則獲得普立茲獎的報導，被證實是捏造的。該報導講述了華盛頓特區貧民窟一位年僅八歲的海洛因成癮者的故事——實際上是記者教唆無辜的孩子吸毒，以便產生讓其完成報導的故事。《華盛頓郵報》以美國憲法《第一修正案》阻攔警方對此案的調查。[4]

畢生研究《第一修正案》的法學家亞歷山大．米克爾約翰（Alexander Meiklejohn）認為，與其說《第一修正案》保護的是媒體，不如說保護的是公民，尤其是在媒體愈發強勢、公民愈發弱勢的今天。《第一修正案》的主要目的是，所有公民都應盡可能地理解公共生活所面臨的問題。這就是為什麼不可以禁止他們接觸一切觀點、意見、質疑和相關信息。根據憲法據以締結的協定，大家一致同意，他們應不受其他人統治而實行自我統治。[5]這正是霍利與出版社及主流媒體抗爭的焦點——媒體連擁有立法權的國會議會都敢肆無忌憚地封殺，又怎麼會尊重無權無勢的普通公民受《第一修正案》保護的言論自由呢？

多年前，政治評論家詹姆士．費爾莫尼．庫柏在《美國民主黨人》一書中對左派主流媒體給出一段雄辯的評論，他好像是在評論當下正在發生的一切：

> 看看如今這個國家的出版業現狀，它看上去就像是被大陰謀家蓄意設計好了似的，旨在

打壓和破壞這個國家一切美好的事物，抬高和鼓勵一切惡行。它會以一種鄙俗的方式報導一些瑣碎的事實，事實本身被弱化了，取而代之的是惡毒的人格攻擊；那些以謊言、謬誤、敵意、偏見和陰謀詭計為生的人，他們發現出版業是魔鬼為他們發明的、用來實現他們陰謀的絕妙攻擊。[6]

左派媒體自以為是地決定什麼內容可以發表、什麼內容不可以發表，以及用什麼樣的方式報導。用索維爾的說法，就是過濾事實和重新定義詞彙。霍利被封殺不是唯一的個案，多年以前，藍登書屋出版社的創立者貝內特·瑟夫（Bennett Cerf）就建議查禁那些批評蘇聯的書籍。

左派控制了媒體，將媒體打造成權力無邊的利維坦。軍事史家及政治評論家維克多·漢森指出：「即使大多數美國人抵制左派議程，仍然讓進步意識形態滲透到幾乎所有的主要機構。……要成為一個矽谷高管、一個華爾街玩家、出版社的領導、大學校長、網路或廣播公司的主播、好萊塢女星、進入公司董事會的退休將軍或NBA超級明星，都需要有進步主義的標記。二〇二〇年，百分之九十八的大型科技公司的政治捐款流向了民主黨。推特、臉書

4 安東尼·劉易斯（Anthony Lewis）：《言論的邊界：美國憲法第一修正案簡史》，（北京）法律出版社，二〇一〇年，頁八八–八九

5 亞歷山大·米克爾約翰（Alexander Meiklejohn）：《表達自由的法律限度》，（貴陽）貴州人民出版社，二〇〇三年，頁六三。

6 理查德·M·維沃：《思想的後果》，頁一〇一。

和其他社群媒體的審查顯示致命的單向性。」

「無根文人」：現代媒體工作者如何掌握權力？

當年，美國的國父們運用媒體來普及民主、自由、共和理念，《聯邦黨人文集》中的大部分文章都是首先在報章上發表的。然而，二十世紀以來，媒體卻成為反對美國憲法、反對美國的建國精神、反對清教秩序的「無根文人」的聚集地和大本營。馬克思、列寧、史達林、希特勒、墨索里尼、毛澤東、胡志明、卡斯楚、格瓦拉都是「無根文人」——他們與各自的文化傳統割裂，喪失了信仰和基本的道德倫理觀念。他們中的大部分人都曾經是記者或「媒體工作者」，這段經歷讓他們掌握了將媒體作為宣傳工具蠱惑人心的秘訣。對他們來說，奪權的道路上，筆桿子的作用僅次於槍桿子。

歷史學家余英時指出，中國革命是由毛澤東這樣的邊緣知識人領導的——毛澤東可以說是集多種「邊緣」之大成的一個人：他出身於農村，但早年也沾到城市的邊緣；他沒有受過完整的學校教育，但也沾到了知識界的邊緣；他最熟悉的東西是中國的舊文史、舊小說，但又沾到了西方新思潮的邊緣；他在政治上最獨到的是傳統的權謀，但又沾到了「共產國際」的邊緣……對於任何社會而言，此類無根的、邊緣的知識人，都是一股難以估量的破壞性力量。

作為「無根文人」的毛澤東，第一份職業是記者、編輯和出版商。其他的那些由「無根文人」蛻變為獨裁者的人物的履歷也是如此：希特勒、墨索里尼、列寧、史達林都是靠編輯、寫作和演講起家。他們都是相當成功的媒體人。實施了導致柬埔寨三分之一的國民死亡的大屠殺的紅色高棉的最高領導層，由一群留學法國的、說法語的、中產階級的柬埔寨知識分子組成。在這八位領導人中，有五位是教師，一位是大學教授，一位是公務員，一位是經濟學家，而他們的所有人都曾經是媒體人——記者、編輯、自由撰稿人，他們靠宣傳鼓動獲得了名聲和權力。

如今的美國媒體，充斥著一群自信滿滿、擇惡固執的「無根文人」，他們不具備毛澤東、希特勒、墨索里尼、列寧、史達林們直接發動暴力革命的社會背景和條件，只能在編輯室和象牙塔中展開「紙上的革命」或「螢幕上的革命」。他們運用其掌握的宣傳工具，對「美國秩序的根基」發起猛烈攻擊——如同恐怖分子衝向世貿大廈那樣的攻擊，只是他們心機頗深，愛惜自己的生命，不會選擇與攻擊對象同歸於盡，而是在攻擊中獲得名聲和財富。

經濟學家索維爾發現，左派媒體對真理、真相和道德都有雙重標準——因為某些行為而譴責美國，但當其他國家同樣去那麼做甚至做得更壞時，卻對其沒有多少批評或完全沒有評價。他們不惜歪曲事實，也要讓他們的觀點成為真理，並通過媒體灌輸給大眾。比如，他們誇張地報導美國社會所存在的種族和性別問題，卻竭力迴避中國和伊斯蘭國家的種族和性別問題。比如他們支持禁槍，於是大量報導美國的槍擊案，以便讓更多公眾也支持禁槍，卻不會報導與該論點相反的真相：俄羅斯和巴西採取了極為嚴格的槍支控制法，但他們卻有著比美國高得多的謀殺率。又比如，《紐約時報》的一名同性戀記者，明知道被男同性戀頻繁光顧的公共澡堂在傳播愛滋病中的作用，卻不去寫相關報導，因為「我擔心這樣的報導會給我們的敵人以安慰」。再比如，一位《華盛頓郵報》的黑人記者在其回憶錄中寫道，她將自己的角色看做是「黑人種族的發言人」，所以她嚴厲批評一位揭露華盛頓特區政府腐敗的黑人同事——因為在那裡的黑人官員占據主導地位，這樣的報導有損該族群的名譽。[7]

有趣的是，這些西方的「無根文人」，即便在撰文批判中共極權政權時，也與批判對象分享同樣的思想資源。《紐約時報》專欄作家大衛．布魯克斯（David Brooks）的〈習近平和威權主義新「宗教」〉一文，就是此種範例——讀者一看題目，以為是批判習近平的力作，仔細閱讀才發現文不對題，其實是一篇《環球時報》式的反美大字報。

這位作者只用開頭短短一兩段文字批評習近平，然後筆鋒一轉：「在過去的幾年裡，有趣的事情發生了：權威主義者找到了上帝。……在現實宗教的吸引力似乎在減弱的時候，二十一世紀正在變成一個跨越全球的聖戰時代。」他的主要論據是：「中國網際網路現在顯然充斥著對頹廢的『白左』的攻擊——這個詞是指受過教育的美國和歐洲進步人士，他們是女權主義和LGBTQ權利等等的倡導者。」在這位作者看來，習近平與川普、普丁是同一類人，是沿用上帝之名的獨裁者，也就是說，上帝或基督教與這些獨裁者一樣不可理喻，應當被掃進歷史的垃圾堆。只是西方左派常見的邏輯錯亂的論述——這種論述無法解釋習近平為何要瘋狂地迫害教會和基督徒，既然教會和基督徒跟習近平是同類，或是被習近平利用的工具，習近平應當大力弘揚基督教才對啊？

原來，這位作者並不是要批評習近平，而是要推倒上帝。他刻意製造仇恨意識，將川普主義及捍衛基督教文明的愛國者統統妖魔化為「偽宗教威權主義者」：「這些披著宗教外衣的威權主義者自然激起了反宗教的反彈，這些反對者將宗教與威權主義、本土主義和普遍暴力聯繫在一起。」這種扣帽子的方式，毛澤東最拿手。這位作者只差沒有採取文革的方式，將他所謂的「偽宗教威權主義者」拉去遊街示眾。然而，現實生活中，施加「普遍暴力」的不是他所指責的「偽宗教威權主義者」，而是「黑命貴」的暴徒。[8]

這位作者宣稱：「我們這些站在西方自由主義一邊的人別無選擇，只能在精神和文化層面上與之鬥爭，以表明多元化是頹廢的反面，它是一種精神豐富、實際有效的方式，可以提升人類尊嚴，並運行一個協調的社會。」[9]然而，事實很清楚，西方左派不僅沒有「提升人類尊嚴」，更沒有「運行一個協調的社會」。他們在哪裡當政，哪裡就尊嚴掃地、秩序淪喪，看看加州和紐約的驚人變化就一清二楚了。西方左派才是習近平的同類：對內，他們掌握主流媒體（及社群媒體），大肆剝奪普羅大眾的言論自由，強迫普羅大眾保持沉默，一點也不多元、寬容；對外，他們多年來正是蘇聯或中共等共產國家的同路人，對共產暴政的熱愛遠超對其祖國的熱愛，他們長期運用媒體幫助共產國家洗白其血腥暴行。

經不住誘惑而戴上權力魔戒的好萊塢

九一一以後，小布希的高級顧問卡爾·羅夫（Karl Rove）邀請好萊塢四十七位製片商在洛

7 湯瑪斯·索維爾：《知識分子與社會》，頁一五二。
8 筆者本人的一段親身經歷是：在一次台灣的演講中，我只是表明不贊成同性婚姻的立場，就遭到一名自稱同性戀者的暴力毆打。左派與右派，誰是暴力的熱衷者呢？
9 戴維·布魯克斯（David Brooks）：〈習近平和威權主義新「宗教」〉，《紐約時報》中文網，二〇二一年九月十日，https://cn.nytimes.com/opinion/20210910/autocracy-religion-liberalism/zh-hant/。

杉磯比佛利山半島酒店召開會議，針對好萊塢下一步的拍攝計畫進行導向。羅夫傳達了小布希政府擬定的七大主題，主要包括：讓反恐意識深入人心、恢復美國下一代的信心和責任感等。白宮將在物質上提供大力支持，包括讓美軍配合拍攝。美國電影協會會長表示，這次會議的內容是前所未有的，即便在二戰愛國主義題材影片的拍攝中，美國政府也沒有如此積極介入。[10]

然而，說者有心，聽者無意，美國沒有宣傳部，好萊塢也不必對白宮言聽計從。好萊塢沒有拍出多少支持反恐的大片，反倒拍出了反對反恐戰爭的《華氏九一一》（*Fahrenheit 9/11*）。極左派導演麥克·摩爾（Michael Moore）認為，美國是世界上「最左的國家」，絕大多數美國人在移民、墮胎、控槍、裁軍、環保、男女同酬、勞資關係、大麻合法化等關鍵議題上都傾向左派立場。[11]

如今的好萊塢再也拍不出《納尼亞傳奇》和《魔戒》這樣浸潤基督教及保守主義思想的大片。《魔戒》小說原著作者托爾金（John Tolkien）是牛津大學研究英國古典文學和語言的學者，生於十九世紀末期，受維多利亞文化薰陶長大，既看到人類罪惡的永恆性，也堅信救贖的存在及其意義。他意識到當代人類危機的根源是：「唯物論追求的『進步』只會帶領人們前往一個令人乏味的深淵和『鐵冠』的邪惡力量。」當「整個物質時代」已然「失去了講述真理的能力」時，「只有真實、古老、樸素的神話，保持著人與上帝的聯繫，才有希望給物質時代的蒙昧大眾帶來真理」。

托爾金在論文〈貝奧武夫：惡魔和評論家〉中指出：「邪惡是絕對、抽象、神秘、力量巨大、難以擺脫的存在。魔戒被邪惡的人召喚，也召喚人內心潛藏的邪惡。」這是典型的喀爾文主義的罪性論。拍攝《魔戒》的好萊塢，卻情不自禁地將魔戒戴在手指上，好萊塢變成可怕的「魔都」——如保守主義思想家維沃所批判的那樣：「整個世界都被灌輸了這樣一個信念，即存在某種標準模式的紐約或好萊塢生活——為了迎合尋求刺激者的變態口味，這種愚蠢的生活方式已經被電影誇張化了。」

好萊塢的敗壞其來有自。這座城市始建於一八八七年，那時電影還沒有發明。七年之後，愛迪生的「活動電影放映機」來到曼哈頓：放一個五分硬幣進去，往盒子裡看，就看到表演了。一九〇二年，塔利在洛杉磯開了一間新式劇院，首次將電影和劇院聯繫在一起；第二年，一條鐵路通到好萊塢——當時這裡這是僅有五百名居民的小鎮。很快，好萊塢成了美國電影業的中心。[12]

一群年輕巨頭，多數是來自俄國和東歐的猶太移民，在歧視和放逐中艱難上進，成為美國電影業的開創者，改變了美國娛樂業的面貌——從週末晚上做什麼，到買什麼雜誌，喜歡什麼樣的衣服。每個城鎮的中心，原來是市政廳、法院和教堂，現在增添了一家電影院。

10 徐海娜：《影像中的政治無意識：美國電影中的保守主義》，（北京）中央編譯出版社，二〇一一年，頁三二〇。

11 摩爾拍攝的《華氏九一一》，取材自小說《華氏四五一》，在小說描述的未來世界裡，統治者通過焚燒書籍使人們無法思考，華氏四五一是書本燃燒的溫度。該片不是紀錄片，而是宣傳片，它成為電影史上票房最高的偽紀錄片，給反戰運動火上澆油。《星期日電訊報》認為它是「徹頭徹尾的單方宣傳」、「所有的反方觀點和明智的辯論都被徹底刪除」。摩爾沒有想到，美國這個他心中「最左的國家」在二〇一六年選出比小布希更右的總統川普。他又推出《華氏一一九》，高舉反川大旗。然而，《華氏一一九》的票房只有六百萬。

12 一九二五年，電影成為美國的第五大產業、第四大出口產業、加州最大的產業，製造了世界各地都在放映的各種類型的電影。一九四一年，美國電影院多達一萬五千一百一十五家，超過銀行的數量。

福斯電影公司創始人威廉·福斯（William Fox）出生於匈牙利，曾在紐約做製衣工；米高梅公司聯合創始人之一的梅耶（Louis Burt Mayer）出生於俄國；《亂世佳人》（*Gone with the Wind*）的編導、著名製片人塞爾茲尼克（（David O. Selznick）記得自己在基輔遭警察毆打。他們在開始時一無所有，雖然被當地傳統菁英社會排斥，但創建了一個與之平行的菁英世界——不僅在電影中，也在現實中。他們支持聯邦政府、反法西斯、追求自由與平等，給好萊塢打下「天生左翼」的烙印。

好萊塢一開始就是美國的，也是世界的，其國際影響力非常巨大。美國電影所到之處，比美國大兵所到範圍還要廣闊。[13]格拉齊亞寫道：「它流過人類世界的各個地方，並浸透進去它推翻國界，排除政治控制，滲入當地社區，影射到私人生活中，甚至有人懷疑它嵌入無意識，特別是最脆弱的個體，也就是女人、年輕人和孩子」。

在電影院如雨後春筍般開張的同時，教堂的禮拜人數急劇減少。電影不單單是藝術和文化，也是精神和宗教，它如此強勢，毫不謙讓地搶奪去教堂的人流，特別是年輕一代的心靈。電影所呈現的醜惡遠多於美好，而且，對醜惡的呈現以一種欣賞和鼓勵的方式展開。研究青少年犯罪的學者思拉舍在一九二六年發表的《團夥》一書中，調查了芝加哥的幾百個青少年犯罪分子，發現這些匪徒團夥如馬上的騎士般肆意使用暴力、實施強暴、謀殺、放縱而墮落。新媒體是造成這一現象的一個誘因——那個時代的新媒體就是電影。一個被採訪者說，「他以前是如何把時間消磨在電影院裡，僅僅為了看到強盜們是如何被肢解的」。[14]

大眾媒體尤其是聲光電結合的電影，對基本衝動的刺激使得道德脫離了已知的限制。學者傑克·布萊克在《你不可能贏》一書中，揭露了強盜、癮君子和騙子所統治的「地下世界」。

儘管他持進步主義立場，但不得不承認，「進步」的代價實在太大了——「現代生活給了青年人足夠的精神鼓勵嗎？汽車、電影、烈酒，還有性，這些只不過是一些原始刺激，刺激青年人努力把一些色彩和活力注入到一種專制而又單調的標準化工業生活中去。」[15]

呼籲制定電影分級制的學者福爾曼，在一九三四年出版的《電影製造的孩子》一書中，痛陳電影對年輕人價值觀的戕害。他將一百一十五部電影歸類為十六個主題，其中排名第五的是「復仇」，「為獲得而犯罪」排名第七。一九三〇年，一位專家判斷說，所有的電影中有百分之七十二涉及三個重要主題：犯罪、性和愛。福爾曼認為，這就像將毒液注入水的源頭。「如果無人監管，極有可能創造出一種任意的、混雜的民族意識。」[16]

---

13 柯達製造了世界上百分之七十五的電影膠卷，國際電話電報公司壟斷了聲音設備。南美洲放映的電影有百分之八十是美國產的，法國放映的電影則有百分之七十是美國產的。多年以後，即便是美國的敵人——伊拉克獨裁者海珊和北韓獨裁者金正恩——都是美國電影的熱愛者。

14 喬恩・薩維奇（Jon Savage）：《青春無羈：狂飆時代的社會運動（1875-1945）》，（長春）吉林出版社集團，二〇一〇年，頁二一三。

15 最典型的例子就是：一九三〇年代，米高梅公司耗費巨資拍攝的電影《國民公敵》風靡一時。年輕罪犯打扮成電影主人公、一個新的「美國惡魔」賈克奈的造型。那些羅賓漢式的故事和匪徒電影，對於下層社會的年輕人來說「非常有誘惑力」。這個群體中，幾乎所有人都模仿賈克奈瞄準肋骨、下巴、肩部擊出的組合拳。他們模仿他的昂首闊步，他的微笑，甚至像他一樣穿帶矛頭標誌的襯衫。

16 學者對五百名高中生所作的一項調查顯示，三分之一的孩子「明顯模仿電影中做愛的方式」。在兩百五十名違法女孩中，超過一半的人說看完一部如《異教徒》之類的熱辣電影后，「她們想和男人做愛」。一個十六歲的女孩承認說：「當我看到讓我興奮的電影後，我總是想回家，做電影中他們所做的那種事。」一九三二在二十世紀美國的每一波道德墮落和左派肆虐的思潮中，好萊塢都在其中添油加醋、煽風點火。好萊塢總是能與時俱進。一九六八年，激進的左派學生運動席捲整個西方世界，於是這一年也成為奧斯卡史上最為離經叛道的一屆。以不道德的男學生與中年人妻的戀情為線索的《畢業生》（*The Graduate*）、相當正面地表現真實存在過的鴛鴦大盜的《我倆沒有明天》（*Bonnie and Clyde*），涉及種族問題的《惡夜追緝令》（*In the Heat of the Night*）和《誰來晚餐》（*Guess Who's Coming to Dinner*），都成為這屆競賽的贏家——「政治正確」成為唯一的評判標準。

到了第八十一屆奧斯卡獎，最佳男主角由最激進的左派西恩．潘（Sean J. Penn）獲得。西恩．潘出訪巴格達，與獨裁者海珊把酒言歡，親如一家——繼珍．芳達在反越戰時被稱為「河內．珍」之後，西恩．潘被稱為「巴格達．潘」。而他是因為在《自由大道》一片中塑造了一個同性戀政治家而獲得這一殊榮，同性戀不再是社會禁忌，而成為被標榜的時髦。同性戀題材成為好萊塢電影的一個大宗，即便不是同性戀題材的電影中，也要點綴一些同性戀人物，如此才能顯示其多元和平等。在二〇一八年的奧斯卡頒獎典禮上，主持人吉米．金莫宣稱：「我們不是拍《以你的名字呼喚我》（*Call Me by Your Name*）這種片來賺錢，我們是拍來惹惱麥克．彭斯的。」讀懂這個笑話要明白兩件事：《以你的名字呼喚我》是一部男同志電影，而當時的副總統彭斯則以反同立場著稱。

如今的好萊塢早已是左派一統天下，數十年前家喻戶曉的右派硬漢伊斯威特（Clint Eastwood）和強沃特（Jonathan Voight）都已垂垂老矣，如今的英雄大都是男不男、女不女、奇形怪狀的人物。好萊塢的潛規是無所不在的政治正確，中年和青年的好萊塢巨星，有誰敢像強沃特這樣仗義執言：「拜登是魔鬼……這些左翼分子不屬於美國人民，這是有史以來最大的欺瞞。拜登只會延續歐巴馬時代『削弱美國』的政策，我們不能讓這種事情再次發生。左派是騙子，他們欺騙了美國人民，剝奪了美國強大的權力，以換取他們自己統治國家經濟的權力。川普是一個正直、為美國公民和國家利益而戰的人，並且和你一樣熱愛這個國家。」說真話需要付出被封殺的代價。

西方媒體為何會逐漸「中國化」？

從理論上講，全球通信媒體的發展使世界變得愈來愈小，且使世界愈來愈開放。媒體是作為一種全球第四產業在起作用。尤其是當全球電信網路連通後，可以保證把在全世界如何地方所發生的事件，在幾分鐘之內通過無線電廣播，在數小時之內通過電視，向全世界任何地方報導出來。有人因此樂觀地預測，資訊的全球化可能成為顛覆專制政府的工具，有些國家政府被迫放棄其專制權力。[17]

但事實上，只有那些「獨裁無膽，民主無量」的半專制國家才會被這種潮流摧垮，比如那些倒在「阿拉伯之春」中的半專制政權。反之，極權暴政的中共政權成功地抵抗了這一潮

年，《曝光》雜誌做出了對「瘋狂一代」的直接譴責：「十八歲的綁架者，十六歲的令人毛骨悚然的殺手！我們的文化一定是出問題了，以至於如此之多的孩子走上犯罪道路！我們能做什麼呢？」

17　約翰·基恩（John Keane）：《媒體與民主》，（北京）社會科學文獻出版社，二〇〇三年，頁一二二。

流，還反過來對民主世界發起有力的反攻。

在西方發達國家，私營新聞廣播業已成長為一種全球性產業。幾個大的組織控制著新聞的供給。這些壟斷方式可以保證讓更加廣泛的聽眾能讀、看或聽到同樣的故事。當它們遇到最富有的金主——中國——的時候，立即投懷送抱，一起發大財。

西方主流媒體的「中國化」，也就是「新華社化」、「人民日報化」和「央視化」，早已是路人皆知的事實。在美國，經常會看到與中國有業務往來的美國公司代表成為中共政策的辯護者和捍衛者，並幫助傳播中共的宣傳產品。作家、獨立媒體「聯邦黨人」（The Federalist）的高級撰稿人海倫・羅利（Helen Raleigh）指出：「存在著利益關係，意味著這些美國人不可能去挑戰中國的人權記錄或技術轉讓等令人無法接受的要求。」西方主流媒體這樣做，與其說是它們的左派立場與中共不謀而合（中共秉持的早已不是其宣稱的社會主義、共產主義意識形態，而是國家主義和民族主義），倒不如說是它們奉行「有奶便是娘」的哲學——在其眼中，天下沒有不義之財和骯髒之錢。

二〇二一年二月，西方世界正被第二波中國武漢肺炎病毒重創之時，《紐約時報》發表由兩名身分曖昧的人士撰寫的題為〈是時候信任中國和俄羅斯的疫苗了〉的文章。儘管文章承認「以中國國藥疫苗為例，關於它的效果，似乎存在互相矛盾的結果」，但其結論是：「愈來愈多的證據表明，中俄的疫苗是可靠的，應得到嚴肅對待，而且特別考慮到全世界都出現的供應問題，還得儘快嚴肅對待。」[18]《紐約時報》宛如《人民日報》的「紐約地方版」。這篇文章背後，瀰漫著中宣部特有的「陰溝中的氣味」。

「吃人的嘴軟，拿人的手軟」，世上的事若用常識去理解，大都能迎刃而解。二〇二〇年十二月三十日，美國保守派網站「國家動脈」公布一份來自司法部的報告。報告指出，「中美交流基金會」透過美國戰略諮詢公司（BLJ）來拉攏西方媒體，目的是「選擇並消除潛在的反對中共政策和權威的根源」，其統戰策略採用多種方法來影響海外華人社區、外國政府和其他單位，促使他們採納支持北京的行動。報告中說，在給予中共及其宣傳機構「有利報導」或「正面資訊」的新聞機構的完整名單中，包括CNN、《紐約時報》、《華盛頓郵報》、MSNBC、《福布斯》、《金融時報》、《新聞週刊》、彭博社、路透社、ABC新聞、《經濟學人》、《華爾街日報》、法新社、《時代》雜誌、《洛杉磯快報》、《國會山莊報》、BBC和《大西洋月刊》等西方主流媒體。這些媒體已然淪為中共大外宣馬前卒。[19]

通過美國司法部的文件《外國代理人登記法》可以看出，西方主流媒體與「中美交流基金會」之間的關係經營長達十多年。「中美交流基金會」名義上是由香港首任特首、中共全國政協副主席董建華創辦——而美國國會美中經濟暨安全審查委員會已確認中共政協為中共統戰陣線的重要核心之一。[20]

---

18 Achal Prabhala、Chee Yoke Ling：〈是時候信任中國和俄羅斯的疫苗了〉，紐約時報中文網，https://cn.nytimes.com/opinion/20210209/covid-vaccines-china-russia/zh-hant/。

19 〈董建華的中美交流基金會遭美國會點名為中共統戰工具〉，法廣中文網，https://www.cusef.org.hk/zh/。

20 中美交流基金會官網宣稱：「中美交流基金會是一個獨立的非盈利、非政府組織。基金會堅信，美國這個世界上最強大的發達國家和中國這個世界人口最多、發展迅速的發展中國家之間積極、和平的關係對於世界的福祉至關重要。」實際上，它是一個中共操控的「政府組織」。

報導提到，僅在二〇〇九年，「中美交流基金會」就組織了四次外國記者訪問中國之旅，產生了二十八個媒體置入性行銷，美國戰略諮詢公司代表「中美交流基金會」確保「在一百〇三篇獨立文章中發表了二十六篇意見文章和引文」，新聞媒體界的這種勾兌行為意味著利益衝突，深層次剖析可得出主流新聞媒體已經被買斷。

《紐約時報》在過去十年刊登超過兩百則宣傳性質文章，部分業配文企圖掩飾中國侵害人權的行徑。二〇一九年一則影音廣告為宣傳新疆地區觀光，將受壓迫的維吾爾族人描繪成中共統治下心滿意足的人民。此黑幕被披露之後，《紐約時報》已悄然刪除網站上數以百計的中共宣傳業配文。其發言人表示，此舉反映《紐約時報》停止接受中國國營媒體刊登品牌置入內容廣告的決定，包括《中國日報》。而《中國日報》為中共中央宣傳部主辦的英文報紙，被美國政壇人士視為中國政府「大外宣」的重要管道。

致力遏阻中國在美國發動宣傳戰的聯邦眾議員班克斯（Jim Banks）指出：「《紐約時報》曾對中共在新疆與全球各地的暴行做出精湛且詳盡的報導，這些報導終於在紐時內部產生效果，讓紐時不再支持隱瞞中共暴行的作為。」他呼籲美國媒體挺起腰來，「將美國價值置於共產黨賄賂之上」。班克斯更與其他三十四名共和黨國會議員一起要求司法部對《中國日報》發動調查。

隨後，《中國日報》應美國司法部要求申報在美國的活動資料，它與美國多家媒體的金錢往來遂攤在陽光下。其申報文件顯示，《華盛頓郵報》與《華爾街日報》每月各收取逾十萬美元，在紙本刊登中國宣傳性質文章。《紐約時報》二〇一八年收取五萬美元在網站上置入業配文，《中國日報》在其紙本放廣告砸的錢可能更多。

根據《每日通話》報導，《中國日報》在美國各知名媒體投放的政治宣傳廣告包括吹捧「一帶一路」、批判川普政府的「美中貿易戰」所衍生出的關稅報復議題等。刊登此類政治宣傳廣告的媒體包括《紐約時報》、《華盛頓郵報》、《華爾街日報》、《CQ點名》、《洛杉磯時報》、《亞特蘭大憲法報》、《芝加哥論壇報》、《外交政策》、《波士頓環球報》等全國性或地方性的大報。中共為此總花費大約一千九百萬美元。[21]

美國著名藝術和電視評論家瑪莎・貝勒斯（Martha Bayles）在《國家評論》雜誌撰文指出，中共正在通過進軍好萊塢來搶占世界意識形態陣地，好萊塢應警惕美國文化自由被侵蝕。「中國打破了好萊塢不與專制國家打交道的慣例。中國不僅是世界上審查最嚴格的電影市場，也是最賺錢的。所以這一切都與錢有關，至少對好萊塢來說是這樣。」據中國最大的在線電影票務平台貓眼娛樂統計，中國在二〇二〇年已取代美國，成為全球電影票房收入最高的市場，二〇二〇年全球票房前十的影片有四部來自中國。好萊塢能不對這座金山銀山眼饞嗎？

貝勒斯寫道，中國取代和占領好萊塢，不單單是錢的問題，更是其文化軟實力的延伸：「北京的野心遠遠超出了底線，中共長期以來一直在尋求建立一個能夠在中國票房上擊敗好

21 《改變中國》網站主編曹雅學披露，在川普政府將幾家中國媒體定為「外國代理人」之後，美國主流媒體紛紛退出與中國官媒的合作，使中國在美國的大外宣大幅縮水，合作夥伴和宣傳金額都大幅減少。《中國日報》被迫開發新的廣告合作夥伴：向《洛杉磯時報》支付超過三十四萬美元的廣告費用，也開始與《外交政策》雜誌進行廣告合作。〈大外宣踢鐵板！《中國日報》續砸錢買新聞但合作夥伴已銳減〉，台灣中央廣播電台，https://www.rti.org.tw/news/view/id/2085711。

萊塢的國內電影業。北京更大的野心是與美國競爭並最終超越美國，成為世界文化意識形態的霸主。」另一方面，中國資本大舉進軍好萊塢，方式從一開始的合拍單個影視項目轉向投資影視製作、技術公司、院線全面開花。二〇一二年，萬達集團以二十六億美元收購美國最大院線公司 AMC，二〇一五年至二〇一六年，萬達通過 AMC 多次對美國其他院線進行併購，使萬達 AMC 成為全球最大的連鎖影院。此外，復興國際、華誼公司、阿里影業、騰訊影業等公司紛紛宣布其投資計畫，試圖在好萊塢文化產業中分走一杯羹。

川普政府將中共「新華通訊社」在美國的分支機構列為「外國代理人」之後，新華社被迫向美國政府提交財務報告。根據新華社等「外國代理人」申報的材料（這些還只是冰山一角），在二〇二〇年，中國政府在美國開展的外宣支出達到近六千四百萬美元，比二〇一六年的支出增加了五倍。新聞網站 Axios 報導，宣傳是中共實現其地緣政治目的的核心任務，它在美國傳播「不和諧」和「虛假信息」的行動，對美國的商業、政治和社會環境將產生非常全面的影響。然而，在面對這場中國發動的靜悄悄的戰爭，美國主流媒體喪失了新聞業的職業道德和操守，也喪失了基本的愛國之心，欣然與新聞不自由的中國翩翩起舞。

隨著中國的影響力在世界範圍內不斷擴張，西方國家及主流媒體則不斷退卻、甚至主動賣身投靠。無國界記者組織東亞事務局局長塞德里克．阿爾維亞尼驚呼：不僅中國公民可能會失去擁有新聞自由的希望，中國在境外影響媒體界的舉動「對民主國家構成重大威脅」，「如果中國的世界新媒體秩序在未來某天得以確立，那將是一個沒有記者的世界，是一個記者基本上就是世界各國喉舌的世界」。

中國欲買下美國，先買下美國媒體

最早發出「超過美國」乃至「買下美國」的豪言壯語的，是日本。一九八〇年代的日本，經濟高速發展，是全世界的製造器，印著「Made in Japan」的商品遍布球各個角落。日本的企業家們志得意滿，大肆收購美國企業和美國資產。Sony花三十四億美元買下哥倫比亞電影，三菱花十四億美元買下美國資本主義經濟的象徵——位於紐約市的洛克菲勒中心大廈，給美國人心理帶來不小的衝擊。當時的日本首相中曾根康弘得意洋洋地說：「美國人是劣等民族，二戰通過武力沒有征服美國，現在日本有能力買下整個美國！」然而，隨之而來的是日本經濟泡沫破滅，日本迎來漫長的「至暗時刻」，至今未能恢復元氣。

日本「買下美國」，對美國危害並不大，因為日本早已全盤接受美國的民主自由價值，是美國在全球範圍內最忠誠和親密的盟友。日本與美國的競爭，主要是經貿領域的競爭。但是，如果中國「買下美國」，那將意味著美國的末日來臨——在觀念秩序意義上，中國與美國截然對立、無法並存，中國「買下美國」，不單單是一件國際貿易事件，更是「滅其國」的前奏。

中國「買下美國」並非白日夢，中國早已制定一個龐大周密的計畫——買下美國，先買下美國媒體，媒體可以動搖和控制人心。美國的人心、精神若亂了，就離潰敗不遠了。

中國影響西方主流媒體，第一步是投入「硬廣告」和「軟廣告」，這是一單又一單的零售，是零敲碎打；第二步則是直接或間接（通過代理人）控股，這是一攬子打包的批發，是一勞永逸、登堂入室，乃至黃袍加身。中國有句諺語叫「借船出海」，它被用來描述中國政府是如何秘密滲透到世界各地的本地媒體中，比如購買無線電波頻段以傳遞資訊。一項路透社於二〇一五年的調查顯示，遍布全球十四個國家的至少三十三家無線電台「是全球電台網路的一部分，該電台網路以掩蓋其大股東的方式被建立起來，而中國官媒中國國際廣播電台（CRI）是其主要股東」。

美國學者法迪斯發表的一篇文章指出，中國一直在努力控制美國的主流媒體。未來美國媒體和中共之間的關係只會更「契合」。美國為數不少集團企業確實相當樂於依賴中國的善意和中國政府的恩准去維護集團利益，它們經營其他事業是一回事，當主掌了媒體，則自由國家媒體的獨立性，必然會受到傷害或質疑。[22] 法迪斯經過多年研究，發現若干美國主流媒體早已淪為「中國股份有限公司」：

——《紐約時報》：墨西哥億萬富翁卡洛斯・斯利姆（Carlos Slim）作為《紐約時報》最大的股東，他可以決定該公司大約三分之一的董事會成員。這位墨西哥億萬富翁與中國公司保持著經常性的業務往來，必然影響《紐時》的商業利益和報導方向。他可能沒有參加編輯會議，但報紙的所有高管都知道誰在支付他們薪水。

——《華盛頓郵報》：二〇一三年，亞馬遜首席執行官貝佐斯（Jeff Bezos）以二點五億美元收購該報。貝佐斯與中國業務市場有直接聯繫，亞馬遜的Amazon Echo和Kindle電子閱讀器等全部在中國生產。亞馬遜產品是由中國勞工在工時長、薪水低、幾乎沒有安全培訓的情況下生產的。貝佐斯說：「亞馬遜已經為服務中國做了有利的定位。」

——CNN：CNN由華納媒體擁有和運營，該公司與中國有著重要的業務聯繫。二〇一三年六月，華納媒體與一家中國投資基金建立了五千萬美元的合作夥伴關係。這筆資金投資於中國傳媒資本有限公司（CMC），這是一家由中共直接監控的媒體公司，這意味著華納在中國的投資受中共的審查和管控，按其要求進行宣傳。

——MSNBC與美國全國廣播公司（NBC）：MSNBC和美國全國廣播公司的新聞均由NBC環球經營，該公司與中共有著廣泛的業務聯繫。二〇一〇年十一月，NBC與中共官媒新華社簽署了一項協議，以建立國際廣播新聞業務合作。二〇一五年，NBC環球為中國百度旗下的網路影片平台愛奇藝發放許可，該公司在納斯達克上市，並在時代廣場做廣告。

——美國廣播公司（ABC）：美國廣播公司與中國之間最明顯的業務聯繫是在上海建立迪士尼世界主題公園（迪士尼歸ABC所有）。ABC與中國的友好關係美化了中國在美國電影院中的形象。迪士尼發行的《木蘭》就是例證——新疆的集中營成為炫目動作場面的背景。為了保持從利潤豐厚的中國市場獲益，像迪士尼這樣的美國電影公司會在新片製作之前或之後做自我審查，甚至邀請中宣部高官到美國來審片。ABC下屬的媒體ESPN的高級新聞總監指示公司員工避免談論中國政治或與香港有關的話題。

22 李濠仲〈中國超限戰豈會漏掉美國自由派媒體〉，台灣上報網站，https://www.upmedia.mg/news_info.php?SerialNo=90765。

——彭博社（Bloomberg）：億萬富翁、前紐約市長彭博（Michael Bloomberg）和他的公司彭博社在中國進行大量投資。彭博社通過在美國債券市場融資為中國公司送去美元外匯：它為三百六十四家中國公司提供融資幫助，幫助他們在美國發行大約一千五百億美元債券，其中一百五十九家公司是國企或「央企」。

查看這些千絲萬縷的利益關係之後，不難理解為何中共作為武漢肺炎大流行的始作俑者，卻獲得美國和西方主流媒體的普遍讚賞。

二〇二一年五月十二日，總部位於比利時的「國際記者聯盟」發布一份年度報告，揭露中國運用疫情來提升中國在全球媒體報導中的形象。這些中國所仰賴的管道包含為各國記者提供培訓項目、贊助他們到中國旅行、簽訂內容共用協議、以及增加對出版平台的控制權。

報告作者之一、墨爾本大學新聞系高級講師林慕蓮（Louisa Lim）寫道：「北京透過其全球範圍內的媒體管道，在各國的國家媒體中散播與中國有關的正面資訊，並散播假訊息與為非英語系國家製作專屬的報導內容。」林慕蓮認為，各國記者本身的媒體素養不見得高到可以有效的遏止中國大外宣隊各國媒體生態帶來的衝擊：「許多民主國家面臨中國大外宣衝擊的共同弱點是，新聞機構自身的經濟脆弱性。」

美國詹姆士城基金會研究員馬蒂斯指出，用「軟實力」這個概念已經無法概括中國在全球輿論場域的攻城掠地：「中國的所作所為並不柔軟，它實際上是積極的，帶有侵略性的。……他們可以擠走其他新聞，他們基本上可以壟斷資訊環境，這使得他們提供的資訊更加容易被觀眾收到並接受。」[23]

中國的媒體自由度在全球一百八十個國家中排名第一百七十六位，是最差的幾個國家之一。然而，當二〇一六年中國中央電視台（ＣＣＴＶ）的國際版塊（中國環球電視網）和中國國際廣播電台被合併及重新包裝為「中國之音」（ＣＧＴＮ）推出時，這個機構的名字表明它希望抗衡美國之音和英國ＢＢＣ等西方老牌國家級公共媒體。習近平敦促中國之音「講好中國故事」、「傳播好中國聲音」。這番話語被解讀為中國政府的野心，即全新確立一個以中國為核心的全球媒體平台，或者更準確地說是「全世界上最大的政治宣傳網路」，同時將挑戰自由民主的政治架構。

在美國憲法的約束下，歷屆美國政府對媒體的控制相當有限，即便處於戰爭年代，媒體仍然可以對政府和軍方提出嚴厲批評。但是，隨著中國資本大舉進入美國的新聞和娛樂行業，中國掐住美國的喉嚨，美國媒體仍然可批評美國政府，卻愈來愈不敢批評中國政府。這是有史以來美國的所有敵國都不曾做到的事情。美國和西方還能做出絕地反擊嗎？

---

23 〈「從不講述全部真相」：中國媒體進軍國際的民主威脅〉，澳大利亞廣播電台（ＡＢＣ）中文網，https://www.abc.net.au/chinese/2019-02-08/chinas-foreign-media-push-a-major-threat-to-democracies/10770520。

第十章

科技大亨：

新時代的「老大哥」

隨著這些公司的擴大，把它們自己包裝成個人個性和多元主義的提倡者，它們的演算法會讓我們屈服，破壞個人隱私。它們已經製造出一種誤導性的、不穩定的狹隘文化，讓我們走上一條通往沒有個人思索、自主思想或獨自內省的世界，一個沒有思想的世界。

——佛蘭克林・富爾（Franklin Foer）

1960 年代以來的美國新左派組織（10）：

喬治傑克遜旅（George Jackson Brigade）

成立於 1975 年，由共產主義者和無政府主義者組成，以逝世的黑豹黨員喬治傑克遜為名，主張暴力推翻美國政府。從 1975 到 1977 年，該組織對政府和商業場所進行了多次恐怖攻擊與搶劫。1978 年因成員多數死亡或入獄而解散。

楔子

在成為世界知名間諜小說家之前，伊恩·佛萊明（Ian L. Fleming）的上一份職業正是情報工作，他一路參與了二戰期間大大小小的間諜任務。戰後，他在加勒比海的小島上寫了十二本詹姆士·龐德系列小說，後來拍成風靡世界的系列電影。

一九九七年上映的《明日帝國》，反派主角是媒體大亨卡佛。他擁有一份全球發行量高達一億份的《明日報》與遍及各地的衛星系統，利用編碼器擾亂英國軍艦的全球定位系統，導致其侵入中國領海而不自知，再由其擁有的隱形潛艇擊沉英國軍艦、用飛彈打下中國戰機，接著利用媒體網路煽風點火，試圖挑起兩國開戰，進而誘發第三次世界大戰。卡佛有一段經典台詞：「現在，文字就是力量，衛星就是武器。凱撒跟拿破崙都有自己的軍隊，而我也有我的隊伍：電視、報紙、雜誌……」他堪稱西方文明內部「自產」的賓拉登。

這部電影在上世紀末拍成，網際網路剛剛興起，智慧手機、網路購物、社群媒體還是遙遠的「明日帝國」。一九六九年，加州大學洛杉磯分校與史丹福大學的兩台計算機實現第一次「說話」。一九七五年，連網的計算機發展到一千多台。一九八六年，西海岸掀起一個網路發展高潮。一九九八年，電影《明日帝國》問世的第二年，溫斯頓在其編寫的《媒體技術史》中提醒人們，「網際網路呈現了二十世紀後半期資訊商業化這一概念最後的災難性運用」。

有人說，《明日帝國》中卡佛這個角色，影射全球首屈一指的新聞媒體大亨梅鐸（Rupert Murdoch）。其實，跟卡佛長得很像的，並非老態龍鐘的梅鐸，而是風度翩翩的蘋果公司創始人賈伯斯（Steve Jobs）。今天對世界和平及普通人日常生活造成最大影響的，不再是政府及其管轄的強力機構，而是矽谷高科技巨頭——那些標榜進步價值、熱愛禪宗和吃素、講究環保和健身、永遠穿著休閒服裝、故意顯得泯然眾人的「老大哥」們。

進入二十一世紀，比卡佛更有權柄、影響力和控制力的矽谷科技巨頭們大步流星登上奧林匹斯山，宛如希臘羅馬神話中的巨神，俯視大地上芸芸眾生。他們代表人類歷史上前所未有的「監控資本主義」力量，肖莎娜·祖博夫（Shoshang Zuboff）描述了一幅比《一九八四》更恐怖的景象：「監控資本主義運用機器控制力量進行統治，就和古代的暴君一樣，是不屬於存在的人類，而又弔詭地具有人形。」他們可以瞭解用戶的房子、旁聽用戶的手機、觀看用戶的電視、讀取用戶的書本……最終結果是：「我們的生命被剝開、出售，收入用來購買監控資本家的產品與我們的臣服；他們累積知識，而我們對其握有的資訊一無所知。」[1]

二〇二一年二月二十日，致力於拓展言論自由的小型社群媒體 Gab 的創辦人托巴（Andrew Torba）發出警告，指出科技巨頭的下一個目標是「控制人類的身體和靈魂」。他們正在尋求創造一個「後人類種族」或「後智人種族」。大科技公司的老闆們「想長生不老，想成為上帝」，「他們談論的是將晶片植入你的大腦，或者改變你的DNA。這不是陰謀論，也不是什麼科幻電影。這些傢夥所專注的未來，是用權力鞏固權力，整合財富和數據，用技術奴役所有人。」

賈伯斯生前曾在一次新產品發布會上，針對IBM的壟斷地位發出質問：「喬治·歐威爾的描述會成真嗎？」[2]沒有想到，短短幾年之後，同樣的問題像飛盤一樣回到蘋果公司面前。需要面臨同一個問題的，還有 Google、推特、臉書和亞馬遜等深深嵌入民眾日常生活乃至左右國際政治經濟走向的科技巨頭（Big Tech）。

「心留在六〇年代的孩子」：矽谷叛逆文化的根源

隨著 iPod 現象愈來愈熱，從英國女王、美國總統、明星到初次約會的人，只要是戴著白色耳機的人，見面時都會被問到這樣一個問題：「你的 iPod 裡面有什麼歌？」

將蘋果產品作為音樂交易平台，是賈伯斯的奇思妙想之一。二〇〇三年十月，賈伯斯宣布：「不出一週，我們就打破各項紀錄，成為世上最大的線上音樂公司。」六年後，蘋果產品的音樂下載量高達兩百五十億次。二〇一七年，蘋果替投資者帶來的利潤，已超過上世紀所有美國企業的紀錄。

《滾石》雜誌編輯史蒂文·列維（Steven Levy）在《完美之吻》一書中寫道：「只要把你的 iPod 交給一個朋友，你初次約會的人，或者飛機上那個坐在你身邊的陌生人，你就像一本書一樣被打開了。所有人只需要瀏覽一遍你的歌曲庫，從音樂角度上說，你就一絲不掛了。暴露的不僅僅是你的喜好——而是你是一個怎樣的人。」那麼，iPod 的發明者賈伯斯存

1 肖莎娜·祖博夫（Shoshang Zuboff）：《監控資本主義》（下），（台北）時報文化，二〇二〇年，頁八〇〇、頁七八三。

2 沃爾特·艾薩克森（Walter Isaacson）：《史蒂夫·賈伯斯傳》，（北京）中信出版社，二〇一一年，頁一五六。

儲了哪些歌曲？

賈伯斯的 iPod 的歌曲庫中，最多的是鮑勃·迪倫六張系列合輯、披頭四的七張專輯，以及滾石樂隊六張專輯中的部分歌曲。「這個 iPod 中的歌單反映出它的主人是一個生活在二十世紀七〇年代但心卻留在六〇年代的孩子。」

以賈伯斯為代表的矽谷鉅子們，都是「心留在六〇年代的孩子」，他們的人生軌跡大都如此：二十多歲時是「果食主義」（Fruitarianism）者，迷戀搖滾、印度教；快四十歲時通過素食、體育鍛煉來保持身材，同時監視股票市場；在中年以後身穿亞曼尼套裝（獨樹一幟的賈伯斯穿著日本設計師三宅一生專門為之設計的套頭衫和牛仔褲），擁有灣流公司的私人噴氣式飛機、直升機起降場、禪宗哲學、超大的房子、地毯式的保安，以及主宰全宇宙的能力。一不小心，他們成長為青少年時代竭力反對那種掌握巨大權力與財富的人。因此，他們試圖打扮成「簡樸或低調奢華的億萬富翁」。

將矽谷一代往前推三十年，就是垮掉一代。二十世紀六〇年代末，各種文化潮流在舊金山和矽谷交匯。灣區垮掉一代發起嬉皮運動，柏克萊的言論自由運動誕生了一批叛逆的政治活躍分子，他們蔑視和敵視美國的立國根基——家庭、教會、清教秩序，視之為沒有生氣的木乃伊，他們在不同程度上是進步主義者和馬克思主義者。

賈伯斯就讀於一所昂貴的私立大學——里德學院，它以自由精神和嬉皮生活方式著稱。他入學前五年，迷幻啟蒙運動領袖提摩西·李瑞（Timothy Leary）曾盤腿坐在學院的草坪上，大聲呼喊：「就如同過去所有我們在其中尋找神性的偉大宗教一樣……那些古老的目標都隱喻著現在——打開心扉、自問心源、脫離塵世。」從此，里德學院的學生將這三條告誡奉為座右銘。素食主義與佛教禪宗，冥想與靈性，迷幻藥與搖滾樂——那個時代尋求自我啟迪的校園文化中，這幾樣標誌性行為，被賈伯斯以一種幾乎瘋狂的方式集中於一身。

起初，技術人員和嬉皮們並沒有多少交集：前者循規蹈矩，後者放蕩不羈。很多反主流文化的人認為電腦是不祥的，是歐威爾式的專制統治工具，應該為五角大樓和統治階級所獨有。但到了七〇年代初期，人們的想法開始轉變。約翰．馬爾科夫（John Markoff）在研究反主流文化群體與計算機產業關係的書《睡鼠說了什麼》中指出：「計算機從作為官僚機構的控制工具而被不屑一顧，變成了作為個人表達與自由解放的象徵而被欣然接受。」

後來成為賈伯斯朋友的音樂人波諾好奇地詢問：為什麼那些來自灣區的沉溺於搖滾樂和毒品的叛逆反主流文化分子，最終幫助創建了個人電腦產業？當年在里德學院高聲吶喊、鼓勵年輕人吸食大麻的提摩西．李瑞指出，「個人電腦成了一種新的迷幻藥」。這個答案不無道理：「那些開創了二十一世紀的人，都像賈伯斯一樣，他們是來自西海岸、吸著大麻、穿著涼鞋的嬉皮，他們會從不同的角度去看問題。東海岸、英格蘭、德國以及日本的等級制度不鼓勵這種與眾不同的思考方式。六〇年代孕育的這樣一種無政府主義的思維模式，恰恰有助於人類對一個尚不存在的世界展開想像。」

一九六三年三月推出的《全球型錄》雜誌，標誌著網路文化的反文化起源。它的早期貢獻者包括史都華．布蘭德（Stewart Brand），以及戴著金項鏈、留著小鬍子的神秘主義者約翰．佩里．巴羅（John Perry Barlow）。反主流文化夢寐以求的無產階級與無組織的和諧世界，在新的數位烏托邦中得到充分展現。

網際網路將創建新的世界秩序，只不過它不是特定的秩序：它將是個開放的市場，沒有任何政府干預，是個邊境、一個狂野的西部世界。《全球型錄》將嬉皮文化的夢想、科技的解放潛力帶入早期電腦工程師和網路文化先行者的世界，啟發他們對於數位新世界的想像——然而，最終來臨的，卻是赫胥黎筆下的「美麗新世界」。

小說家湯瑪斯．品欽（Thomas Pynchon）最早發現「嬉皮搖身一變成為網際網路發明者」並將此一現象寫成小說。在《性本惡》中，私家偵探多克通過友人的計算機實驗室見識了「阿帕網」（ARPANET，網際網路之前身）。站在二十世紀六〇年代的終結處，嬉皮們隱約感到一扇新的「伊甸園之門」正在開啟，網路將引領人類的肉身去飛升和超越，「就像是迷幻藥，完全是另一個奇異的世界——時間，空間，所有這些都不同」。品欽借主人公之口，道出對網路時代的隱憂：「當年他們發現迷幻藥能變成一個通道，讓我們看見某些被他們禁止的東西，於是政府立刻宣布這是禁藥，還記得嗎？資訊跟這個不就是一碼事嗎？」[3]

網際網路從誕生開始，就是兩種迴異的歷史力量交纏的產物。一方面，它屬於嚴格意義上二十世紀七〇年代五角大樓的軍工產物；但另一方面，早期網際網路實驗室裡也攜帶著六〇年代西海岸大學校園嬉皮的自由因數——那些最早的網絡衝浪者，將塑造一種「極客」亞文化，他們中的佼佼者後來打造出矽谷，徹底改變此後人類的生活面貌。但這些人帶來的並非福音，反倒是更大的威脅，正如品欽小說的書名《致命尖端》中兩個矛盾的名詞——尖端的科技及貌似進步的東西，往往是致命的和讓人流血的武器。[4]

一九九六年，嬉皮和網路駭客約翰．佩里．巴羅（John Perry Barlow），銀行家和億萬富翁的寵兒，在瑞士達沃斯的世界經濟論壇上，發表了一篇網路空間的獨立宣言：

工業世界的政府，你們這些疲憊的鋼鐵巨人，我來自網路空間，新的心靈家園。我代表未來，請過去的你們離開。我們不歡迎你們。在我們聚集的地方，你們沒有主權，政府的公正權力來自被統治者的同意。你們既沒有索取也沒有收到我們的同意。我們沒有邀請你們。你們不瞭解我們，也不瞭解我們的世界。網路空間不再你們的邊界之內。[5]

這是一篇反政府或無政府主義的宣言——然而，他們自己卻成了比政府還要可怕的怪獸。從一九八〇年代至今，在美國東西兩岸的高科技巨頭們成為新一輪全球化的最大受益者，政府向他們低頭。他們卻並未讓社會變得更加美好和平等，相反，他們加劇了社會的分化與不公：「數位化創造出新一波的挑戰，無數人合理擔心，隨著科技進步，自己將會失去工作飯碗，不確定之後能否找到報酬相同於以往的工作。在大多數先進國家，薪資所得占GDP的比重縮減，在所得分配下半底層的人們，實際薪資比二十年前的還低。」[6]

3 湯瑪斯・品欽（Thomas Pynchon）：《致命尖端》，（南京）譯林出版社，二〇二〇年，頁二。
4 這部小說的核心反派人物艾斯是一個四處併購的IT巨頭，利用可疑的網路公司在世界各地進行洗錢和金錢輸送，與之關係曖昧的既有阿拉伯極端主義，也可能涉及俄國、以色列和美國政府高層之間的博弈。
5 吉兒・萊波爾（Jill Lepore）：《真理的史詩》（下），（台北）馬克勃羅文化，二〇二〇年，頁九七五。
6 安德魯・麥克費（Andrew McAfee）、艾瑞克・布林優夫森（Erik Brynjolfsson）：《機器、平台、群眾》，（台北）天下文化，二〇一七年，頁三八七。

蘋果不是一個公司，而是一個宗教組織

嬉皮信仰與計算機力量的交融，思想與科技的結合，都在青年賈伯斯身上得到完美體現。他早晨冥想，然後去史丹佛大學旁聽物理學課程，晚上在車庫創業。他會激勵、會煽動、能賣出產品，並能描繪未來——不是平常說的未來，而是一個更別緻、更時尚、世俗而便捷的未來，是別人沒有預見到的未來；然後，再冒一切風險讓它實現。

賈伯斯是熊彼得所說的少有的「集發明家和企業家於一身」的人。他的傳奇是矽谷創新神話的典型代表：在被傳為美談的車庫裡開創一家企業，把它打造成全球最有價值的公司——他發明很多產品，並用大師級的手法把理念、藝術和科技融合在一起，就創造了未來。他最大的創作是蘋果公司本身——在這裡，想像力被培育，應用和執行的方式極具創造力。

優雅的 iPod Nano 剛推出時，無物能及，它只有一小塊奶油華夫餅那麼大，卻容量驚人，可以存下一千首歌；或者稍大一點的蘋果手機，相當於一台口袋計算機和網路衝浪設備，非常耀眼。蘋果耕耘出一種地球上只有少數地方（多數在義大利和日本）才有的感覺，一種形式和功能的感性結合，是一種無與倫比的簡潔、一種小即是美的感覺。

蘋果的 LOGO 告訴世人，蘋果將人類帶回起源處，帶到人們對加州永恆的比喻——果園、伊甸園，理所應當用夏娃致命的一口來加點趣味。蘋果的彩虹調色，雖不只是平庸的紅色、白色或藍色，但它們反而讓人回想起上世紀六〇年代。

賈伯斯後來回憶給公司起名的過程：他的學長和精神上的引路人弗里德購買了一處蘋果園，將其改造成一個名為「團結農場」的公社，一個共產主義生活的基地。賈伯斯常常到這

裡來勞動和吃蘋果及素食。「我那段時間正在吃水果餐，我剛剛從一個蘋果農場回來，這個名字聽上去有意思，有活力，不嚇人，『蘋果』削弱了『電腦』這個詞的銳氣。」這個名字裡帶有一點點反主流文化、返璞歸真的意思，又十分美國化，果然立即驚艷世界。

矽谷中多數的嬰兒潮一代都自稱為嬉皮、政治活躍分子或者癮君子。他們成功的原因或許在於：創造性常常源於叛逆，或者創造力就是叛逆本身。這些矽谷巨頭以反資本主義的姿態完成了資本主義財富最原始的聚集，他們是資本主義歷史上最年輕、形象最光鮮亮麗的資本家——當然，他們不願被定義為「資本家」，依舊將自己打扮成叛逆者。

垮掉一代並沒有真正垮掉，他們中的頂尖分子在中年之後重新回到主流社會，成為有權有勢的菁英群體：無論是進入大學當上教授、進入媒體主導輿論，還是成為矽谷科技公司的大老。當初他們未能成功地用街頭暴力顛覆西方文明，如今他們在新的戰場上繼續其未竟的文化和政治使命。

財經專欄作家拉娜．福洛荷（Rana Foroohar）批判 Google 等大型公司號稱「不作惡」卻無惡不作，她認識到矽谷巨頭們頗受六〇年代嬉皮文化的影響，但並不認為昔日的嬉皮文化跟今日的「惡」有關聯。左派總是認為嬉皮文化美好而善良。於是，她給出一套讓兩者「脫鉤」的說法：「網路效應威力強大，想要瞭解 Google 或臉書等平台公司簡直無法阻攔的成長，就必須檢視矽谷的政治如何從嬉皮理想主義的年代（以賈伯斯為代表），轉變為提爾（Paypal 創辦人，支持共和黨）之流的放任自由主義時代。」在她看來，左派的賈伯斯是好人，右派的提爾是壞人，這種兩分法簡單明瞭。

但賈伯斯真是左派嗎？世上有富可敵國的左派嗎？拉娜．福洛荷又引用在科技界浸淫四十多年的麥納彌的話說：「這是巨大無比的改變。矽谷的普通員工雖然都屬於自由派，但是一流公司的高層主管都相信貪婪是好事。」[7]這一論述瓦解了她前面的結論——科技巨頭創建公司時有一個「美好的初衷」，此一「美好的初衷」源於嬉皮文化。然而，如果他們真有良善的初心，這種良善的初心又是如何化身為奴隸主的貪婪？而無止境的貪婪又如何與自由派的理想主義並存？拉娜．福洛荷無法給出合理解釋。

這種「政治先行」的闡釋方式錯得離譜。嬉皮是六〇年代新左派文化結出的惡果，該群體推崇馬克思、史達林、毛澤東和格瓦拉。他們有若干貌似個人主義的誇張表現，實際上卻渴望歸入集體主義的帷幕，乃至成為攫取人心的「吹笛人」。與拉娜．福洛荷的言不及義相比，有俄羅斯移民背景的巨科技研究者肖莎娜．祖博夫反倒看得清清楚楚——她從一九三〇年代西方左傾知識界因「知識癱瘓」而迷戀蘇聯模式的痛史中，發現了嬉皮運動的思想淵源。她認為，曾經是嬉皮的科技巨頭不是追求自由的人，而是極權專制的擁抱者。極權主義要號令所有人民，連每個人的靈魂都要加以控制。極權主義通過打造恐懼，由內而外改造每一個個體的方方面面：心靈、神志、性向、人格、精神。這套工程需要縝密規劃，手段包括孤立、焦慮、恐懼、遊說、幻夢、渴望、啟發、折磨、畏怯、監控。[8]美國沒有納粹和史達林式的政府，但納粹和共產極權主義的種種做法都被高科技公司加以借用。他們的企業獲得巨大成功得益於自由市場經濟制度，但他們骨子裡卻執迷於左翼的觀念秩序，或者更準確地說，他們思想的核心是極權主義的，這就決定了此類企業的本質。

當蘋果公司在市場上獲得巨大成功之後，財經分析師們只能驚呼：「蘋果根本就是宗教組織。」可以說，賈伯斯創建了一個信徒眾多的「蘋果教」。在矽谷，還有「Google 教」、

「臉書教」、「推特教」等等。他們背棄了基督教文明，拒絕承認上帝的存在，轉而尋求別的神，求之不得，遂將自己當做神，並自以為能帶給人類終極性的「數位福音」。

賈伯斯去世前夕，曾談及將近四十年前在印度的經歷，他對佛法的研習，以及他對轉世和精神超越的看法。晚年的賈伯斯時不時地談到上帝：「我對上帝的信仰是一半一半。」他說，「我一生中的大部分時間，都認為一定有超出我們所見的存在」。他承認，當他面臨死亡時，他可能更願相信有來世。「如果你積累了所有這些經驗，可能還有一點智慧，然後這些就這麼消失了，會有些怪怪的。所以我真的願意相信，會有些什麼東西留存下來，也許你的意識會不朽。」他沉默了很長時間。「但另一方面，也許就像個開關一樣。」他說，「啪！然後你就沒了。」他又停下來，淡然一笑。「也許這就是我為什麼從不喜歡給蘋果產品加上開關吧。」可見，東方神秘主義宗教始終未能解決賈伯斯對終極價值的苦苦追尋，人一旦離開上帝，也就離開不朽。

「禪宗加州」：信奉東方神秘宗教的科技天才們

二十世紀後半葉，與矽谷崛起差不多同步，一個巨大的「禪宗加州」出現了。禪宗加州

7 拉娜・福洛荷（Rana Foroohar）：《切莫為惡：科技巨頭如何背叛創建初衷和人民》，（台北）時報文化，二〇二〇年，頁一九〇。
8 肖莎娜・祖博夫：《監控資本主義》（下），頁六一四。

包含了新時代的嬰兒潮一代，以及他們的追求不尋常生活方式的後代。

二戰中美國擊敗德國；戰後，德國文化成功反擊並占領美國。同樣，二戰中美國擊敗日本；戰後，日本文化從夏威夷躍進到加州——美國東岸是歐洲翻版，西岸則是另一個亞洲。

在美國本土的四十八個州中，加州無疑是最亞洲化的一個，矽谷人口中有三成以上是亞洲人，難怪有學者驚呼，「加州或是亞洲的環太平洋文化，主導了我們時代的人口統計學意識」。而「禪宗加州」的基礎是「一種一體化、身心幸福的感覺」，禪宗以及印度教、瑜伽、新紀元主義、心靈與身體的排毒、素食、印度精油按摩、面膜、東方宗教的影響迅速擴大。

一九五九年，已經五十五歲的鈴木俊隆遠渡舊金山，以寺廟主持的身分，用流暢的英語傳教，三年後年他開設了舊金山禪修中心。該中心一直堅持「每個人都有佛性」這一觀點，讓普通人也可以禪修，吸引了無數求道者。「垮掉派」的代表人物傑克・凱魯亞克（Jack Krrouac），就是狂熱的禪學愛好者。在他的小說《在路上》、《達摩流浪者》中，都可以輕易嗅到這種思想。

賈伯斯將鈴木俊隆所著的《禪者的初心》，奉為影響自己一生的書籍，他年輕時參加過舊金山禪修中心，結識了鈴木俊隆的助手乙川弘文，之後二人一直保持亦師亦友的關係。乙川為賈伯斯夫婦主持婚禮，這是個完全佛教化的婚禮，彌漫著禪香和佛鐘。

賈伯斯也到東方宗教中尋找美。宗教改革以來，清教徒對於簡樸生活過於苛刻的定義，使得基督教藝術與美學趨於沉寂。藝術本應是上帝賜予人類的美，清教徒卻因為反對天主教的奢靡，將藝術視為人與上帝之間的阻隔，這是清教徒犯的一個錯誤。這成為東方美學趁虛而入的文化背景。賈伯斯在基督教中找不到美，遂到東方宗教中去尋找。他尤其青睞日式風格，漸漸和三宅一生及貝聿銘這樣的明星人物更多接觸。「我一直都認為佛教——尤其是日本的佛教禪宗——在審美上是超群的。我見過最美的設計，就是京都地區的花園，這一文化的產物深深打動了我，而它們都直接源自佛教禪宗。」賈伯斯將禪宗美學灌注到蘋果產品的設計之中。使用一款蘋果產品就像走在賈伯斯喜愛的京都禪意花園裡一樣。諷刺性的是，這種體驗不是通過崇尚開放或百花齊放來實現的，愉悅的使用感受讓蘋果的消費者們承認，有時「落在一個控制狂手裡的感覺也不錯」。

賈伯斯很早就對代表美國主流文化的基督教產生強烈的排斥之心。賈伯斯的養父母對於宗教信仰並不熱心，但他們還是希望孩子能受一點宗教教育，大多數星期天都會帶孩子去一家路德宗教會聚會。這一活動在他十三歲那年結束了。

基督信仰中有最高的理性，也有最高的感性，西方菁英知識分子對基督教傳統不屑一顧，不是上帝的損失，而是這些知識分子自己選擇一條滅亡之路，他們身在寶山之中，偏偏雙手空空如也。他們原本有一桌盛宴，偏偏要去嘗試糟糠的滋味；他們原本有如瓊汁甘露般的《聖經》，偏偏要去喝別人尼采和馬克思的洗腳水，並在東方家族的虛無主義中尋找意義。

進入青年時代，賈伯斯花了好幾年時間研究並嘗試，並在東方的虛無主義中尋找意義。實踐佛教禪宗的教義。在其成長的年代，一系列實現自我、追求心靈啟迪的行為在加州乃至全美國風靡一時——禪宗和印度教、冥想和瑜伽，原始尖叫和感覺剝奪，伊莎蘭治療法（Esalen massage）和電擊休克療法，成為年輕人心靈的出口。賈伯斯認為，宗教應該更多地強調精神體驗，而不是一味遵守教條。「當基督教太過基於信仰，而忽略了以耶穌的方式生活或從耶穌的角度看世界時，它的精髓就消失了。我覺得不同宗教就好比通往同一棟房子的不同的門。」他對教會的批評有一定的道理，但不能因為某些教會的僵化封閉而否定整個基督教傳統和基督教觀念秩序。

賈伯斯對東方宗教、印度教、佛教禪宗以及探尋個人啟蒙的濃厚興趣終其一生不變，他追隨並遵循著許多東方宗教的基本戒律，比如對「般若」的強調——通過精神的集中而直觀體驗到的智慧和認知。他後來回顧印度之行的啟發：「我們運用思維，印度人運用直覺，他們的直覺比世界上其他地方的人要發達得多。直覺是非常強大的，比思維更加強大。」他把專注的能力和對簡潔的狂熱歸功於他的禪修。「禪修磨煉了他對直覺的欣賞能力，教他如何過濾掉任何分散精力或不必要的事，在他身上培養出了一種基於至簡主義的審美觀。」賈伯斯傳記作者艾薩克森評論說。

在矽谷巨頭之中，像賈伯斯這樣醉心於東方神秘主義宗教的人並非孤例。推特執行長傑克．多爾西（Jack Dorsey）在創造新的交互介面和習慣方面，似乎具備媲美賈伯斯的能力。他與賈伯斯一樣上演了一場被自己創建的公司趕走、又英雄般地回歸的「王子復仇記」。他如此形容技術的本質——藝術、無拘束的狀態，以及「侘寂」。他從搖滾尋夢青年到矽谷巨頭，一直炫耀對科技、藝術和禪宗的通感。

多爾西也有一套獨特的養生方法，除了運動健身、大量補充維他命外，還有冥想與斷食。他每天冥想兩次，練習古老的內觀冥想，必須盤腿坐三十至四十五分鐘不動，他曾說這項練習「極度痛苦，需要消耗大量體力和腦力」。他故意保持長髮飄飄、鬍子拉碴的外貌，宛如末代沙皇寵幸的「聖愚」拉斯普京。

LinkedIn 的首席執行官傑夫．韋納（Jeff Weiner）、Salesforce 的首席執行官馬爾克．貝尼奧夫（Marc Benioff）、Google的聯合創始人謝爾蓋·布林（Sergey Brin）等人也都是禪修和冥想的修習者。在蘋果、臉書、Google的辦公大樓裡，設有專門的禪修、瑜伽的房間，公司還為員工提供免費的課程——當然，不會設立禮拜空間，也不會為員工聘請牧師。這些公司早已忘記韋伯論述的「新教倫理與資本主義精神」的聯繫，而認為禪宗能創造一種新的工作倫理，能幫助員工更好地工作，用禪修中心現任代表蘇珊（Susan O'Connell）的話來解釋就是：「美國文化本來是追求刺激的，面對禪宗這種安靜平和的事物，就會用世俗的方式來表示。美國人喜歡冥想也是受這個影響，因為冥想對工作有好處。美國人就是講實利主義。」

這群技術天才樂於向東方文化和東方宗教尋求安慰。然而，在個人生活層面，他們並未得到真正的安慰。賈伯斯一生都未擺脫焦慮、固執、專橫、易怒，禪修並未讓他產生一種禪意的平靜或內心的平和，並未增加他生命中的善與愛。更多矽谷巨頭深陷性侵、家暴、財務報告造假等各種醜聞之中。多神論（印度教）和無神論（佛教）的東方宗教，本質上是虛無主義和歷史循環論，他們沒有「因真理，得自由」，反而成了自我的囚徒。

這些偏執狂的宗教取向和價值觀深切影響他們的公司文化。在公司中，他們成為高度獨裁的「暴君」乃至「魔王」。東方宗教缺乏對人的罪性的深刻認識，在政治哲學層面乏善可陳，沒有像基督教那樣建構出基於人的罪性的分權制衡的政治制度。矽谷巨頭們在自我神話的過程中肆意踐踏既有秩序、法律和道德倫理。他們的生活早已表裡不一乃至分崩離析：他們想方設法讓孩子盡可能地遠離數位世界，但工作目標卻是製造和行銷那些讓人愛不釋手的裝置、應用軟體和平台。

實際上，矽谷的巨頭和高管們只是將東方宗教作為飯後甜點，他們的所作所為在任何意義上都違背了佛教和印度教中推崇的行善和謙卑的誡命。前谷歌高管威廉斯（James Williams）選擇離開矽谷，改去牛津大學研究科技倫理學，他反戈一擊，斥責矽谷文化的偽善與邪惡。虛擬實境先驅人物傑容・藍爾尼（Jaron Lanier）在其著作《即可刪除社群媒體帳戶的十個論點》中主張，社群媒體創造受害者文化，造成多元思想式微，未來不僅會破壞人類的經濟和民主制度，也會傷害自由思想本身。

蘋果、亞馬遜、Google、臉書、推特：統治世界的「五指山」

自稱加州「無名小輩」的文頓・瑟夫（Vinton Cerf）是一小撮稱得上是網際網路之父的人之一，他每天都要抽出幾天時間來重讀托爾金的《魔戒》。他大概沒有想到，他的徒子徒孫們沒有抵抗住誘惑，將魔戒戴到手指上，還四處炫耀。

在矽谷，關於科技巨頭（Big Tech）有「五子登科」之說。對「五子」，坊間有不同的排列方式。[9]我最關注的「五子」是蘋果、亞馬遜、Google、臉書和推特。這些大科技公司建構了一套「深層秩序」，使用者遍布世界每個角落，它們掌控的虛擬世界的疆域及深度，超過任何一個傳統的主權國家（除了全能式極權主義的中國之外）。這個世界沒有一處能逃離「監控資本主義」統治的「世外桃源」，它們就像是《西遊記》中如來佛的五根手指形成的「五指山」，叛逆的孫悟空即便是一個筋斗十萬八千里，卻逃不出如來佛的手掌心。

如今，地球上任何地點的資料搜索，將近百分之九十九是在單一搜尋引擎上執行，也就是Google。全世界成年人網絡使用者之中，百分之九十五使用臉書或Instagram（臉書於二

○一二年將其購併），或兩者兼用。千禧世代花在Youtube頻道上點播串流視訊的時間，是其他影視串流服務總和的兩倍。Google和臉書相加，接收了世界百分之九十五的新廣告支出。使用谷歌（安卓）和蘋果操作系統的手機，全球占有率高達百分之九十九；蘋果和微軟提供世界上百分之九十五的桌上型號電腦的操作系統。僅亞馬遜這一家公司的營收，即占美國電子商務總銷售額的一半以上。科技巨頭的一切都在往大規模走，餘者不值一顧——規模越大，其壟斷地位就越突出。對此，長期研究企業巨頭對民主的傷害的美國華裔法學教授吳修銘指出：

> 當事物變得越大，往往會變得愈糟糕，甚至朝著災難性的方向發展。……因此，讓巨頭倒下，才能澆灌民主之花。[10]

9 最常見的說法是FAAMG，即臉書（Facebook）、蘋果（Apple）、亞馬遜（Amazon）、微軟（Microsoft）、谷歌（Google）等五家超大型資訊業公司的縮寫。FAAMG這個名詞由高盛發明，用於投資宣傳。這五家公司各自市值都至少有一兆美元，蘋果的市值率先超過兩兆美元。這五家公司被認為統治了中國以外的世界資訊產業（中國有華為、騰訊、百度、抖音和阿里巴巴等超級科技企業），但時常有負面新聞，也被稱為「五惡人」（Frightful Five）。由於Google母公司為Alphabet，有時也被改寫做FAAAM。另一種說法是FAANG，以網飛（Netflix）取代微軟（Microsoft），其他四家不變。FANG四字母在英文中意為尖牙、利齒，故又有「尖牙股」之稱。時至今日，紐約證交所推出尖牙股指數（NYSE FANG + Index），除上述主要成分股，還納入特斯拉（Tesla）、輝達（Nvidia）、推特（Twitter）等科技公司。FAANG這五大公司加起來的股票總值比法國的經濟規模還高；臉書使用者已超過中國的總人口。

10 吳修銘：《巨頭的詛咒》，（台北）天下出版，二〇二〇年，頁九。

過去，人們對傳統製造業的巨頭們（如鋼鐵、石油和零售業等）頗多批判；如今，人們偏偏認為高科技巨頭們都是「小清新」——公眾被動接受了高科技巨頭們口吐蓮花的說辭。在第一波和第二波產業革命中，人們對於石油公司與鐵路公司的印象，要不是破壞生態環境的殺手，就是採用掠奪性定價的企業家。人們普遍對大企業的壟斷力量頗有微詞，最終以《反托拉斯法》的立法打擊威脅到民主政治的工業巨頭。然而，本世紀初人們對於新興大企業有著截然不同的印象，人們徹夜排隊購買新的 iPhone、不分晝夜在亞馬遜上購物、相信 Google「切勿為惡」的口號。人們對於蘋果、Google、臉書與亞馬遜等大科技公司的印象極佳，與上世紀初對於大企業的厭惡形成強烈對比。

為什麼兩者差距如此之大？學者沈榮欽認為，大致有以下幾個原因：第一，相較本世紀對大科技公司「新經濟」的想像：高科技、乾淨、酷炫、年輕等，與上世紀大量生產的製造業大企業形成強烈對比。

第二，相較上世紀福特公司的大量生產，所帶來一成不變、缺乏個性的電動巴士「Model T」，拜數位化與計算能力之賜，本世紀的大科技公司首度實現個人化現代性的想像，從搜尋引擎、YouTube 的推播、臉書的廣告、亞馬遜的推薦商品，都是根據個人「需求」而量身打造的，這是近百年知識分子所想像而不可得者，如今都在彈指之間化為真實。

第三，「免費」的幻象：搜尋引擎、社群媒體到各種 App，都是免費提供，不僅令消費者忽略實際付出的代價，甚至不斷遭到企業操弄。正如吳修銘諷刺性的反問：「或許應當將臉書或 Google 這樣的企業視為類似慈善機構，畢竟有誰會控告紅十字會『壟斷』救災呢？」

第四，大科技公司高明的行銷政策，讓消費者「自願為奴」。[11]創建或主導這些大公司的矽谷巨頭們，表面上看是穿著帆布鞋、天真無邪、口無遮攔的青年天才，實際上他們除了科技了得，更是洞悉、操縱和玩弄人心的心理學家和厚黑無形的邪教教主。他們掌控了一種「數學毀滅性武器」即大數據，承諾促進效率和公平，卻扭曲了高等教育、加重了人們的債務負擔、促使國家囚禁大量人口、幾乎一有機會便打擊窮人，還損害民主和言論自由。[12]這些巨頭們在公司內部設有類似共產黨宣傳部的公共關係部，極善於形塑其高、大、上的公共形象。

比如，比爾．蓋茨將自己塑造成一擲千金的慈善家，將數百億美金用於攻克癌症、保護地球的慈善事業，似乎比聖誕老人更可愛。其實，他將財富轉移到錯綜複雜的、如同盤絲洞般的基金會，以此避稅。多年來研究企業巨頭問題的吳修銘誤認為「微軟後來成了溫和的巨人」，實際上，微軟從未改變——它不僅曾經是而且一直都是「一台好鬥、狡猾，而且常濫用權力的機器，無情的消滅眾多對手」。

比爾．蓋茨是壞心的書呆子、聰明的策略家，儘管少有最好的技術，仍能設法打敗並超越擁有更優越技術的公司。微軟的產品不是因為得到眾人的青睞而勝出，相反，是因為消費者沒有其他的選擇。為什麼沒有其他的選擇呢？因為比爾．蓋茨消滅了顧客的選擇權——他首先消滅了所有競爭對手。微軟是一個擁有百分之九十市場占有率的壟斷者，其目標是在新

---

11 引自沈榮欽個人臉書。

12 凱西．歐尼爾（Cathy O'neil）：《大數據的傲慢與偏見》，（台北）大寫出版，二〇二〇年，頁二一七。

市場獲得新的壟斷地位，它致力於摧毀小公司。這個人比各種美化他的傳記所描述的要黑暗得多。[13]

這些高科技巨頭的經營秘訣歸根結底只有一條：千方百計維持其壟斷地位，不是技術創新，而是靠強取豪奪式的併購。當競爭對手還沒上場，它們的處境已經日漸邊緣化。臉書成功完成六十七件不引起爭議的收購，亞馬遜則完成九十一件，Google 完成兩百一十四件。科技產業本質上成為少數幾家大型托拉斯的組合：搜索與相關產業的 Google，社群媒體的臉書和推特，網路商務的亞馬遜。

社群媒體：爭取「言論自由」的新戰場

這些高科技巨頭與政府（尤其是民主黨政府）保持親密關係，重金僱用的說客充斥華盛頓幽暗的紙牌屋，他們如流水般湧入的金錢將美國的政治中心變成臭不可聞的沼澤地。只要聽到「旋轉門」這個特定名詞——指那些在企業與政府中交互任職的菁英——人們都會想到兩家企業：金融界的高盛與高科技界的 Google。在一份民間人士撰寫的「科技透明計畫」中，研究者發現谷歌與政府的接觸以及「旋轉門」，遠遠超過任何一家科技公司。

在歐巴馬時代，僅僅是從二〇〇九年年一月至二〇一五年十月間，谷歌高層共拜訪白宮四百二十七次，遠遠超過任何美國企業造訪白宮的次數。其中三百六十三次會議是白宮與谷歌高管舉行，Google 首席執行官艾立克・史密特（Eric Schmidt）參加了六十四次僅有 Google 與美國政府官員在場的、討論內容對外秘而不宣會議，共有一百六十九名谷歌高管與一百八十二名白宮官員與會。後續的分析顯示，這給Google帶來極大影響力，深刻地影響美國政府的科技政策。谷歌等矽谷巨頭已染上類似於中國國有制下「央企」的某些特質，成為自由市場經濟的破壞者。

肖莎娜．祖博夫在研究高科技巨頭為何失控的問題時，將其歸咎於新自由主義經濟模式——政府對市場經濟的放任。她認為海耶克和傅利曼的經濟主張對此負有一定責任（其他批判科技巨頭的作者的看法大都與之類似）。然而，事實是，矽谷巨頭們在觀念秩序上都是左派而不是右派，他們當中沒有自由市場經濟理念的信奉者。美國科技大亨以及公司一面倒地支持民主黨，支持大政府，比如捐款給民主黨的臉書雇員占百分之九十二點八，推特雇員更高達百分之九十九點三。他們希望像中國央企一樣得到政府在政策和法律層面的優待，而只有民主黨的大政府才能做到這一點。

左派記者拉娜．福洛荷極度反川普，認為二〇一六年川普勝選是因為得到臉書、Google等科技巨頭的幫忙。她甚至編造神話：臉書「安插」員工到川普的競選活動中，「基本上就是提供免費的幕僚，協助政客推敲怎樣才能善用平台，把他們的訊息傳達給潛在的投票人」。她譴責說：「川普競選活動玩的齷齪政治，加上從臉書和許多網站、應用軟件收穫的巨量資

---

13 比爾．蓋茨是華爾街淫魔傑佛瑞．愛潑斯坦（Jeffrey Edward Epstein）的密友，與柯林頓、安德魯王子等達官貴人經常赴愛潑斯坦在加勒比海的私人小島玩弄性奴隸（包括未成年少女）。當他的妻子宣布與之離婚之後，他公開承認結交愛潑斯坦是「一生中犯下的最大錯誤」（暗示參與後者組織的性派對是妻子提出離婚的原因之一）。

料，導致更黑暗的結果。」[14]這樣的論述是顛倒黑白。臉書等巨頭恐怕「有苦說不出」——明明就是鐵桿的民主黨支持者，明明無所不用其極地打壓保守派的言論，卻被歸入川普陣營，真是情何以堪？

拉娜．福洛荷的《切莫為惡》一書完成於二〇二〇年大選之前，關於臉書、推特等科技巨頭在二〇二〇大選中參與全國性的操弄和舞弊，推特「永久注銷」、臉書「暫時封鎖」川普的帳號，在其看來，大概是「改惡為善」？

矽谷大科技公司絕大多數支持民主黨早非新聞。當支持川普的保守派人士為逃避臉書和推特的言論審查而轉到小型的新興社群媒體 Parler 時，Google 與蘋果卻聯手下架 Parler，令保守派民眾逃無所逃。或許，在拉娜．福洛荷這樣的左派知識分子看來，只有左派才配擁有言論自由，右派根本就只能「沉默是金」？

二〇二一年七月八日，川普宣布，對臉書、推特和 Google 等公司提起違反言論自由訴訟。川普在聲明中說：「本人以集體訴訟代表提告，指控科技大公司包括臉書、推特和 Google，以及這些公司的執行長。」

川普多年來力鬥科技巨擘，稱這些公司錯誤審查他的言論，他甚至遭到十五家社群媒體聯合「封口」。就連與川普關係惡劣的、偏左的德國總理梅克爾都看不下去，透過發言人表示：「自由表達意見是極為重要的根本權利」，任何對言論自由的限制都應該由法律來決定，而不是由私人公司決定。

曾在臉書工作的一名高級工程師說：「我深信惡魔住在我們的手機裡。」川普指出，這些國家頂級的科技公司已經成為「非法、違憲審查的執行者」。他控告科技公司、制止他們犯錯，除了為求捍衛自身權益、也是為了所有國人：

> 社群媒體如今已成為如同過去市政廳、報紙及電視一樣的自由言論集散地，「網路就是新的公共領域（public square）」，但是近年來，大型科技平台採用如封鎖用戶、解散平台等手段，審查與打壓平台上思想、阻礙資訊流通及用戶的動作，可說是非常不要臉。

川普指出，科技公司不再只單純移除具有暴力威脅的言論，「他們正在操弄及掌控政治辯論本身」。他回顧過去一年被審查的內容，稱用戶曾被禁止在社群平台上提出新冠肺炎病毒起源於中國的證據、不得談論如羥氯　等治療方法，然而，媒體現在又說這或許屬實。

在總統大選前幾週，各大平台禁止美國歷史最悠久的《紐約郵報》（*New York Post*）等媒體揭露拜登家庭腐敗的關鍵報導。各大平台還隨即封鎖了川普的社群媒體帳戶，川普譴責說：「如果他們能對我這樣做，就能對你們這樣做，相信我，他們有這個能力。」這些高科技巨頭封鎖本國總統的言論，以此顯示他們不畏權貴、風骨嶙峋。而他們封殺無權無勢的平民時，更是像共產黨的中宣部肆無忌憚，就連在阿富汗殉職的美軍官兵的家人譴責拜登的言論也被他們刪除得乾乾淨淨。在這些高科技巨頭控制的虛擬空間，美國憲法保障的言論自由已然不復存在。川普表示，「我永遠不會停止捍衛美國人民的憲法權利、為神聖的自由而戰」。

14 拉娜·福洛荷：《切莫為惡：科技巨頭如何背叛創建初衷和人民》，頁二八七、頁二八九。

二〇二一年十月，川普宣布將推出一個新的社群媒體網絡，名為「真相社交」（TRUTH Social）。他在聲明寫道：「我打造真相社交，創建川普媒體及科技集團公司的目的，是要對抗科技巨頭的暴政。我們現在生活的世界裏，（阿富汗）塔利班在推特上都有大量發言，但是你們最喜歡的美國總統卻被噤聲。……所有人都問我：為什麼沒有人站起來與大科技公司對著幹？那麼我想告訴你們的是，很快就會有行動了。」川普和他的七千多萬熱愛自由的選民能夠擊敗科技巨頭的暴政嗎？

科技大亨為中國媒體開了一道入侵後門

二〇一二年，筆者離開中國時，發誓不再使用中國的任何社群媒體，因為「老大哥」永遠盯著每一個發言者，既然到了自由世界，為什麼還要繞回不自由的世界，使用微信、抖音，接受中共規定的什麼可以說、什麼不可以說的「潛規則」呢？筆者險些付出生命代價來追求的，不就是鄭南榕已經付出生命代價來追求的「百分之百的言論自由」嗎？

筆者從二〇一三年開始使用臉書，那時以為臉書是一個擁有「百分之百的言論自由」的場域。結果筆者錯了。筆者張貼的六四屠殺照片被刪除，臉書提供的解釋是「畫面太過血腥」——然而，「太過血腥」是的判斷標準何在？是臉書統一制定的標準，還是某個管理員的「自由心證」？而且，照片並非偽造，照片就是歷史事實。如果按照同樣的邏輯，那麼所有納粹集中營中的血腥殘暴的照片，都應當被刪除？臉書豈不成了納粹的幫兇？不只是筆者一個人有過這樣的遭遇，很多批判中共暴政的臉書用戶都有類似的遭遇。

筆者還有三次被臉書封鎖的遭遇。第一次，筆者在臉書上討論美國學者南西．伊森伯格（Nancy Isenberg）寫的《白垃圾》一書，被臉書以「仇恨言論」為名加以封鎖。經一位香港媒體人朋友介紹，筆者向臉書大中華區的一位高管提出申訴，臉書這才承認這個書名並非「仇恨言論」，將筆者帳戶解鎖。第二次，筆者在臉書上貼出自己著作的封面《卑賤的中國人》，再次遭到臉書封鎖。這本書是台灣的正式出版物，美國國會圖書館都有收藏，如果這是仇恨言論，那麼柏楊的《醜陋的中國人》也要被查禁吧？第三次，筆者在臉書上批評中國的網紅李子柒不是環保先鋒，而是共青團塑造的新一代知青代表和商業傳銷的典型，又被臉書當做「仇恨言論」封鎖，投訴後，臉書告知，這確實是「仇恨言論」——無數像筆者這樣的投訴者，根本不知道審查者究竟是誰，也不知道言論自由的仇恨言論的界限是什麼，弱勢的用戶個體面對是是一個巨無霸式的「無物之陣」。臉書就這樣施施然地成了「太上中宣部」，跟中宣部一樣趾高氣揚，跟中宣部一樣蠻不講理。

儘管所有的美國社群媒體、搜尋引擎都被中共封鎖，但美國高科技巨頭對中國市場始終垂涎三尺，向中共獻媚和下跪，甚至幫助中共壓制異議人士、讓異議人士消音。後來落馬的貪官、主管中國網絡且有「網路沙皇」之稱的魯煒，到訪臉書總部，馬克．祖克柏點頭哈腰，仿佛其門下走狗。馬克．祖克柏的辦公桌上放著一本習近平語錄，這是他的「《聖經》」，他謙卑地向習近平學習如何治國理政。他訪問中國時，在遮天蔽日的霧霾中，專程到六四屠殺的現場天安門廣場慢跑，為中國的「大國崛起」加上一個有力腳注。

近年來，臉書等海外社群媒體平台已成為中共大外宣的重點戰線，中共為此投入巨額資金。中共黨媒《人民日報》、新華社、《中國環球電視網》、央視、《中國日報》、《環球時報》等，都在臉書和推特上開通頁面。據英國《新聞公報》報導，在臉書廣告的幫助下，以上六家中國宣傳機構名列臉書全球前六大新聞粉絲專頁。臉書收受中共資金，替中共在海外進行宣傳。例如，《中國日報》每篇文章都向臉書支付四百美元費用，向一百萬以上的臉書用戶進行宣傳，聲稱西方國家「撒謊」和「散布假消息」，並在一段影片中指有關新疆再教育營的報導是「完全錯誤」的、是「西方媒體的伎倆」。《中國環球電視網》向臉書支付兩百多美元，推廣一篇「西方媒體如何扭曲新疆寄宿學校」的文章。另一篇名為「新疆寄宿制學校的真正狀況是什麼？這些學校給當地學生帶來了什麼變化？」的文章，以不到五百美元的費用就能讓一百萬臉書用戶觀看。

有人質疑推特、臉書等社群媒體的雙重標準：對美國的右派言論嚴防死守，卻任由中國官員和五毛發表自我美容和攻擊美國民主自由的言論。中國駐美大使館在推特上貼出令人作嘔的「美化新疆集中營」的推文，表示「研究顯示，新疆維吾爾自治區的人口變化包括人民總體素質獲得提升，愈來愈多年輕人花費時間與精力在個人發展上」。在中國被封鎖的推特，對此類顛倒黑白的的言論視而不見，連警語都沒有。

「反數位仇恨中心」執行長艾哈邁德（Imran Ahmed）表示，臉書拿錢為中共宣傳，否認中共侵害人權的現實，「令人作嘔」：「臉書宣稱沒注意到最受歡迎的六個新聞粉絲頁面中有五個正在粉飾中共暴行，這太荒謬了，沒人會相信他們沒有注意到。」

二〇二〇年十月，《紐約郵報》披露：有六個中國人負責臉書的內容審查部門。這六人都屬於一個叫做「仇恨言論工程」小組。此外，臉書還僱用大量中國員工，臉書特別開設的Chinese@FB 群組中超過六千人，是該公司內部最大的同類型群體。一些中國員工公開支持中共，外界擔憂這些人受到中共驅使，在海外替中共做事。臉書用戶常常發現，因為發表批評中共的言論而被停權乃至注銷帳戶。

不僅美國科技巨頭「中國化」，中國的垃圾社群媒體還利用美國法律監管的漏洞，在美國攻城掠地。且不說對數千萬海外華人進行洗腦宣傳並竊取西方資訊和情報的微信如何無孔不入，抖音（TikTok）更是進入美國主流社會，特別是征服了美國青少年用戶。

在美國市場的App下載和安裝量，抖音曾躍居第一位，並在日本、泰國、印尼、德國、法國和俄羅斯等地，多次登上當地App商店或Google Play總榜首位。另據Sensor Tower的數據顯示，「抖音短視頻」及海外版，目前在全球的總下載次數已突破二十億次。川普政府曾以行政命令禁用抖音，卻引來親共華人群體的訴訟，法院阻止禁令執行。拜登竊據白宮之後，立即取消禁令。

抖音不是一個無害的社群媒體，它通過毒害美國青少年來摧毀美國的秩序與法治。媒體報導，維吉尼亞州費爾法克斯郡的家長們被警告抖音上的危險趨勢可能會給孩子帶來嚴重麻煩。費爾法克斯郡學區負責人史考特．布拉布蘭德（Scott Brabrand）在一封信中警告家長有關情況。二〇二一年九月，抖音發起一場「挑戰」，號召學生破壞學校公物。十月，新號召是「打一名教職員工」。作為「挑戰」的一部分，參與者應發布做這些行為的影片，以顯示其很酷。學區負責人提醒學校和社區，這些行為不是無害的惡作劇，而是會導致紀律處分和指控的罪行。

一位家長談到抖音對學齡兒童的影響。「我覺得這太可怕了，」她說。「我擔心我在學校的孩子，我的孩子們說他們不想上廁所。他們擔心那裡會發生什麼事。」

這個學區是美國最優質的學區之一，我的兒子在這個學區上學。他告訴我，學校的廁所遭到破壞，洗手液和衛生紙被惡作劇者偷走，馬桶被堵塞，有人用午餐的番茄醬在牆上亂塗亂畫。

在全美其他一些學區發生的事情更讓人擔心：一段獲得數十萬人點讚的影片中，一名青少年將校長的汽車輪胎刺破。

抖音以此展開一場對美國的「並不和平的演變」。

科技如何左右政治，帶來人類歷史上罕見的奴役時代？

賈伯斯將個人電腦比喻為「心靈的自行車」，它能讓人以同樣的精力完成更多的工作。而蘋果首席執行官庫克（Tim Cook）則說：「我們製造手機是為了讓你的生活更美好。」但是，「美好」的定義卻由蘋果來確立——你必須購買其更新換代的產品及軟件，否則生活無法「更美好」。當人們使用蘋果產品時，當蘋果產品成為生活中不可或缺的一部分時，人們以為是自由的，卻已淪為其奴隸。

臉書創始人馬克．祖克柏曾誇耀臉書知道每個人讀過的每一本書、看過的每一部電影、聽過的每一首歌，臉書的預測模型還能在使用者去陌生城市時向其推薦酒吧，你踏進店裡時，酒吧老闆早就調好你最愛的飲料等著你光顧。可是，臉書從來沒有徵得每個使用者的同意——人們願不願意「享受」這種臉書賜予的生活便利？

臉書這個平台巨大、有力，而且不透明。臉書有影響公眾看到什麼、心情如何以及是否投票的巨大力量。臉書的演算法是普通人看不到的，臉書研究人員的實驗結果如何，人們只能得知他們選擇性公布的資料。人們可能覺得臉書就像現代的市民廣場，但實際上臉書根據它自身的利益，決定人們在其經營的社群媒體上看到些什麼。臉書藉由調整其演算法，決定使用者看到哪些新聞，進而操縱政治制度。

研究演算法的挪威學者泰娜・布策（Taina Bucher）指出，臉書等社群媒體的演算法的權力與政治，來自演算法系統如何形塑人與人之間的邂逅與這個世界的定向。演算法的權力，依附在人際關係的實利主義上。演算法從來就不中立，它反映了寫出這些演算法的人的價值觀與文化假設。她通過若干案例發現，臉書的編輯人員設計「趨勢話題」，這些人有明顯的左傾政治立場，他們帶有強烈的政治偏見，刻意消除保守派的新聞，讓後者從不出現在「趨勢話題」之中。臉書一再否認其是一間媒體公司，但它儼然成為影響力超過《紐約時報》和CNN的左派媒體旗艦。[15]

Google也是如此。與Google長期合作的首席經濟學家哈爾・范里安（Hal Varian）在一篇論文中承認，Google所搜集的數據有四個用途「汲取並分析數據」、「為精準監控建立全新契約形態」、「個性化與客製化」、「持續不斷的實驗」。新版的Google就像一股超能力，不僅建立一套屬於自己的價值，更專注追尋其設定的目標，將其他人遵從的社會契約踩在腳底。

15 泰娜・布策（Taina Bucher）：《被操弄的真實：演算法中隱藏的政治與權力》，（台北）台灣商務印書館，二〇二二年，頁二七－二八、頁二二八－二二九。

高科技巨頭比此前的任何私人企業都擁有更大的左右政治的力量。研究人員艾普斯坦（Robert Epstein）和羅伯森（Ronald E. Robertson）邀請美國和印度一些未決定投票的選民使用某個搜尋引擎來瞭解即將舉行的選舉。他們使用的搜尋引擎會扭曲搜索結果，明顯偏袒某個政黨。兩位研究人員表示，結果顯示，大約百分之二十的人因此改變投票傾向。

史丹福大學的科學家麥克·科辛斯基（Michal Kosinski）建立了一套機器學習系統，宣稱可以用臉部辨識技術看出一個人的政治傾向。儘管這位科學家解釋說，「我們並不是在創造侵犯隱私的工具，而是提醒人們這種基本而被廣泛使用的方法很可能構成嚴重的隱私威脅」——但這種解釋是此地無銀三百兩。這是極權主義者最渴望得到的研究成果，如果希特勒、史達林和毛澤東們掌握這種技術，他們不必通過一系列辨別程式就能輕易鎖定政治異見人士，將他們送進集中營——只需要幾個科學家用開源軟體和中等規模的人臉數據庫（對政府來說這是微不足道的小事，而且他們不太可能沒有建立這類數據庫），就能在全世界任何地方因任何目的，執行政治身分的區分，這令人不寒而慄。[16]

有識之士指出，巨量資料（大數據）取消了人之為人的重要特質——自主做決定並且負責的能力。這樣一來，巨量資料就成了將人的選擇集體化、叫人放棄自由意志的工具，變成「去人性化」的武器。它抹煞所有個人良知抉擇和自由意志，人類的倫理道德都被預測未來的演算法取代。如果這一切成真，巨量資料就有可能將人類禁錮在概率的牢籠中，甚至真的讓人類鋃鐺入獄。未來的社會，將不是人控制資料，而是資料控制人。[17]

監控資本主義以三種驚人的方式偏離市場資本主義的走向。首先，監控資本主義堅持同時擁有不受限制的自由與知識；其次，監控資本主義拋棄與人由來已久的自然互惠關係；最後，蜂巢中的生活流露出集體主義的社會願景，其維持基礎是極度冷漠及「大他者」的物質表達。

狂飆的第七波科技浪潮，將所有人都席捲其中：生物科技、醫學科技、新材料、人工智慧，讓人目不暇接。比如，蘋果公司即將推出的智慧眼鏡，讓人類離「賽柏格」（cyborgcybernetic 和 organism 的結合詞，又稱電子人、生化人、機械化人）更近了一步。

那麼，不服從者和反抗者會有這樣的下場？科技「老大哥」的懲罰冷酷無情。連世界上權勢最大的人物、還在任上的美國總統川普都被社群媒體所霸凌。川普及其支持者在臉書上質疑大選舞弊的貼文全都被標注上「假消息」的警告語，後來還發展到只要是川普發出的任何貼文都會被加注，他人轉發時，這個注釋如牛皮癬般如影隨形。川普總統在國殤日發表的悼念陣亡將士的文字，跟大選毫無關係，卻仍被加上「美國大選是公平透明的」之類的注釋。最後，乾脆就是封鎖帳戶。狂妄、專橫的科技巨頭，跟「和尚打傘，無法無天」的毛澤東相差無幾。

科技巨頭試圖在幕後決定總統人選，決定白宮策政策，決定國會立法，決定最高法院的判例。就連最樂觀的學者也承認，變局可能相當危險，科技的力量更可能遭到濫用。「巨科

16 〈史丹福大學科學家宣稱可以用臉部辨識技術看出你的政治傾向〉，見台灣「影樂書」網站，https://www.mplus.com.tw/article/3653?fbclid=IwAR3C-9jLFk0BOIPAD8Ufzpop6VNyWmliRQFr9zxFMQcseo7D3YoP6cNjnhE。

17 麥爾荀伯格（Viktor Mayer-Schonberger）、庫基耶（Kenneth Cukier）：《大數據》，（台北）天下文化，二〇一三年，頁二二六—二二八。

技（megatech）也有可能變成負科技（negatech）。」[18]左翼掌控的社群媒體日益淪為垃圾場。英國歷史學家尼爾・弗格森與妻子阿雅恩・赫爾西・阿里（Ayaan Hirsi Ali）因為發表批評伊斯蘭的言論，在推特上受到死亡威脅。推特管理層對此熟視無睹。尼爾・弗格森嚴厲批判推特是「全世界共用的一堵特大的小便牆」，「在推特的泥濘上被拖行的經驗是很令人反感的」，他甚至預言推特在二〇二〇年就會倒閉。然而，二〇二〇年已經過去，推特欣欣向榮，好勇鬥狠乃是人們在線上生存的最佳方式。[19]

據小型獨立社群媒體Gab創始人安德魯・托巴所說，科技巨頭的下一個目標是奴役人類。實際上，人們已在一定程度上被奴役。科技巨頭透過各種設備，通過人們在手機上發表的資訊、數據及私人通訊來進行奴役，將所有人都變成「數位農奴」。大科技公司的頭目認為，自己像神靈一樣強大：「臉書的祖克伯格認為，他比我們其他人更優越，他有能力決定我們可以談論什麼，誰在網路上有發言權，我們可以分享什麼連結。」

如同電影《國民公敵》（*The Public Enemy*）中的離奇情節，自從離開矽谷並推出Gab以來，托巴因捍衛《第一修正案》所保護的言論自由、拒絕接受科技巨頭的審查，付出巨大代價。他被大科技公司、主流媒體、學者、政府官員、國會議員、外國政府和政治機構肆意攻擊、無情抹黑，在現實生活中遭遇跟蹤和電話威脅。他個人和他的公司多年來被二十五家網路服務供應商禁止使用平台，包括App商店、多個支付處理器和託管提供商。多年來，托巴被禁止進入網路銀行、加密貨幣交易所和推特，家人也被VISA列入黑名單。[20]

托巴和無數被科技巨頭剝奪言論自由的民眾的遭遇顯示，是審視科技巨頭對民主的傷害的時候了。吳修銘指出：「英國的《大憲章》、美國的《憲法》，以及世界各地民主國家的基本法律，都是依據『權力應當受到限制』的思想而創造的：權力應該分布、分散、控制，以及平衡，沒有人或機構應該享有無須負責的影響力。然而，這個願景始終存在著大漏洞。過去的法律是作為對政府專制的反應，卻沒有考慮到可能出現一種集中的私人權力，這種權力可能會與大眾為敵，商人的影響力可能會超越政府官員。」在美國等西方國家，科技巨頭的權勢已然超過傳統的國家和政府，對言論自由的主要威脅不再是來自政府，而是來自科技巨頭。

監控資本主義的發展之所以危險，是因為人們不能將其轉化為已知的傷害來理解，像是獨占、侵占隱私等，因此無法將其視為已知的敵人來對付。人們所面臨的全新傷害，對個人的神聖與尊嚴提出各種挑戰。其中最受威脅的包含展現個人主權的基本權利。這些權利都是對個人主體與個體自治的主張，更是自由意志與民主秩序的重要前提。

由於監控資本主義的操作，如今社會上出現知識與權力極端不平等的現象，使上述基本權利遭到剝奪。人們的生活被單方面分解成數據並遭到侵占，重新轉化為新的社會控制形

18 丹尼爾・富蘭克林（Daniel Franklin）等：《巨科技：解碼未來三十年的科技社會大趨勢》，（台北）天下文化，二〇一八年，頁二二一。

19 丹尼爾・德雷茲納（Daniel W. Drezner）：《話語權的世紀角力：從TED、論壇到智庫，公共知識分子及意見領袖對「思想產業」的理念拉鋸與道德考驗》，（台北）麥田出版，二〇二〇年，頁二九二—二九三。

20 〈Gab創始人：科技巨頭的下一個目標是奴役人類〉，「對觀點」網站，https://rightpoint.site/news-gab-210224/?fbclid=IwAR3VgEAjW7_s6eF8jUfz3nCLkqkTCwujaTN6EqKTFu9YnRJv8RZqv67UBMM。

態。在渾然不覺、未採取抵抗手段的情況下，公民的權利就遭到剝削，用來滿足科技公司的利益與私欲。我的親身經歷之一就是：剛剛去家得寶買了一雙幹活戴的手套，五分鐘後臉書上就出現十多則各種手套的廣告——臉書怎麼知道我信用卡刷卡買手套？臉書有權如此不由分說地向我灌輸廣告嗎？我有一種被窺視和監控的感覺，真是細思極恐。

科技巨頭的隱秘甚至略帶甜蜜的暴政，不亞於納粹和共產主義。在科技巨頭打造的如同電視劇《西部世界》中的「樂園」之中，奴隸以為自己是主人：

機器控制力量崛起，意欲發動一場不流血的政變。與其向我們的身體採取暴力，機器控制的第三現代性操作更像是「馴化」行動。……我們之中有些是主詞，但更多是受詞；有些是刺激者，而更多是反應者。他們試圖摧毀人類歷經千辛萬苦所形成的民主前程與個人自主道德判斷的成果，對人們進行存在主義的催眠。[21]

美國憲法第一條修正案是在一七九一年通過的。在那個時代，主要媒體是報紙，一份報紙的銷量不過幾千份、幾萬份。開國先賢無法想像，在兩百多年後的今天，會有臉書跟推特這樣擁有數十億使用者的網路媒體怪獸。當這些怪獸決定要刪除某些言論時，等於限制了人民甚至政府的言論自由。憲法第一條修正案所代表的、傳統的言論自由保障原則（主要是防範政府剝奪民眾的言論自由），早已不合時宜。那麼，美國有可能通過新的修正案來制約臉書等科技巨頭的專制行經嗎？很難。在立法領域的抗爭任重道遠——通過一項立法乃至憲法修正案，需要極為艱巨和漫長的努力，既得利益集團及其遊說團體的力量超乎普通人的想像。

科技巨頭們幫助民主黨完成了美國歷史上前所未有的一場選舉舞弊——他們知道自己在舞弊，人人都知道他們在舞弊，可這一切施施然地發生了。

科技的敗壞始於人性的敗壞。當科技巨頭們瘋狂封殺質疑的言論時，美國憲法保障的言論自由即將死亡。

然而，悲觀不是保守派的品質，戰鬥才是保守派的本能，正如蓬佩奧在全美保守派行動大會上所說：「噤聲言論是危險的，也不該是美國人所為。悲哀的是，這已經是美國左派的慣用伎倆。他們多年來就是讓反對者噤聲，我們是不能被左派噤聲的七千五百萬美國人（投票給川普的選民），這裡不是中共統治！」

最後的鬥爭，並不是人與科技的鬥爭，而是自由人與奴隸主的鬥爭。如果不是自己放棄自由與人權，自由和人權就不會被科技巨頭們奪走。如果每一個民主世界的公民都如同當年來到美洲新大陸的清教徒先民那樣，具備堅韌不拔的捍衛自由與人權的勇氣和信念，擁有技術和金錢的科技巨頭們就不能永遠為所欲為。

21 肖莎娜．祖博夫：《監控資本主義》（下），頁八〇二。

第十一章

教會：

失落的權柄、被左派拾起

教堂必須永遠建造，因為它永遠從內部朽壞著，從外部遭受著攻擊；因為這就是生活的法律。你們必須記住：繁榮興旺的時代，人們會忽視聖殿；多災多難的時代，他們又會詆毀它。

——T·S·艾略特

FSP Freedom Socialist Party

1960 年代以來的美國新左派組織（11）：

自由社會黨（Freedom Socialist Party）

成立於 1966 年，是美國的一個托洛茨基主義左派政黨，主張將女性、有色人種和其他少數群體（如同性戀者）的解放視為工人階級鬥爭的內在因素，並對這些特別受壓迫的社會階層提供革命性的領導。女性在該黨的領導階層中占主導地位。除了參與各式抗議活動，也積極參加政治選舉，至今仍然活躍。

楔子

二〇二一年六月，美南浸信會（SBC）在田納西州納什維爾市舉行大會，選舉新一任主席。這是這個擁有一千四百萬信徒的美國最大的新教宗派，在過去二十五年來參與人數最多（一萬五千人）、對立最為嚴重、競爭最為激烈的一次大會。

美南浸信會倫理與宗教自由委員會前副主席丹尼爾·達林（Daniel Darling）評論說：「困擾美南浸信會的問題和困擾福音派運動的問題是一樣的，在某種程度上，也困擾了美國文化。……美南浸信會因為是最大的新教教派而成為頭條新聞，但這些對話和爭鬥正在美國人生活的每一個機構中進行。」在會議上，爭論焦點是二〇一九年通過的一項決議，該決議涉及「批判性種族理論」和「交叉性理論」，稱這些作為馬克思主義變種的思想學派可以「作為《聖經》的分析工具」。

一年多以前，為了對抗「批判性種族理論」在教會內部的蔓延，美南浸信會的保守派成立了「保守派浸信會網絡」。其支持者們戴著寫有「阻止批判性種族理論（CRT）」和「擊敗拜登浸信會」的貼紙與會。他們認為，「批判性種族理論」扭曲了《聖經》對這一主題的教導，是異端邪說。他們推出的候選人麥克·史東（Mike Stone）一直抨擊「批評性種族理論」，他聲稱這種理論已進入美南浸禮會神學院和教堂。

支持麥克·史東的牧師麥克·威爾特（Michael Wilhite）指出：「批判性種族理論與福音正好相反。在批判性種族理論下，沒有希望。如果你是白人，你就會因為『白人至上』而自動成為種族主義者。但福音帶來了希望。我不需要批判性種族理論來診斷人類出了什麼問題。我有《聖經》，它在這方面做得很好。」

「批判性種族理論」的主要批評者、黑人學者和作家卡羅爾．斯溫（Carol Swain）對美南浸信會向左漂移和所謂「清醒」（woke）神學發出警告：「我們才是真正覺醒的人。說到為種族主義道歉，我已經記不清美南浸信會教徒道歉過多少次，我認為現在是讓某人接受這些道歉的時候了。」

幫助創建PayPal的資深科技企業家羅德．馬丁（Rod Martin，他是高科技巨頭中屈指可數的保守派）到會鼓勵保守派的抗爭：「我們的戰鬥不會停止！」

然而，最終支持「批判性種族理論」的左派牧師艾德．利頓（Ed Litton）以微弱優勢勝選，他的當選被視為美南浸信會未來走向的一個信號——這個長期支持共和黨、更支持川普的新教宗派將不可遏制地走向左傾。將馬克思主義倡導的階級鬥爭轉化為種族鬥爭的「種族批判理論」對新教教派和美國社會的侵蝕，如同「解放神學」對天主教和天主教國家的侵蝕，牽一髮而動全身。

艾德．利頓被左派包裝成福音合一、種族和解、和平及改革的倡導者，他認為教會跟共和黨走太近，有疏離那些原本可以爭取入會的信眾之虞，如年輕人及有色族裔，美南浸信會要吸引他們才能再次成長。他建議總會需要謙遜地聽取教會內部不同立場人士的意見，卻又嚴厲批評「保守派浸信會網絡」說：「老實說，我不明白他們為什麼存在。」企圖消滅對方的意願溢於言表。

美南浸信會在過去十多年間流失了兩百萬信徒，向左轉不是拯救其衰敗的錦囊妙計，而是放棄真理、自取滅亡的最壞選擇。當馬克思主義取代《聖經》成為最高信條，教會還是教會嗎？今日教會的光景，恰如思想家彼得·德魯克（Peter F. Drucker）所說：

教會力圖為新社會提供基礎而落得一敗塗地的原因，顯然不是傳教士常哀歎的——我們這年代有「不信神的風氣」。……基督教和教會無法以宗教的立場提供社會性的解決方案。今天，基督教能做的，只是為個人提供一個隱蔽的避風港、庇護所。它無法帶來新的社會、新的社群。……基督教無法重塑社會，不能使社會和社群生活變得合理。[1]

百年左禍，掀起驚濤駭浪，馬列主義的幽靈，吞噬無數的靈魂。對此負有最大責任的，不是政府和政黨、不是國會和法院、不是大學和媒體，而是教會。

清教徒開拓家園的時代俱往矣，但清教秩序不能被拋棄。一旦清教秩序瓦解，美國離亡國就是指顧之間。守護清教秩序的最後一道防線是教會，如今，教會有沒有承擔起這一偉大使命？

美國的自由價值，來自拓荒時代的清教徒精神

《聖經》中說，「敬畏耶和華是智慧的開端」，上帝也將「治理全地」的使命賦予人類。

1 彼得·德魯克（Peter F. Drucker）：《經紀人的末日：極權主義的起源》，（上海）上海譯文出版社，二〇一五年，頁五一。

理所當然，教會應當處於人類智識活動和政治經濟活動的中心。教會本應是真理的柱石和根基，是人間最美好的生命共同體。

在美國，《聖經》及教會是美國憲法、憲政和觀念秩序的源頭。在還沒有美國的時候，教會承擔了政府的角色，是公共生活的塑造者。然而，到了今天，很多教會將這些尊貴的身分、職責和使命拋棄了，竭力討好各種世俗的價值倫理，淪為公司與行號、沙龍與俱樂部、心理診所與音樂會、權力場與宴會廳，乃至來來去去的都是「賣牛、羊、鴿子的和坐在錢莊上兌換銀錢的人」。

在宗教改革時代，宗教信仰與學術、文化、教育、政治、經濟密不可分，那是一個基督徒「治理全地」的、完整的「天父世界」。以馬丁·路德和約翰·喀爾文為代表的宗教改革的巨人們，既是牧師和改教家，也是大學教授、學者、政治評論家、人文知識分子。他們翻譯和闡釋《聖經》，豐富和完善歐洲的民族語言，帶來前所未有的信仰自由、思想自由和言論自由。他們研讀那個時代最優秀的學術作品，他們寫作的神學論文和小冊子成為廣為流傳的超級暢銷書，從國王、大臣到一流的學者，無不仔細閱讀領受。他們還是卓越的立法者和行政管理者，他們的影響力不局限於教會之內，他們塑造了他們所居住的城市和邦國的體制和氣質。

路德和喀爾文與跟他們差不多同時代的文化和學術巨匠——拉伯雷、蒙田、彌爾頓、莎士比亞、伊拉斯謨、帕斯卡、塞萬提斯、法蘭西斯·培根們——並不處於截然隔絕的兩個世界（屬靈的世界和屬世的世界），而是密切互動、彼此致意，共同為晚近五百年來人類的精神生活及物質文明打下了根基。

在清教徒的全盛時期和美洲殖民地的肇始時期亦是如此。教會是家庭和國家之間最重要的社會組織，它的重要性略低於家庭，卻高於國家（那時還沒有國家，教會承擔了大半個政府的功能）。教會是這個「自願社會」的核心，是公共生活和精神生活的焦點。以麻薩諸塞而論，多數居民加入殖民地是出於信仰的目的，擁有財產的家庭大多數都是教會成員，這是新英格蘭移民的一個關鍵事實。殖民地的宗教目的並不像一些左派歷史學家認為的那樣，僅僅是「新教寡頭」的事情，也不像唯物主義者主張的那樣，灣區殖民地的創建者是來「捕魚」的，雖然經濟利益的驅動始終存在。有趣的是，更多受經濟利益驅動、教會扮演次要角色的維吉尼亞詹姆士城殖民地很快衰亡了，而更多受信仰自由驅動、教會始終是支配力量的普利茅斯及麻薩諸塞殖民地在一代人時間裡就成為美洲新大陸最繁榮富庶的地區。

美國歷史學家費舍爾在考察早期馬薩諸塞清教徒居民的學習倫理時發現，馬薩諸塞的奠基者酷愛讀書，他們的信仰完全建立在《聖經》的基礎上。約翰·科頓（John Cotton）寫道：「上帝的講稿裡包括著一個簡短的計畫，不僅涉及神學，還有其他神秘的科學……倫理、經濟、政治、教會管理、預言和學術等。」按照十七世紀的標準，馬薩諸塞灣區大部分成年人都有讀寫能力。一六四七年，馬薩諸塞出台了一部名為《老騙子撒旦法》的法律，其前言指出：「老騙子撒旦的一個主要陰謀是阻止人類獲得對經文的只是，之前是不讓他們學習語言，之後是不讓他們使用語言。」因此，該法律規定，五十個家庭以上的城鎮必須設一個校長，一百個家庭以上的城鎮必須有一個語法學校，提供拉丁文和希臘文的課程。[2]

2 大衛·哈克特·費舍爾（David Hackett Fischer）：《阿爾比恩的種子：美國文化的源與流》，（桂林）廣西師範大學出版社，二〇一八年，頁一八二－一八四。

喀爾文在日內瓦重新恢復日內瓦大學，專門培養新教領袖。這所大學注重研究古代思想並且使用希臘古典學者的著作來教授語法、修辭、邏輯和歷史。此一大學模式對美國產生了直接影響。移居美洲的清教徒們意識到，必須將自己對《聖經》權威的訴求建立在最堅實的學術研究的基礎上，如此才能確定《聖經》的真實含義。所以，他們在新大陸的生活剛有餘裕，就傾其所有創立學校。一位權威人士描述哈佛學院的最初傳統是：「人文科教育和神學教育之間沒有區別，它們都有兩個源頭，首先是喀爾文主義，其次是亞理斯多德。」在更為寬泛的意義上，喀爾文助長了廣義的奧古斯丁主義原則對於高等教育的重要性——一切善的東西都歸於上帝，知識也是如此，這樣就有力地遏制了反智主義的蔓延。[3]

清教徒在新英格蘭地區積極推動高等教育，在美國獨立戰爭之前，他們已經建立了四所大學——相對於其他所有大陸殖民地的總和。這些教育機構靠無數基督徒家庭的捐助來維持，成千上萬的家庭捐出「給大學的穀物」，並在此過程中與大學建立起密切關係。由此，新英格蘭地區的智識成就是美洲英語區中最高的，甚至比母國還要高。

美洲殖民地的教育家們謙卑地自稱為依附於博大精深的大不列顛思想界的「鄉下人」。到了十八世紀，他們所實行的教育模式仍主要來自蘇格蘭。蘇格蘭的啟蒙主義跟歐陸更為離經叛道的啟蒙主義迥異，它紮根於新教教義，而且是在大學裡進行的。蘇格蘭的大學處於長老教會溫和派的控制之下，而後者將長老會的學術熱情與一種通過最新的文化和科學思潮來展示基督教的相容性的決心聯繫在一起。他們的聲望在事實上注定了他們將為新生的美國學院制定準則。在十八世紀後半葉（美國建國前後），長老會在美國建立了六十五所學校。長老會教育體系的規模是如此之大，以至於後人可以毫不誇張地說：除了新英格蘭之外，十八世紀美國的教育家大都是蘇格蘭人。

在政治意義上，在美國建立之初的一百年間，致力於大學教育的是那些具有文化理想的「良心派輝格黨人」——他們的政治團體後來在共和黨中扮演著重要角色。他們不僅繼承了清教徒傳統，也繼承了現代文明締造者的傳統。

清教的影響早已深植於美國文明的基因，在每一個社會危機時刻，美國人總是會回溯到清教主義。在美國，一方面是在競爭性環境中形成「宗教市場」，那些最嚴肅地對待自己的信念和最傾力傳教的宗教團體最有活力，「復興是美國生活中一個連續不斷的事實」。另一方面，美國一直認為自己是個「救世主的國家」，是上帝選民組成的「新以色列」（這也是美國在外交上支持以色列的根本原因）。十九世紀有位名叫萊曼·比徹（Lyman Beecher）的牧師說過：「受到我們這個榜樣的激勵，一個接著一個的國家將會追尋我們的足跡，直到全世界都獲得自由。」什麼時候美國背離了清教主義，就陷入失序和混亂；什麼時候美國回歸清教主義，就能再度偉大和強盛。

美國左翼歷史學家理查·霍夫施塔特將基督教列為美國反智傳統的來源之一——他沒有像費舍爾（David Hackett Fischer）那樣詳細考察美國建國前後一兩百年間教會在智識活動和知識生產方面的巨大努力和傑出貢獻。教會走向反智主義知識晚近一百多年來的趨勢。即便如此，霍夫施塔特仍然承認，美國早在其建立之初就形成了一個信仰上的「自由競爭市場」，最後演變成「改革宗各分支並存」。這種「改革宗各分支並存」的實質是：教會從此被視為

3 喬治·M·馬斯登：《美國大學之魂》，頁三七。

「自願性組織」。[4]正是這種競爭和自願的性質，使得美國教會避免了歐洲中世紀天主教會一統天下的蒙昧主義。

對教會頗不友善的霍夫施塔特引用米德（Sidney E. Mead）的論點指出：自從一八〇〇年以後，「美國就面臨了一個困難的抉擇：是要選擇根據知識界的標準來完全理性的生活，還是要根據教會的要求盡可能提升宗教情懷？」其實，這是一個偽問題。基督信仰並不反理性，基督信仰是最高的理性。反之，敵基督的理性並非真正的理性，而是反理性。

教會為何自我切割，走向反智和非政治化？

美國的基督教傳統中確有反智主義一脈，即大覺醒運動中的振奮派，以及後來的極端靈恩主義和成功神學，其等而下之者，已然淪為民間巫術迷信。

自從清教徒移居美洲大陸以來，新大陸經歷了三次基督教「大覺醒」。第一次大覺醒運動發生在十八世紀中葉，通過牧師們的「曠野布道」，使得殖民地居民淡漠的信仰被點燃，重新生發了「山巔之城」的信心。信仰的復興也成為美國獨立戰爭的精神基礎。

第二次大覺醒運動發生在十九世紀前三十年。這次大覺醒中，美國具有「昭昭天命」（Manifest Destiny）的觀念得到廣泛傳播，美國人產生了強烈的「選民意識」——美國人取代猶太人成為新時代的「選民」，此種觀念成為美國人開發西部的精神動力。

第三次大覺醒運動發生在十九、二十世紀之交，與「進步主義」的思潮對抗或呼應，由此產生「社會福音」的觀念，對社會改造的看重超過了對福音真理的追求，並引導信徒讚同政府的積極干預政策。

然而，由於缺乏缺乏整全性的基督教觀念秩序，缺乏嚴謹、系統的教義（教義淪為「支離破碎的光譜」），訴諸於群體性的情感波動的大覺醒運動，表面上看帶來教會和信徒人數的大幅增長，但這種增長很快就後繼乏力。

長期以來，在美國，基督信仰被窄化為私人化、內在化的諾斯底主義（Gnosticism，也就是沃格林所說的靈知主義），教會成為逃避一切的私人會所，正如新約學者賴特（N. T. Wright）所說，人們一旦抓住一個經過扭曲、過分強調「為我」的福音，抓住「上帝恩待我」的觀念，便不會在乎「耶穌是否穩固紮實地植根於歷史」。這種態度是如此的諾斯底，致使基督徒只關注於個人內在的平衡，與周遭世界沒有緊密的聯繫。他們忘記了，耶穌基督的福音是關於拯救世界、關於拯救一切歎息勞苦的受造物的，而不是僅僅關於拯救一個個孤立的個體。基督教評論家洛尼．克拉普（Rodney Clapp）形容說：「我們與上帝的關係被陶塑成醫生與病人的關係——在現代自由西方世界，信仰變成了在醫生診所中的私事。」[5]很多人確實將教會當做心理醫生的診所——給教會的奉獻款比給心理醫生的診費少多了。

正是這種「跟著感覺走」的、民間宗教化的基督信仰，使得基督徒和教會同步陷入無能

4 理查．霍夫施塔特（Richard Hofstadter）：《美國的反智傳統》，（台北）八旗文化，二〇一八年，頁一二二。

5 洛尼．克拉普（Rodney Clapp）：《非凡的凡民：教會在後基督教世界中的文化身分》，（香港）香港基督徒學生團契，二〇一〇年，頁三二一。

為力的狀態，正如神學家尼古拉斯・拉希（Nicholas Lash）所說：「政治上的犬儒顯示了，我們感到自己實質上很無能，而關於目的和手段、關於價值和美德的共同語言都崩潰了，由此可以清楚看到我們的想像力是多麼貧乏……我們因恐懼和意識到的無能而變得麻木，退入各種私人的和道德的個人主義、私人感受和個人經驗的地方。」學者特雷文・瓦克斯（Trevin Wax）指出，宗教被歸入個人隱私和喜好的範疇，是要遠離公共場所的東西。「當宗教被『私有化』時，『什麼是好』的性質就會發生變化。我們不再有一些『外在』的標準，不再有一個我們共同努力追求的美好生活願景，不再有一些我們努力想要共同實現的東西，也不再有一個我們為了成為完整又光榮的人類而需要努力的共同目標。相反，我們用任何帶來益處的東西來重新定義『好』，實用主義滲透其中，消費主義殖民了信仰。」

當教會放棄文化使命，乃至將文化視為信仰的敵人，教會必然站在文化菁英的對立面。教會自身卻無法培養出有能力在公共領域為信仰辯護的一流知識分子來。法蘭西斯・薛華(Francis August Schaeffer)、C・S・路易斯（C. S. Lewis）、托爾金大概是最後一代有能力與世俗知識界對話並且得到世俗知識界尊重的基督徒知識分子，他們代表教會挺身捍衛基督教價值，他們的聲音卻如廣陵絕響、後繼無人。此後半個多世紀，不以福音為恥的勇士在哪裡呢？教會從教育和媒體中匆匆撤退，孤芳自賞。教會將外面的世界看做洪水猛獸，有牧師教導說，除了《聖經》之外，不要讀其他書——《聖經》是上帝的話語，絕對無謬；其他書是人寫的，人寫的就有錯誤，因此不必閱讀。這是一套看似自洽的邏輯。教會習慣了使用一套自我保護的「次文化」術語和「行話」，在一個厚厚的同溫層中享受歲月靜好。

但外面的世界已沸騰。教會殘存的動員能力，勉強在反墮胎和反同性婚姻等單一議題上發聲，卻無法就更廣泛的社會政治議題做出符合《聖經》原則的精準判斷、進而發揮決定性的影響力。當教會在這些少數的議題上發聲時，掌握公共領域話語權的文化菁英將教會的動員扣上「偏見動員論」的帽子。信義會神學家和政治理論家理查・約翰・紐豪斯（Richard John Neuhaus）發現，在過去幾十年中，美國的政治話語發生了深刻變化。這一變化就是在公共生活中排斥宗教或以宗教為本的價值觀，他把這種狀況稱之為「空蕩蕩的公共廣場」。此種情況的發生，不單單是人們確實變得更加世俗而不去教堂，或喪失宗教信仰，更是法律界、政界、教育界、新聞界的菁英們動員世俗偏見所致。他們認為宗教語言不適合公共話語，宗教價值與現實政治和公共教育無關，而宗教實踐則純粹是個人的事。然而，如果文化菁英肆意剝奪宗教價值觀在公共話語中的合法性，或使其在學校被認為有害，那麼這個代表大多數信教人民的美國政治制度就不能自稱具有真正的代表性。[6]

逆水行舟，不進則退。教會退守教堂，卻發現建築意義上的教堂並不能為信徒遮風擋雨。當教會示弱時，敵人就如同吼叫的獅子和兇殘的鯊魚一般猛撲上來。二十世紀下半葉以來，政府當局，特別是法院（尤其是最高法院）竭盡所能地削弱宗教在國家事務和公共事務中（尤其是年輕人的教育上）所扮演的角色。這明顯背離了宗教信仰在美國人的生活中占據重要地位的歷史觀。

左派唯一引以為敵手的是基督信仰及其鑄造的完整而系統的觀念秩序。因此，左派處處

---

6 艾倫・D・赫茨克（Allen D. Hertzke）：《在華盛頓代表上帝：宗教遊說在美國政體中的作用》，（上海）上海人民出版社，二〇〇三年，頁一二。

以教會和基督教文明為敵，美國從一個建立在基督教文明的根基上的國家，逐漸轉變為敵基督的國家：最高法院禁止信徒在公立學校祈禱，政府機關拆除基督教的標誌，政府對牧師在講台上的言論設置重重限制，聯邦政府的教育資助將基督教學校排除在外，連「聖誕快樂」也被改稱「節日快樂」……左派一路高歌猛進，教會卻則節節敗退、潰不成軍。

十九世紀中葉，在美國旅行和考察的法國思想家托克維爾比大多數美國人更清楚地看到基督教是美國制度和美國精神的磐石，在美國「宗教對於維護自由的制度來說是不可或缺的」。然而，今天的美國正變得愈來愈像世俗化的歐洲，將宗教實踐和宗教熱情視為對自由的威脅，而非對自由的支撐。美國歷史上頭一次出現這種普遍傾向（尤其是在城市知識分子當中）：將宗教人士視為自由和民主選擇的敵人，甚至用「原教旨主義者」的定義將虔誠的信徒們妖魔化。在這些敵視基督教的人士看來，美國憲法所保障的宗教信仰自由，當然包括無神論者的信仰自由、穆斯林和佛教徒以及巫師的信仰自由，偏偏不包括基督徒的信仰自由。極端世俗化的司法部門和學術機構致力於將基督教（即便只是符號性的）趕出公共部門，讓基督徒在所有的公共議題上閉嘴。歷史學家保羅．約翰遜發現，這是一種全新的，也是一種潛在的危險，「它是一股製造分裂的力量，是對道德和宗教一致性（它是美國的民主統一和力量的核心部分）」的挑戰。[7]教會必須直面此一嚴峻挑戰。

教會愈是向世俗化低頭，就愈是走向衰敗

與百年左禍平行的，是陷入世俗化與衰敗之惡性循環的教會——教會試圖通過對各種所

謂進步思潮的妥協、融合與吸納，讓自己「與時俱進」，在這場前所未有的世俗化潮流中倖存下來；然而，教會卻驚恐地發現，接受世俗化即意味著走向進一步的衰敗。教會不是被外面的馬克思主義、無神論、唯物論和世俗化打敗的，教會是自我淪喪、不戰而降，甚至先於社會分崩離析、汙穢不堪。

一戰前後，進步主義響徹雲霄，教會內部產生了「社會福音」思潮。倡導「社會福音」的人士，大都受到達爾文主義影響，他們認為人類的歷史是向上進步的，可以通過社會運動在地上建立天國。

一九〇八年，美國「教會聯合諮詢會」出版了一本《教會的社會綱領》，它引發了一系列宗派對社會和政治事務公開宣言。這些聲明幾乎毫無例外地反映了社會主義的世界觀，對政府解決問題的力量抱持強烈信心。它們認為外部環境在人類行為中扮演最重要的角色，傾向於結構上的改革——改革法律、政府政策、正式和非正式的社會結構。

其次，此類「社會福音」根深蒂固於自由派神學（左派神學）。饒中布士（Walter Rauschenbusch）是「社會福音」思想的集大成者。從他的三卷本的巨著中可以發現，他偏離了歷史的正統信仰，包括「原罪」的教義。他將上帝的國定義為「將群眾從政治和經濟的壓迫中解放出來」，這是典型的用基督教語言包裹的馬克思主義。他們反對自由市場制度，反對資本主義，認為罪惡是貧窮造成的，只要消滅貧窮，就能除掉社會上所有罪惡。[8]

7 保羅．約翰遜：《美國人的歷史》，頁二二九－二三〇。
8 戴德理：《延遲的盼望：基督教與美國文化之探討》，頁一八九－一九〇。

另一方面，也出現了一種擁抱商業和消費主義的「偽福音」——它是自由派神學思想的另一面。一九二五年，「商業福音」明顯地取代了傳統的宗教。著名廣告人布魯斯．巴頓（Bruce Barton）發表暢銷書《無人知曉的人》，用現代方式重述耶穌的故事。在書中，耶穌被寫成企業總裁的典範，「他從生意場最底層選擇了十二人，讓他們成立一個征服世界的組織」。他認為，「耶穌的寓言，是有史以來最有力的廣告」。[9]

進步主義思潮如此強大，教會喪失了與之對抗的勇氣和論述能力，轉而熱情擁抱之。教會使自己自由化，也在某種程度上世俗化。傳統的美國新教教會，即所謂的「七姊妹」——浸信會、門徒會、聖公會、信義會、長老會、聯合基督教會和聯合衛理公會——在整個二十世紀都在顯著衰落，儘管絕大多數總統及國會議員都出自這些新教教派。據一項研究計算，三十年來，衛理公會每一個禮拜就減少一千名會員，二十世紀下半葉，作為整體的「七姊妹」教會，其成員減少了將近三分之一。

這些衰微中的新教教派，猶如家中的房子已經破敗，再沒有人居住；但你不能就此將房子賣掉，因為那畢竟是你成長的地方。這類基督徒唯有繼續裝腔作勢，像官僚或行政人員那樣，偶爾主持一下婚禮和喪禮，這類場合如果能加一點宗教氣氛，相信會較為討好的。洛尼．克拉普將這種「面臨瀕死的基督教世界的回應」稱之為「傷感地投降」。這種態度承認，在這個民主、資本主義的現代（或後現代）世界，教會並不能提供什麼獨特的東西。

這些新教宗派衰落的主要原因是喪失了其特徵和原則，或者乾脆是沒有任何特徵和原則。在一九九四年的美國聖公會大會之後（這次大會以一場關於同性戀者是否有權利成為神職人員的激烈爭論為標誌），一位官方觀察家評論道：「聖公會是一個正在自由下降的宗教團體。我們沒什麼要堅守的東西，沒有什麼信仰要分享，沒有共同的擔當，沒有底線。關於一個聖公會教徒應該是什麼，或者應該信什麼，也沒有一個被普遍接受的定義。」聖公會主教斯龐（John Shelby Spong）坦言：「真正嘗試與這新興世界交往的教會，主要都是人數每天都在下降的自由派新教主流教會……幾乎可將其定義為模糊、不明確和吸引力較少的一群。他們可能聲稱自己誠實，但在很大程度上，他們其實沒有真正的資訊。」

教會向世俗低頭，始於神學向哲學下跪——神學甘願成為哲學的一個微不足道的分支。二十世紀下半葉最有影響力的兩位美國神學家——萊茵霍爾德·尼布爾（Reinhold Niebuhr）和保羅·田立克（Paul Tillich）——都深受德國哲學傳統影響，聲稱反對自由派神學卻又無法擺脫馬克思主義，這一事實本身就凸顯了美國教會及神學的深刻危機。

萊茵霍爾德·尼布爾被普遍認為是二十世紀美國最具影響力的哲學家、神學家和布道家。他成長於日爾曼福音大會的背景中，早年在底特律汽車工人聚居的社區牧會，面對著勞動階級的苦難，面對著讓人失去人性的機器以及社會和經濟結構，他從自由主義（進步主義）轉向馬克思主義的批判理論。雖然沒有成為馬克思主義者，但他深信，馬克思關於資本主義的批判大部分是真的。後來，當蘇聯古拉格集中營的真相曝光，他反省自己，極力批評蘇聯，認為共產主義是烏托邦主義，承認法西斯主義和共產主義都不是取代以生病的資本主義的好方法。由此，他轉向神學倫理學，斷定人的生存的法則是對上帝與鄰人的無私的愛，將十字架解釋為象徵著與人的罪相關的上帝仁慈的愛。他也指出，在社會秩序中對正義的追求與保

9 艾倫·韋恩斯坦、大衛·盧布爾：《彩色美國史》（下），頁四七八。

持秩序、維護自由的要求處於張力之中，「人追求正義的能力使得民主成為可能，但人的不正義的傾向則使得民主成為必要」。[10]尼布爾早年是美國社會黨激進派的領導人之一，後來支持羅斯福新政，一直都是民主黨人。馬丁·路德·金恩深受其影響，歐巴馬將其奉為「最喜歡的哲學家」和「最喜歡的神學家」。

萊茵霍爾德·尼布爾的弟弟理查·尼布爾（Richard Niebuhr）同樣是一位神學家，相對而言，他對教會的批判更振聾發聵：他批評基督教放棄了其領導作用，聽任自己被「國家的和經濟生活的社會力量」所鑄造。當這種情況發生時，教會不能給世人什麼希望，教會失去了它先知的特性。他對所謂的溫和神學有一針見血的剖析：「一個沒有憤怒的上帝通過一個沒有十字架的基督的幫助，把沒有罪的人帶進一個沒有審判的王國」，但正是這種偽基督教抓住大部分美國人。[11]

田立克通常被視為德國和歐洲的神學家，但其主要學術成就是晚年在美國取得的——他因反對納粹而在萊茵霍爾德·尼布爾的幫助下逃離德國，任教於紐約協和神學院。當他的《系統神學》出版後，他意外地成為美國知識分子的超級明星，受聘於學術地位更高的哈佛大學和芝加哥大學，其影響力溢出教會界，可能是美國歷史中最廣為人知的學術神學家。

田立克在德國以社會主義立場著稱，同時，他對心理學、東方宗教和存在主義頗感興趣，自稱「文化神學家」。他深受存在主義影響，而存在主義是一種偏左的意識形態，他稱人類從事的證明人生具有價值的嘗試為「存在的勇氣」。他也指出，人不能沒有「終極關懷」，上帝是「一切存在的基礎」，基督教的資訊是「新的存在」。他一生著述超過五百部，所有著作均可視為同一神學進路的不同變調：成為當代文化與歷史基督教的仲介，顯示信仰應當被當代文化所接受，當代文化亦需要為信仰所接受。宗教與文化通常是單一的整體，構成「文化是宗教的形式，宗教是文化的實體」。[12]

然而，田立克晚年放棄了將自幼所信仰的新教視為「一切終極關懷中的最高境界者」的信念，主張各宗教之間對話，尤其是基督教神學家與佛教學者間的對話——因為他認為佛教學說的內涵並沒有在「終極關懷」的定義中輸給天啟的基督教或新教神學。在此意義上，他的信仰已然坍塌。

左派寄生教會，教會淪為宿主

教會的軟弱無力、腐敗不堪，就像一棟被白蟻蛀空的房子。於是，左派在各條戰線對教會發起一輪又一輪的進攻，一點點地蠶食教會的傳統領地，彼得·德魯克稱之為沒有硝煙的「新惡魔的入侵」。

在美國，共產主義者一般不敢公開表明身分，而以社會主義、社會公義、種族平等等名詞猶抱琵琶半遮面；左派通常不說自己是左派，而用自由派、進步派等美好名詞來塗脂抹

10 福特（David F. Ford）編：《現代神學家：二十世紀基督教神學導論》，（香港）道風書社，二〇〇五年，頁三〇三。
11 胡斯都·L·岡察雷斯（Justo L. González）：《基督教思想史》（第三卷），（南京）譯林出版社，二〇〇八年，頁四九三—四九五。
12 福特編：《現代神學家：二十世紀基督教神學導論》，頁九三—九四。

粉。廣義的福音派教會，由於缺乏廣闊而深刻的清教徒觀念秩序，在社會政治和道德倫理議題上的共識寥寥無幾——除了反對墮胎、反對同性婚姻合法化等，在其他諸多問題上吵吵嚷嚷、莫衷一是。他們中的很多人，連基本的左和右都分不清，或對左與右不作判斷，乃至認為這些議題與信仰的本質無關。他們以為「耶穌基督坐在上帝右邊」只是一個偶然選擇的位置——坐在左邊也未嘗不可。另一些人自以為聰明地站在中間，自詡為「中道」和「中庸」，將左派和右派同時歸入「激進主義」。結果，左派施施然地寄生教會，教會淪為左派的宿主。

一本書和一部紀錄片記載了當今教會被左派竊據的嚴重危機。

牧師、作家和電影製片人盧卡斯・邁爾斯（Lucas Miles）寫了一本名為《基督教左派：自由思想如何劫持了教會》的新書，通過對教會歷史、世界政治和流行文化的研究，揭露了馬克思主義者想要把基督教左派化的陰謀。他警告滲入教會的左派思想正危害基督的身體，希望通過這本書，裝備並鼓勵教會堅守《聖經》真理，將上帝的真理、正義和智慧當做抵抗左派意識形態的銅牆鐵壁。

在過去十年中，邁爾斯注意到這個「真的很有破壞性、與福音背道而馳的、肯定是異端」的問題正在西方教會中蔓延。「《紐約時報》所稱的『在上升的自由主義基督教』侵入教會。」左派意識形態起初是通過自稱是基督徒的政治家、牧師和教授之口出現在教會的講台上，人們用左傾的語言談論基督教，他們介紹的耶穌更像是一個偉大的社會召集人，而不是世界的救主。

邁爾斯住在一個有人支持民主黨、有人支援共和黨的郡，在他周圍有四、五個教會正在懸掛馬克思主義者的「黑命貴」旗幟或基督教社會主義標誌或彩虹旗，他們把這些旗幟掛得比十字架還高。批判性種族理論和解放神學等化妝的馬克思主義，在教會被刻意推動和傳播。左派非常善於「劫持術語」，並且以基督徒的身分滲入教會。左派慣常採用的一種方式是：宣揚「基督教普世主義」，認為所有的道路都通向基督。

民主黨改變了他們對教會的戰略，從反對變為占領。以前，民主黨滿足於被稱為「無神黨」，努力將「上帝」一詞從其黨綱中刪除。但他們發現這樣做效果很糟，遭到許多基督徒的批判和抵制，失去大量選票。於是，他們調整做法，假裝基督徒，混入教會和基督徒社群中，再試圖改變對方。他們與自由派基督教大學、自由派基督教媒體、自由派基督教機構合作，在合作中塞入私貨乃至奪取控制權。比如，就連由保守派牧師和社會活動家傑瑞・法威爾（Jerry Falwell）創辦的、被稱為「基督教堡壘」的自由大學，也被左派所滲透，川普前去演講時候，有若干教師和學生抗議。

邁爾斯認為，左傾的意識形態如此輕易地滲透到整個美國和西方的教會，原因之一是「《聖經》文盲」（不讀《聖經》、不明白《聖經》以及不按照《聖經》教導來生活的基督徒）日漸增多。最近的一項研究發現，只有百分之六的美國人具有「《聖經》的世界觀」。邁爾斯指出：「有一件事我們不能各抒己見或求同存異，那就是《聖經》的權威。一旦《聖經》的權威受到挑戰，我們信仰中根植於《聖經》的所有其他方面也會受到挑戰。當我們採用並開始接受那些淡化《聖經》權威的基督教形式時，就會讓位於接受那些不是基督教、但我們卻稱之為基督教的東西。」

這場戰鬥並非始於今日。特雷弗・諾登在接受保守派電視主持人柯帝士・鮑爾斯（Curtis Bowers）的「每週議事」節目採訪時指出，在俄國十月革命之前的一九一二年，美國就出現了一個最早的共產主義組織，這個組織是在教會內部形成的，名為「衛理公會社會行動委員會」。馬克思主義者知道，美國的建國基礎是：人權來自上帝，而不是來自政府。這一理念冒犯了地球上每一個獨裁者、每一個社會主義者、每一個馬克思主義者以及每一個暴君。所以，美國從一開始就有敵人。俄國布爾什維克革命成功之後，共產黨人意識到，如果要建立一個世界性的共產主義政權，必須顛覆、毀滅美國。蘇聯領導人深知，蘇聯模式與美國模式無法共存於世，在這一點上，他們比很多美國人的認識更準確。但是，美國非常強大，共產主義者們無法從外部達到這個目的。

美國最重要的機構是教會，教會比政府更重要。沒有政府的美國還是美國，但沒有教會的美國就不再是美國了。所以，共產主義者在一九三〇年代開始有計畫地滲透教會。他們的目的是利用基督教將美國推向社會主義。他們首先接管了若干神學院和《聖經》學院，這些學校是具有戰略性的地方，可以使數萬名年輕牧師被洗腦後成為感覺良好的「覺醒的左翼」，以為自己在做上帝的工作，實際上卻是在做相反的事情。

馬克思主義者占據了教會的講台和領袖職位，他們占據了道德制高點，滔滔不絕地講述所謂的「社會正義」、反對種族主義和性別歧視。這是舊的共產主義方法——動員工人階級起來摧毀資本家，百分之九十九的被壓迫者將崛起並摧毀那百分之一的壓迫者。[13] 成千上萬的教會接受了這些理念，成千上萬的教會支持「黑命貴」這個一個旨在燒毀所有美國城市的中國共產黨行動。[14]

很多著名牧師在講台上宣講的不是《聖經》真理，而是用一些基督教術語包裝的左派理論。美國第六大巨型教會「馬鞍峰教會」的創始人和主任牧師、超級暢銷書《標竿人生》的作者華理克，從不掩飾其左翼立場。他不僅宣揚批判性種族理論和移民大赦，還主張「基督伊斯蘭教」（Chrislam）。

很多大型基督教機構也淪陷了。校園基督教團契（InterVarsity Christian Fellowship）、學園傳道會（Campus Crusade for Christ）等曾受人尊敬的基督教組織，現在完全變成「覺醒派」。在他們舉辦的研討會上，開始時提到上帝，接下來九十分鐘都講馬克思主義，最後又提到一下耶穌。

對抗馬克思主義，需要堅實的神學基礎和宏觀的清教秩序。當兩者都喪失掉之後，教會中的信徒人士只能勉為其難地強調基督徒的行為和宗教情感，行為和經驗變得比絕對真理重要。生物學上的達爾文主義主張物種的漸進演化，社會達爾文主義則提倡歷史和社會都在進化之中。當這種觀點應用到《聖經》之中時，很多牧師和信徒認為《聖經》只是關於以色列的民族史，而非上帝啟示的適用於任何時代的真理。

---

13 在詹姆士・科恩（James Hal Cone，神學家，以宣揚黑人神學和黑人解放神學而聞名）、德里克・貝爾（Derrick Albert Bel，律師、教授，以批判性種族理論聞名）等人影響下，左派在教會提出「被壓迫人民」（黑人、棕色人種、美洲原住民、女性、同性戀者、變性人等，這些群體又是交叉性的）的概念，煽動他們起來奪權、摧毀美國的根基。自由市場經濟體系、基督教、傳統的家庭，這一切必須被摧毀。特雷弗・諾登指出，「黑命貴」運動是中國共產黨的運作方式。

14 即使一向保守的美南浸信會，在羅素・摩爾（Russell Moore，神學家、倫理學家，美南浸信會道德與宗教自由委員會主席，福音聯盟理事會成員，《今日基督教》公共神學項目的負責人）、阿爾伯特・莫勒（Albert Mohler，浸信會南方神學院校長和神學教授）、J・D・格里爾（J.D.Greear，牧師，曾任美南浸信會主席）等人的領導下，公開對「黑命貴」表示支持。

那些倡導社會福音的左派人士，不相信人的根深蒂固、無可救藥的罪性，卻認為社會弊病可以用更好的政府和政策來加以矯正。他們不反對強有力的中央政府，因為這樣的政府有能力實現改善眾人生活的計畫（如羅斯福新政、史達林和毛澤東的工業化政策）。他們進而相信，透過聯合國的國際合作可以帶來永久的世界和平。因此，他們與馬克思主義者一拍即合，經常附和社會主義和共產主義政權，並處處反對美國的反共行動。他們也對共產國家和獨裁國家受迫害的教會和基督徒的境遇無動於衷。

瓦克斯指出，今天面臨的最大挑戰，不是來自暴政或逼迫教會的政府，而是教會自身的繳械投降——從世界中繼承的文化和傾向，被逐漸偷渡到教會中，並對教會產生重大影響。[15]當敵基督者登堂入室，教會卻處於癱瘓狀態，正如思想家彼得．德魯克所說，宗教力量的無能與不足，恰好發生在群眾最迫切需要宗教的時候。教會無法理解「讓當代社會苦惱萬分的惡魔（極權主義思想）」真正的本質，對其束手無策。無論是法西斯主義還是馬克思主義，都是所有傳統秩序尤其是清教秩序的大敵，也會否定一切基督徒認為有價值且神聖的東西。基督徒人數眾多，理直氣壯，卻無能為力；極權主義者雖然勢單力薄又盲目，卻具有影響力，以少數派的力量改變世界（俄國的布爾什維克奪取政權之初，僅有數萬信徒，卻能征服整個帝國）。教會若無法賦予群眾一個新社會秩序的理性，拿什麼跟左派對抗？

「左派思辨」更勝於聖經福音（一）：提姆．凱勒

教會淪為左派寄生之軀殼，始作俑者是一群學識淵博、道貌岸然的基督教領袖和學者。

在當下美國左右對峙的文化戰爭中，三名傳統教會和保守派陣營（長老教會或改革宗教會）的巨星都暴露出真面目：不是牧羊犬，而是吃羊的狼。

提姆．凱勒（Tim Keller）是美國教會界全才式的名人：西敏神學院教牧學博士，著作等身的基督教作家，大型教會的主任牧師。他在紐約曼哈頓創立救贖主長老會，從五十人發展到五千人，是「曼哈頓最富活力的聚會所之一」，他本人被稱為「紐約市最成功的基督教傳播者」。

提姆．凱勒和救贖主長老教會自稱堅持嚴謹的改革宗神學，實際上其信仰早已世俗化和多元化。他於二〇〇五年成立「福音聯盟」（Gospel Coalition），基本上就是把社會主義帶入基督教和福音派運動。二〇〇九年，他發起一份超教派的《曼哈頓宣言》——由社會福音派人士、羅馬天主教和東正教人士共同簽署。保守派神學家約翰．麥克阿瑟（John MacArthur）批評說，「宣言嚴重地模糊了純正的《聖經》信仰與各樣異端邪說的絕對分野……《宣言》的果效是：為了抗議一些道德與政治上的腐敗，卻輕乎了福音的重要性，更妥協了福音資訊的本質」。

在二〇二〇年總統大選前夕，提姆．凱勒在其社群媒體上重新貼出兩年前在《紐約時報》發表的題為〈基督徒如何融入兩黨制度？〉的文章。能在極左派的《紐約時報》發表的文章，其觀點和內容可想而知，其貌似中立的觀點實際上偏向民主黨。他認為，《聖經》沒有給出

15 瓦克斯（Trevin Wax）：〈今日西方教會面對的四個危機〉，見「福音聯盟」網站，https://www.tgcchinese.org/article/4-big-challenges-facing-church-west-today。

大政府或小政府的答案，這種看法顯然是對《聖經》真理的限縮和扭曲。

提姆．凱勒說，馬克思主義者不是壞人，而是關心社會底層窮人的好心人，只是方法錯了。這種說法貌似「同情的理解」，卻無視馬克思主義過去一百多年給人類帶來的滔天巨禍，據美國共產主義受難者紀念基金會統計，聲稱信奉馬克思主義的共產暴政實施了史無前例的大屠殺，造成超過一億人死亡。在這個巨大的死難者數字面前，某個馬克思主義者是不是好人，並非關鍵問題；首要的問題是，馬克思主義毫無疑問是一種極端邪惡的理念，是反《聖經》的巴別塔理念，它所帶來的災難必然是億萬無辜民眾死於非命，一個真正信仰上帝的基督徒必然反對馬克思主義，而不是與之妥協。

提姆．凱勒無視左翼意識形態對美國的危害，反過來指責保守派基督徒「危言聳聽」，「嚇唬人們說同性戀者會來搶奪你的孩子、民主黨和左派會來毀掉你的信仰自由」。他認為，「由於基督徒醜化同性戀者和左派，導致左派不願意原諒福音派」。這種說法顯然是本末倒置——基督徒受到被左派洗腦的世俗社會的排斥和指責，不是因為基督徒支持種族歧視和性別（性向）歧視，而是基督徒堅持《聖經》真理。若是按照提姆．凱勒的邏輯，要去取悅左派和同性戀者，那麼基督徒別無選擇，只能大幅修改《聖經》，或者乾脆用《共產黨宣言》取代《聖經》。

近年來，提姆．凱勒許多著作的中譯本都在中國出版並暢銷——中共當局大概認為其著作對於中國的官方意識形態無害，這種已然自我閹割的偽基督教思想可以被允許輸入中國。可悲的是，提姆．凱勒由此成為對中國教會影響最大的美國當代神學家和牧師之一。

「左派思辨」更勝於聖經福音（二）：約翰・派博

與提姆・凱勒相同，約翰・派博（John Piper）既是一名成功（世俗意義上）的牧師，也是一名高產的基督教作家。他早年留學慕尼克大學，主修新約研究——當代德國的神學，幾乎都是自由派神學。一九八〇年，他在明尼蘇達州明尼阿波利斯城郊創建伯利恆浸信會，又於一九九四年創立名為「渴慕神」的事工團體，通過出版、廣播、網際網路等管道傳福音。

約翰・派博支持批判性種族理論，他認為「我們需要看人的種族，因為不同的種族會有不同的經驗、經歷」。「結構性種族歧視」存在於政治、文化、社會各層面，「如果你是白人而你不認為自己有種族歧視，那麼你骨子裡就是種族歧視的，因為你生活在結構性歧視裡面而不自知」。此種說法，跟「黑命貴」如出一轍。對於作為白人的約翰・派博而言，這是一種矯情的「自我種族歧視」。

極端諷刺的是，約翰・派博及其教會所在的城市成了「黑命貴」的重災區。當暴徒們打砸搶燒時，他在兩英里外親眼看到升騰的黑煙。他和妻子住在一個資源不足的社區的一棟簡陋的房子裡——比起歐斯汀（Joel Osteen）那樣傳揚成功神學、自己也享受寶馬香車般的「成功」的牧師來說，他倒是頗有苦行的心志。他們知道如果聽到槍聲該怎麼做，如何清理前廊上的十幾根吸毒者遺棄的皮下注射針頭，如何嚇退闖入院子的人。有人砸壞了他的車，還有人偷了他兒子的自行車。

派博最離譜的言論是：基督徒不要去投票，他本人「不會投票給拜登或川普」。他早在二〇一六年就批評川普是「道德不合格」的領袖。與此同時，他對形同賣國的希拉蕊電郵門事件不置一詞。二〇二〇年大選中，他斥責川普說：「如果認為領袖的致命影響只會通過他的政策而非個人品格產生，我認為這是犯了大錯。……事實如此，不僅是因為公然的自吹、粗俗、不道德和搞派別已經自證其罪，而且因為它們會腐蝕國家。」他警告基督徒選民，川普的「致命行為」將把美國引致「難以想像的毀滅」。[16]派博的道德完美主義違背了基督信仰對「人性本罪」的定義，他以耶穌的標準挑選總統，只能永遠放棄公民的投票權。

對於約翰．派博的「不投票的清高」，其友人韋恩．古德恩博士（Wayne A. Grudem）撰文予以反駁。[17]韋恩．古德恩提出三點主要批評意見：首先，不投票給任何一位候選人的決定，對福音派來說，不是一個中立的立場。當基督徒決定不投任何一位候選人的票時，就是從川普的票倉中奪取選民，而有助於拜登贏得選舉。

其次，尊重他人的政治判斷，並不影響一個人的基督徒見證。在政治兩極化的氣氛中，基督徒在討論政治時，有機會增強其見證，表現出親切的氣質，恭敬地傾聽對方的觀點，並解釋投票是為鄰居尋求良好的政府。這不是出於卑鄙的動機，而是因為耶穌的命令，要愛鄰居像愛自己一樣。

第三，支持川普的好政策，同時批評他的缺點，是在支持一條文化改良之路，而不是「文化腐敗和永遠毀滅之路」。韋恩．古德恩列舉了川普實行的諸多符合《聖經》原則的政策：加大任命原旨主義法官（他們解釋法律，而不是制定新法律），進一步從法律上限制墮胎，加大對宗教自由和良心自由的保護，降低稅收，減少政府監管，加快經濟增長，低失業率（對少數族裔尤其重要），提高工薪階層的生活水準，使以色列與更多阿拉伯國家之間建立歷史性的和平協議，對來自中國的經濟、軍事和資訊威脅的清醒認識，高度重視人類自由和對犯罪的個人責任，愈來愈多孩子有資格選擇公立學校，安全的邊境，移民制度的全面改革，在高犯罪率社區增加警察的存在並減少犯罪。

拜登當選會是怎樣的結果？韋恩·古德恩描述的陰鬱情景在拜登竊據白宮後上演了：任命數百名法官，將法律操縱於自己手中，淩駕於憲法之上；納稅人交的錢被用來支付墮胎和變性手術的費用；經濟因政府控制和稅收增加而癱瘓；失業率升高；削弱軍事力量，美國無法對抗中國日益增長的侵略性；吉米·卡特式的綏靖外交；恢復歐巴馬時代的指導方針，要求學校允許生物男性使用女性的廁所、更衣室和浴室，並允許他們以女性身分參加體育比賽；強行推廣技術不穩定的綠能，打壓傳統能源業，能源成本大幅提高；對警察的限制加大，犯罪率上升；暴力和恐嚇擴散，消滅言論自由，使不認同左派政治議程的人消音；開放邊界，設立更多庇護城市；教會受到更多限制……總而言之，美國走向社會主義模式：

這是兩種截然不同的國家。第一個國家的特點是愈來愈有自由，愈來愈有個人責任和繁榮。第二種國家的特點是，政府對公民生活方方面面的控制不斷增加，自由會大幅度喪失，許多與《聖經》的道德教導相悖的法律和法規將被實施。這就是為什麼在我看來，投票給川

16 約翰·派博（John Piper）：〈政策、人物和毀滅之路〉。

17 韋恩·古德恩是美國著名的福音派神學家、神學院教授，英文ＥＳＶ版聖經的總編輯，著有《系統神學》、《基督教倫理》等。

普，是基督徒的最有愛心、最有忠心的選擇。[18]

「左派思辨」更勝於聖經福音（三）：麥克・霍頓

派博嚴厲批評川普，卻竭力顯示自己是中立派；與之相比，神學家麥克・霍頓（Michael Horton）對川普及川普主義展開惡毒謾罵。

麥克・霍頓是加州西敏神學院系統神學教授、白馬驛站電台主持人、《現代宗教改革》（Modern Reformation）雜誌主編。他嚴厲批評川普及其支持者，卻對民主黨反基督教的作為視而不見。在〈川普主義之毒〉一文中，他認為川普支援者在華盛頓廣場的集會是「可恥之事」，「福音派在華盛頓遊行、企圖永久建立一種邪教崇拜」，這是「福音派內部某些人的邪教」。他批評該活動「對川普的偶像崇拜凌駕於神學認信之上」，「有人已越界，進入屬靈淫亂的行列」。[19] 其用詞之惡毒，有如潑婦罵街。

麥克・霍頓認為，福音派基督徒支持川普基於三個原因：第一，基督教美國主義；第二，末世陰謀論；第三，成功神學。他強調，上帝並未特別興起美國，他拒絕的是這種理想：「在普世教會之外另有一個『基督教國家』；將福音視為一種社會、道德或政治議程；將拯救的信仰視為可以通過立法確立並強制執行的東西。」他否定美國有其「天定命運」，即否定上帝在人類歷史中尤其在美國歷史中掌權。

麥克・霍頓發明了「基督教川普主義邪教」這一概念。他似乎成了審判馬丁・路德的天主教教宗，有權下一份通諭，將其不喜歡的觀點和人物冠以邪教之名，再送上宗教裁判所。

這也是共產黨喜歡做的事情。筆者不得不正告這位頗受讀者歡迎的神學家：美國是法治國家，若不是法官，「邪教」這個詞語慎用為好。他又認為，川普主義「與嚴肅的政治或嚴肅的基督教都毫無關係」，它「是幾十年來操縱利用政治和基督教釀成的苦酒。而最終的結果，則是一種既反政治也反基督教的危險熱情」。看來，政治和宗教兩大領域的最高裁判權都被他一人壟斷，他如同中國古代的皇帝，一股腦地將所有異議者都打成「反賊」，再淩遲處死。

麥克·霍頓的核心論點是：「無論美國宗教歷史上有過怎樣的自相矛盾現象，教會與政治權力的分離都不是來自於某種潛藏的人文主義，而是出於相信《聖經》的基督徒的深刻本能。」然而，他否定的恰恰是他在諸多文章中反覆批判的諾斯底主義——子虛烏有的「政教分離」，既非出自美國憲法，更非源於《聖經》。「政教分離」只是傑佛遜在一封信中提出的個人看法。政教不可能分離，美國憲法和《聖經》的真義是「政教分列或並列」、兩者各司其職。有趣的是，麥克·霍頓反對「雙劍論」、支持「兩國論」，將關心政治的基督徒都歸入企圖在地上建立天國的激進派，但他撰寫咒罵川普的文章卻是在替天行道、懲惡揚善——這難道是神學家才有的邏輯？

麥克·霍頓自稱喀爾文主義者，他卻早已被左派洗腦和吸納，其觀點符合「政治正確」，卻違背《聖經》真理。他在一篇題為〈更正教大勢已去，激進派大獲全勝〉的文章中故作驚

---

18 韋恩·古德恩（Wayne A. Grudem）：〈與好友派博商榷：是否應投票給川普〉，https://www.christianpost.com/voices/a-response-to-my-friend-john-piper-about-voting-for-trump.html。

19 麥克·霍頓（Michael Horton）：〈川普主義之毒〉，福音聯盟網站，二〇二〇年十二月二十九日。

人之語：「就當代文化的總體而言，宗教改革運動已經敗給了狂熱主義的左派和右派。」他表面上左右開弓，實際上批評的重點是右派，他將福音派基督徒在上世紀八〇年代的政治參與概括為：「以相對敵視的態度來看待文化、科學、人文藝術，特別是『菁英人士』。」[20]他跟左派的論述方式相同——凡是不認同左派立場的，就扣上反智主義的帽子。

麥克·霍頓傲慢地自認為是左派知識菁英中的一員，但左派知識菁英並不承認他任教的神學院是一所真正的大學、也不承認神學是一門經得起「科學」考驗的合格學科、更不承認他的神學院教授職位的「含金量」，他永遠成不了左派陣營的「自己人」。

提姆·凱勒、約翰·派博和麥克·霍頓等左派基督教領袖（他們不會承認自己是左派，或根本沒有意識到自己是左派）所倡導的，是反基督教的基督教，是反政治的政治，是反智慧的智慧。他們不單是反川普，更反川普主義、反清教秩序、反《聖經》原則。他們的信仰支離破碎，左支右絀。他們帶領成千上萬會眾往前走，如同「盲人騎下馬，夜半臨深池」。

讓美國再次偉大，其前提是讓美國教會再次偉大。要讓美國教會再次偉大，第一步是洗滌侵入教會的馬克思主義等左派意識形態，回歸《聖經》的真理和原則。

20 麥克·霍頓（Michael Horton）：〈更正教大勢已去，激進派大獲全勝〉，https://www.whitehorseinn.org/article/protestantism-is-over-and-the-radicals-won/。

第十二章

「美利堅秩序」：終結還是重生？

只有一個國家（羅馬）不惜代價、竭盡全力、敢冒風險為他人的自由而戰。它這麼做不是為了邊境附近和鄰近城邦的人民，也不是為了主宰同一片大陸的人們，事實上它跨越了海洋，目的是讓非正義和暴虐在世界上無處安身，公平正義及法律無論在何地都至高無上。

——蒂托．李維（Titus Livius）

ISO

1960 年代以來的美國新左派組織（12）：

美國國際社會主義組織（International Socialist Organization）成立於 1976 年，主要活躍於大學校園的左派組織，推崇革命社會主義、馬克思主義、托洛茨基主義，主張用社會主義取代資本主義制度，並積極從事各式學運及抗議活動。2019 年因為內鬥及性侵醜聞而解散。

楔子

二戰末期，「美利堅秩序」取代「不列顛秩序」成為歷史必然趨勢。

一戰之後，美國迅速從歐洲事務中撤離——威爾遜未能說服美國人繼續調解歐洲的紛爭，美國拒絕加入國際聯盟的原因之一是認為這個組織注定要失敗，歷史的發展證明果真如此。二戰結束後，艾奇遜用三句大白話描述美國人民所歡迎的外交政策：「一是讓美國士兵安全回家，二是不當冤大頭，三是不受人擺布。」可見，大部分美國人渴望像一戰結束之後那樣，重新回到「光榮的孤立」之中，「看看電影，喝喝可樂」，自己關門過好日子。

然而，這一次美國再也無法迴避其全球義務了。一位最有影響力的總統顧問指出：「歐洲太重要，不能讓歐洲人處理歐洲事務。」[1]歐洲人已搞砸了兩次，美國將充當保姆的角色。放眼戰後的全球格局，形勢不容樂觀：蘇聯咄咄逼人，中國岌岌可危，歐洲一片斷壁殘垣，亞非大地拉赤禍蔓延，美國豈能置身事外？

在戰時舉行的「三巨頭」會議上，兩個新興超級大國的主導地位已昭然若揭。邱吉爾在人格、勇氣和遠見卓識上遠勝於羅斯福和史達林，他的身上承載了維多利亞黃金時代的文化積澱，但英國的衰敗已無可奈何花落去，他所能做的僅僅是讓英國勉強維持「高級俱樂部」

1 維克多・塞巴斯蒂安（Victor Sebestyen）：《1946：現代世界的形成》，（太原）山西人民出版社，二〇一五年，頁一二—一三。

成員的虛名。[2]

蘇聯在戰爭中建立起強大的軍事力量，將東歐收入囊中。對史達林來說，歐洲就在家門口，在一代人的時間內，德國曾兩次危及他的國家的生存。他不顧蘇聯在戰爭中遭受的重大損失，咬緊牙關維持兩百八十萬人的龐大軍隊。

對美國來說，歐洲雖重要，但畢竟在大西洋遙遠的另一岸。在戰爭結束前夕，邱吉爾在一份寫給內閣的備忘錄中指出：「我們不應指望美國在戰後長時期內仍會在歐洲布置大量軍隊。」果然，在歐戰結束後不到一年，美國在歐洲的駐軍就降到三十萬人以下，然後減少到僅剩下兩個建制師——以至於柏林危機爆發時，美國人發現沒有可以抵抗蘇聯大軍的坦克和士兵。

但另一方面，美國人對其制度和價值的普世性比蘇聯人更自信：美國人相信，美國將輸出民主理念、自由貿易、開放市場和自由以確保世界和平。羅斯福的親信、以支持美蘇聯盟著稱的哈利·霍普金斯（Harry Lloyd Hopkins），在二戰結束後數週便直率而天真地向史達林進言：「經常有人問我，我們在波蘭、希臘、伊朗和朝鮮有什麼利益所在。我認為，我們有世界上最重要的事情——而且事實上也是唯一配得上我們傳統的事情——就是：竭盡我們的外交所能，盡一切可能地培育和促進全世界民主政府的發展。我們不應羞於向全世界宣告，我們渴望所有人民都能獲得真正的公民自由。我們相信我們生機勃勃的民主制度是世界上最好的制度。」他以為「人同此心，心同此理」，但他的話對於史達林而言，無異於雞同鴨講，或「夏蟲不足語冰」。

羅斯福的國務卿科德爾·赫爾（Cordell Hull）幾十年來始終堅信一個開放的世界經濟體

系更可能帶來和平與繁榮。他指出：「不受干擾的貿易與和平息息相關。」二戰結束前夕，赫爾所持的這類理念得到了實踐——美國開始締造全球經濟與政治體系。

一九四四年六月，經濟學家凱因斯代表英國前往美國參加布雷頓森林會議。共有七百三十名來自四十四個國家的代表參會，目的是商討並制定戰後國際經濟規則。從表面上看，凱因斯不過是這些代表之一，但他實際上是這場會議的主角。[3]

布雷頓會議決定建立國際貨幣基金組織及其孿生兄弟——國際復興開發銀行，該組織更廣為人知的名稱是後來改名的「世界銀行」。前者的使命是幫助成員國應對與自由經濟伴生的風險和不確定性，而後者的業務則是向戰後重建項目提供貸款，並幫助一些長期貧困的國家實現現代化。

這些組織還遠遠不足以維繫二戰之後的和平。一個有史以來最大的國際組織即將如「寧馨兒」一般誕生。

聯合國會重蹈國際聯盟的覆轍嗎？

一九四五年四月，日本尚未投降，但已是強弩之末，勝利必將屬於同盟國。五十個國家的國旗在太平洋上吹來的風中獵獵作響，五千名各國代表抵達舊金山歌劇院，參加舊金山會

2 伊恩・克肖：《地獄之行：1914-1949》，頁五四四。
3 埃里克・勞赫威：《大蕭條與羅斯福新政》，頁一三二。

議開幕式。這次會議試圖跟此前的戰後和會——如維也納和會和巴黎和會——分道揚鑣。但實際上，在某些方面，它們仍然如出一轍：戰敗國被排斥在外，某些與會者的資格值得懷疑——為了獲得拉丁美洲國家認同，美國允許阿根廷與會，而阿根廷的軍政府在戰時對法西斯陣營明確表示同情和支持，只是在戰爭末期才改弦更張。[4]

一開始，羅斯福對聯合國的熱情不如邱吉爾，他知道當年威爾遜創建國際聯盟時遭遇的重大挫敗，對此心有餘悸。後來，他逐漸對聯合國產生了強烈的熱情，這是由他身邊一群「外交賢哲」所推動的。這群「外交賢哲」內心抱著一種特殊使命感：核子武器時代的安全將需要某種「美利堅和平」，美國必須承擔領導責任，二戰爆發就是因為一戰勝利之後美國退出國際事務、遁入孤立主義，美國再也不能犯同樣錯誤。而且，美國的民意也轉變了：一九四五年四月，一份蓋洛普民調顯示，百分之八十一的美國人希望美國加入「一個擁有警力的世界組織，以維護世界和平」。

正是在威爾遜式理想主義外交原則之下，作為國際聯盟升級版的聯合國如同空中樓閣般建立起來。《紐約客》撰稿人懷特評論說，一九四五年春，各國若要為起草一份聯合國憲章開會，舊金山作為會議地點再合適不過，「美國被世界各地的人們看作是美夢成真的典範，是一種微縮版的全球國家」。參加過雅爾達會議的歐洲高級官員們發現，舊金山比雅爾達舒服多了。此後，聯合國總部選在紐約——相比於在戰爭中傷痕累累的歐洲都市，紐約當之無愧是世界之都。這兩個事實無疑表示，美國是聯合國的設計者，並試圖通過聯合國等國際組織將「美利堅秩序」向全球推廣。

勾勒聯合國框架和起草聯合國憲章的那些人，大都是二戰的參與者與倖存者，他們亦親眼目睹了納粹集中營中慘絕人寰的景象。人們普遍相信應該建立一個嶄新的世界秩序，且由一個比國聯更富活力、辦事更有效率的全球性組織維持它。

聯合國是羅斯福和杜魯門兩位美國總統締造的「寧馨兒」，在他們身後是一群「外交賢哲」——他們不是好萊塢系列電影《復仇者聯盟》（*The Avengers*）中擁有超自然能力的拯救者，卻用智慧、學識和勇氣大膽地創造了「美國世紀」、建立了「美利堅和平」。他們是：哈里曼（William Harriman），富可敵國的「鐵路大王」，卻投身公職，先後擔任駐蘇聯大使、副國務卿和國防部長；艾奇遜，曾任國務卿，對杜魯門主義的貢獻大於杜魯門本人，對馬歇爾計畫的貢獻超過馬歇爾本人；麥克洛伊和羅威特，兩人在戰時擔任作戰部長史汀生（Henry Lewis Stimson）的副手，戰後在外交界、銀行界和國際關係領域大展身手；查爾斯・波倫，駐蘇聯和歐洲的外交官，外交政策的制訂者；喬治・肯楠，智者中的智者，因其遠見卓識被譽為「冷戰之父」……他們大都畢業於常春藤名校，遊走於政商法領域之間，遠離大眾輿論，傲慢地避開國會。一方面秉持國際主義，滿懷傳教士的理想，幫助西歐復興；一方面奉行圍堵政策，主張大力遏制蘇聯的擴張，捍衛美國的國家榮譽與對世界自由的承諾。

這群「外交賢哲」生正逢時，因緣際會，共同繪製戰後的世界藍圖。他們真誠地相信美國具有為世界服務的責任。他們掌握權力時正值華盛頓的黃金歲月，「於是善加利用美國在全球局勢中崛起的良機。那個年代不重節儉，不擔心平衡預算，重點在於如何拯救世界」。

4 伊恩・布魯瑪（Ian Buruma）：《零年：一九四五》，（桂林）廣西師範大學出版社，二〇一五年，頁三一八。

他們將因長期接觸廣大世界而培養出來的特殊能量，投入戰後重建與保衛百廢待舉的西方的任務中。這群「外交賢哲」的遺產是聯合國、北約、世界銀行、世界貿易組織、國際貨幣基金組織等跨國機構，這些跨國機構共同形塑了戰後的國際政治經濟秩序，即「美利堅秩序」。

美國沒有貴族，卻有這群充滿貴族風範的人物。「外交賢哲」們具有共同願景，勇敢面對一個艱困時代的挑戰：

> 他們迫使一個謹慎的國家勇於面對它的全球性義務，且展現征服者的寬大胸襟，在二戰之後同時協助友邦與敵國進行重建工作。這群人創建了一個聯盟，在往後四十年穩穩確保西方不受侵略。相較於先前的所有帝國，美利堅和平確實極為慷慨與理想化，有時甚至過了頭。[5]

然而，過猶不及。「外交賢哲」們的遺產中，存有根本性缺陷，這跟他們本身是民主黨人、進步主義者和理想主義者有關。他們經歷了殘酷的二戰，仍對人性抱有過於樂觀的評估，對人性中的「幽暗意識」認識太少。

聯合國的創建者們深知，當年國際聯盟失敗的關鍵原因在於它缺乏制止國際紛爭的武力，所以他們希望建立一支強大聯合國軍隊——陸軍要有八至十二個師，空軍要有六百架轟炸機，海軍要有上百艘各類戰艦，若這一計畫變成現實，將會深刻改變國際政治的本質。但美蘇在全球的對峙讓這一設想變為一紙空文。本來要掌握武力的聯合國軍事參謀團淪為一個虛幻的委員會，數十年來只是每半個月開一次例會。英國史學家埃里克・格羅夫（Eric

Grove）評論說：「隨著聯合國開創者希望的消逝，這只代表著一座孤冷的紀念碑。」[6]

在冷戰時代，聯合國有兩次支援安理會決議而使用武力的先例，即朝鮮戰爭和沙漠風暴行動。這兩次行動都由美國將軍指揮，大部分戰鬥由美國軍隊實施。尤其是沙漠風暴行動，時任美國國務卿的貝克三世（James Addison Baker III）評論說：「歷史再次給了我們一個重大機遇。我們有機會建立一個聯合國及其創建者所憧憬的世界……我們堅決不能再讓聯合國重蹈國聯的覆轍。」但此評論過於樂觀了。

後冷戰時代，聯合國的新使命是成為「維和行動」的「中轉站」。[7]然而，聯合國的「維和行動」卻屢屢失敗。首先是在索馬利亞的「國家建構」遭遇挫敗。聯合國既無法應對大規模的、全副武裝的部落民兵，也無力阻止暴力事件頻發（包括聯合國維和部隊遭到攻擊）、饑荒蔓延以及人道主義救援受阻。

聯合國在南斯拉夫內戰中的挫敗，更讓該組織聲名掃地。一九九五年，在消極不作為四年之後，聯合國派出一萬四千人的維和部隊，試圖分隔賽拉耶佛的敵對族群。這支部隊是歐

---

5 華特・艾薩克森（Walter Isaacson）、艾文・湯瑪斯（Evan Thomas）：《美國世紀的締造者》，（台北）廣場出版，二〇一五年，頁七二二。

6 威廉・R・科勒：〈聯合國：全球合作型安全的守護者〉，見沃伊切克・馬斯特尼、朱立群主編：《冷戰的歷史遺產：對安全、合作與衝突的透視》，頁九三。

7 「維和」是一個語義含糊的概念，聯合國秘書長哈馬舍爾德（Dag Hammarskjold）指出，「維和」可以歸入這個組織創始文獻的「六點五章」。他顯然是想說，根據第《聯合國憲章》七章的授權，可以通過調停和平解決國際爭端，也可以通過直接的軍事行動擊退侵略，而「維和」則介於兩者之間。

洲派遣的「藍盔軍」，它與布魯塞爾的官僚機構一樣效率低下，裝備和武器都十分落後。這種準備不充分反映出歐洲人在執行任務時的搖擺不定，以及他們無法掌控發生在自家後院的大規模人間災難。[8]

聯合國維和行動的第三次重大挫敗是在盧安達。一九九三年秋，兩千五百人的聯合國盧安達援助團部署到當地，監督該國內戰的脆弱停火。然而，胡圖族激進分子在他們的眼皮底下對圖西族發起種族滅絕，經過一九九四年春夏之交的大規模殺戮，大約八十萬到一百萬人死亡——就遭到屠殺的人口比例而言，其殘酷程度超過納粹對猶太人的大屠殺。

這次行動存在兩大重大缺陷：在全面部署維和部隊時，極盡拖遝之能事；在保護平民上，沒有給援助團動武的明確授權。維和部隊中的十名比利時士兵遭到殺害，比利時和其他出兵國家隨即撤出部隊。援助團的指揮官、加拿大中將達萊爾（Roméo Antonius Dallaire）緊急呼叫支援，但被紐約總部否決。由於任務失敗，達萊爾將軍精神崩潰。

第四次失敗在敘利亞。在持續多年的敘利亞內戰中，聯合國所能做的僅僅是「絕望的調解」。隨著內戰越發慘烈，絕大多數聯合國維和部隊士兵被送回各自國家，只剩下一群傀儡工作人員留在原地，被拖拖拉拉、自相矛盾的政策搞得無所適從。

第五次失敗是俄國入侵烏克蘭。烏克蘭是聯合國成員國，聯合國卻不能給烏克蘭的主權和領土完整以基本的保障。美國在聯合國安全理事會提出一項決議案，要譴責俄羅斯入侵烏克蘭，要求俄羅斯「立即停止對烏克蘭使用武力」，並「立即、完全、無條件從國際公認邊界內的烏克蘭領土撤離所有軍隊」。然而，該案遭具否決權的俄國否決，中國則是棄權。美國駐聯合國大使湯瑪斯—葛林斐德（Linda Thomas-Greenfield）發表聲明，無可奈何地指出：

「一個不負責任的安理會常任理事國（指俄羅斯），濫用武力攻擊鄰國，並顛覆聯合國和我們的國際體系。」

聯合國成立數十年之後，逐漸蛻變成機構臃腫、效率低下、腐敗嚴重且缺乏迅速制止發生在世界各地的人道主義災難乃至種族屠殺的能力的官僚系統。一位多年採訪敘利亞內戰及其他戰爭的戰地記者評論說：假如新聞記者或是區域分析師需要找個標的來批評譴責，一定會想到聯合國，大家總會嘲弄聯合國「低落的辦事效率」，而且有些官員會帶著一副昭然若揭的態度，只想在聯合國裡滿足個人成就，把拯救世界公民的職責擺在第二位。不僅如此，任用親信也是聯合國的一大弊病：高層的親朋好友總是獲得特殊待遇，貪汙的情況亦時有所聞。[9]

聯合國已然病入膏肓，它並不比國際聯盟高明到哪裡去。美國總統川普在推特上批評說：「聯合國有如此巨大的潛力，但如今已淪為一個供人聚會、享受歡談時光的俱樂部，真

8 維和部隊軍官們宣稱，波斯尼亞塞族人力量強大、意志堅決、裝備精良，千萬不要惹惱他們。一九九五年七月十一日，塞族悍將姆拉迪奇率軍進入聯合國「安全區」波斯尼亞東部城鎮斯雷布雷尼察。那裡的守軍是一支維和部隊分遣隊，他們放下武器離開，毫　無損地回家。姆拉迪奇隨即屠殺了八千人。此一事件及南斯拉夫內戰期間發生的種族清洗，是二戰後歐洲發生的最殘酷的大屠殺和最大的單一戰爭罪行。費利克斯·吉爾伯特（Felix Gilbert）、大衛·克萊·拉奇（David Clay Large）：《現代歐洲史：歐洲時代的終結，1890年至今》（下），（北京）中信出版社，二〇〇六年，頁七六四。

9 珍妮·德·喬凡尼（Janine Di Giovanni）：《那天清晨他們來敲門》，（台北）時報文化，二〇〇七年，頁二九—三〇。

悲哀！」二〇一七年九月十八日，川普首度現身討論聯合國改革問題的會議，警告「官僚主義」使得這個國際組織無法進步。川普表示，美國身為聯合國創始會員國以及最大經費贊助國，希望所作投資獲得更好收益，但「自二〇〇〇年以來，聯合國的正規預算增加了百分之一百四十，員工人數也增加一倍有餘，我們卻未見到與此投資相符的成果」。聯合國成立的宗旨非常崇高，但「由於官僚主義和管理失當，聯合國並未完全發揮潛力」。歸根結底，如雞肋般的聯合國並不符合美國之為美國的觀念秩序——美國以右派思想立國，而聯合國的驅動力來自左派思想。

聯合國的先天缺陷，在於民主和獨裁成員的必然衝突

聯合國的問題是結構性的和歷史性的，無法改正和修補，必須推倒重建。

《聯合國憲章》與美國憲法之間存在著根本性裂痕。「外交賢人」們的理想陳義過高，高過美國憲法，他們忘記了一個常識和真理：違反美國憲法，就是違反人性，就是違反《聖經》原則。美國戰略學者巴塞維奇指出，美國的外交戰略應當「尊重建國者的意圖」，憲法中沒有任何東西「要求、鼓勵美國部署軍事力量去解救人類，或者根據我們的想像重構世界」。美國要限制自身對於外國資源的依賴，要從國防而非權力規劃的角度進行考慮來組建美國軍隊，要讓美國專業軍事力量與美國社會的現實保持一致。[10]

聯合國建立的前提是將蘇聯視為可以合作的對象。然而，事實絕非如此。一九四五年舊金山和會期間，蘇聯外長莫洛托夫堅持蘇聯應有權否決其不願在聯合國範圍內討論的議題。

這一態度幾乎導致會議擱淺。

蘇聯人曾在雅爾達會議上作出承諾，允許波蘭進行「真正的自由選舉」。但蘇聯人從不信守承諾，逮捕了十六名波蘭地下抵抗組織領導人，還將他們扣上「納粹分子」帽子。六月十一日，舊金山和會進行過程中，蘇聯法庭做出宣判，除了兩人外，十四人被判處死刑。波蘭戰士沒有死於納粹之手，卻死於蘇聯之手。這個細節說明，蘇聯比納粹更邪惡。然而，美國和西方隱忍不發，讓蘇聯成為聯合國安理會的常任理事國。

即使十六名波蘭人正在莫斯科遭受嚴刑拷打，各大國仍在商量把《世界人權宣言》寫入《聯合國憲章》。波蘭人遇害這個「小風波」被各方巧妙地遮蔽，但它對於聯合國的誕生來說是個不祥之兆。《世界人權宣言》中的條款寫得冠冕堂皇、正義凜然，卻是中看不中用的舞台道具。這種憲章和宣言中的誇誇其談與實際運作中的現實主義的巨大矛盾，一直延續至今——最讓聯合國無法自圓其說的例證就是：迫於中國的壓力，拒絕模範的民主國家台灣加入，而臭名昭著的北韓等極權國家卻儼然是聯合國正式成員國。

聯合國的成立，未能避免冷戰格局的形成，也未能阻止韓戰、越戰等數十次局部戰爭的爆發。冷戰沒有演變成第三次世界大戰，不是因為有了聯合國的調停，而是有了核武器的威懾。聯合國比國際聯盟長命得多，但它們在處理重大國際危機時同樣是紙上談兵、廢話連篇。

冰凍三尺非一日之寒。聯合國本身就是戰後美國一系列錯誤國際戰略的結果。二戰中，民主國家與蘇聯的策略性結盟是第一步錯誤——蘇聯的古拉格群島不比納粹德國的集中營文

---

10 布魯斯．卡明思：《海洋上的美國霸權：全球化背景下太平洋支配地位的形成》，頁七〇五－七〇六。

明多少，民主國家沒有必要幫助蘇聯抗擊納粹德國。第二步錯誤是在雅爾達會議上，羅斯福對史達林拓展其勢力範圍的野心予取予求——他畏懼蘇聯龐大的軍隊，同時對史達林抱有不切實際的幻想。第三步錯誤是成立聯合國時，讓蘇聯等共產獨裁國家加入，當蘇聯成為聯合國安理會常任理事國之後，聯合國注定無法達到維持和平、捍衛人權之目標——蘇聯，再加上以後取代中華民國在安理會的常任理事國席位的共產中國，在安理會中對重大事務擁有一票否決權，足以讓聯合國癱瘓。

當時，美國外交政策的決策者們認為，在理論上，贏得二戰的美、英、蘇偉大聯盟有可能合力建立一個和平共存的年代，而不是冷戰。如果他們在一九四五年就知道接下來四十年世界會出現一個接一個的危機，被一觸即發的核武競賽牽著鼻子走，會相當震驚。他們過度推銷其理想，受自身觀念箝制。他們希望在美蘇之間「建立嚴峻但穩定的暫時協議」。他們由衷地厭惡克里姆林宮的專橫手段，渴望阻止其擴張；又願意心照不宣地將某個範圍的利益讓給蘇聯，卻發現莫斯科毫無理由地破壞了那個地方的所有自由，史達林與希特勒是同一個德性。他們的觀點隱含的假設是：世界上其他地方很自然地渴望西方國家享有的民主資本主義體制、自由價值，以及經濟貿易。但事實並非如此：有些地方的民情秩序確實是擁抱、呼喚暴君與獨裁者。

在蘇聯，沒有任何民間輿論或壓力集團能影響史達林的決策（這也是羅斯福願意跟史達林打交道的原因之一）；而在美國，華盛頓和紐約的某些共產主義者和親共人士卻能對政府發揮持久的、強大的影響力。這種影響力從其確鑿的間諜行為，到影響輿論和政府決策朝著親蘇方向轉變等各個方面，幾乎無處不在。

早在一九三〇年代，在新政帶來的一片令人心醉神迷的氣氛中，美國左派的親共產主義傾向和活動就已蔚為大觀。戰後，這群菁英一直相信，美國若反對蘇聯，不僅意味著對羅斯福制定的原則的背叛，還意味著對「反動主義」、而不是進步主義思想的偏好——他們將「反動主義」（基督徒、保守主義）當做當代美國最糟糕的一種原罪。很多杜魯門留任的羅斯福時代的閣員和顧問們都不假思索地採納了「蘇聯將變得更好」的思想。直到羅斯福時代的副總統、杜魯門時代的商務部長華萊士毫不掩飾地公開表達其親共乃至舔共立場，而被杜魯門解除職務，這種向蘇聯「一邊倒」的局面才有所改觀。[11]

美國外交政策的決策者們深信，美國與世界安全的最佳保障將是在各地建立民主代議制政府，這些政府的本質是愛好和平，而非好鬥侵略。像他們這樣瞭解美國必須具備決心並參與其中的人，也理應起身領導。退而求其次，即便無法迅速在世界各地按照美國模式建設民主政府，也可以先建立聯合國。然而，創建聯合國的模式與美國立國的模式是彼此對立的：沒有價值一致的「小共同體」，不可能形成遵循同樣價值的「大共同體」，這就是《聖經》中說的「信與不信的不可同負一軛」的道理。

當聯合國將民主國家和獨裁國家假裝當做一樣的國家納入其中，就決定了它的「先天不足」。

---

11 約翰·盧卡斯：《美國的崛起：1945年美國的崛起與現代世界的誕生》，頁〇二五—〇二七。

聯合國「向左轉」的結果，將會淪為「惡托邦」

儘管各國普遍願意從近代歷史中吸取教訓，但新的聯合國的組織結構還是在很大程度上效仿其前身國聯。

美國是一個民主共和的國家，各州在聯邦政府中享有同樣的權力，沒有一個大州在聯邦政府層級是「常任理事州」；與之相比，聯合國的運作方式並不民主——安理會五大常任理事國，擁有比普通會員國大得多的權力，可以通過決議干涉某會員國內政，但這五個國家並非成員國一國一票選舉出來的，也不都是民主自由國家，它們能坐上高椅子，僅僅看誰的拳頭夠大。聯合國聲稱其核心原則是國家一律平等，但安理會（尤其是常任理事國）被賦予至高權威，這說明只有少數國家持有決策權——當年國聯的運作模式亦如此。在舊金山會議上，澳大利亞外長赫伯特．伊瓦特十分反感大國在安理會中享有否決權，但作為小國不得不讓步。媒體評論說，世界各國「不情願地接受了一個實際上是由大國主導的世界獨裁制度」。

正如國聯那樣，聯合國對新威爾遜理念的國家平等原則做出的口頭承諾，被新的國際組織決策機構的寡頭政治式權威沖淡了。聯合國的兩大機構在法理上的差別反映了對舊式大國特權的眷戀：聯合國大會做出的決策對成員國沒有約束力，安理會的決定則有約束力。聯合國大會定期每年秋天開會，但幾乎淪為論壇；安理會有權立即開會應對緊迫的危機。

由此，聯合國陷入一個自我矛盾的怪圈，這正是這個「世界政府」的致命缺陷：它要有效運轉，就得依賴大國聯盟。如果聯盟成員一條心，某種全球威權主義——類似拿破崙戰爭失敗後，梅特涅操縱下的神聖同盟——就會威脅世界。如果聯盟人心渙散，那麼羽翼未豐的聯合國就形同虛設，然後另一場或許更具破壞力的戰爭就會日益迫近。安理會五大常任理事國這一核心架構，至今仍看不到任何改革的可能性。

這就形成了理想主義與現實主義之間的巨大落差。歷史學者高佛瑞·哈吉遜在評論「外交賢人」們的歷史貢獻時說：「他們是大西洋主義者，他們願意代表美國提出宏大的承諾。他們視美國的領導角色與他們自己都屬於一種道德性天命的一部分。他們懷抱著某種熱情擔負起世界權力的重大責任——一項嚴峻卻崇高的責任，是新英格蘭清教幾乎被人所遺忘的遺產。」這個評論並不符合「外交賢人」及美國菁英決策圈的真實狀況——他們中的大部分人已然喪失了新英格蘭的清教傳統，他們是從進步主義的層面理解和建構「美利堅秩序」的。

在早期關於「世界聯邦」的想像中，充滿基督教傳統的烙印。歷史學家湯恩比（Arnold Joseph Toynbee）主張英美兩國聯手，讓警力遍及全球，其初衷是建立某種「民主的盎格魯—美利堅世界聯邦」。一九三九年，時任英國駐美大使的洛錫安勳爵把大英帝國視為建立世界聯邦政府的範本。邱吉爾一度對此篤信不疑。

一九四〇年，尚未參戰的美國成立了一個在「美洲基督教聯會」之下、追求「正義和持久的和平」的委員會。該委員會發表一份聲明，陳述建立一個世界性組織的必要性。這份聲明的起草者是共和黨外交政策代言人、後來在艾森豪政府擔任國務卿的杜勒斯。杜勒斯是堅決反共的長老教會基督徒，相信跟奉行無神論的共產主義作鬥爭根本上是一項基督徒的道德使命。後來，杜勒斯擔任的舊金山會議美國代表團顧問，希望賦予聯合國以「道德力量」，但此努力未能成功——二戰末期出現了一種從宗教（基督教）理想主義到理性（世俗）理想主義的轉向。

然而，去基督教化的世界聯邦、全球公民社會、世界一家的共同體可能成立嗎？即便成立，能喚起人們的認同感與信賴感嗎？美國左派成立了一個名為「全球治理委員會」的民間組織，建議人類建立最終由全世界人民選舉的「人民大會」，提出負擔全球治理所需經費的國際稅收方案，賦予國際法庭以更大的權威。由於意識到培養適合這些計畫的倫理規範的必要性，該委員會呼籲努力「培養全球公民身分」，以形成一個「普世的道德共同體」。美國左翼哲學家瑪莎·納斯邦（Martha C. Nussbaum）指出，既然民族認同「在道德上已經不重要」，公民教育應當以培養「世界主義的公民身分」為目標，應該教給學生「對全世界人類共同體的首要忠誠」。

然而，此類比聯合國更激進的左派規劃乃是畫餅充饑、望梅止渴。美國政治哲學家麥克·桑德爾（Michael J. Sandel）指出，世界主義倫理的道德缺陷與它的政治缺陷密不可分，而且跟美國的觀念秩序是對立的，他以美國自身的政治實踐來否定了世界政府和世界公民概念的烏托邦本質。世界主義的觀點認為，既然民族國家的主權日益受到侵蝕，那麼人們通過將主權和公民身分往上推就能恢復自治。但桑德爾指出，這種想法是錯誤的：「恢復自治的希望不在於將主權安放在一個新的地點，而在於分散主權。主權國家最有希望的選擇，不是以人類的團結為基礎的世界一家共同體，而是共同體與政治體的多重復合：有些比民族更大，有些比民族更小，主權分散於其中。」

美國人從一建國起就對大政府深懷警惕。從進步主義時代到羅斯福新政再到詹森的「偉大社會」，聯邦政府不斷擴權，但美國的民情秩序不斷反彈，使得左派大政府、國家化的計畫只取得部分成功。左派努力去創造一個強大的全國性政府，卻未能培養一種共用的民族認同。桑德爾追問說：「如果民族（國家）不能喚起一種比最低程度的共性更多的東西，那麼全球共同體也不大可能做得更好。」他認為，主張將聯邦權力歸還給各州的保守派所信奉的聯邦主義的憲政學說，才是解決問題的最終方案：

在主權分散以及公民身分形成於多重公民參與場所的情況下，自治運轉得最好。聯邦主義的這一方面構成了共和主義政治的多元主義版本。它提供了把托克維爾的共和主義與盧梭的共和主義分別開來的區分，並將塑造性計畫從滑入強制的危險中挽救出來。[12]

換言之，美國的道路與聯合國的道路根本就是南轅北轍：美國實踐的是托克維爾式的共和主義，聯合國實踐的是盧梭式的共和主義；美國實踐的是國族主義，聯合國實踐的是世界主義。這也正是施特勞斯主義者們對聯合國等國際組織的價值深深懷疑的根本原因——「這些機構要麼是通向人類普遍平等的階梯，要麼是我們對自己的公正和實力喪失了信心的愚蠢的實例。」

12　麥克．桑德爾（Michael J. Sandel）：《民主的不滿：美國在尋求一種公共哲學》，（南京）江蘇人民出版社，二〇〇八年，頁四〇四。

中國如何開展對「美利堅秩序」的全面進攻？

冷戰時代，聯合國淪為美蘇對抗的場域。蘇聯解體後，美國一國獨大的日子僅僅持續了不到二十年，就迎來中國的野蠻崛起。如今，對「美利堅秩序」威脅最大的，是自稱「偉大復興」的中國。中國認為，它阻止美國、使其無法前進的時代已快速掩至。

美國學者傅好文（Howard W. French）認為，中國希望恢復它在東亞事務的巔峰，並將尋求最大化其力量和操縱空間。伴隨而來的是，中國期待至少在東亞的範圍內，別的國家無論近遠，最終都向其權威低頭。新加坡華裔學者王賡武指出，中國不會接受「美利堅秩序」，不會以平等成員的身分「進入國際大家庭」，「如果有機會，中國可能希望恢復長久以來所遵奉的傳統，也就是將所有的外國視為一體，但低於中國，而且與中國不平等」。[13]澳大利亞戰略學者羅里．梅卡爾夫（Rory Medcalf）認為，中國雖已加入全球經濟大家族，但認為自己是五千年的文明，深信自己是世界的中心。中國是一個快速走向極權主義的、一黨專政的獨裁國家，它將其印太戰略和整個外交政策，直接綁定國內政治制度的存亡與否，所以將一種擴張型民粹主義和民族主義作為新的官方意識形態的重要組成部分。[14]

盜賊來，就是為了破壞。進入二十一世紀，「美利堅秩序」迎來了最危險的敵人和最強勁的挑戰。

中國對「美利堅秩序」的破壞方式，從孫子兵法進化到「共產黨兵法」。甩石頭、摻沙子、挖牆腳，是毛澤東政治厚黑學的絕招。[15]進入二十一世紀，中共將毛太祖的政治鬥爭手腕推展到外交和國際關係領域，以此玩殘、毀壞美國在戰後建立的國際秩序和國際組織，乃至將其占領、改造，使之為中國所用。

二〇二一年四月八日，白宮貿易顧問納瓦羅（Peter Navarro）在接受福斯電視台採訪時指出，中國已控制了三分之一的聯合國機構。「過去十年來，中國一直積極地採取行動，試圖通過推舉他們的人當選最高領導人，來控制這些機構。當然他們也通過使用如世界衛生組織的譚德塞（Tedros A. Ghebreyesus）等類型的殖民地代理的方式來影響、操控其它機構。中國已控制了十五個機構中的五個。」與之相比，其他任何一國公民（包括美國在內）領導的聯合國機構的數量都沒有超過一個。

擔任聯合國機構領導者的中國人包括：現任聯合國糧食及農業組織總幹事屈冬玉，之前擔任中國農村農業部副部長；現任國際民航組織祕書長柳芳，之前任中國民航總局國際合作司副司長；現任國際電信聯盟祕書長趙厚麟，之前在中國郵電部任職；現任聯合國工業發展

---

13 傅好文（Howard W. French）：《中國擴張：歷史如何形塑中國的強權之路》，（台北）遠足文化，二〇〇九年，頁二六三—二六四。

14 羅里．梅卡爾夫（Rory Medcalf）：《印太競逐：美中衝突的前線，全球戰略競爭的新熱點》，（台北）商周出版，二〇二〇年，頁一八六—一八九。

15 毛發動文革之後，摧毀了劉少奇、鄧小平、賀龍等黨政軍實力派，林彪集團成為最大受益者，一度權傾天下。隨即，作為黨章中規定的「接班人」的林彪與毛澤東發生矛盾。一九七一年八月，毛澤東對林彪採取行動，具體措施是「甩石頭」（指批文件和找人談話）、「摻沙子」（指派紀登奎、張才千等嫡系人馬加入原本由林彪勢力把持的軍委辦事組）和「挖牆腳」（改組部門，主要指北京軍區和衛戍區）。毛澤東施展的「政治冷暴力」，一步步逼迫林彪勢力瓦解，最終釀成林彪出逃、其專機在蒙古「折戟沉沙」（具體經過至今仍是懸案）。

組織總幹事李勇，之前任中國財政部副部長。世衛組織則由譚德塞這類「殖民地代理」替中國把持。

中國控制國際組織的努力，一路凱歌高奏，只遭遇過兩次挫敗。一次是二〇二〇年三月，美國及其合作夥伴的協同行動，令中國接掌世界知識產權組織領導權的努力失敗。另一次並非國際社會的共同反擊，而是中國內部的權力鬥爭所致：國際刑警組織主席、中國公安部副部長孟宏偉於二〇一八年回國時被拘捕，隨後以腐敗指控被定罪，獲刑十三年。中國人因此失去國際刑警組織主席這一要職。[16]

即便沒被中國拿下一把手的國際組織，亦被中國安插關鍵代理人。例如，現任世界銀行常務副行長兼首席行政官楊少林，曾任中國財政部國際財金合作司司長；現任世界貿易組織副總幹事易小准，曾任中國商務部副部長；現任國際貨幣基金組織副總裁張濤，曾任中國人民銀行副行長。除此之外，前世界銀行首席經濟師兼高級副行長林毅夫、前國際貨幣基金組織副總裁朱民、前聯合國教科文組織主席郝平等人都是中國推舉的代表。還有為數眾多的中國黨政官員在聯合國兒童基金會、聯合國愛滋病規劃署等機構任高層職位。

聯合國大數據研究中心也落腳中國杭州——二〇二〇年九月二十二日，習近平宣布，中國將設立「聯合國全球地理資訊知識與創新中心和可持續發展大數據國際研究中心」。該中心與聯合國的數據庫實現接軌具有重大意義：聯合國的合法性招牌將使北京獲得聯合國各成員國的數據，進而將中共高科技暴政投射到世界各地。其後果比某中國官員出任某國際機構負責人更可怕。

與此同時，中國向聯合國貢獻的經費，從二〇一六至二〇一八年度的百分之八，大幅度上漲到百分之十二。二〇一九年，中國資助聯合國經費的比例已超越日本，居全球第二。儘管如此，中國提供的經費仍不足以跟美國相比：二〇一八年，中國向聯合國系統出資十三億美元，遠低於美國每年提供的一百億美元。但中國在聯合國系統發出聲音的分貝明顯超過美國。換言之，中國捐助聯合國的每一分錢所換取的發言權，遠大於美國，這得益於中國玩弄的合縱連橫戰術——過於單純的美國人理解不了「甩石頭、摻沙子、挖牆腳」這一整套把戲。

習近平在聯合國大會上發表談話時，呼籲該組織在「國際事務中發揮核心作用」。他表示，全球治理體系應符合已改變的世界政治經濟。這暗指中國影響力上升，以及中國所認為的美國衰落。中國於二〇〇一年加入世界貿易組織後，西方國家原本寄望中國因「入世」而為世界秩序貢獻一份心力，或因為接受國際規則而改變其內部治理、朝民主化前進。然而，一切都與西方國家期望相反，中國不在乎普世價值而在乎自身（中共權勢集團）利益，並企圖改變世界秩序、制定更具有中國特色、本位主義的國際規則。

印度外交部高級政策顧問馬利克（Ashok Malik）評論說：「中國感覺這是『我們的』時刻，中國需要控制這些機構。」馬利克表示：「如果你控制了這些機構的重要關節，你就能影響規範標準，影響思維方式，影響國際政策，還能注入你的思維方式。」研究「一帶一路」的德國學者魯道夫稱：「中國已經能夠讓聯合國變得更中國化。」他表示，中國的這種努力

16 孟宏偉在巴黎出任國際刑警組織主席期間，定期到中國駐法國大使館過共產黨員的「組織生活」並接受中國駐法大使的指令。他的被捕，中國司法和外交系統秘而不宣，導致其妻子在法國報警。此一事件這凸顯出在國際組織任職的中國官員，仍處於北京當局牢牢控制之下，仍以捍衛共產黨的利益為最高考量。

是系統性的。17

唯中國馬首是瞻的聯合國組織機構

今天的國際社會，並非「得道多助，失道寡助」，而是有錢能使鬼推磨。中國比冷戰時代的蘇聯更有錢，甚至有錢能使「洋鬼子」推磨。中國在聯合國及各類國際機構內大撒幣，做成了當年蘇聯夢寐以求、求之不得的很多事情。最讓人不安的情況，出現在聯合國人權理事會和世界衛生組織。美國認為這兩個組織已經被中國侵蝕得千瘡百孔而無法修補，川普政府斷然退出這兩個「中國機構」。

二〇二〇年四月，中國加入聯合國人權理事會協商小組，獲得遴選人權調查專員的權力。獨立NGO機構「聯合國觀察」主席諾伊爾（Hillel Neuer）公開質疑說，這一任命「非常荒謬而且毫無道德可言」。諾伊爾諷刺聯合國人權理事會「讓中國既暴虐又沒人性的體制來挑選調查全球言論自由、任意拘留及強迫失蹤的專員，就好像找縱火狂擔任消防局長」。

二〇二〇年十月十三日，聯合國人權理事會進行席次改選。投票結果出爐，中國、俄羅斯、古巴、巴基斯坦、烏茲別克等人權狀況相當惡劣的國家高票當選。在亞太區，中國的得票落後於巴基斯坦、烏茲別克和尼泊爾，卻仍獲得一百三十九票的高票。聯合國人權理事會完全無法伸張和捍衛人權，淪為一群人權記錄劣跡斑斑的流氓國家的俱樂部。

對於確定重返理事國席位，中國官媒《新華社》在第一時間報導說：「中國對廣大會員國的支持表示衷心感謝，對同期當選的其他成員表示熱烈祝賀。」新華社暗示，此一選舉結果意味著「具有中國特色的人權觀」得到國際社會普遍認可，「中國將積極推進國際人權交流與合作，旗幟鮮明地反對將人權問題政治化和雙重標準的錯誤作法，為推動國際人權事業健康發展作出更大貢獻」。這是不點名地批評已退出人權理事會的美國以人權議題「干涉中國內政」的失敗，並得意洋洋地炫耀中國在新一輪國際人權話語爭奪戰中完勝。

中國在聯合國人權理事會收買了六十五個國家為之幫腔，但白就是白、黑就是黑，墨寫的謊言改變不了血寫的事實。「世維會」發言人迪里夏提指出，中國政府綁架了聯合國人權理事會，和中國站在一個陣營上的幾乎都是專制、人權紀錄的國家。聯合國人權理事會本應申張正義，由於中國的分化、滲透，已經失去它的初衷，所以該機構必須進行徹底改革。西藏政策研究中心主任達瓦才仁也表示，中國跟世界上像伊朗、巴基斯坦這些人權惡棍、獨裁者結盟，阻礙人權、民主、自由的進步。聯合國人權理事會已然成為「人權惡棍俱樂部」，在這樣的機制下很難申張正義。很多國家、很多人都主張建立民主自由國家的聯合體，取代聯合國這樣一種議而不決、甚至是為虎作倀的機構，真正的對獨裁者具有威懾力。

美國國務卿蓬佩奧直指此次改選是「擁抱獨裁者」：「中國和俄羅斯、古巴都贏得聯合國人權理事會席位，這是暴君的勝利，聯合國的難堪。」蓬佩奧認為，這是一個例證，一個指標，說明二〇一八年六月九日美國退出這個機構是正確的，「當機構變得無可救藥，川普總統領導下的美國決不會參與。」

17《華爾街日報》專題文章〈國際組織的「中國化之路」：北京如何逐步擴大國際體系影響力？〉，轉引自台灣「風傳媒」網站，https://www.storm.mg/article/3093569?mode=whole。

二〇二一年十月十四日，睽違三年之後，美國又重返聯合國人權理事會。美國參議院外交關係委員會最高級別共和黨參議員吉姆．里施（Jim Risch）反對美國重返人權理事會，他抨擊說：「美國不應該授權一個包括中國、委內瑞拉和古巴等侵犯人權國家的機構。」美國國務卿布林肯（Antony J. Blinken）在聲明中承認，人權理事會「存在嚴重缺陷」。在「嚴重缺陷」並未得到根本改變的情況下，美國如何在這個千瘡百孔的機構中達成捍衛人權、民主和國際秩序規則的三大重要任務？

與聯合國人權理事會同樣淪為中共控制的「花瓶」的，是世界衛生組織。世界衛生組織不僅未能預防肆虐全球的武漢肺炎，反而加速其傳播速度。

二〇二〇年一月十四日，中國對內傳達各地衛健委對武漢肺炎嚴陣以待，但對外堅稱病毒沒有「人傳人」。同日，世衛重複中國的調子，堅持沒有證據「人傳人」。

一月二十三日，病毒始發地武漢封城。由於中國和世衛同時隱瞞疫情，致使封城前有五百萬人離開武漢，其中有相當一部分離開中國，疫情在無預警情形下擴散全國和全球。但世衛堅稱疫情尚不足以被界定為「國際公共衛生緊急事件」，拒絕對國際社會示警。

一月三十一日，美國對中國實施旅行禁令後，世衛仍堅持「不建議」對國際貿易或旅行實施「任何限制」。在整個病毒傳播期間，譚德塞一直附和中共的宣傳基調——疫情「可控」，並反覆稱讚中共抗疫有力。

三月十七日，譚德塞致函習近平，讚揚「在習近平主席的卓越領導下，中國為抗擊新冠肺炎疫情付出了令人難以置信的努力」。習近平復信讚揚譚德賽「為推動全球抗擊新冠肺炎疫情所作努力」。這兩個讓病毒蔓延的罪魁禍首，在全世界面前表演了一場令人作嘔的「二人轉」。
世衛組織醜態百出，就連一向畏懼中國的日本也看不下去。在日本參議院的會議中，副首相麻生太郎發言稱：「日本出現大量聲音說（WHO）不是世界衛生組織，應該改名成『中國衛生組織』（CHO，Chinese Health Organization）。」麻生太郎追問說：大家還記得譚德塞的前任總幹事是誰嗎？那人是中國人（指陳馮富珍），那時也是搞得怨聲載道的（指SARS危機）。
川普政府在二〇二〇年七月六日宣布退出世界組織，但拜登政府上台後終止了退出日程，又向該組織繳納數億美金鉅款。
二〇二一年二月九日，中國—世界衛生組織新型冠狀病毒溯源研究聯合專家組召開新聞發布會，參加的三位專家是中國前國家衛健委體制改革司司長及現任清華大學公共衛生學教授梁萬年、世界衛生組織丹麥籍科學家彼得・本・安巴雷克（Peter Ben Embarek）和尼德蘭病毒學家瑪麗安・庫普曼斯（Marion Koopmans）。
彼得・本・安巴雷克在新聞發布會上表示，根據世界衛生組織專家小組在武漢病毒所的調查、與科研人員的交流，結論是病毒來自該研究所的可能性「微乎其微」，今後不會就此進一步展開調查。世衛的專家們並沒有對中國提出批評，而是稱讚中國，並認可其敘事的關鍵部分，包括一些存在爭議的說法。世衛專家組對中國官員宣揚的一種理論持開放態度——病毒可能是通過冷鏈食品運輸傳染給人類的。
此次公布的調查結果，給北京帶來一次公關勝利。「這是中國在其官方敘事中得到的最權威的支持，」美國外交關係委員會全球衛生問題高級研究員黃嚴忠指出。美國喬治城大學傳染病專家丹尼爾·路西（Daniel R. Lucey）評論說，「中國現在的戰略敘事是，『這是調查的中國部分，我們已經完成了，讓我們翻篇吧。』但人們會說這一切都只是一場秀」。[18]

中國的大撒幣外交，收買了不少嗷嗷待哺的亞非拉小國、窮國以及跟中國臭味相投的獨裁國家，甚至若干經濟疲軟的歐洲國家也爭先恐後投入中國的懷抱。聯合國及其相關機構喪失了其成立的初衷，其憲章和宣言被中國及其一幫小兄弟任意踐踏，自覺不自覺地充當了中共政權的華麗櫥窗及權力延伸。

全球化即是「中國化」，自由危機即將來臨

二十世紀後半葉，人類開始了前所未有的全球化進程。美國期望通過全球化輸出其秩序的雙翼——自由貿易和民主政治。然而，全球化非但沒有成功輸出這兩大價值，反倒讓美國深受其害。

筆者在美國各大超市——無論是沃爾瑪或全食（Whole Foods）——購買食品和日用品時，有一個驚訝的發現：番茄、黃瓜、蘋果等常見的蔬菜水果，大部分是國外生產的，有不少來自以色列。以色列人在乾旱之地生產出的蔬菜水果，通過國際航運，跨越大西洋運到美國，還能在價格上占有優勢，擊敗美國本地的產品，此一事實從表明美國的本土農業（乃至其他產業）已萎縮到何種程度。此一事實對於擁有勤勞簡樸的清教徒傳統的美國來說，堪稱奇恥大辱。此一事實更顯示全球化雖然讓美國消費者買到價廉物美的進口貨，卻從根本上摧毀了美國立國的精神根基及民情秩序。

支持全球化的美國知識菁英認為，今天的全球化代表著過去七十年美國對外政策的勝利。二戰之後，美國促成聯合國、國際貨幣基金組織、經合組織以及關貿總協定的建立和運轉。一九六〇年代，美國國際開發署和福特基金會等私人機構在全球「現代化」上投入巨資，通過輸出資本主義體制，將經濟和法治的進步帶給發展中國家。隨著一九八九年東歐劇變和一九九一年蘇聯解體，資本主義世界大獲全勝，全球化勢不可擋。

然而，此後三十年，局勢卻發生出人意料的逆轉，全球化帶來社會的撕裂與種族的衝突越發不可收拾，正如耶魯大學法學教授蔡美兒（Amy Chua）所觀察到的那樣：「在非西方世界中，市場和民主的全球擴展是集體仇恨和種族暴亂的一個首要的、使之惡化的原因。在世界上存在著主導市場的少數族群的許多社會裡，市場和民主並非相得益彰。由於市場和民主在這樣的社會中施惠於不同的族群，對自由市場民主的追求便造成了極不穩定、極易摩擦起火的狀態。」[19]

美國好心輸出自由市場和民主政治，卻換來全球範圍內反美主義的激化，美國成為眾矢之的——九一一恐怖襲擊是其表現之一。美國是經濟上的超級大國，還擁有世界上無與倫比的軍事、政治和文化實力，所有這些都激起許多地區對美國的深深怨恨。但僅僅用「嫉妒」的心理分析法，不足以解釋「反美主義」何以產生及坐大。

18 赫海威（Javier C. Hernández）：〈ＷＨＯ公布武漢調查初步發現，北京贏得公關勝利〉，《紐約時報》中文網，https://cn.nytimes.com/china/20210210/wuhan-china-who-covid/zh-hant/。

19 蔡美兒（Amy Chua）：《虎媽對全球化的預言》，（台北）五南出版，二〇一七年，頁二五。

全球化背後的意識形態是世界主義，世界主義主導美國政策方向長達七十年之久。然而，世界主義現在的樣貌與二戰後剛萌芽時截然不同——當年的世界主義更加成功，當時世界主義尚未被私人利益吹捧成理想目標，還沒有腐化成現在的樣貌。近幾十年來，愈來愈多美國政策轉移到服務非官方的私人議題上。一般來說，非官方議題有兩種類型：一種是財務，專門為個人積累財富並為企業謀利；另一種是政策，尋求國家內部主要政黨與派系的意識形態目標。[20]

進入二十一世紀，誰是全球化的真正獲益者？有人說，國際自由市場資本主義可造福所有人，但這種說法無法讓人信服。就連支持全球化的學者史蒂芬．金恩（Stephen D. King）也承認，全球化確實導致多數公司不願在美國國內投資，美國勞工收入減少。以美國經濟而論，從一九八〇年到二〇一五年，平均每人國內生產毛額（總體生活水準評量）幾乎翻了一倍。然而，總體收益的分配卻極不平均，富人囊括大部分經濟收益。多年來，除了前百分之二十的收入賺取者，其他人的收入基本沒有增加。從二〇〇〇年到二〇〇七年，美國中等收入人口（中產階級）的平均債務收入比從百分之一百上升到百分之一百五十七。[21]

在全球化中獲利的，多半是美國東西兩岸大城市的菁英階層：華爾街、矽谷新科技巨頭、大學、媒體、好萊塢……對他們來說，全球化是一場「正面我贏，反面你輸；無論正反，我都會贏」的遊戲。而對於中部和南部的勞工階層和中產階級而言，則是非虛構著作《絕望者之歌》和電視劇《美國鐵鏽》中描述的美國腹地的城鎮和鄉村毫無希望的悲慘未來。

二〇〇八年總統競選期間，代表在全球化中獲益的左派菁英的歐巴馬曾私下裡表示，「鐵鏽地帶」的選民「充滿憤怒和仇恨，他們執著於槍支、宗教或對非同類的厭惡」，他們是沒有做好準備迎接全球化的失敗者，這些地方流失的工作機會永遠不會再回來了。對此，就連自由派評論家亞歷山德拉都指出，這種「離地」的自由派菁英的傲慢與自義不得人心：「這句話的重要性不在於它出自歐巴馬之口，而是很多聽眾認為他只不過是說出了自由派的真實想法。……自由主義者被困在一個自我強化的循環中。他們在利用自己在美國文化中的地位說教、批評、蔑視別人時，把更多的人推向了與自己對立的聯盟，自由主義者愈來愈傾向於認為，那個聯盟應該受到譴責。這只會證明他們對其他美國人懷著最糟糕的偏見。」[22]

與此同時，將歐巴馬和希拉蕊看作是建制派、假左派且自以為是真左派的參議員伯尼·桑德斯，卻清醒地意識到全球化對美國自身的傷害：「我們要搞清楚。全球經濟並沒有造福美國與全球的多數人。這是一種經濟菁英替彼此打造的經濟模式。我們要徹底改變這一切。」他要得到工農大眾的選票，就必須附和他們對全球化的不滿。有趣的是，如果將這句話中的「全球的多數人」（左派總是心懷全人類）刪去，這句話仿佛出自川普之口。

桑德斯和川普都看到全球化掏空美國的事實，但提出的解決方案卻背道而馳。桑德斯沒有解決方案，他的高稅收和福利國家的政策不可能逆轉全球化潮流，不能讓工廠和工作機會

20 丹尼爾·奎恩·密斯（Mills Daniel Quinn）、史蒂芬·羅斯菲爾德（Steven Rosefielde）：《狂妄而務實：川普要什麼？》，（台北）好優文化，二〇一八年，頁二四七—二四九。

21 史蒂芬·金恩（Stephen D. King）：《大退潮：全球化的終結與歷史的回歸》，（台北）日月文化，二〇一八年，頁一五七—一五八。

22 亞歷山德拉（Gerard Alexander）：〈自由派，你們沒有自以為的那麼聰明〉，《紐約時報》中文網，https://cn.nytimes.com/opinion/20180530/liberals-youre-not-as-smart-as-you-think-you-are/zh-hant/。

回到美國，反而會進一步削弱美國的國際競爭力。川普的解決方式是重振美國製造業和重新與各國簽署貿易協定，如此不僅能讓美國再度偉大，也能營造真正公平的國際貿易環境。

川普在「整頓全球化」高度上提出若干政見，大都在其任內實現。比如，「我們要為刻苦勤奮的美國人創造幾百萬個好工作。美國因為過去幾個爛到不行的貿易協議，從一九九七年到二〇一六年，少了超過五百萬個工作。這些工作機會一定會回到美國本土。」再比如，「我們必須在南邊的國境蓋一道圍牆……但我們必須阻斷非法移民人潮。」[23]

川普深知，中國是全球化最大的受益者，也是美國打造的國際政治經濟秩序的最大的破壞者；而美國是全球化最大的受損者，是一個為他人作嫁衣裳的冤大頭。他發誓要改變這種不公平的國際貿易狀況。川普主義並非主流媒體妖魔化的「孤立主義」，台灣經濟學家吳惠林指出：「川普只是要扭轉當前『假全球化』，逼迫利用全球化謀『私利』卻戕害全人類的中現出原形；他以美國總統雷根的『公平貿易』政策，讓中共的威逼利誘手段和『不誠信』、『鬥爭』本質曝光，再重新建立『真正全球化』的『國際間分工合作』新秩序，從頭再向『世界大同』大道邁進，讓全人類的生活福祉提升，使亞當·斯密一七七六年的經典《國富論》再現人間！」[24]川普對「世界大同」毫無興趣，他的政策確實部分實現了「讓美國再次偉大」。而美國的強大，對民主世界而言，既提供了安全的保障，又是經濟繁榮的發動機。

另一方面，冷戰結束之後的全球化，是「去民主化」或「民主化缺席」的全球化。作為全球化的領頭羊，美國沒有功成名就，反倒傷痕累累。政治學者吳國光發現，在全球化過程中，資本主義與民主的關係被重構，民主不但沒有能力制約資本主義，反而被全球化所帶來的各種社會、經濟、政治、甚至文化和思想的影響而削弱到逐漸功能失效的地步。「民主作為一種價值、一種公眾問責制度、一種有效治理方式，都遭到了嚴重的甚至根本性的挑戰，而這些挑戰正是來自於作為一套制度的全球化本身和它的各種政治經濟後果。」

美國在全球化中所受的傷害，不單單是貿易不公平，製造業外移和工作機會喪失，這些都是只是「外傷」。更嚴重的是「內傷」。吳國光指出，在以美國為代表的民主社會，全球化加劇了社會兩極分化的快速過程，更帶來許多變數，比如全球移民，「這讓社會、族群、文化和宗教分裂大幅加深，甚至達到身分認同困惑且紊亂的程度」，「文明的這種全球衝突不可避免地通過全球移民及其它全球化因素而內在化到了美國這樣的成熟民主社會中，並形成了國內分裂」。

中國的挑戰不僅僅在大洋的另一邊，中國的挑戰早已進軍美國、侵門踏戶，比日本海軍偷襲珍珠港和恐怖分子發動九一一襲擊還要可怕：中國留學生在美國大學校園召集黨支部會議，孔子學院破壞美國大學的學術自由，中國使領館如臂使指控制華人社群，美國頂級學者爭先恐後加入中國的千人計畫，美國跨國公司的巨頭們因垂涎中國市場而對中共卑躬屈膝……美國如何應對來自中國的挑戰？

若重回「孤立主義」狀態，美國既不能獨善其身，又不能遏制中國。美國不能眼睜睜地看著中國完成國內十三億人的人心整合和資源整合，再向全世界推廣「中國式全球化」。

23 唐納・川普：《川普總統》，（台北）時報文化，二〇一七年，頁二六八。
24 吳惠林：〈推薦序：「全球化」會成為泡影嗎？〉，見史蒂芬・金恩：《大退潮：全球化的終結與歷史的回歸》，頁一〇。

香港淪陷之後，台灣會是下一個倒塌的骨牌嗎？

冷戰在三十年前已結束，反恐戰爭也暫告一個段落，但福山所言之「歷史」遠未終結。追求具有普遍性的共產極權主義和「中華天下秩序」的中國，以及在亞非多國肆虐的伊斯蘭原教旨主義，還有滲入西方和美國肌體之內的左派意識形態，三者糾結成仇恨美國、仇恨基督教文明、仇恨自由的文化、政治、經濟和軍事力量，對美國構成史無前例的威脅與挑戰。

中國是美國和西方的首要勁敵。「中華秩序」與「美利堅秩序」的對立與衝突，是不可調和的，是你死我活的。日本裔的前美軍太平洋司令部司令哈利・哈里斯（Harry Binkley Harris, Jr.）指出，「唯有相信地球是平的」的人才會看不到中國的目標是在東亞乃至全球實現霸權。蓬佩奧也指出，如果美國不能改變中國，美國就會被中國改變。英國軍情六處（MI6）負責人摩爾（Richard Moore）更指出，中國是「一個有與我們不同價值的專制國家」，北京對英國和盟友從事大規模間諜行動，試圖扭曲公共討論和政治決策，並輸出科技，在世界各地形成一個專制控制的網絡，「中國是英國與盟友面臨的一個最大威脅」，北京的「誤判」可能導致戰爭。

美國領導自由世界打贏了一戰、二戰、冷戰（冷戰中又有兩場熱戰：韓戰算是達成原有的戰略目標，越戰確實遭遇重大挫敗；還有三次盤旋在大戰邊緣的局部衝突：柏林危機、台海危機和古巴危機）和反恐戰爭（阿富汗戰爭和伊拉克戰爭成果雖不如預期，但基本遏制住了伊斯蘭恐怖主義的氾濫），與中國的「新冷戰」已經開局。

毋庸諱言，由於過去三十年的戰略錯誤，「美利堅秩序」已然搖搖欲墜。抱殘守缺不是向先輩致敬的最好方式，新時代呼喚「新賢人」以及「新思維」。在中國「天下帝國主義」肆虐全球的時刻，美國需要建立新的「民主國家聯盟」，以之取代聯合國等衰朽的國際組織，堅定地定義善惡、區分敵友、重建同盟、孤立中國，如此才能打贏這場比冷戰更艱巨的「新冷戰」。

新冷戰的最前線在香港和台灣。

中國已然先贏了香港這一局。昔日，英國及英國背後的美國未能聽取香港的民意（不過，那時香港的主流民意亦是傾向「民主回歸」，香港人有濃得化不開的大中華情結，對中國的民主化亦抱有不切實際幻想），容許香港落入中共之魔爪。果不其然，一九九七年之後，香港被中國劣質再殖民，中共一步步蠶食香港百年來建立的法治和自由。

香港局勢惡化，當然不能歸罪於港人失敗的反抗運動，即便港人不反抗，中共亦不會放任香港繼續享有自由和法治。香港局勢惡化，緣於習近平政權在內政上的文革化趨勢和在外交上造成的中美關係惡化。

中共以鐵腕鎮壓香港人的逆權運動，強行通過《國安安全法》，逮捕上萬名民主運動領袖、議員、NGO人士、媒體人、知識菁英及普通抗爭者（數百人遭殺害或在絕望中自殺），剿滅《蘋果日報》、立場新聞和眾新聞等媒體，六四之後存在三十二年支聯會以及數十個民間組織和政黨被迫解散，公共圖書館下架了包括我的書在內的若干書籍，大學校園移走六四國殤柱等標誌性設施，大幅修改教科書對學生實施洗腦教育……英國移植到香港的以自由和法治為核心的英美秩序被摧毀殆盡。隨著《國安法》的實施，一年之中超過十萬港人移民他國，民調顯示有超過百萬港人考慮離開這座失治之城。中共的黑手將香港緊緊握在手中，用力之猛，不惜魚死網破、不惜殺雞取卵。

香港的抗爭運動被視為全球抵抗中國專制政體擴張的橋頭堡，「香港的抗爭並不是單純為了自保香港一城的自由，而是代表全世界的文明社會抵抗極權擴張」。香港的抗爭者前往美國領事館請願，有不少人揮舞美國國旗，以此爭取美國的支持。美國共和黨參議員霍利在呼籲參議院通過《香港人權及民主法案》時指出：「有時在歷史的進程中，一個城市的命運可以定義整個世代的挑戰。五十年前是柏林，今天這城市是香港。」[25]

然而，美國和西方國家並未給予香港的民主運動以足夠的支持。這個回合，美國只是被動做出反應，在經濟上制裁香港及北京的部分高官、取消香港的特別關稅區地位，這些措施未能對中共傷筋動骨。

全世界眼睜睜地看著香港淪陷，香港何時光復，不得而知。這是美國和西方在「新冷戰」中遭遇的最大挫敗——其象徵意義遠大於俄國吞併克里米亞。

中共將香港「內地化」之後，必然將魔爪伸向台灣。在未來數年、數十年間，台灣將成為自由與奴役兩種價值觀和社會制度決戰的關鍵戰場。

香港的沉淪讓台灣產生唇亡齒寒的危機感。台灣人喊出「今日香港，明日台灣」的口號，並願意與香港形成「命運共同體」。二〇一九年九月二十九日，由台灣人發起的聲援香港的「全球反極權」遊行，發展成全球二十四個國家六十多個城市的大遊行。香港人血的教訓讓「九二共識」、「一國兩制」在台灣不再有市場，作為共產黨「隨附組織」的國民黨和其他親共勢力、組織、人物均遭到大多數台灣民眾之唾棄，國民黨的支持率下降到不足兩成，台灣居民中認同中國人身分的只剩一成。

二〇二〇年，蔡英文連任總統後，將台灣定位為區域內守衛民主自由、抵抗中國專制力量擴張的重要堡壘。與此同時，中共對台灣已非「吊燈裡的巨蟒」，而是「盤踞在桌子上的巨蟒」。台灣學者沈伯洋指出，中共最主要的目的是併吞台灣，因此希望台灣愈亂愈好。中共無法像對付香港民主運動那樣在台灣實施直接統治，遂用資訊戰的方式，以傾國之力（結合國安部、統戰部、國台辦、解放軍及共青團五大力量）破壞台灣的民主制度，台灣已進入准戰爭狀態。

中共在每一個國際外交場所封堵台灣，奪走台灣所剩無幾的邦交國，軍機無一日不騷擾台灣領空。據智庫美國安全中心（CNAS）的報告，美國外交政策和國防專家進行戰爭推演，以中國軍隊擊敗五百名台灣駐軍、拿下台灣在南海控制的東沙群島為開頭，這種有限度的小型入侵可能是拿下其他台灣外島或是進攻台灣本島的明顯前兆。一旦中國拿下台灣的某一座外島，對美國而言，這就是一場超級強權之間的全面戰爭，基本沒有沒有其他選項。

即便在中國的恐嚇下，台灣抗疫成功，經濟增長強勁，民眾自信心和幸福感大幅攀升。資深媒體人鄒景文指出：台灣堅持並致力民主進程的努力，在亞洲，特別是東方社群，所開創的價值體系，已經直接顛覆了「中國發展道路」與「中國制度模式」的煽惑謊言，台灣的自助，成為區隔獨裁暴政的中國的主動力量。[26]

台灣的民主軟實力不容忽視，台灣國民和軍隊捍衛民主自由的決心也不容忽視。台灣國

25 馬嶽：《反抗的共同體：二〇一九年香港返送中運動》，（台北）左岸文化，二〇二〇年，頁二〇六—二〇八。

26 鄒景文：〈北京何止「助」台〉，自由時報，二〇二一年八月四日，https://news.ltn.com.tw/news/world/paper/1464765?fbclid=IwAR3C4MTvWC8FtIFiU0tWOnWYqFZaucxKhvuMU7e3XIlwliMZ840ngITSYQE。

防部在送達立法院的報告中指出，台灣不與中共軍備競賽，亦不尋求軍事對抗，但面對中共武力威脅，必將竭盡全力捍衛國家主權，絕不會在脅迫下屈服退讓。

美國和西方未能像當年捍衛西柏林那樣，調動一切資源來保護香港。香港一役，自由世界失敗了。但在下一個戰場，美國和西方能否有足夠的民意支持、能否有足夠的決心和勇氣幫助台灣對抗中國的武力攻擊？

二〇二一年八月二十六日，美國獨立智庫「芝加哥全球事務委員會」公布最新民調顯示，如果中國入侵台灣，有超過半數美國人贊成美軍協防台灣，近七成受訪者支持台灣獨立。其中，贊成派遣美軍防禦台灣的共和黨人高達百分之六十，民主黨人為百分之五十。美國的盟國大都持相似立場。澳大利亞國防部長達頓（Peter Dutton）指出，台海局勢緊張，若中國以武力犯台，澳大利亞將會與結盟七十年的美國共同進退。

台海若發生戰爭，美國的勝算比中國大得多。美國擁有遍布全球的正式同盟關係網絡，僅在西太平洋地區，在印太戰略框架下，就有美國、日本、澳大利亞及印度組成的「四方安全對話」（Quad），及澳大利亞、英國和美國組成的軍事聯盟ＡＵＫＵＳ。美國更有一套以參與、開放、民主和人權為基礎的基本價值，對世界各地的人——通常也包括不友好國家或甚至敵國的公民——構成極大吸引力。香港人在抗議活動中高舉星條旗，對共產專制忍無可忍的古巴民眾也在數十個城市舉起星條旗。國際戰略學者約翰．伊肯貝利（John G. Ikenberry）指出，以美國為中心的秩序是一種自由化的國際秩序，不同於兩千年以中國為中心的亞洲舊秩序，「它不只是集合自由民主國家，而是互相協助的國際社會——一種提供會員經濟和政治進步工具的全球政治俱樂部」。

在可以預見到的未來，美利堅秩序不會終結，只會去左存右、去偽存真，鳳凰涅槃、浴火重生。美國最強大的不是軍隊和武器，而是價值觀，美國的自由價值是世界和平的「壓倉物」。《新共和國》一書的作者查爾斯．克勞漢默指出：在美國，自由是一種上帝賦予的道德價值觀，美國必須為自由而戰。美國的最高主權是服務於某種價值觀的權力。就國內言，美國人所堅持的價值觀是不言自明的善。美國人走到國外，便傳播它們。美軍在二戰結束時駐留在歐洲的部隊，標誌著自由的、自治的社會的界限。美國部隊身後的每寸土地都屬於自由民主，而蘇聯軍隊身後的土地的性質與之相反。在自由民主尚未全部實現的其他地方，美國促成的或支持的邊界——朝鮮的三八線、台灣海峽和柬泰邊界——區分了多一些和少一些的自由。當初，美國和蘇聯之間的衝突並非只是兩大帝國主義之間的盲目鬥爭，而是一場「具有道德意義和目的」的鬥爭。如今，美國與中國之間的衝突也是如此。

美國要贏得這一場建國以來對抗人口最多的敵國的戰鬥，除了重建清教秩序、恢復公民美德、提振經濟實力、凝聚民主共識、聯合更多盟友、最終向上帝尋求幫助，別無他法。美國必須回到其建國根基之上，持守「美利堅秩序」和「自由信念」。這最後一戰，如同《魔戒》和《冰與火之歌》中的場景，將在陸地、海洋和天空中展開，也將在書齋、頭腦和心靈中展開。

中國自以為靠著極權控制獲得高績效，在抗疫競爭中已遙遙領先。中國發布民主白皮書，自稱民主國家，並嘲諷美國「自身民主劣跡斑斑，國內治理一團糟」。習近平之躊躇滿志，宛如當年橫掃歐洲的希特勒。中國的極權模式（或「中國式的民主」）真的能勝過美國的民主自由嗎？

當年，在歐洲大陸一路勢如破竹的納粹的軍隊，最終被新發於硎的美軍打敗了。二戰史專家史蒂芬．安布羅斯（Stephen E. Ambrose）如此對比諾曼底登陸之戰中美軍和德軍的表現：

德軍在戰術上和戰略上的錯誤都非常嚴重，但他們最大的錯誤是政治錯誤，他們受制於絕對服從希特勒一個人的極權體制，前線將領害怕率先行動，他們寧可等待和執行愚蠢的命令而陷入癱瘓，也不願意承擔責任。那些命令從遙遠的地方傳來，與戰場上的局勢毫不吻合。

相反，美軍從最高指揮官到前線的基層軍官乃至每一個士兵，都活力四射、隨機應變：

與十字軍不同的是，他們不為征服任何領土，不為任何政治野心，只為確保希特勒無法破壞世界上的自由而戰、為民主而戰。……為民主而戰的人，能夠對危機作出迅速的決策與行動；為極權主義而戰的人，做不到這一點。西方民主國家藉此戳穿了納粹宣稱的謊言：『民主國家天生就沒有效率，獨裁國家天生就有效率』，可事實並非如此。[27]

正在步希特勒和納粹德國後塵的習近平和中共政權，大概不相信這個結論。他們或許想親自驗證一下。

27 史蒂芬．安布羅斯：《D-DAY 諾曼底的巔峰時刻》，（台北）八旗文化，二〇一九年，頁六八九。

美國左禍與自由危機

作者　余杰
主編　洪源鴻
責任編輯　穆通安、涂育誠
行銷企劃總監　蔡慧華
封面設計　木木 lin
排版　宸遠彩藝

社長　郭重興
發行人兼出版總監　曾大福

出版發行　八旗文化／遠足文化事業股份有限公司
地址　231 新北市新店區民權路 108-2 號 9 樓
電話　〇二~二二一八~一四一七
傳真　〇二~八六六七~一〇六五
客服專線　〇八〇〇~二二一~〇二九
信箱　gusa0601@gmail.com
臉書　facebook.com/gusapublishing
部落格　gusapublishing.blogspot.com

法律顧問　華洋法律事務所／蘇文生律師
印刷　成陽印刷股份有限公司

出版日期　二〇二二年四月（初版一刷）
定價　六〇〇元整

ISBN　9786267129043（平裝）
9786267129050（EPUB）
9786267129067（PDF）

美國左禍與自由危機
余杰著／初版／新北市／八旗文化／遠足文化事業股份有限公司／二〇二二年四月
ISBN 978-626-7129-04-3（平裝）
一、民主政治　二、政治文化　三、發展危機　四、美國
574.52
111003551